马克思主义新闻观
教育统编教材

丛书主编　李昌文
　　　　　常　庆

大众媒介通论

主　编　常　庆
副主编　李晓娟　李明娟　鲁　毅　纪　楠

山东大学出版社
SHANDONG UNIVERSITY PRESS
·济南·

图书在版编目(CIP)数据

大众媒介通论／常庆主编. —济南：山东大学出版社,2022.5

马克思主义新闻观教育统编教材／李昌文,常庆主编

ISBN 978-7-5607-7439-8

Ⅰ.①大…　Ⅱ.①常…　Ⅲ.①大众传播－传播媒介－教材　Ⅳ.①G206.3

中国版本图书馆 CIP 数据核字(2022)第 065543 号

责任编辑　滕希功
文案编辑　滕正辉
封面设计　张　荔

出版发行　山东大学出版社
社　　址　山东省济南市山大南路 20 号
邮政编码　250100
发行热线　(0531)88363008
经　　销　新华书店
印　　刷　泰安金彩印务有限公司
规　　格　720 毫米×1000 毫米　1/16
　　　　　22.75 印张　369 千字
版　　次　2022 年 5 月第 1 版
印　　次　2022 年 5 月第 1 次印刷
定　　价　56.00 元

前　言

从人类历史上第一张报纸问世以来，随着印刷技术和通信技术的不断进步，大众传播媒介经历了报纸、杂志、通讯社、广播、电视、网络媒体和新媒体等多种形态的变迁。特别是在当下信息时代，包括自媒体等新媒体形态在内的传播媒介已经深入人们生活的方方面面，为人们提供及时的资讯、深度的分析、丰富的娱乐和审美的享受。人们的思维方式和行为习惯也因此发生了巨大的变化，大众传播媒介和人类社会已经形成了一种共生的关系。加拿大著名传播学者麦克卢汉在20世纪60年代提出的“地球村”概念，也已经由最初被认为没有学术根基的假说变成了现实。

因此，了解大众传播媒介的发展状况、掌握其发展规律，对于生活在信息时代的人们是非常重要的。这将有助于人们提高获取信息、评判信息以及利用信息的能力。而这一能力也会帮助人们更理性、科学地使用大众传播媒介去造福人类和服务社会。

本书的编著正是基于这样的考虑，将纷繁复杂的媒介发展变化科学地梳理出清晰的脉络，对影响深远的媒介及媒介现象做出深入浅出的分析，对媒介的发展做出前瞻性的思考。力求用丰富翔实的材料、生动简洁的语言、典型而有影响力的案例来完成阐述和论证的过程。希望这一过程，无论是对刚刚接触新闻传播学、网络与新媒体、广播影视学、广告学、编辑出版学、媒介经营管理等专业的学生，还是对从事大众传播事业的业界人士，以及对大众传播媒介感兴趣的普通读者，都会带来收获。

本书共分九章，前两章主要讲述新闻传播事业的产生和发展，介绍媒介、传播媒介、大众传播媒介的基本概念和性质，相关的经典传播理论等，使读者在了解大众传播媒介发展历史的同时，对其发展规律有更进一步的科学认识。其余七章以不同媒介出现的时间顺序为基本脉络，根据不同媒介的性质和特点，呈现其发展过程中的兴衰变化，阐明、论述其社会角色及社会功能。每一章都会选取一种大众传播媒介的典型媒体作为个案分析，点、线、面结合，把对于此类媒体的思考融入其中。每一章的后面均附有思考题和推荐阅读，有兴趣的读者可以以此作为进一步阅读的拓展。

任何一部史论结合的著作，在编撰过程中都离不开对大量中外文献资料的参考和借鉴。在本书的编著过程中，尽可能广泛地收集相关材料，不断地吸收新的、有价值的研究成果。因此，对于书中所引用成果的作者，在此致以深深的谢意！同时，因为水平、时间、精力等方面的局限，本书必定存在一定的缺陷和不足，在深表歉意的同时，更希望得到有益的批评和指正。

本书的出版得益于山东省新闻与传播教学指导委员会和山东大学出版社的鼎力支持，在此深表敬意和谢意。也要感谢山东师范大学新闻与传媒学院教师李晓娟、临沂大学传媒学院副院长李明娟、济南大学文学院副院长鲁毅、聊城大学文学院广播电视学系系主任纪楠等四位副主编付出的辛勤劳动，还要感谢王新宇、叶专、周晓钰、李玉琦几位研究生在案例选择、注释校对等方面所做的协助工作。

常　庆

2022 年 4 月于泉城济南

目　录

第一章　媒介、传播媒介及大众传播媒介

随着人类社会的发展，各种媒介相继出现，极大地改变了人们的生活方式和思维方式。传播媒介既是传播发展的标志和动力，又是人类文明发展的重要标志和动力。新的媒介给人们的交往、感知和思考带来了新的方式和新的能力，给信息、思想、观念的传播交流带来了新的速度、广度和深度，使人和社会的发展都进入了新的境界。本章主要介绍了媒介、传播媒介、大众传播媒介的相关含义、关系，以及人类早期新闻传播活动的手段和特点等媒介的概况，方便后几章内容的展开。

第一节　媒介的内涵

在汉语中，“媒介”一词最早见于《旧唐书·张行成传》：“观古今用人，必因媒介。”[①]在这里，“媒介”是指使双方发生关系的人或事物。其中，“媒”字，在先秦时期是指媒人，如“匪我愆期，子无良媒”[②]。后引申为事物发生的诱因，如“见誉而喜者，佞之媒也”[③]。而“介”字的含义古今变化不多，一直是指居于两者之间的中介体或工具，也指在两者或两者以上的人或事物间，从中介入参与其中的活动或组织，表达一种动作状态。在今天的汉语解释里，媒介是指“使双方发生关系的人或物”。

在英语中，媒介“media”是“medium”的复数形式，它大约出现于19世纪末20世纪初，是指使事物之间发生关系的介质或工具。这种广义的“媒

① (后晋)刘昫等撰：《旧唐书》，海南国际新闻出版中心1996年版，第819页。

② (南宋)朱熹：《诗经集传》，上海古籍出版社1987年版，第26～27页。

③ (隋)王通：《文中子中说》卷八，江苏古籍出版社2017年版，第79页。

介”，在人类的日常生活中被广泛应用，如“蚊虫是传播疾病的媒介”“绣球是传递爱情的媒介”等。后来，它被传播学者从日常生活中引入到传播学研究里，成为专业术语。加拿大传播学者马歇尔·麦克卢汉(Marshall Mcluhan)认为，媒介即万物，万物皆媒介，媒介遍布我们生活的方方面面。

麦克卢汉提出一种泛媒介观，他把人类任何技术进步、人和工具的发展都看作媒介的成长和人体的延伸。他认为，人要同周围的环境发生关系，就得通过媒介。在麦克卢汉笔下，“媒介是人体的延伸”，媒介可以是万物，万物皆媒介，所有媒介均可以同人体器官发生某种联系。媒介无时不有，无时不在。凡是能使人与人、人与事物或事物与事物之间产生关系的物质都是广义上的媒介。威尔伯·施拉姆(Wilbur Schramn)曾经赞扬麦克卢汉“使得‘媒介’这个曾经主要是艺术家、细菌学家和大众传播学家才使用的词风靡一时”①。但是，这种全部依据“都集中在媒介工具对中枢感觉系统”的媒介理论忽略了人与人的社会关系。正如美国学者切特罗姆(Daniel Czitrom)所指出的：“他的技术自然主义强调媒介是人的生物性延伸，而不是人的社会性延伸。虽然他想通过传播媒介来追踪人类文化的发展，他的历史学却难以置信地缺乏真正的人民。”②美国传播学者德弗勒(Melvin L. Defleur)也从广义的层面建构媒介：“媒介可以是任何一种用来传播人类意识的载体或一组安排有序的载体。”③这种技术决定论的观点在传播学领域一直很有市场，但也一直备受争议。

即使在狭义的层面上，对媒介的认识也有分歧。有时它与符号混淆：“媒介是指承载并传递信息的物理形式，包括物质实体和物理能。前者如文字、各种印刷品、记号、有象征意义的物体、信息、传播器材等，后者如声波、光、电波等。”④有时它与传播形式相混：“媒介是一个简单方便的术语，通常用来指所有面向广大传播对象的信息传播形式，包括电影、电视、广播、报刊、通俗文学和音乐。”⑤有时它与载体、渠道、信息纠缠：“媒介就是传递大规模信息的载体，是通讯社、报纸、杂志、书籍、广播、电视、电影等的总称，一般又称大众媒介。”“严格地讲，媒介就是渠道，即口语单词、印刷单词等。但

① [美]威尔伯·施拉姆、威廉·波特：《传播学概论》，陈亮等译，新华出版社1984年版，第136页。

② [美]D. J. 切特罗姆：《传播媒介与美国人的思想》，转引自郭庆光《传播学教程》，中国人民大学出版社1999年版，第150页。

③ [美]M. L. 德弗勒：《大众传播通论》，颜建军译，华夏出版社1989年版，第25页。

④ 龚祎：《传播学原理与应用》，兰州大学出版社1988年版，第53页。

⑤ [美]戴维·巴特勒：《媒介社会学》，赵伯春等译，社会科学文献出版社1989年版，第42页。

是，这一术语常常用来指渠道和信源两者，有时甚至包括信息。”“当我们说到‘大众媒介’的时候，我们往往不仅指大众传播的渠道，而且指这些渠道的内容，甚至还指那些为之工作的人们的行为。”①

第二节　传播媒介的内涵

传播媒介是传播过程中传播者与受传者之间的中介，是信息的物质载体。没有媒介，社会交往和信息共享就会中断。在此之中，新闻传播媒介则是现代社会最重要的纽带和生命链。

一、信息和传播

媒介为信息传播服务而存在，信息的产生及其传播的需求是媒介存在的前提。因此，要了解媒介，必须从认识信息入手。

（一）信息

广义的信息，是指一切事物的存在方式、运动状态及其表述。狭义的信息，专指反映事物最新变化的内容。《辞海》中对“信息”的解释是：“消息接受者预先不知道的报道。”《英汉大词典》则将“信息”解释为：“消息、情报、资料；知识、见闻；通知、告知等。”

“信息”一词有着很悠久的历史，早在两千多年前的西汉，即有“信”字的出现，常作消息来理解。“信息”一词，最早见于南唐李中《暮春怀故人》诗：“梦断美人沉信息，目穿长路倚楼台。”②这里的“信息”指的就是消息。从哲学的角度说，信息是事物运动的存在或表达形式，是一切物质的普遍属性，实际上包括了一切物质运动的表征。而“信息”作为信息论中的一个术语，指的是消息中有意义的内容。1948 年，美国数学家、信息论的创始人香农在其《通讯的数学理论》论文中指出：“信息是用来消除随机不定性的东西。”信息论强调，信息是“不肯定程度减小的量”。他认为，凡是能够消除这种“不肯定性”的东西都是信息。③ 1948 年，美国著名数学家、控制论的创始人诺

---

① 高丽华、赵妍妍、王国胜：《新媒体广告》，北京交通大学出版社 2011 年版，第 4 页。

② 陈伯海等编：《唐诗汇评》增订本六，上海古籍出版社 2015 年版，第 4563 页。

③ Shanon, C. E, “A Mathematical Theory of Communication”, *Bell System Technical Journal*, 1948, 27(3), pp.379-423.

伯特·维纳(Nobert Winener)在《控制论》一书中指出:"信息就是信息,既非物质,也非能量。"[①]信息就是人类的一切生存活动和自然存在所传达出来的联系形式,信息的积累和传播是人类文明进步的基础。就人类目前的认知而言,人类社会赖以生存、发展的三大基础,就是物质、能量和信息。世界是由物质组成的,能量是一切物质运动的动力,信息是人类了解自然及人类社会的凭据。

自然科学告诉我们,整个宇宙具有无限多形态各异的物质,人也是一种特殊的物质,而物质世界的根本属性是物质的运动性。空间和时间都是物质的存在形式,和物质密切相连,亦是考量物质运动状态变化的依据。考察和度量物质运动状态的是能量,当一个物体具有做功的能力,其就具有了能量,所以"能量"也是一个非定义的概念。物质的运动有许多特性,从信息科学的观点来看,有两点非常重要:第一点是物质运动会产生空间和时间上的差异。第二点是这些时空差异能够在物质之间互相呈现,或者说,在一定的空间界面和时间间隔中呈现出有一定规律的组合。我们把这种组合定义为"反映"。一切事物都具有反映与被反映的特性,反映可以理解为物质相互作用中的一种对答活动。反映过程可视为两种物质对象或运动过程的相互作用,其中一个对象或过程的变化(差异)通过另一个对象或过程的变化(差异)的相应特征再现出来。

上述再现形成的差异,仍然是事物的差异,但它并不是对被再现对象或过程的简单重复,而是在这一差异中融进了再现主体的属性。这个属性体现了再现主体内在关系的规定性。更为重要的是,融进了再现主体属性的这个差异还可由另一对象或过程再现,从而使整个再现过程是多元递归、无限重复的。因而,从多个再现主体反复将某个差异呈现出来的角度讲,显然存在着一个独立的研究对象,即事物(物质及其运动)状态变化及其再现方式。我们说,这个独立的研究对象不是物质,也不是能量,而是信息。

"信息"是一个抽象的概念,尽管它本身并不是物质,但它具有物质性,绝不能离开作为它的载体的物质。信息也不是能量,即它本身并不具备对一个物体做功的能力。物质的运动需要能量,但在某个特定时间,某个特定的信息,可使得某物质按照带来的信息,依靠另外的能量而运动。从哲学本源上讲,信息就是事物的运动状态及其变化方式在另一事物运动状态及其

---

① [美]诺伯特·维纳:《控制论》,郝季仁译,科学出版社1963年版,第133页。

变化方式上的反映。

(二)传播

信息需要传播。如果不能传播,信息的存在就失去了意义。那什么是传播呢?发出信息与接收信息就是信息的传播。我们说话、写文章、做事情,就是在进行传播;我们听别人讲话,看别人写的文章,了解别人所从事的工作,就是在接受传播。我们之所以能获得知识,是因为我们生活在一个信息传播的社会里。在人类社会中,传播就像空气一样,它无时不在,无处不在。因此,没有传播,也就没有社会,人类也就无法生存下去。即便一个人独处,传播其实也在进行,沉思冥想便是一种内心的传播;思考是自己和自己进行讨论,并传达某种信息;写日记或者阅读书籍,更是一种传播。在人类社会中,传播是普遍存在的。

传播,是指人类传递信息的行为或过程,是人自身、人与人之间,包括在群体、组织乃至整个社会里展开的观念、情况等社会信息的交流、沟通。

“传播”在汉语中是一个联合结构的词,其中“播”多半是指“传播”,而“传”是具有“递、送、交、运、给、表达”等多种动态的意义。这就指明了“传播”是一种动态的行为。在英语中,“传播”一词是从“communication”翻译而来的,其源自拉丁语“Communis”(community),在英语中这是个名词,原意中包含着“通信、通知、信息、书信;传达、传授、传播、传染;交通、联络;共同、共享”等意思。1945 年 11 月 16 日,在伦敦发表的联合国教科文组织(UNESCO)宪章中,曾经这样写道:“为用一切 mass-communication 手段增进各国之间的相互了解而协同努力。”其中的“mass-communication”一词则被翻译为“大众传播”(专指报纸、广播、电视、网络等媒体而言,所以这些媒体也就被统称为“大众传播媒体”,简称“大众传媒”)。

信息是传播的内容,传播是信息的存在方式。没有无信息的传播,也没有不传播的信息。传播既是社会关系得以构成的必要条件,又是社会关系的具体体现。

二、人类传播行为的要素

人类传播行为是一个有规律的信息流动过程,其中包括一系列互相关联的中间环节,传播者、媒介和受众是其中不可或缺的要素。由传播者通过新闻媒介源源不断地向受众传递新闻信息,构成了最为便捷的新闻传播过程。对于人类传播行为要素的研究，学界经历了不同的阶段，主要形成了以下三种理论：

(1)三要素理论：传播者—信息—接受者

(2)四大要素说：传播者—信息—媒介—接受者

(3)5W 模式：谁—说什么—通过什么渠道—对谁说—产生什么效果

(who—say what—in which channel—to whom—with what effect)

其中，“5W 模式”由著名传播学家拉斯韦尔提出，其被认为是现代传播理论中对传播要素较为全面的概述。《孙子兵法》说：“声不过五，五声之变不可胜听也；色不过五，五色之变不可胜观也；味不过五，五味之变不可胜尝也。”意思是说，音节不过五种，即宫、商、角、徵、羽，而由此谱写的乐曲却听不胜听；原色不过五种，即红、黄、蓝、白、黑，而由此形成的色彩却看不胜看；味道不过五种，即甜、酸、苦、辣、咸，而由此配成的佳肴却尝不胜尝。同样地，拉斯韦尔认为，所有的人类传播活动均可分解为五大要素，或者说均由五大要素所构成。

第一个要素是传播主体。如传道授业的教师、写诗作画的艺术家、穿梭于国际舞台的外交官、各类媒体的从业人员等。任何一个传播过程都离不开传播主体，正如任何一场演出都离不开演员。

第二个要素是传播内容。如记者的报道、私人的闲谈、部门的文件通知等。传播活动如果离开了传播内容，那就跟一个演员傻乎乎地站在舞台上，却一句话都不说、一首歌也不唱差不多。

第三个要素是传播媒介。如语言、文字、印刷、广播、电视、网络等等。媒介就像是运货的工具，又像是流水的河床，还像是行车的道路，没有媒介，再好的传播内容也只能趴在原地，动弹不得。

第四个要素是传播对象。如书刊的读者、广播的听众、影视的观众、上网的网民等。任何传播活动都必须关注自己的传播对象，否则就是无的放矢；任何传播活动都必须重视自己的传播对象，否则就是对牛弹琴。

第五个要素是传播效果。传播效果是一切传播活动的根本，不管有意还是无意，一切传播活动都是为了特定的目的，抑或是为了特定的传播效果而进行的。不为效果而开展传播，就如同不为盈利而经营企业、不为胜利而拼死战斗、不为人才培养而教书育人一样不可思议。

以上就是拉斯韦尔所剖析的传播活动的五大要素，概括起来就是“传播主体—传播内容—传播媒介—传播对象—传播效果”。由于在英文里，这五大要素的表述都含有字母“W”，所以拉斯韦尔的这个理论就被称为“5W 理论”，或者“5W 模式”。这个理论对大众传播学的学科形成产生了十分强大的推动作用，并为大众传播学的理论发展提供了重要的依据。

拉斯韦尔在分析了传播活动的五大构成要素之后，紧接着又提出了与这五大要素相对应的五种传播研究：第一种是针对传播主体的研究，被称为“控制分析”；第二种是针对传播内容的研究，被称为“内容分析”；第三种是针对传播媒介的研究，被称为“媒介分析”；第四种是针对传播对象的研究，被称为“受众分析”；第五种是针对传播效果的研究，被称为“效果分析”。如果说任何传播活动都离不开上面所说的五大要素，那么，任何传播研究也都能被包含进这五大研究模块中。

三、媒介的划分

媒介的划分方法因划分标准不一而有许多种，在这里，我们以最一般的划分方式，即人对媒介的使用方式作为划分标准，将其分为两大类别：亲身媒介和技术媒介。

所谓亲身媒介，即人类以自身身体器官为传播媒介，可进行口耳相传、肢体语言传播等。

所谓技术媒介，即人们以特定的工具技术为媒介，进行各种信息传播活动。技术媒介又可细分为两种：个人媒介和大众媒介。

个人媒介，指传播规模小、以个人为传播单位的信息传播媒介，如电话、电子邮件、手机短信等。

大众媒介，指传播规模大、以职业化的传播机构为传播单位的信息传播媒介，如电视、广播、报纸等。

现代社会被称为“信息社会”，而各种信息正是通过不同的大众媒介进行传播的，因此，现代社会也被称为“大众传播社会”。从这个意义上来看，大众媒介已成为信息时代不可或缺的重要信息来源。

第三节　大众传播媒介的内涵

一、大众传播的特征

大众传播是指通过现代化的大众传播媒介，面向庞大的社会群体进行的一种大规模、经常性、有影响力的、具有公开性和社会性的信息传播活动。在现代社会中,大众传播扮演着极其重要的社会角色。其主要特征表现为:

(1)信息通过大众传播媒介间接地向受众传布。

(2)信息传播数量巨大,速度极快,范围广阔。

(3)信息接收者人数众多,种类庞杂。

(4)传受双方互不相识,彼此没有约束力。

(5)信息传播从方式到内容完全公开,不局限于少数人或特定群体。

在日常生活中,人们对大众传播媒介有不同的称谓,如"媒介""新闻媒介""大众传媒"等等。实质上,大众传播媒介的确含有两种不同的意义:一是指传播的渠道、工具(channel),如电视节目的播出和接收设备、报纸的物质形态等;二是指传播机构(press 或 media),如电视台、报社等。

二、大众传播媒介的作用

大众传播媒介的作用主要体现为以下三个方面:

(一)政治作用

政治作用主要是指媒介对政府、社会的有效监督,从而使政府和社会的运转达到良性循环。在西方社会,由于大众传播媒介起到了一定的监督作用,使得人们将大众传播媒介称誉为一种独立于传统的立法权、行政权、司法权之外的"第四种权力"。

美国政治学家和传播学者拉斯韦尔在 1948 年发表的《传播在社会中的结构与功能》一文中,从宏观角度提出大众传播媒介有三项功能:监视环境、协调反应、传递遗产。美国社会学家查尔斯·赖特在 1960 年发表的《大众传播:功能的探讨》一文中,又在此基础上增加了"娱乐"这一功能。后来,传播学者施拉姆从微观角度细化了对大众传播媒介社会功能的认识,认为大众传播媒介有下列五种功能:

第一,守望人的功能。这就如同原始部落中的守望人,守望着地平线,随时报告情况一样。媒介负责报道环境中有什么事情发生,把消息告知社会大众,其目的在于协助人们认识复杂的环境事物,使人们能充分地获得调适。生活在现代社会中的广大人群,不得不设法适应环境的变化,因为这种变化迅速又复杂,有时候是一种夸大和分化,此时便需要媒体向其展示出变化的全貌,协助人们做出评估。

第二,决策的功能。媒介决定对重要社会问题的政策发表意见,唤起公众的注意,实现其劝服的目的。

第三,社会化的功能。媒介的工作是教导,把已经建立的文化传统传导给社会新参加的分子。媒介的作用在于提供知识和经验,传递文化遗产,提高社会大众的教育水准。

第四,娱乐的功能。媒介的任务之一是要提供娱乐节目,使人欢愉,对受传者而言则是要欣赏和享受。尤其是广播电视节目,更能体现娱乐性。

第五,商业功能。现在的媒介,不但会报道许多商业活动,而且会登载许多商业广告。在现阶段,媒体广告影响力之大,亦是大家所公认的。

(二)经济作用

在现代社会,大众传播媒介不仅是经济信息的传播渠道,为各行各业传播大量包括商业广告在内的有用信息,而且媒介本身就是利润丰厚的“无烟工业”,它所生产、传播的大量信息也创造着巨大的财富。

(三)文化作用

人类的文明需要延续,人类的文化需要发展。正如拉斯韦尔所言,传播的重要功能之一就是传递人类的精神遗产,使人类文明代代相传。在传统社会,这一文化传承任务主要通过传统的传播方式完成,如家庭教育、学校教育和教会教育等人际传播方式。而在大众传播时代,人类文化的散布与传承,在很大程度上依赖于大众传播媒介,而且,这种依赖性越来越深入。因此,在大众传播社会,大众传播媒介在文化的形成、发展中发挥着重要的作用。

第四节　人类早期的新闻传播手段

所谓新闻传播手段,是指新闻传递的载体和方式,是人类在传播新闻信息的过程中所依附的承载新闻信息的物质形式,亦称“新闻传播媒介”或“新闻传播工具”。

在人类社会的发展进程中,信息交流是不可或缺的。就本质而言,人类传播活动体现的是社会信息流动的过程。如同物质的流动,社会信息的流动也要借助于一定的方式和渠道。这种传播活动赖以进行的方式方法或工具手段，即我们所说的“媒介”。正是依据媒介的产生发展与变化变革，我们可以将迄今为止的人类传播活动分为几个不同的时期。

人类早期的新闻传播手段，经历了从远古时代的口头传播到文字传播的逐步出现这一漫长历史过程。不同的新闻传播手段具有各自不同的特点，由当时的生产力决定，并对整个人类社会产生深远的影响。

一、口头传播手段

口头传播，是人类最早出现的新闻传播手段。口头传播手段是指人们利用自身的发声器官发出声音来沟通情况、传递信息的过程。从人类摆脱茹毛饮血的状态开始，口头传播就成为一种重要的传播手段，并始终存在于人类社会的进程中。语言的产生，是人类传播史上第一个重要的里程碑，口语不仅是最初始的媒介，也是最重要、最基本的媒介，其他传播手段都是以此为基础，在口头传播手段上的变形与延伸。

口头传播手段虽然具有无与伦比的重要性，却也存在显而易见的局限性，通过分析口头传播的特点，我们可以对这一传播手段有更深刻的认识。

1.面对面的人际传播

口头传播是面对面的人际传播手段，依赖于信息传递双方面对面的真实接触。这种传播方式，在语义传递的同时，也包含了表情、姿态等非语言符号的信息传递。

2.方便简单

口头传播通过人体自身的发声器官进行信息传递，不需借助其他外在工具，不受外在条件的限制，具有方便、简单的特点。

3.极具群众性

口头语言可以通过群众口耳相传，在生活过程中就可以习得，不需要经过专门的学习，且不受社会阶层的限制，因而具有普遍的群众性，极易在群众中流传使用。

4.生动亲近，通俗易懂

口头传播来源于生活，最能体现生活的真实性，反映生活的自然状态，具有人际交流中的情感因素，其内容上通俗易懂，因而使人感觉生动、亲近。

5.传播范围窄

口头传播与生俱来的缺陷主要在于其传播范围窄。由于口头传播只能直接依靠人体自身的发声功能，因此这种传播活动在空间距离上受到很大限制。因此，面对面的口头传播只能是一种小众传播，传播范围有限。

6.准确度低

由于口头传播随说随逝，只能依靠听者的记忆，且传播的内容马上就无迹可寻。这种信息传递方式难免造成以讹传讹，所以信息准确度低。

7.难于保存

声音具有极易消逝的特点，因而口头传播难以保存，从而使这种传播手段在时间距离上又受到了限制。

二、图画传播手段

图画传播手段，是指借助图画符号所进行的新闻信息传播。图画传播是原始音讯传播的高级形态，是文字的起源，即所谓的“书画同源”。图画传播手段，打破了口头传播传受双方必须“共时”的局限，其“历时性”使信息得以记载而达到保存久远的目的。

三、信号传播手段

信号传播手段，是指利用烽火、鼓声等包含特殊意义的符号所进行的信息传播方式。中国历史上曾有周幽王为了博妃子一笑而“烽火戏诸侯”的典故，这里的烽火就具有传递信息的功能。18 世纪非洲一些部落的报信人利用鼓声传递给村民来客的人数、邻村情况等信息，被称为“大鼓电报”。

信号传递的最大特点是迅速及时，这种以声和像为信息传递载体的方式，较之口头传播，具有速度快、距离远的优势，能够迅速及时地传播重要信息。其不足之处在于只能借助于声音的高低、光线的强弱等方式的变化传递简单的信息，且所传递的信息具有单一性。

四、实物传播手段

所谓实物传播手段，是指利用特定的物品所进行的信息传播活动。结绳就是一种传递信息和帮助记忆的特殊符号。古代中国、日本、波斯、埃及、墨西哥、秘鲁等地都曾盛行过结绳记事。其中，古代印加人的结绳语最为复杂，他们使用的绳子和绳结的数目、大小、颜色以及结与结之间的距离都有一定的含义。

实物传播具有一定的准确性和表意作用，但其传递的信息内容亦具有较大的局限性。

五、书信传播手段

书信传播手段，是早期进行远距离信息传播的重要方式，是古代历史上流传最广的手写信息传播形式。书信传播的产生，以文字发明为基础，包括军报、官书、民间书信等多种形式。

六、手抄新闻

手抄新闻是书信手段传递新闻的延续。世界上最早的手抄新闻，是我国唐朝的“邸报”。“邸报”作为我国古代官方信息的传播方式，一直延续至清朝。我国宋朝的“小报”也采用手抄形式，作为一种未经官方审查、自行抄传的报纸，引人注目的内容和及时便捷的传播是小报生存的主要因素。

欧洲的手抄新闻最早在意大利的威尼斯兴起，被称为“威尼斯公报”。威尼斯位于地中海北岸，是东西方交通枢纽和贸易中心。15 世纪时，资本主义生产方式开始在这里萌芽，这里的手工业主、商人、航海者等都十分关心商品的销路、各地物价、来往船期等信息。因此有人专门打听消息，抄写后出售。1536 年，威尼斯已经有专门采集消息的机构和贩卖手抄小报的人，因而也诞生了世界上最早的职业新闻记者。手抄新闻是资本主义生产方式萌芽的产物，也是新闻事业萌芽的最初表现。

七、印刷新闻

中国是最早发明印刷术的国家，早在隋唐年间，中国就发明了雕版印刷。但这种对工艺要求过于专业化的发明，可以适应宗教教义的传播，却难于在时效上适应真正的新闻传播。直到北宋仁宗庆历年间(1045 年前后)，毕昇才发明了用胶泥烧制活字的活字印刷术。之后元代王桢又发明了木活字印刷，元代初期，中国还出现了锡合金铸成的金属活字。遗憾的是，由于缺乏社会需要，中国在几百年内都没有将其用于新闻传播活动。直到 15 世纪中叶德国人约翰内斯・古登堡重新发明出金属活字印刷术，并且用于欧洲新闻纸印刷后，中国才于 17 世纪中叶将活字印刷术用于印刷邸报。

第五节　人类早期新闻传播活动的特点

人类早期新闻传播活动，受当时社会生产力条件的制约，经历了从单一的口头传播到逐渐产生文字再到印刷新闻的历史进程，具有其自身的特点。

1.新闻传播与人类社会活动相伴而生

自人类社会产生之始，新闻传播活动就伴随着人类传递信息、沟通交流的需求而产生了。最早的手势、体态等体语，逐渐发展为语言，进而产生了文字。可以说，人类新闻传播活动贯穿于整个人类社会发展进程。

2.传播手段与传播内容日益丰富

随着人类社会的发展和生产力水平的提高，新闻传播手段也日益丰富，从最初口耳相传的口头传播，到各种图画、信号、实物传播，传播手段的日益丰富拓展了新闻传播的内容与范围。特别是文字产生以后，信件与手抄新闻使信息传递的准确度与时空范围都有了很大的拓展。

3.有新闻传播活动，但未产生新闻事业

虽然人类早期新闻传播活动已经产生了文字传播形式，特别是威尼斯公报的产生，成为新闻业产生的开端，但早期新闻传播活动并不具有成为新闻事业的条件，因此并未产生新闻事业。

一、人类早期新闻传播活动的特点

1.早期人类社会只有新闻传播活动而没有新闻事业

早期新闻传播是一种封闭性的传播系统，是一种有明确而具体对象的定向传播，而不是面向社会公众的大众传播。这一时期的新闻传播，一般不经过专门的媒介机构，这是因为古代社会既没有产生过以收集和公开发布新闻为主业的媒介机构，新闻活动也没有形成大规模、经常性的社会活动，只是一般的人际传播或躯体传播，在某些方面，甚至可以说是类似于“你问我答”的情报活动。

2.早期新闻传播活动规模小，传播手段落后

一般来说，新闻事业是一定社会的经济基础通过新闻手段的反映，是上层建筑意识形态的构成部分。新闻事业区别于一般新闻传播活动，有合法的新闻传播机构，采用各种新闻传播手段，拥有以传播新闻为职业的专业人员，面向社会，具有广泛的社会影响。早期人类社会的新闻传播活动，不具备形成新闻事业的基本条件。这一时期的新闻传播，基本上是一种有明确而具体对象的定向传播，而没有面向整个社会的无定向的大众传播。所谓“古代报刊”，只是现代报刊的雏形，而不是现代新闻传播媒介。这一时期的新闻传播，规模小、传递速度慢，社会影响也十分有限。

二、新闻传播活动出现早期未产生新闻传播事业的原因

1.代表落后生产方式的封建经济形态限制了新闻事业的产生

其一，落后的生产方式阻碍了社会的发展进程。古代自给自足的小农经济结构，制约了社会生产力的进一步发展。其二，落后的生产方式削弱了社会对新闻信息的需求。在古代社会，民众缺少对信息的需求，从而造成整个社会失去了改进传播方式、扩大交流范围的内在动力。因此，在漫长的古代社会，传播手段的发展与改进极为缓慢。其三，落后的生产方式决定了封建社会新闻传播活动的阶级特征。古代报纸具有鲜明的阶级特征，其刊载的材料只来自官方，具有官文书色彩，满足人们了解朝廷动向的需求，却始终受到统治阶级的限制，难以获得长足的发展。

2.经济基础与阶级关系限制了新闻事业的产生

统治阶级在经济上占有生产资料，从而在政治上处于统治地位，进而占有精神生产的工具，对新闻传播具有统治权力。统治者对新闻传播手段的控制主要体现在两大方面：其一，统治集团内部必须互通信息以维护其统治。一定的信息传播手段的存在，维持了统治集团内部信息传递的需求，因此古代新闻传播手段成为统治阶级加强控制、通达政令的主要方式。其二，实行严厉的愚民政策，确定新闻传播活动的内容和方向。一方面，从内容上传播维护封建统治利益的官方信息，如通过采取严格的审查制度对传播内容进行控制。其中，最极端的当属清代的文字狱，通过严厉的措施限制文字的传播。另一方面，从传播方向上，新闻传播定向服务于封建统治者。古代报纸大多为自上而下政令的传达，体现的是统治者的意志与指令，维护统治阶级的利益。在这种情况下，古代新闻传播手段的发展举步维艰。

思考题

1.分别阐述信息、媒介、传播的概念。

2.人类传播行为包含哪些要素？

3.大众传播媒介的功能是什么？

4.人类早期新闻传播活动的手段和特点是什么？

推荐阅读

1.方汉奇:《中国新闻传播史》(第三版),中国人民大学出版社 2014 年版。

2.李彬:《传播学引论》,新华出版社 2008 年版。

3.童兵:《理论新闻传播学导论》,中国人民大学出版社 2004 年版。

第二章　新闻媒介的产生及发展

从原始人的以口耳相传的新闻传播方式开始，到现代第一张报纸的问世，其间经历了漫长的岁月。而在所有大众媒介中，报纸所需物质条件最低，因此成了最先出现的大众媒体。17 世纪以后，欧洲许多国家都有了长期出版的报纸，随着现代报业的产生，新闻传播事业也应运而生。本章将简略介绍早期新闻媒介的产生——报业时代的来临、新闻媒介产生的规律、多样化新闻媒介格局的形成、新闻媒介的发展——电子时代的来临、后大众传播时代——信息媒介时代的来临、媒介沿革的基本规律等几个方面，以期概述媒介产生与发展的历程，为后几章的详细介绍打好基础。

第一节　新闻媒介的产生——报业时代的来临

一、大众传播时代的序幕——印刷技术的嬗变

印刷术是我国古代的重要发明，它和指南针、火药、造纸共称为中国古代的“四大发明”。印刷术的发明，是我国古代劳动人民智慧的结晶，它对人类文明的贡献是不可估量的。因此，有人把印刷术称为“文明之母”。

中国早在公元六七世纪隋唐年间就有了雕版印刷技术。公元 1041～1048 年，为了克服雕版印刷的不足，平民出身的毕昇用胶泥制字。一个字为一个印，用火烧硬，使之成为陶质。排版时先预备一块铁板，铁板上放松香、蜡、纸灰等的混合物，铁板四周围着一个铁框，在铁框内摆满要印的字印，摆满就是一版。然后用火烘烤，将混合物熔化，与活字块结为一体，趁热用平板在活字上压一下，使字面平整，冷却后便可进行印刷。这种方法在大量印

刷的情况下体现出巨大的效率优势：为了提高效率，常用两块铁板，一块印刷，一块排字。印完一块，另一块又排好了，如此交替使用，效率很高。常用的字如“之”“也”等，每字均制备20多个，以便一版内有重复时使用。没有准备的生僻字，则临时刻出，用草木火马上烧成。从印版上拆下来的字，都放入同一字的小木格内，外面贴上按韵分类的标签，以备检索。毕昇起初用木料做活字，实验发现木纹疏密不一，遇水后易膨胀变形，与粘药固结后不易取下，之后才改用胶泥。

元代大德年间，著名农学家王桢发明了木活字印刷术。木活字印刷较之泥活字和铜、锡、铅等金属活字，在制作上是较为简便、容易的一种活字印刷。木活字印刷的主要方法是在木板上刻好阳文反字之后，锯成单字，用刀修齐，统一大小高低，然后排字，行间隔以竹片，排满一版框，用小竹片垫平并塞紧后涂墨铺纸刷印。此外，王祯还发明了转轮排字架，用简单的机械提高排字的效率。关于王祯制木活字的方法和印刷经验，在其所著的《农书》中有详细的说明。明清两代木活字印刷已相当普遍，且出现了《武英殿聚珍版丛书》这样大规模的木活字印刷工程，将中国的木活字印刷推向了历史的高峰。此外，在元代初期，中国还出现了锡合金铸成的金属活字。

约翰内斯·古登堡是西方活字印刷术的发明人，他的发明引领了一次媒介革命，迅速推动了西方科学和社会的发展。古登堡使用的字母由铅、锡和其他金属的合金组成，它们冷却得非常快，而且能够承受印刷时的压力。古登堡将它们排列成印刷的书页，这种方式的崭新之处在于这些字母可以被重新使用，而之前的木刻底板无法重新使用，只能印刻在上面的那一页，而无法用来印其他的页。直到今天，古登堡的《圣经》也可以算得上是印刷艺术中的一份精品，尤其它的排版非常美观。古登堡的发明在欧洲很快普及，在50年中用这种新方法就已经印刷了3万种印刷物，共1200多万份印刷品。古登堡的印刷术使得印刷的速度提高了许多，印刷量增加，使印刷品变得非常便宜，这为科学文化的传播提供了方便，使得欧洲的文盲大量减少。维克多·雨果称印刷术为“世界上最伟大的发明”。

印刷术的发明与进步，为报纸的发展提供了基本的物质基础，促进了大众媒介的发展，揭开了大众传播时代的序幕。

二、新闻媒介的最初形态——报纸

作为新闻事业最初形态的报纸的产生，是由当时的物质条件所决定的。

报纸从诞生到今天已经走过了漫长的历史。公元前60年，古罗马政治家盖乌斯·尤利乌斯·恺撒(Gaius Julius Caesar)把罗马市以及国家发生的事件书写在白色的木板上，告示市民，这便是世界上最古老的“报纸”。报纸产生大致经历了从手抄新闻到不定期印刷新闻出版物再到定期印刷报纸三个阶段。

(一)第一阶段：手抄新闻——新闻媒介萌芽

手抄新闻是手工抄发或抄售的新闻报道。我国唐朝就有各地驻京官邸负责抄发的官方文件和政治消息。如现存英国大不列颠图书馆的《进奏院状》(公元887年，唐僖宗时期)，就是当时的进奏官从进奏院的官报上抄写的60行新闻，报告当时的沙洲节度使张淮深派遣使团到唐王驻地交涉为他任职正式下旌节的事情。这一类抄件被称为“邸钞”“阁钞”“状”“杂报”等。自宋朝起有人抄卖“邸报”牟利，后又发展为手抄出版物。欧洲的手抄新闻最早出现在16世纪意大利的威尼斯，也称为“威尼斯公报”，并诞生了世界上第一批真正靠新闻为生的职业新闻工作者。

手抄新闻的主要内容，包括商情、物价、贸易、金融、交通、气象及与商业贸易相关的政治、军事、宗教等各种信息。

手抄新闻的特点有：无报名、无新闻标题、大多不定期出版、时效性差、向社会公开出售、形式多种多样等。

手抄新闻是公开发行的。发行的方式包括：(1)张贴在公共场所，用绳子或栏杆围起来，凡走近阅读的人须付一枚小铜圆。(2)张贴在屋内的墙上，进屋的阅读者同样收取一个铜元。这种屋子被称为“新闻房”。(3)手抄多份，沿街叫卖、兜售。(4)接受订货，谁需要什么新闻，这些从业者就代为打听，收费也较高，类似于今天的高端定制。(5)定期寄给订阅者。

现存的手抄新闻文本共两本，收藏在梵蒂冈图书馆中，都是当时威尼斯一位银行家收藏的，大致年代在1554～1586年。

随着资本主义商品经济的发展从意大利向西欧其他国家扩及，手抄新闻这种信息传播方式也很快从威尼斯向其他地区流行开来。罗马、巴黎、里斯本、里昂、布鲁塞尔、伦敦等地都有手抄新闻发行。这种传播方式在17世纪初达到高潮，到17世纪末逐渐消亡。

(二)第二阶段:不定期印刷出版物

1. 15 世纪末:新闻小册子——专门报道重大新闻事件

15 世纪末,一些印刷商已经开始印刷某些记事性的小册子,这些小册子记述近期发生的重大战役、自然灾害、节日庆典等。对一般读者来说,这些记事有其新闻性,其中比较著名的有 1482 年奥格斯堡发行的《土耳其侵犯欧洲新闻》、1493 年西班牙发行的《哥伦布发现新大陆记》、1508 年奥格斯堡发行的《巴西探险记》等。这些小册子印刷篇幅不等,通常在大城市的书店里出售,被认为是印刷新闻传播的萌芽。

2. 16 世纪初:活页印刷小报——欧洲宗教论争的武器

16 世纪初的欧洲,德国的马丁·路德发起了一场声势浩大的宗教改革运动。这场运动蔓延到整个欧洲,宗教改革派与反改革派,新教徒与旧教徒都纷纷利用已经兴起的印刷物进行宗教论争,促进了一大批活页印刷品的问世,并且,这些印刷品都极具政治论战色彩。这类“政论小报”在欧洲多数国家不被法律允许,印刷业也因此受到严格审查,除了教会传统的审查制度,各国的世俗政权也陆续建立了审查制度。

3. 16 世纪:德国、英国、法国“新闻书”

进入 16 世纪,西欧等地开始出现报道重要事件的新闻书,它与记事性的小册子相比,具有更强的新闻性。德国法兰克福最早出现新闻书,因为此地处于欧洲中心,也是商品经济发展较早的地区。该地每年春秋两季各进行一次大型集市贸易,欧洲、近东商人云集此处,需要了解各地商贸行情等信息。1588 年,奥地利人迈克尔·艾津(Michael Aitzing)开始每年印刷两册新闻书并集中贩卖。1620 年,荷兰人在阿姆斯特丹也开始印刷新闻书。

这一阶段不定期印刷出版物的特点是:用铅字印刷,质量高,发行量大,范围广泛。其缺陷在于,不定期出版,发行周期长,时效性差,无固定订户。

(三)第三阶段:定期印刷报纸——新闻媒介最初形态趋向定型

1. 1609 年,德国《通告——报道或新闻报》

德国的《通告——报道或新闻报》是世界上现存最早的印刷周报,每周一张,仅刊登一篇新闻。根据近代报业的标准,只有在公元 17 世纪初期出现的定期新闻刊物,才能称得上是近代意义上的报纸。而这种报纸的诞生,与近代邮政制度的形成又是密切相关的。邮政制度为出版商在新闻来源和发行方面提供了可靠的保证。由于最初的邮件一般是每周到达一次，因而最早出现的定期刊物多是周刊。后来随着社会经济的发展，各地经济联系的加强，邮件传递的次数日益增多，因此，频率由每周一次逐渐地改为每周二次、每周三次，以至每天一次，于是新闻印刷品的刊期也逐渐缩短，由周刊改为周二刊，最后出现了日报。

1615 年，德国爱格诺尔佛·莫尔创办了著名的《法兰克福新闻》，该报每周一期，每期刊有数条新闻，被人们认为是世界新闻史上第一份真正意义的报纸。莫尔本人亦被人们尊称为“德国报业之父”。

2. 1621 年，英国《每周新闻》

1621 年，英国出版商尼古拉斯·鲍尔尼(Nicholas Bourn)和托马斯·艾克尔(Thomas Archer)在国王的特许下，创办了英国第一家定期刊物《每周新闻》(*Weekly News*)，这是英文“News”作为“新闻”之意第一次被用于刊名，从此流行于世界。该刊的内容取材于荷兰的新闻书，主要是国外消息。此外早期的著名报纸还有《每周匈牙利新闻》《每周法国新闻》《每周意大利新闻》等。

这些报纸在内容方面，包括政治、经济、军事等方面新闻信息及少数言论。形式上，带有浓厚的新闻书风格，类似于前一时期的新闻小册子。

3. 1650 年，德国《新到新闻》

1650 年，德国出版商蒂莫台斯·里兹赫(T. Ritzsch)在莱比锡创办了《新到新闻》(*Einkommende Zeitung*)，这是德国，也是世界上第一家日报。1650 年，莱比锡印刷局长创办了《莱比锡新闻》，这份周报在三年后改为日报出版，这是世界历史上的第二家日报。此后，德国日报事业发展较快，在弗里德里希大帝的统治下，出现了报业繁荣的局面。日报的出现标志着报纸业走向成熟。

4. 1665 年，英国《牛津公报》

1665 年，英国著名报人麦迪曼 (Henry Muddiman)在牛津出版了《牛津公报》(*The Oxford Gazette*)，这是英国历史上第一家真正的报纸，它一改以往新闻书的样式，首次采用单页两面印刷，每面分为两栏，开了近代报纸版面形式之先河。后出版地从牛津迁至伦敦，改名《伦敦公报》(*London Gazette*)出版至今，是世界上最古老的报纸之一。18 世纪中后期，随着资本主义工商业的发展，英国又陆续出版了几家权威性日报，如 1758 年创刊的《纪事晨报》(*The Morning Chronicle*)、1772 年创刊的《晨邮报》(*The*

Morning Post)以及 1785 年元旦创刊的伦敦《泰晤士报》(*The Times*),这些报纸为确立英国新闻界独立的政治地位做出了贡献。

5. 1704 年,美国《波士顿新闻信》

1704 年,约翰·坎贝尔(John Campbell)创办了北美大陆第一份连续发行的报纸——《波士顿新闻信》(*The Boston News-Letter*)。坎贝尔是波士顿第一任邮政局长,他利用职务之便,把官方消息、车船信息、街谈巷议等内容变成新闻信,供给一些政府官员,包括殖民地几位总督阅览。该报每周出版一次,两面印刷,其用较大篇幅报道英国政治、宫廷及欧洲战争新闻,其余则为短讯,如船舶到达、死亡、传教、官吏任命、气象、灾害、诉讼等,最后一栏有少许广告。

(四)近代报业产生的意义

从 17 世纪初到 18 世纪,世界近代报业经历了一个从无到有、由简单到复杂、由幼稚到成熟的发展过程。经过这一过程,近代报刊从内容到形式逐步稳定下来,并形成了一定的规范。首先,报刊从一般的印刷出版物中分离出来,同书籍区别开来,形成了一个独立的以报道新闻评论时事为主要业务的行业。其次,报业开始分流,形成了报纸和期刊两个分支。就报纸而言,已具备散张、两面印刷、分栏编排的形式,内容有新闻、评论、广告三个部分,其刊期较短,有日报、周二刊、周报等。至于期刊,则仍保留成册装订的书本形式,内容有政治时事性、科学性、文艺性等类别,其刊期也远较报纸长,有周刊、月刊、季刊等。书籍、期刊、报纸分工的明细化,标志着近代报业达到了一个比较成熟的阶段。

周报、日报的出现使新闻媒介也发生了相应变化。第一,大大缩短了出版周期,提高了新闻报道的时效,扩大了发行量和读者范围;第二,大大增加了报纸运行所需工作量,需要一定的分工协作和社会化生产保证报纸的出版发行,促使不同专业工种的产生;第三,需要专门的厂房、机器设备和雇佣人员,报纸成为一种资本主义的企业,成为一种具有一定规模,经常地、定期地向社会传播信息的新兴行业——新闻事业。

报业在发展的过程中,不仅经历了由手抄到印刷、由单页到双页以至多页、由不定期到定期以至周报和日报等形式上的沿革和演化,而且由于报纸本身所具有的可以经常而广泛地影响社会的特点,逐渐被不同的阶级用作进行思想斗争和舆论斗争的工具。在这种情况下,报纸的性质也随之产生变化，报纸由主要满足社会经济生活需求的工具，转变为具有思想舆论展现和进行斗争等职能的多功能大众传播媒介。

第二节　新闻媒介产生的规律

通过考察报纸的产生过程，我们可以揭示出新闻传播事业产生的一般规律：新闻传播事业是在社会生产方式发展到一定阶段，适应一定社会的需要而产生的。报纸正是适应了资本主义商品经济出现后社会对新闻的大量需求而问世的。因此，新闻事业产生的社会根源正是资本主义商品经济的兴起和初步发展。

一、信息需求的原动力

资本主义商品经济极大地刺激了社会对新闻信息的需求，为新闻事业的产生提供了原动力，主要表现在以下四个方面：第一，社会的大变动，使得社会每时每刻都涌现出大量新闻；第二，社会规模的扩大，拓宽了人们的视野，使得人们对外界事物产生了极大兴趣；第三，生产和消费的世界性，迫使人们更加关心世界各地的变动和市场动态；第四，社会分工的精细化大大增强了各部门、行业间的相互依赖性。

资本主义商品经济出现以后，社会发生了翻天覆地的变化。社会规模扩大了，社会变动急速加剧，生产的社会化使人们之间的联系和依赖加强了，不断造成社会对新闻的广泛、及时的需求。古代社会那种狭小的新闻传播活动规模和缓慢的传递速度，已无法适应新的变化和新的需求，于是报纸的问世成了社会发展的必然要求。

二、物质基础的准备

资本主义商品经济为新闻事业的产生奠定了物质基础。在新闻传播事业的诞生过程中，资本主义商品经济的物质基础性质集中体现在下列四个方面：第一，城市人口集中，保证了报纸的销路；第二，印刷技术的进步、造纸技术的发展为报纸的大量出版和发行提供了物质保障；第三，交通、通信、邮政等行业的发达使报纸的定期出版和发行成为可能；第四，广告是商品经济的伴随物，保证了报纸的资金来源。

三、思想文化的推动

资本主义商品经济的发展，带来了全社会的思想文化大解放，为新闻事业的产生提供了思想文化土壤。第一，14～16 世纪，欧洲新兴资产阶级思想家发动文艺复兴运动。文艺复兴运动为作为社会思想文化有机组成部分的新闻事业的产生提供了沃土。第二，思想文化的深刻变革为新闻事业的产生扫清了障碍，起到推进作用。第三，思想文化的变革促使学校教育日益兴盛。

就西方社会来讲，16～18 世纪是封建社会解体、资本主义生产关系大发展的时期，近代新闻事业伴随着资本主义商品经济的兴起而产生。近代新闻事业的形成标志有以下四点：第一，出现了专业化的传播机构和专业化的新闻从业人员；第二，形成了有新闻需求的受众群，催生了新闻市场；第三，出现了非手工操作的传播工具；第四，展开了规模比较大的和持续不断的新闻传播活动。

近代新闻事业的标志就是传播覆盖空间广、规模大，实现了传播方式由原来的“点到点”到近代新闻事业的“点到面”的转变。这是近代新闻事业和古代新闻事业在传播模式上的区别，从“点到点”到“点到面”，出现了一种深层次的进化和转变。

第三节　新闻媒介三种传播体系的形成及发展

近代新闻事业产生以后，在发展的过程中，逐渐形成了多样化的新闻传播媒介体制与格局。1984 年，美国新闻学者 J.赫伯特·阿特休尔（J. H. Altschull）在深入考察了欧美新闻事业的演变发展以及新闻观点的产生、变化后，探讨了当今世界新闻传播领域的重大问题，在其著作《权力的媒介》（*Agents of Power*）中指出，施拉姆的四分法是在冷战背景下提出的，带有简单化倾向，并且已经过时。他指出：“所有的媒介，不论是过去的还是现在的，都不是独立的、自为的，媒介从来都是某种权势的‘吹鼓手’。”[①]阿特休尔根据当时世界不同社会的政治、经济、文化状况，重新提出了新闻媒介的三种传播体系，即西方媒介体系、东方媒介体系、南方媒介体系，并论述了各体

① ［美］J.赫伯特·阿特休尔：《权力的媒介》，黄煜、裘志康译，华夏出版社 1989 年版，第 39 页。

系的特征和主要理论。

一、西方媒介体系——市场经济世界的媒介体系

(一)基本观点

西方媒介体系,即市场经济世界的媒介体系,其核心是反映了资产阶级自由主义的观点,认为报刊应该是“观点的自由市场”,是实行自律的自由企业。

西方媒介体系认为新闻事业的目的是:(1)教育人民正确地投票选举,以此来捍卫社会秩序;(2)要求大众追求真理,善尽社会责任;(3)以非政治方式告知新闻;(4)公正地为大众服务,支持现存的资本主义制度;(5)媒介本身可作为监督政府的工具。

针对新闻传播规范,西方新闻传播者信守的原则是:(1)媒介不受外界干涉;(2)为公众的知晓权服务;(3)要力求反映真理;(4)要公正客观地报道世界。

西方体系对新闻自由的态度是:(1)新闻自由就是记者的活动不受外界控制;(2)新闻媒介也不屈从于权力,不受权力操纵;(3)甚至新闻自由本身也不需要国家新闻政策来保证。

西方自由主义的媒介体系,是17世纪中叶到18世纪欧美资产阶级革命时期在同极权主义制度及其规范理论的斗争中形成的。这一时期也成为资本主义新闻事业发展的重要时期。

在这一时期的欧美资产阶级革命运动中,一大批具有鲜明政治倾向和革命鼓动性的报刊应运而生,成为反对封建教会统治、宣传资产阶级民主自由思想的强大武器。其中,具有代表性的报刊有英国的辉格党创办的《每日新闻报》、法国的资产阶级革命领袖马拉创办的《人民之友报》等。另外,北美的资产阶级思想家们此时也纷纷投身报刊创办事业,利用报刊传播先进的思想和理念,其中包括美国的著名思想家富兰克林、杰斐逊、亚当斯、潘恩等。

在资产阶级产生、发展、壮大过程中,一些著名的思想家在不同时期提出的著名的新闻出版思想,不仅在当时产生了重大的影响,而且对后来的资产阶级新闻传播理念的形成亦产生了深远的影响。

(二)约翰·弥尔顿——《论出版自由》

在争取出版自由的斗争中,英国诗人、政论家约翰·弥尔顿(John Milton)于1644年撰写了《论出版自由》(*Areopagitica : A Speech for the Liberty of Unlicensed Printing to the Parliament of England*)一书,反对当权长老派的跋扈。此书最初是1644年作者向英国国会提出的一篇演说词,也是一篇争取言论自由的战斗檄文。

该书的主要观点包括:人民的出版自由是与生俱来的权利,限制言论自由即是妨碍真理本身,唯有保障言论自由,才能使真理战胜谬误。文章还阐述了"观点的公开市场"以及"自我修正过程"等概念。

约翰·弥尔顿及其撰写的《论出版自由》为争取出版自由做出了一定的贡献,是争取出版自由斗争中留下来的早期文献。其中的"观点的公开市场""自我修正过程"等理论,奠定了资产阶级新闻自由理论的基础。

(三)杰斐逊——倡导新闻出版自由,阐述"报纸启迪民智、监督政府"的作用

被誉为美国"新闻自由之父"的托马斯·杰斐逊(Thomas Jefferson)提出:"我们的政府的基础是民意,因此首要的目标就是使他们保持正确。如果要我来决定究竟是有政府而没有报纸,还是有报纸而没有政府,我会毫不迟疑地选择后者。"[①]这段论述,不仅进一步推进了美国新闻自由原则,也成为西方新闻学的经典。后来的美国报纸较早转型为现代报业,跟其享有较充分的新闻自由权利有很大的关系。

(四)"大众化报纸"时期的到来

从18世纪后期到19世纪中期,欧美资本主义国家进入工业革命时期,促使西方报业史上的"大众化报纸"时期的到来。

工业革命为新闻事业的发展带来前所未有的物质条件,它极大地降低了报纸的生产成本,提高了发行速度,扩大了发行范围,提高了发行数量。因此,到了19世纪三四十年代,美国和欧洲资本主义国家产生了现代化的报刊——"大众化报纸"。

所谓"大众化报纸",又被称为"廉价报纸""便士报",其特点在于不仅大

① [美]沃尔特·李普曼等:《新闻与正义Ⅲ》,展江译,海南出版社1999年版,第117页。

量刊登广告和趣味性强、刺激性强的耸人听闻的新闻报道，而且十分强调报纸的独立性，使政党报刊时期的“观点纸”变成真正意义上的“新闻纸”，这是当时西方新闻报刊业进步的一种表现。大众化报纸价格低廉，发行量大，因而能获取较大的利润，其使报纸成为一种资本主义产业。

19 世纪末 20 世纪初，报纸从“小众”到“大众”的过程，经历了一次较大的飞跃。这一时期，报纸的发行量直线上升，由过去的几万份增加到十几万份、几十万份乃至上百万份；读者的范围也不断扩大，由过去的政界、工商界等上层人士扩展到了中下层人士。这种由量的积累而产生的质的飞跃，宣告了一个新时代——大众传播时代的来临，标志着资本主义的发展达到一个新的高峰。因为资本主义政治、经济的发展是资产阶级报业发展的前奏，而报业的发展水平又直接反映着资本主义的发展水平。

首先，相对于封建社会的“小众化”（贵族化）而言，资产阶级革命时期的报刊已经具有了“大众化”的倾向。工业革命促进了社会生产力的飞速发展，从而将资产阶级报业带入了以普通民众为读者对象的“廉价报纸”（亦即“大众化”报纸）时期。这一时期，由于报纸日渐迎合下层民众的口味且售价低廉，读者范围不断扩大。如同经济领域中“金融资本”的形成以及资本的输出标志着资本主义高级阶段的到来一样，新闻传播领域中由“小众”到“大众”过程的完结，标志着资本主义的发展已经到达了它的顶峰。然而，这一时期的“大众化”只具有初步的形态，其发展也十分不稳定，与后来的大众化报纸不可同日而语。

其次，这次飞跃促进了资产阶级民主的进步。19 世纪，大众化的廉价报纸出现后，尤其是 19 世纪末报纸的“大众化”过程完成之后，报纸不再接受党派津贴而转为独立经营。同时，报社也不再接受任何形式的新闻检查而享有了较为充分的出版权、采访权和发布权。在内容方面，报纸以各类信息为主，尽可能地向读者提供有关各项事务的信息，并给包括各界人士在内的广大读者以充分的言论表达自由。在此过程中，报纸作为“社会公器”起到了舆论监督的作用，使资产阶级议会民主制倡导的“公开、公正、公平”的原则得以贯彻。与此同时，经过自身的实践，报界对资产阶级言论自由的原则进行了补充、修正，使其具有了更加丰富的内涵，由此推动了资产阶级民主的发展。

再次，它还推动了社会经济的发展。现代意义上的报纸产生于工业革命后资本主义经济飞速发展之时，它以 19 世纪“大众化”报纸的出现为起点，实行企业化经营，以降低售价、刊登广告、扩大发行作为生存之道，由此而成为自负盈亏的独立的经济实体。时至19世纪末20世纪初，资本主义竞争日趋激烈，买方市场逐渐形成。为了在竞争中胜出，商家采取各种手段推介产品，扩大销售规模，在此过程中，作为大众信息载体的报纸愈发受到人们的青睐。于是，发行量大的报纸就获得了大量的广告，而广告又刺激报纸降低售价，扩大发行，赢得更多的读者，这样一来又能吸引更多的广告，其结果是数额巨大的广告费源源而来，成为报纸的一项主要收入。20世纪以后，随着资本主义经济的进一步深化以及生产、资本集中过程的加快，报纸上的广告越来越多，广告收入在报社总收入中所占的比重也越来越大。以著名的《纽约时报》(*The New York Times*)为例，报纸大量刊登广告，大小广告共占报纸总篇幅的2/3，这样一来，其总收入只有30%来自报纸的发行，其他的70%则来自广告。广告"养活"了报纸，成为报纸的经济命脉，同时，通过刊登广告、推销产品，报纸又反过来成为经济发展的一种推动力量。

最后，报业的飞跃推动了新闻媒体的产业化。工业革命后，随着商品经济的发展，报纸的商品属性日渐突出，报业也由小生产的经营方式逐渐过渡到企业化管理，并日益成为一种有利可图且利润丰厚的资本主义行业。19世纪末，随着自由资本主义向垄断资本主义的过渡，报业资本迅速集中，出现了报业垄断组织"报团"，由此形成了媒介产业化的格局。到了20世纪末，这些报业集团更是滚动发展为财力雄厚、多角延伸、跨国经营的媒介产业集团，例如，全球最大的传媒公司华纳媒体在报刊与图书出版、音乐、电影和有线电视等领域全面出击，具有强大的影响力。

然而，西方媒介体系终归是与资本主义的政治、经济体系结合在一起的，这种体系保障的并不是全体社会成员的利益，而仅仅是私有资本的利益。历史的发展也已证明，西方媒介体系没有也不可能实现它所设想的社会理想，相反，随着资本主义发展到垄断资本主义阶段，其反而进一步蜕化成维护垄断资本利益的理论体系。

二、东方媒介体系——马克思主义世界的媒介体系

(一)基本观点

东方媒介体系即马克思主义世界的媒介体系，其形成经历了无产阶级革命和社会主义建设两个时期，并且正处于发展和完善过程中。

东方媒介体系认为新闻事业的目的是:(1)教育人民树立正确价值观,并以此来捍卫社会主义制度;(2)要求人民寻求真理,善尽社会责任;(3)以政治方式教育人民并争取盟友;(4)要求人们拥护社会主义制度;(5)在重大问题上,要求统一观点,协调行动;(6)媒介努力满足人民的客观需要,客观地报道世界的变化,并以此促进社会变革。

东方媒介体系对新闻自由的态度是:(1)新闻自由不仅仅是富人的意见表达自由,而应是全体人民自由发表意见的自由;(2)新闻自由必须建立在反对或没有压迫和剥削的基础上;(3)为确保新闻自由的正确实施,需要推出一项国家性的新闻政策。

东方媒介体系是在无产阶级革命的理论和实践的基础上产生和发展起来的,是在工人和劳动大众与资产阶级的斗争中成熟起来的,并产生了作为自己指导思想的马克思主义理论和共产党组织。在斗争中,无产阶级利用报刊等新闻媒介来批判资本主义制度、宣传革命思想、动员和组织工人运动。

(二)首批无产阶级报刊诞生

19世纪三四十年代,在欧洲爆发的三大工人运动中,产生了第一批真正意义上的无产阶级报刊。

1.《北极星报》

《北极星报》(*The North Star*)是马克思以前的工人运动中影响最大的工人报纸。1837年11月11日创刊于英国北方城市里兹,创办人和主编是菲·奥康瑙尔。最初它是一家地方性的宪章派周报,但很快发展为英国发行量最大的工人报纸,最高销售数达到1.09万份。1844年11月,该报从里兹迁到伦敦,成为宪章派左翼实际上的中央机关报。该报报道面很宽,注重时效,文字激昂。19世纪40年代起,宪章运动新一代的领袖乔·哈尼、厄·琼斯亦成为该报的编辑。从1843年起,恩格斯成为该报的通讯员。1847年,《北极星报》和马克思、恩格斯编辑的《德意志—布鲁塞尔报》以及法国的《改革报》结成了进步报刊同盟。马克思和恩格斯曾致信奥康瑙尔说:"我们还应当感谢您和您的助手们在领导《北极星报》方面所表现的高贵而开通的风格……只有它在实质上是真正民主的,只有它没有民族的和宗教的偏见……《北极星报》在所有这些问题上表达了英国工人阶级的意见,所以它是真正值得大陆上的民主主义者阅读的唯一的英国报纸。”[①]随着英国宪章运动的衰落，1852 年，该报在困境中被卖给了一个资本家，从而结束了它 15 年轰轰烈烈的生命历程。

2.《新莱茵报》

《新莱茵报》的全称为《新莱茵报·民主派机关报》，由马克思、恩格斯于 1848 年6 月 1 日创刊于欧洲革命大风暴中的德国工业中心科伦，是一份面向大众的德文政治性大型日报。《新莱茵报》是世界上最早的马克思主义报纸，对欧洲大革命产生了深远的影响，在无产阶级报刊史上占有十分重要的地位。

3.《火星报》

《火星报》是俄国社会民主工党中央机关报。1900 年 12 月 24 日，该报由列宁、普列汉诺夫创办于德国莱比锡，是全俄无产阶级的第一份政治报纸。其报名来源于普希金的诗句：“行看星星之火，燃成熊熊之焰。”该报为党制定了纲领草案，并筹备了党的第二次全国代表大会。1903 年，该报发生分裂，以列宁为首的多数派退出了编辑部。由此，该报变成了少数派的喉舌。

（三）中国共产党创办的早期报刊和新闻机关

1.《向导》——第一份中央机关报

《向导》是中共中央早期出版的机关报，1922 年 9 月创刊于上海。由蔡和森、彭述之、瞿秋白先后任主编。主要刊载宣传中国共产党关于民主革命的政论文章，曾先后在上海、北京、广州、武汉等地编印发行。1927 年7 月停刊。

2.“五卅运动”期间创办的《热血日报》

《热血日报》是中国共产党创建的第一份日报。1925 年震惊中外的“五卅运动”中，中国共产党创办了这份如同这个运动一样让人热血沸腾的报纸，它也是中国共产党创办的第一份日报。这份 1925 年 6 月 4 日在上海创刊的《热血日报》，共出了 24 期，到 1925 年 6 月 27 日被迫停刊。

3.抗日战争时期创办延安的《解放日报》和重庆的《新华日报》

《解放日报》原是延安时期的中共中央机关报。1941 年 5 月 15 日，中共

---

① 《马克思恩格斯全集》第 4 卷，人民出版社 1958 年版，第 28～29 页。

中央通知："将延安《新中华报》《今日新闻》合并，出版《解放日报》。一切党的政策，将经过《解放日报》与新华社向全国传达。《解放日报》的社论，将由中央同志及重要干部执笔。"①5 月 16 日，《解放日报》在延安创刊，日出对开半张两个版，自 9 月 16 日出版的第 124 号起，扩大为日出对开一大张 4 个版。第一任社长为博古，1946 年 4 月 8 日因飞机失事遇难后由廖承志继任。第一任主编为杨松，1942 年因病去世后先后由陆定一、余光生继任。至 1947 年 3 月 27 日停刊，共出 2130 期，历时近 6 年，正值抗日战争和解放战争时期。延安《解放日报》在这一历史阶段出色地完成了光荣使命，其卓越的宣传业绩和丰富的办报经验，在中国新闻史上写下了光辉的一页。1946 年6 月，国民党反动派全面撕毁停战协定，悍然向解放区发动进攻。从 1946 年 11 月起，《解放日报》开始疏散工作。在敌人以优势兵力重点进攻陕甘宁边区的形势下，党中央做出了暂时放弃延安和保卫陕甘宁边区的决定。在中央撤离延安后，该报曾在史家畔一带坚持出版了一个短暂时期，由于军情紧急，活动环境恶化，于 1947 年 3 月 27 日终刊。

《新华日报》于 1938 年 1 月 11 日在汉口正式创刊，是中国共产党第一份全国性政治机关报。1938 年 10 月 25 日，武汉沦陷，《新华日报》在武汉出版最后一期。同日，同一期号、不同内容的《新华日报》在重庆出版。在周恩来直接领导下，重庆《新华日报》一直出版至 1947 年 2 月 28 日被国民党勒令停刊。

4."红色中华通讯社"

红色中华通讯社于 1931 年 11 月 7 日在江西瑞金成立，是中国共产党领导下成立最早的新闻机构。1934 年 10 月，红色中华通讯社随中央红军长征。1937 年 1 月，为适应革命斗争形势的需要，根据中央的决定，该社在延安更名为"新华通讯社"。1940 年 12 月 30 日，新华社创办了延安新华广播电台，即中央人民广播电台的前身；1944 年 9 月 1 日，又开办了对国外英语广播。抗日战争时期，新华社在华北、晋绥、晋察冀、山东、华中各抗日民主根据地相继成立分社。当时，由于敌人的分割封锁，新华社成为抗日民主根据地对外发布新闻的唯一渠道。

5."延安新华广播电台"

延安新华广播电台是中央人民广播电台的前身，是中国第一座广播电

① 中共中央文献研究室编：《毛泽东年谱》（中），中央文献出版社 1993 年版，第 297 页。

台。中央人民广播电台(China National Radio)是中华人民共和国国家广播电台,是中国最重要、最具有影响力的传媒之一。延安新华广播电台于1940年12月30日诞生在革命圣地延安。1949年3月25日,延安新华广播电台(撤出延安以后改名为“陕北新华广播电台”)开始在北平播音,使用“北平新华广播电台”呼号,1949年12月5日正式定名为“中央人民广播电台”。

东方媒介体系没有固定模式可循,只能在实践中不断摸索和前进,从而才能建设符合本国国情、具有本国特色的社会主义传播体系和规范。中国的媒介体系被证明是东方媒介体系的一个成功实验,在改革开放后,中国媒体开始以事业单位企业化运作的方式运营,既保证了为人民服务的根本目标,又激活了媒体活力,使媒体有了盈利的任务和途径,兼顾了社会效益和经济效益的统一。尤其是在网络媒介环境下,中国媒体积极运用先进的媒介技术手段、学习和创新媒介内容和组织管理体系,走出了一条独具特色的发展道路。

三、南方媒介体系——第三世界或欠发达国家的媒介体系

(一)基本观点

南方媒介体系,也称“第三世界或欠发达国家的媒介体系”,是在三个体系中最公开、最直接地把新闻媒介当作教育工具的体系。该体系下的新闻媒介既被用来捍卫社会制度,又被用来改造社会制度,具有雄壮有力、变革创新的特点。

南方媒介体系认为新闻事业的目的是:媒介以政治方式教育人民服务于真理和社会,与政府合作,为各种有益的目的与和平的事业进行变革发展;媒介是一种团结稳定的力量,是一种有益于社会变革、经济发展、社会公正的工具,是传播者与受众交流思想、沟通信息的双向传播工具。

南方媒介体系对新闻自由的态度是:新闻自由意味着新闻传播的心灵自由,其重要性仅次于国家存亡,因此,需要一项国家性的新闻政策来对自由提供合法保障。

在当今世界,发展中国家在国际事务中起到了越来越重要的作用,它们的媒介体系也引起了越来越多的关注。在跨国传播和全球化传播越来越频繁的今天,西方发达国家的媒介体系和媒介产品不断地“倾销”到发展中国家,并对他们的文化和社会生活造成了很大的影响。为了更好地抵御发达

国家的“文化侵略”,不少发展中国家在维护“信息主权”的口号下,从制度上采取了各种保护和发展本民族文化的措施,并加强了对外来信息的自主管理,形成了多样化的媒介制度。

(二)发展中国家报业发展不平衡

亚洲、非洲、拉丁美洲广大地区共有100多个发展中国家和地区,它们在历史上长期受到西方列强的殖民统治,在第二次世界大战后,虽然获得了独立,但也都面临着巩固民族独立、建设发展国家的繁重任务,多数国家实行资本主义的政治、经济体制。其报刊种类繁多,阶级属性、社会背景、政治态度也各不相同,但基本上都倾向于反帝、反殖、反霸,以及为捍卫民族独立和发展本国经济而努力,它们是世界新闻事业的重要组成部分。

亚、非、拉美发展中国家报业的发展很不平衡。个别国家报业发端相对较早,亚洲的印尼、印度,拉丁美洲的墨西哥、巴西,非洲的毛里求斯、埃及等国,报业已有二三百年的历史,但多数国家的报业是在进入20世纪后才开始的。发展中国家的报业史有几个明显的共同点:(1)早期报刊,尤其是报业发端较早的国家的早期报刊,大多由殖民者创办。这些殖民者把资本主义商品经济带到殖民地的同时,也把近代报纸带到了那里,间接促进了本地人办报,各国的近代报业也因此诞生。(2)发展中国家本民族的报刊是随着反殖民主义、反封建斗争的开展而逐步发展成长的。凡是民族民主运动兴起较早的地区(如拉丁美洲)和国家(如亚洲的印度、非洲的埃及),民族民主报刊也兴办得早、成长得快。一方面,反殖民主义、反封建斗争是民族民主报刊赖以生长的土壤;另一方面,民族民主报刊又为推动这场革命运动做出了重要的贡献。(3)民族解放运动的胜利,为这些国家的报业发展开辟了新的天地。各国独立后,纷纷采取措施消除殖民时期的报业管制,没收或赎买殖民者所有的报刊,兴办国营报刊或资助民办报刊,从而使当地报业结构发生了根本变化,报业规模有了前所未有的发展。

目前亚、非、拉美地区的报业还处在发展时期,远低于世界其他地区的发展水平,同时各国发展情况又很不均衡,相较而言,拉美国家报业较为发达,现代化程度也高。亚洲多数国家报业已有一定基础,有的还相当发达,但是内陆山地国家仍很落后,个别国家还没有出版日报。非洲报业起步晚、基础差,许多国家在独立之后才有了本民族报刊,尤其是撒哈拉以南的非洲,还有几个国家(如吉布提、厄立特里亚等)没有出版日报。另外各国城乡情况差异较大，很多农村地区根本看不到报纸。这种不平衡状况的形成，除了历史原因外，更有现实的经济、政治方面的原因。从政治上看，有些国家政治制度较为落后，民主程度低，报业就难以繁荣；有些国家政局动荡、战乱不息，这又使报业经常受挫。所以，只有政治开明、经济繁荣、社会稳定，报业才可能真正兴旺发达。

发展中国家的报业体制，大致上有三种类型：

第一种，以政府或执政党报刊为主。全部报刊或大部分报刊都是政府办的官报或是执政党办的准官报，执政当局直接掌握报刊、控制舆论。这类体制在非洲（尤其在 20 世纪 80 年代以前）较为普遍，亚洲、拉美某些国家（或是某些国家的某些时期）也有这种做法。

第二种，政党报刊和商业报刊并存。既有执政党的报刊，也有在野党或反对党的报刊，又有相当数量的民办商业报刊，彼此在法制范围内共存发展。多数亚洲、拉美国家以及某些非洲国家，凡是实行多党制和市场经济的，一般都采用这种体制。

第三种，商业报刊为主。在亚洲、拉美某些资本主义经济发达、报刊商业化程度高的国家，商业报刊已经居于报业的主体位置，政党直接控制的报刊已经没有或很少。某些政治性强或是有特定政治背景的报刊，一般也实行商业化经营，同样参与市场竞争。

发展中国家政府对报业的管理宽严不一，有些国家将报刊直接置于政府或执政党控制之下，人员由其任免，方针由其确定，经费由其拨给，并实行严格的监督、送审制度；有些国家采取间接的调控政策，通过经济手段取得某些报纸的控股权，或是对某些报纸给予资助，从而影响这些报纸的政治倾向或业务方针；有些国家实行完全开放的政策，政府对报刊业务不进行干预，只是依据法律进行行政性的管理。

总的看来，多数发展中国家重视并提倡报刊的社会责任，强调报纸应该根据国家利益引导舆论，强调报纸在保持社会稳定、维护民族利益、推动经济发展中的积极作用，反对不受约束的无限制的“新闻自由”。这种被称为“发展新闻学”“指导性新闻业”的理论，在发展中国家新闻界有广泛的代表性和重大的影响。

第四节 新闻媒介的发展——电子时代的来临

一、广播媒介的崛起

(一)电报——揭开电子通信时代的帷幕

19世纪30年代,为推动铁路迅速发展,发明一种不受天气影响、没有时间限制又比火车“跑”得更快的通信工具就成为迫切需要。此时,发明电报的基本技术条件(电池、铜线、电磁感应器)也已具备。1837年,英国库克(Willian Fothergill Cooke)和惠斯通(Charles Wheatstone)设计制造了第一款有线电报,且不断加以改进,发报速度不断提高。这种电报很快在铁路通信中获得了应用。此时的电报系统的特点是电文直接指向字母。

虽然早在19世纪初,就有人开始研制电报,但实用电磁电报的发明,主要归功于英国科学家库克、惠斯通和美国科学家莫尔斯(Samuel Finley Breese Morse)。1836年,库克制成电磁电报机,并于次年申请了首个电报专利,惠斯通则是库克的合作者。莫尔斯原本是美国的一流画家,出于兴趣,他在1835年研制出电磁电报机的样机,后又根据电流通、断掉时出现电火花和没有电火花两种信号,于1838年发明了由点、划组成的“莫尔斯电码”(又译为“摩斯密码”,Morse code)。

1858年7月,《科学美国人》(*Scientific American*)杂志报道:“众所周知,英国人一向宣称,电磁式电报(magnetic telegraph)是由他们的同胞惠斯通教授发明的,而在大西洋彼岸,电报公司的成立,则让更多的欧洲人开始讨论,谁才是电报的真正发明者。”法国巴黎的《通报》认为,莫尔斯虽不是电报原理的创立者,却是第一个将该原理用于实践的人。到19世纪后半叶,莫尔斯电报已经获得了广泛的应用。

(二)电话——人类通信新时代的到来

对于大多数人来说,每当提到电话的发明,一定会联想到亚历山大·格雷厄姆·贝尔。贝尔进行了大量研究,探索语音的组成,并在精密仪器上分析声音的振动。在实验仪器上,振动膜上的振动被传送到用炭涂黑的玻璃片上,振动就可以被“看见”了。接下来,贝尔开始思考有没有可能将声音振动转化成电子振动，这样就可以通过线路传递声音了。几年下来，贝尔尝试着发明了几套电报系统。渐渐地，贝尔萌生了一个想法，即发明一套能通过一根线路同时传送几条信息的机器。他设想通过几片衔铁协调不同频率，在发送端，这些衔铁会在某一频率截断电流，并以特定频率发送一系列脉冲，在接收端，只有与该脉冲频率相匹配的衔铁才能被激活。实验中，贝尔偶然发现沿线路传送电磁波可以传输声音信号，经过几次实验，声音可以稳定地通过线路传输了，只是仍然不清晰。由于贝尔教学任务繁重，他的研究在很长时间里都没有进展。1876 年，在贝尔 30 岁生日前夕，通过电线传输声音的设想意外地获得了专利认证，这就是电话。电话宣告了人类历史新时代的到来。

（三）无线电通信技术——电子媒介的雏形

1895 年，“嘀、嘀、嘀”三声微弱而短促的讯号，通过电波传过 2500 千米的大西洋对岸，从此向世界宣布了无线电的诞生。扎营守候在位于加拿大东南角的纽芬兰（New Foundland）讯号山（Signal Hill）的马可尼（Guglielmo Marconi），用气球和风筝架设接收天线，终于接收到从英国西南角的宝窦（Poldhu）用大功率发射电台发送“S”字符的莫尔斯电码。这是人类有史以来第一次跨过大西洋的无线电通信，这个实验向世人说明了无线电再也不是仅限于实验室的新奇东西，而是一种实用的通信媒介。这一消息轰动了全球，激发了广大无线电爱好者的浓厚兴趣，推动了业余无线电运动蓬勃发展。无线电通信在现代世界中是极其重要的，它可以用于新闻、消遣、军事、科研等多项领域。虽然从某些用途来说，电报（比无线电早发明半个世纪）也可以起到同样作用，但是就许多用途来说，无线电是难以被取代的——它可以与地上的汽车、海上的轮船、天上的飞机，甚至航天器相互通信。显然，无线电的发明比电报的发明更为重要，因为电报发送的信息可以用无线电来发送，而无线电信息则可以传到电报传不到的一些地方。

（四）电子管用于无线电接收器——收音机的诞生

关于收音机的发明者是有所争论的。有人认为是波波夫，有人认为是马可尼。1895 年，俄国物理学家波波夫（Alexander Stepanovitch Popov）宣称在相距 600 码（约 549 米）的两地，成功地收发了无线电讯号。同年稍后，马可尼也在他父亲庄园的土地上，以无线电波成功地进行了第一次试验。

波波夫 1859 年出生于俄国，是一位牧师的儿子，他从 1885 年开始研究无线电通信,并在 1895 年 5 月 7 日的一场演讲中,公开了他改良洛治(Sir Oliver Joseph Lodge)的接收器后成功发射及接收了无线电信号的研究结果。1901 年起,波波夫担任圣彼得堡大学的物理学教授,有人认为他是真正发明收音机的人。但是,或许因为他是一位学者,太过专心于学术研究,其收音机的发明并未广为世人所知,又或许是因为波波夫的发明被俄国海军认为是军事上的一大利器而列入机密才没有对外公布。相反,马可尼却非常有商业头脑,他成立了世界上第一家收音机工厂,并获得专利权。虽然也有人批评他制造的收音机只是结合了其他人的发明——赫兹(Heinrich Hertz)的线圈天线、洛治的调谐器及接收器、尼古拉·特斯拉(Nikola Telsa)的火花器,但也不可否认,他在无线电设备的实际应用方面贡献突出。

1906 年,加拿大发明家费森登(Reginald Fessenden)首度发射出"声音",无线电广播就此开始。同年,美国人李·德·福雷斯特(Lee De Forest)发明真空电子管,是真空管收音机的始祖。

(五)世界上第一家电台 KDKA

世界上第一座有正式营业执照的广播电台是 1920 年 11 月 2 日由美国匹兹堡西屋电气公司开办的 KDKA 广播电台。它是世界上第一个真正的无线广播电台,也是第一个获美国联邦政府所发的实验执照的广播电台。由于它实现了一系列的突破,如第一个报道体育比赛(一场拳击赛)、第一个播出舞台戏剧演出实况,因此很快就被载入了史册。

KDKA 电台的第一次广播是在 1920 年 11 月 2 日,当时,其播出了沃伦·哈丁(Warren Gamaliel Harding)击败詹姆·考克斯(James Middletem Cox)当选为总统的消息,宾夕法尼亚州、俄亥俄州和西弗吉尼亚州的人们都收听到了这一广播。当时这个电台的所有工作人员均是西屋公司职员,并且全部为志愿工作者。此后,他们从第一次播出后,每晚约 8 点开始广播,内容有当地新闻、邀请艺人现场表演、为临睡前的孩子们朗读故事等。

二、电视媒介的诞生

电视媒介的诞生大致经历了以下三个阶段:

(一)硒和光电效应的发现——理论开拓

电视是电子传播技术进步的结果,从只传送声音的广播到声画并存的电视，其间经历了长期发展。1817 年，瑞典科学家布尔兹列斯发现了一种非金属化学元素——硒(Se)。1873 年，英国化学家约瑟夫·梅发现流经硒的电流强弱和光照强度有关，从理论上证明了任何物体的图像都可以通过电子信号进行传播。

(二)英国人贝尔德研制电视成功

早在 19 世纪时，人们就开始讨论和探索将图像转变成电子信号的方法。在 1900 年，“television”一词就已经出现。1925 年 10 月 2 日，苏格兰人约翰·洛吉·贝尔德(John Logie Baird)在伦敦的一次实验中“扫描”出木偶的图像，这被看作电视诞生的标志，他也被称作“电视之父”。1925 年，他又根据“尼普科夫圆盘”进行了新的研究工作，发明了机械扫描式电视摄像机和接收机。当时画面分辨率仅 30 行线，扫描器每秒只能扫过扫描区 5 次，画面为 2 英寸高、1 英寸宽。之后，贝尔德在伦敦一家大商店向公众做了表演。1926 年，贝尔德又向英国报界做了一次播发和接收电视的表演。1927～1929 年，贝尔德通过电话电缆首次进行机电式电视试播，乃是人类最早的短波电视试验。电视的产生，改变了大众传播媒体的基本形态，从此人类大众传播翻开了新的篇章。

(三)世界上第一家电视台正式播出节目——电子声像媒介诞生

苏格兰工程师约翰·洛吉·贝尔德从 1932 年开始和英国广播公司(British Broadcasting Corporation, BBC)合作，尝试进行电视播送。1936 年 11 月，英国广播公司在伦敦以北的亚历山大宫建成英国第一座正式的电视台，这也是世界第一座正式电视台，英国广播公司在此开始了全球第一个电视播送服务。11 月 2 日，英国广播公司第一次正式播出电视节目，成为世界上第一个播出黑白电视的机构。电视广播在二战中曾经一度被中断，到 1946 年才重新开播。1953 年 6 月 2 日，英国广播公司现场直播伊丽莎白二世在威斯敏斯特教堂的登基大典，全英国约有 2000 万人收看了女王登基的实况。

第五节　后大众传播时代——信息媒介时代的来临

一、1946 年，第一台电子计算机在美国问世

研制电子计算机的想法产生于第二次世界大战进行期间。当时的武器

装备精度不足，因此研制和开发新型武器就显得十分迫切，为此美国陆军军械部在马里兰州的阿伯丁设立了“弹道研究实验室”。

历时两年多，ENIAC 研制成功。1945 年春天，ENIAC 首次试运行成功。1946 年 2 月 10 日，美国陆军军械部和宾夕法尼亚大学莫尔学院联合向世界宣布了 ENIAC 的诞生，从此揭开了电子计算机发展和应用的序幕。但此时的计算机体积庞大，占地面积 170 多平方米，重量约 30 吨，需消耗近 100 千瓦的电力。虽然 ENIAC 体积庞大，耗电惊人，运算速度也不过几千次，但它比当时已有的计算装置都要快 1000 倍，而且还有按事先编好的程序自动执行算术运算、逻辑运算和存储数据的功能。ENIAC 宣告了一个新时代的开始，从此，科学计算的大门也被打开了。

二、1948 年前后，控制论、系统论和信息论创立

（一）控制论创立

自从 1948 年诺伯特·维纳发表了著名的《控制论》一书以来，控制论的思想和方法已经渗透到了几乎所有的自然科学和社会科学领域。维纳把控制论看作是一门研究机器、生命、社会中控制和通讯的一般规律的科学，是研究动态系统在变的环境条件下如何保持平衡状态或稳定状态的科学。他特意创造“Cybernetics”这个英语新词来命名这门科学。“控制论”一同最初来源希腊文“mberuhhtz”，原意为“操舵术”，就是掌舵的方法和技术的意思。在柏拉图的著作中，经常用它来表示“管理人的艺术”。

在控制论中，“控制”的定义是为了改善某个或某些受控对象的功能或发展，需要获得并使用信息，以这种信息为基础而选出的于该对象上的作用。由此可见，控制的基础是信息，一切信息传递都是为了控制，进而任何控制又都有赖于信息反馈来实现。信息反馈是控制论的一个极其重要的概念。通俗地说，信息反馈就是指由控制系统把信息输送出去，又把其作用结果返送回来，并对信息的再输出发生影响，由此起到控制的作用，以达到预定目的。

（二）系统论创立

“系统”思想由来已久，但作为一门科学的系统论，则被人们公认是美籍奥地利人、理论生物学家贝塔朗菲（L. Von Bertalanffy）所创立的。他在

1952年发表“抗体系统论”，提出了系统论的思想。1937年提出了“一般系统论”原理，奠定了这门科学的理论基础。但是他的论文《关于一般系统论》到1945年才公开发表，到1948年在美国再次讲授“一般系统论”时，他的理论才得到了学术界的重视。确立这门科学学术地位的是其于1968年发表的专著《一般系统理论：基础、发展和应用》(*General System Theory: Foundations, Development, Applications*)，该书被公认为是这门学科的代表作。

“系统”一词，来源于古希腊语，是由部分构成整体的意思。今天人们从各种角度上研究系统，对系统下的定义不下几十种，如“系统是诸元素及其顺常行为的给定集合”“系统是有组织的和被组织化的全体”“系统是有联系的物质和过程的集合”“系统是许多要素保持有机的秩序，向同一目的行动的东西”，等等。一般系统论则试图给一个能描述各种系统共同特征的一般的系统定义，通常把系统定义为：由若干要素以一定结构形式联结构成的具有某种功能的有机整体。这个定义包括了系统、要素、结构、功能四个概念，表明了要素与要素、要素与系统、系统与环境三方面的关系。

系统论的核心思想是系统的整体观念。贝塔朗菲强调，任何系统都是一个有机的整体，它不是各个部分的机械组合或简单相加，系统的整体功能是各要素在孤立状态下所没有的性质。他用亚里士多德的“整体大于部分之和”的名言来说明系统的整体性，反对那种认为只要要素性能好整体性能就一定好的、以局部说明整体的机械论的观点。同时，他认为，系统中各要素不是孤立的存在，每个要素在系统中都处于一定的位置，起着特定的作用。要素之间相互关联，构成了一个不可分割的整体。要素是整体中的要素，如果将要素从系统整体中割离出来，它将失去要素的作用，正像人手在人体中是劳动的器官，而一旦将手从人体上切除，它便将不再是劳动的器官了一样。

系统论的出现，使人类的思维方式发生了深刻的变化。以往研究问题，一般是把事物分解成若干部分，抽象出最简单的因素来，然后再以部分的性质去说明复杂事物。这是笛卡儿奠定理论基础的分析方法。这种方法的着眼点在局部或要素，遵循的是单项因果决定论，虽然这是几百年来在特定范围内行之有效、人们最熟悉的思维方法，但是它不能如实地说明事物的整体性，不能反映事物之间的联系和相互作用，只适合借以认识较为简单的事物，而不胜任对复杂问题的研究。在现代科学的整体化和高度综合化发展的趋势下，在人类面临许多规模巨大、关系复杂、参数众多的复杂问题时，就显得无能为力了。正当传统分析方法束手无策的时候，系统分析方法却能站在时代前列，高屋建瓴，综观全局，别开生面地为现代复杂问题提供了有效的思维方式。所以系统论，连同控制论、信息论等其他横断科学一起所提供的新思路和新方法，为人类的思维开拓了新路，它们作为现代科学的新潮流，促进了各门科学的发展。

系统论反映了现代科学发展的趋势，反映了现代社会化大生产的特点，反映了现代社会生活的复杂性，所以其理论和方法能够得到广泛的应用。系统论不仅为现代科学的发展提供了理论和方法，而且也为解决现代社会中的政治、经济、军事、科学、文化等等方面的各种复杂问题提供了方法论的基础，“系统”观念正渗透到每个领域。

（三）信息论创立

信息论首先由贝尔电话公司的电器工程师香农（C. E. Shannon）提出。1948 年，香农发表了其代表作《通信的数学理论》，这被视为信息论的奠基之作。香农认为，通信的基本问题是在通信的一端精确地或近似地复现另一端所挑选的信息。他还提出了著名的通信模型。在该模型中，信源发出讯息，经过发射器，把讯息变换为信号，信号在信道中传递的过程，会受到噪声的干扰，所以接收到的信号实际上是“信号＋噪声”。经过接收器，信号被还原成讯息，传递给信宿。由于可能受到噪声的干扰，信号并非稳定不变的，这可能会导致发出的信号与接收的信号之间产生差别。也就是说，由信源发出的讯息与信宿接受的讯息两者的含义可能不同。交流失败的一个共同原因就在于发信者一方不能认识到发出的讯息与接受的讯息并不总是相同的。

香农和韦弗（Warren Weaver）通信系统模型（Shannon-Weaver Model of Communication）不仅适用于通信系统，也可以推广到其他信息系统。他们在该模式中提出了一个新因素“噪声”，表示信息在传递过程中受到干扰的情形。这说明信息系统的基本问题是要解决有效性与可靠性这两个方面的问题，即以最大速率准确无误地传递信息。“噪声”的概念也提醒人们注意研究交流过程中的干扰与障碍的问题。

三、1957 年，第一颗人造卫星发射成功

人造卫星的概念始于 1870 年。人造地球卫星是指发射到绕地球轨道

上做短期或长期运行的人造航天器，其运动方式服从开普勒行星运动定律，其轨道一般是以地心为焦点的椭圆，特殊情况下是以地心为中心的圆。它离地面的高度根据用途而定，从几百千米到几万千米不等，一般不低于200千米。

1957年10月4日，苏联在拜科努尔发射场发射了世界上第一颗人造地球卫星并成功将其送入轨道，人类从此进入了利用航天器探索外层空间的新时代。第一颗人造卫星的设计和制造，主要由苏联著名的火箭和宇航设计师科罗廖夫领导的试验设计局完成。该卫星由镀铬合金制成，重83.6千克，外表呈圆球形，直径58厘米，轨道远地点为986.96千米，近地点为230.09千米，每96分钟绕地球一周。卫星载有两部无线电发报机，通过安置在卫星表面的4个天线，发报机不断地把最简单的信号发射到地面。世界各地许多无线电爱好者当时都接收到了这一来自外空的信号。第一颗人造地球卫星在近地轨道上运行了92个昼夜，绕地球飞行1400圈，总航程6000万千米。

人造卫星在人类传播史上具有重要的意义。通过人造卫星，人类实现了跨越时空距离同步播报新闻、传递信息的媒体实践，人类传播也因此达到了前所未有的快捷程度。

四、20世纪80年代，人类进入信息社会

自1964年日本的梅棹忠夫(Tadao Umesao)第一次使用了“信息社会”后，这一概念已被越来越多的人所接受。信息社会作为一个新的社会形态，各方面发展并没有完全成熟，人们对于信息社会的本质特征，如信息社会与农业社会、工业社会本质区别都还没有清楚的认识。从生产力的构成要素来看，脑力劳动者、智能工具和数字化信息是信息社会区别于其他社会形态的本质特征。由于构成信息社会的劳动者、劳动工具和劳动对象的内容和性质发生了很大的变化，作为社会形态演进中的最根本的因素，生产力性质的改变对于整个社会的政治、经济、文化、军事等都产生了深远的影响，而使信息社会呈现新的特点和发展趋势。

(一)新型的生产力与生产关系

人类社会形态从生产力的角度看，可以分为农业社会、工业社会、信息社会。若从生产关系的角度看，人类社会的历史发展，则分为原始社会、奴

隶社会、封建社会、资本主义社会、共产主义社会。生产关系的发展是由生产力所决定的，这两种不同社会形态划分标准之间有着内在联系：农业社会基本上是与封建社会相对应的；工业社会基本上是与资本主义社会相对应的，只是到了20世纪才出现了社会主义社会。从生产关系的角度看，未来的信息社会相对应的是什么社会？在一个较长的历史时期仍将是资本主义和社会主义。信息社会阶段的资本主义将是在新的生产力条件下不断调整其生产关系的“新资本主义”，资本主义在发展过程中再次有了新的突破，在新的生产力条件下进一步释放了资本主义社会的制度潜能，延长了资本主义的寿命，而信息社会的到来也使得生产力水平较低的社会主义国家有可能实现跨越式发展，信息社会的社会主义将是生产力更加发达的社会主义。

（二）新的社会组织管理结构

在不同的社会形态条件下，不同的生产力基础催生了与之相适应的组织管理结构。农业社会的生产组织形式是以有血缘关系的家庭为基本的生产单元，金字塔型的集权式的权力结构是社会宏观管理的基本特征；工业社会的生产组织形式是以企业为单元的社会化大生产，形成了以政党及代议制民主为特征的社会宏观管理体制；在信息社会，信息技术极大地促进了文化、知识、信息的传播，为人们充分表达意愿提供了技术条件，促进了民众的民主意识的产生。同时，传统的管理层垄断信息的局面被打破，管理层丧失了从垄断信息到垄断决策管理权力的优势，传统的科层制所固有的或衍生的理性化、部门分割的管理体制将受到冲击，工业社会所形成的代议制民主会受到挑战。在信息社会，社会组织管理中的代议制民主、间接民主开始向参与民主、直接民主演变，传统的金字塔形组织管理结构也将向网络型的组织管理结构转变。

（三）新型的社会生产方式

生产力的技术工艺性质的重大变化总会导致人们的生产活动方式的变化。正如机器的普遍采用将手工工场的生产方式改造成为机器大工业的生产方式一样，信息社会也形成了新的生产方式，表现在四个方面：一是传统的机械化的生产方式被自动化的生产方式所取代，自动化的生产方式进一步把人类从繁重的体力劳动中解放出来；二是刚性生产方式正在变化为柔性生产方式，它使得企业可以根据市场变化灵活而及时地在一个制造系统上生产各种产品;三是大规模集中性的生产方式正在转变为规模适度的分散型生产方式;四是信息和知识生产成为社会生产的重要方式。

(四)新兴产业的兴起与产业结构演进

信息社会将会形成一批新兴产业,并促进新的产业结构的形成。一是信息技术革命催生了一大批新兴产业,信息产业迅速发展壮大,信息部门产值在全社会总产值中的比重迅速上升,并成为整个社会最重要的支柱产业。二是传统产业普遍实行技术改造,降低生产成本、提高劳动效率,而通过信息技术对传统能量转换工具的改造,使传统产业与信息产业之间的边界越来越模糊,整个社会的产业结构处在不断变化过程中。三是在信息社会中智能工具的广泛使用进一步提高了整个社会的劳动生产率,物质生产部门效率的提高进一步加快了整个产业结构向服务业的转型,信息社会将是一个服务型经济的社会。

(五)数字化的生产工具在生产和服务领域广泛普及和应用

工业社会所形成的各种生产设备将会被信息技术所改造,成为一种智能化的设备,信息社会的农业生产和工业生产将建立在基于信息技术的智能化设备的基础之上。同样,信息社会的私人服务和公众服务将或多或少地建立在智能化设备之上,电信、银行、物流、电视、医疗、商业、保险等服务将依赖于信息设备。由于信息技术的广泛应用,智能化设备的广泛普及,政府、企业组织结构进行了重组,人们的行为模式发生了新的变化。

(六)新型就业形态与就业结构的出现

伴随着产业结构的演变,当人类迈向信息社会时,新的就业方式开始形成,就业结构将发生新的变化。从波拉特统计体系来看,社会经济活动可以划分为四大产业部门,即农业、工业、服务业和信息业。随着社会经济形态的演进,劳动力人口依次从农业部门流动到工业部门,在工业化后期,农业人口和工业人口又流向服务业部门,在工业社会向信息社会转型的过程中,信息技术的发展催生了一大批新的就业形态和就业方式,劳动力人口主要向信息部门集中。传统雇佣方式受到挑战,全日制工作方式朝着弹性工作方式转变。信息劳动者的增长是社会形态由工业社会向信息社会转变的重要特征。

(七)新的交易方式的产生

分工和专业化是经济增长的主要动力,分工扩大生产的可能性边界,推动了人类社会的发展。有分工就会有交易,信息社会中信息技术的扩散使得交易方式出现新的变化:一是信息技术的发展促进了市场交换客体的扩大,知识、信息、技术、人才市场迅速发展起来;二是信息技术的发展所带来的现代化运输工具和信息通信工具使人们冲破了地域上的障碍,使得世界市场开始真正形成;三是信息技术提供给人们新的交易手段,电子商务成为实现交易的基本形态,这也扩展了市场交易的空间。

(八)城市化新特点的呈现

随着工业化的完成,城市成为人类的主要聚居地,完成工业化的国家城市化率都已达到80%以上。随着工业社会向信息社会的演进,人类以大城市聚集为主的方式正在发生变化,城市人口在经历了几百年的聚集之后开始出现扩散化的趋势,中心城市发展速度减缓,并出现郊区化现象。大城市人口的外溢使城市从传统的单中心向多中心发展。若干中心城市通过增长轴紧密联系,整个区域成为一个高度发达的城市化地区。不同规模和等级的城市之间通过发达的交通网络和通信网络,形成功能上相互补充、地域上相互渗透的城市群(都市连绵区),城市群在整个国民经济发展中的地位和作用越来越突出,影响及支配着世界经济的发展。

(九)数字化生活方式的形成

如同19世纪的工业化进程瓦解了农业社会的生活方式,建立了工业社会的生活形态一样,信息社会新的生活方式也正在形成。在信息社会,智能化的综合网络将遍布社会的各个角落,固定电话、移动电话、电视、计算机等各种信息化的终端设备将无处不在。“无论何事、无论何时、无论何地”人们都可以获得文字、声音、图像信息。信息社会的数字化家庭中,易用、价廉、随身的消费类数字产品及各种基于网络的3C家电广泛应用,人们将生活在一个被各种信息终端所包围的社会中。

(十)大众传播媒介新变化的出现

随着时代发展,大众传媒呈现出以下变化:其一,全新媒介登场。围绕计算机技术的数字化媒介，包括PC机终端、电子读物、影碟机及唱片、mp3、mp4等，网络多媒体技术快速发展。其二，传统媒介努力革新。报纸、杂志、广播、电视等传统媒介在信息社会的冲击下不断进行自我革新。传统媒体联手网络，推出网络版本，利用网络平台拓展自身业务，成为传统媒介需求发展的重要方式。其三，新旧传播媒介实现融合。人类传播媒介的发展历程证明，新的媒介的产生并不会取代传统媒介，在信息社会的大背景下，新旧媒介将实现新的融合。手机报、网络电视、报纸电子版等媒介融合方式，为受众带来更多的便捷，也为媒体在身带来了更大的发展空间。

五、网络技术带来媒介形态变化

网络技术自20世纪90年代开始大众化应用以来，深远地影响着整个传播形态变革。传统媒体开始向数字化转型，报网融合、移动互联、手机电视、电子商务、网络游戏、虚拟社区等等，网络技术运用得越来越广泛、越来越成熟，网络作为强势媒体现在已经得到社会的认可，并且利用数字化技术的新媒体也开始不断涌现。

就当前传播技术与媒介发展的现状与趋势来看，传播媒介形态的创新与变化呈现如下特征：

（一）网络传播进一步宽带化，多元化视频传播平台逐渐形成

由于受到带宽限制，传统网络视频内容清晰度不够高，高清内容不多。这种网络带宽的限制，给广播、电视类媒体的进一步整合带来了一定影响。而伴随网络传播的进一步宽带化，多元化视频传播平台逐渐形成。目前一些传统网站开始积极进行网络视频化的探索。另外，视频分享类网站及播客也大量兴起。而中国网络电视台（CNTV）的推出，更是借力了这一传播技术。

（二）网址无限化，"客媒体"全面兴起，使传播真正走向大众

网址的无限化使传播真正走向大众化，网络媒体的零成本使博客、播客、维客、掘客等个性化媒体接二连三地出现，互联网迎来一个"客媒体"时代，以至于美国《时代周刊》把"年度风云人物"评给"YOU"，正式标志着以"客"（你）为尊的"客媒体"时代正在到来。实际上，互联网的发展提供了一种任何人在任何时间、任何地点、与任何他人进行多种形式的信息交流的可

能。越来越多的网民通过网络发布他们采集的新闻信息，从而不再单纯是新闻信息的受众，而成为新闻信息传播的主体。而博客、播客以及微博等“客媒体”的迅猛发展，更加强了这一趋势。

（三）终端便携化、多媒体化，网络无线化、移动化，使信息终端随时随地可接收信息并演化成一种新型媒介

作为信息终端，电脑一直处于微型化与便携化的过程之中。另外，信息时代新诞生的一些随身携带的信息终端反而屏幕加大化、多媒体化，两者呈现融合趋势。大体而言，新型信息终端分为两大类，一类是播放器，一类是阅览器。目前随着市场需求的不断增长，各种无线技术应用正在向社会生活的各个领域加速渗透，以最经济的手段向用户提供优质的服务。

（四）搜索引擎检索便捷化、智能化，多媒体数据库面向受众开放，成为一种新的媒介形态

在信息爆炸的时代，如何从海量信息中获取有用、有益的信息成为网络传播时代人们必备的素养。正因如此，搜索引擎突显了“搜索为王”的特征，并就此强化了搜索引擎在信息时代作为整合者的地位和作用。随着搜索引擎的智能化和个性化，数据库作为一种新的媒介终端愈发显现出强大的生命力，并且，这种搜索技术已经出现在手机等日常数字终端上，我们已经处在一个搜索无处不在的时代。

（五）媒介数字化生存与存储，使得广电和电信、互联网等行业在技术和应用上产生融合

由于网络技术和现代数字通信技术的发展，电信网、广电网和宽带网实现三网融合。通过网络整合各种媒介形态形成的多媒体目前已经在各个方面显示了强大优势，这种优势不仅体现在新闻和信息的报道和传播上，还显示出其商业平台的发展方向，这些都会极大地影响人们的生活和生存方式。

（六）手机媒体借助移动互联平台，显示出其中心媒体性质

手机媒体凭借成本低廉、传播及时、多边互动、使用方便等优势，与传统媒体融合创新，不断开拓出新的产品形态与盈利模式。如报纸、广播、电视传统三大媒体产业与手机这一新媒体进行形态融合，产生了手机报纸、手机广播、手机电视等业务。手机媒体从传播方式上更多地体现出以个人为单

位的个人兴趣、个人需求的特性，成为完全个性化的传播平台。

第六节　媒介沿革的基本规律

媒介与社会，始终保持着一种互动关系。社会的发展呼唤先进的传播工具乃至职业化的现代传播机构，反过来，媒介的发展又促进了社会的发展。

从漫长的亲身传播时代，到印刷技术的嬗变，再到大众传播时代的新宠——电子声像媒介的崛起。从媒介的沿革，不难看出生产力发展、社会变革同媒介演化之间不可分的关系，也不难看出科学技术在媒介革新过程中的决定性作用。

综观传播媒介的发展，我们可以看到媒介的沿革总是不离其基本规律，体现出其发展特质。这一基本规律包括以下几个层面：

第一，不同阶段先后发展的媒介，从大处着眼，总是沿着从不完善到不断完善的方向前进。

第二，在媒介变革过程中，新兴媒介必定是信息传播得快、好、广、多等一个或多个方面更加完善，但原有媒介即最原始的媒介却不会消失，除非它“一无是处”。

第三，任何一种大众传播媒介，都经历了从上流社会走向大众，再由为数众多、成分复杂的大众发展为兴趣一致的小群体这么一个过程。这一过程被学者称为“EPS Cycle”，E 指上流社会、精英阶层（elite），P 指大众化、流行化（popular），S 则是指专门化（specialized）。

第四，“EPS Cycle”同时体现出媒介这样一个发展脉络：亲身传播媒介—大众传播媒介—分众窄播媒介—为个人的媒介—电子人际互动传播媒介。

第五，媒介的发展是以加速度向前跃进的，步伐越来越快。

思考题

1.简述人类新闻媒介的产生和发展历程。

2.简述新闻媒介产生的规律。

3.简述电子媒介的产生和发展历程。

4.简述信息媒介的产生和发展历程。

5.简述大众传播媒介的沿革及基本规律。

推荐阅读

1.王润泽主编:《中国新闻传播史新编》(第二版),中国人民大学出版社2020年版。

2.陈力丹、赵永华等:《外国新闻传播史》,中国人民大学出版社2015年版。

3.郑超然、程曼丽、王泰玄:《外国新闻事业史教程》(第二版),高等教育出版社2014年版。

4.郭庆光:《传播学教程》(第二版),中国人民大学出版社2011年版。

5.丁淦林:《中国新闻事业史》(修订版),高等教育出版社2007年版。

第三章　报　纸

报纸是顺应资本主义发展的需要并最早出现的向大众传播信息的媒介。报纸利用其便利的信息传播手段对现代社会的发展和人类的生活产生了巨大影响。报纸的出现标志着人类社会进入了大众传播媒介的时代。本章介绍了报纸媒体的定义和传播特点、产生和发展历程、世界报业的现状及发展趋势、报纸个案分析等四个方面，以期对报纸媒介发展有一个全面的了解，并对其未来发展进行展望。

第一节　报纸的定义及传播特点

一、报纸的定义

报纸英文为“Newspaper”，意即“新闻纸”。关于报纸的定义，各种辞书、律法中有不同的说法。

《大英百科全书》(*Encyclopedia Britannica*，又称《不列颠百科全书》)：每日、每周或有规律的其他间隔时间发行的，提供新闻观点、特写及其他公众感兴趣的信息，并且常常伴有广告的出版物。

《中国大百科全书·新闻出版卷》：以刊载新闻和新闻评论为主的，面向公众，定期、连续发行的出版物。散页印刷，不装订，没有封面，有固定的名称。多数每日出版，也有隔日或每周出版的。随着现代生活的发展和读者对信息需求的多样化，除了以传播新闻评论为主的报纸外，还有以传播知识、提供娱乐或生活服务为内容的报纸。

国家新闻出版广电总局 1990 年 12 月 25 日公布的《报纸管理暂行规定》

第2条：报纸是指有固定名称、刊期、开版，以新闻报道为主要内容，每周至少出版一期的散页连续出版物。

综合上述几种定义和书法，我们不难总结出报纸是具有以下五种特质的出版物：(1)主要刊载新闻和评论，(2)面向普通公众，(3)定期连续出版(至少每周一次)，(4)有固定名称，(5)一般为散页装订。

二、报纸的传播特点

作为最早的大众新闻媒介，报纸相当长一段时间内，报纸在新闻传播领域的地位可以说是“一纸风行”“一统天下”。报纸产生300多年后的20世纪初，广播、电视等电子媒介相继问世，新闻传播领域形成报纸、广播、电视“三分天下”的格局。20世纪末期网络媒介诞生，进入21世纪后，新媒介更是层出不穷，这都进一步挤压了报纸的生存空间。虽然时至今日，报纸在激烈的媒介竞争中已不占优势，但后期各媒介的产生和发展都离不开报纸的前期积累，报纸善于深度报道等优势也益发显著，而报纸的传播劣势也正是电子和网络传播媒介生存的空间与发展基础。

(一)报纸的传播优势

1.选择性、便携性强

报纸的传播方式属于非线性传播，报纸的读者可以根据个人喜好自由掌握阅读的时间、地点、内容、速度、顺序等，选择性强。另外，报纸携带方便，尤其现在风靡的“瘦报”版型，更是强化了其便携性。

2.可保存性强

报纸是印刷品，信息是印刷在纸张上的，相对于电子信号的易逝性而言，“白纸黑字”的报纸上的信息可以较为长久地得到保留，这也使反复阅读和相互传阅成为可能。故报纸有“历史的教科书”“历史的百科全书”之称。

3.利于深度表达

从人类目前的思维方式来看，广播电视和网络、新媒体等都更为擅长形象化表达，而报纸则擅长抽象化表达。虽然其他媒介的出现，使报纸的时效性受到极大挑战，但是报纸仍可以通过文字与图片的结合，全面解释事件的前因后果，深化报道内涵，供人仔细品味、反复咀嚼。以深度弥补现场感和时效性的不足，成为报纸应对广播电视、网络等媒介挑战的有效对策。因而有人说，“9·11”大多数美国人是在电视机前度过的，但是“9·12”是属于报纸的，连平时不看报的美国人也会买来报纸阅读，那天各种报纸都大量发行。

4.目标对象稳定、可信赖度高

成熟的报纸一般都有比较稳定的读者群，报纸读者一般都有长期阅读习惯，报纸和读者在情感上较为亲近，使得报纸有较高的可信赖度。尤其在网络时代，这一特性更为明显。

（二）报纸的传播劣势

1.时效性差

报纸出版过程复杂，程序繁多，采写、编辑、排版、印刷、发行等缺一不可，每天的印刷次数有限，且报纸的递送还要依赖交通运输工具，因此，其时效性难以与可对事件现场进行同步直播的其他媒介媲美。

2.感染力相对较弱

报纸是一种诉诸理性的媒介，需要读者有较强的理解能力，无法提供活动的视觉形象和生动的听觉形象，只能以文字符号、静态的照片、漫画等方式表述和再现事物，感染力较弱。

3.读者范围局限性较强

由于报纸是借助文字传播的媒介，阅读报纸需要一定的文化水平，因此，报纸对其受众文化程度的要求比较高，一些专业性较强的专业报纸受众面则更窄。

第二节　报纸的产生及发展历史

一、外国报纸的产生及发展

公元前59年，历史上第一份官方报纸《罗马公报》（*Acta Diurna*）诞生。这张由恺撒大帝颁发的、张贴于公共场所的手抄布告，不但涉及重要的社会政治事件，而且还有奇闻轶事。在此后的2000多年里，伴随着资本主义的发展，报纸再次成为社会信息传递的不可或缺的一环。

(一)外国近代报业

1.近代报纸的诞生

近代报纸出现于14～15世纪的欧洲。为了满足新兴资产阶级对商业信息的需求,在意大利威尼斯首先出现了传播航船日期、市场行情的“手抄新闻”。这被视为近代报刊的雏形。到17世纪,作为近代报纸标志之一的定期印刷模式出现。1609年,德意志地区出现了世界上最早的周报《通告——报道或新闻报》。1650年,莱比锡一位书商创办的《新到新闻》通常被认为是世界上第一份日报。1663年的《莱比锡新闻》也是世界上较早的日报之一。

2.报纸与资产阶级革命

在资产阶级革命发动和进行过程中,资产阶级报刊广泛兴起。它们举起新闻出版自由的旗帜,冲破封建压制,传播群众运动的信息,宣传民主自由的观念,积极推进革命的进程,而革命的进展又在不同程度上为资产阶级报刊解除了桎梏,开辟了其进一步发展的道路。这一时期出现的新闻出版自由口号,是资产阶级报刊战斗实践的有力武器,也是人类文明发展的重要成果。

3.政党报纸时期

资产阶级革命后,资本主义各国都经历了一个以政党报刊为主的时期。这一时期报刊成为各政党表达自己政治意愿和宣传政治主张的传播工具,热衷于相互攻讦,且发行量少,读者面窄,没有广告收入,报纸完全依靠政党的资助和津贴,在经济上没有独立性,被西方新闻学者称为“政党报纸的黑暗时期”。这些政党报刊在政治态度上有明显倾向性,内容上侧重时政新闻和言论,读者对象主要是政界和上层人士。政党报刊持续的时间有长有短,少数国家政党报刊一直延续到现代报业阶段。

4.大众化报纸时期

18世纪后期起,欧美主要国家先后开始了工业革命,为报业带来了巨大影响。(1)社会客观条件:社会经济飞速发展,城市化进程加快,人口迅速集中,为报纸发行流通提供了条件。(2)思想文化条件:教育的普及,形成了新的读者群。(3)技术条件:科技革新为批量、快速地采集新闻,发行、传递报刊提供了可能。(4)政治条件:各国政治改革的深入,使得办报的政治环境得到逐步改善。(5)经济条件:工商业的日益繁荣,使得广告大量增加,报业成为有利润收入的行业。政党报刊占主导的局面被打破,商业报纸在 19 世纪大行其道。

早期的商业报纸仍然主要面向社会中上层,通常称为“高级报纸”(又称“质报”“严肃报纸”)。工业革命后期,各国先后出现了面向社会中下层的通俗报刊,因售价较低,通常被称为“廉价报纸”“便士报”,又因读者均为平民大众,也被称为“大众化报纸”。其特征是:(1)政治上,标榜超党派而独立;(2)内容上,注重地方新闻、社会新闻、警事新闻、体育新闻以及软新闻;(3)形式上,文字简短通俗,编排活泼花哨,可读性强;(4)经营上,完全商业化,大量刊登广告,以此来降低售价,扩大发行。廉价报纸的出现使商业报纸更加兴盛,逐步成为资产阶级报业的主体,并为其向现代报业演变奠定了基础。

第一份成功经营的大众报纸是美国人本杰明·戴于 1833 年创办的《纽约太阳报》(*New York The Sun*),售价仅为 1 美分。该报在创刊号上明确宣称:“本报的目的是办一份人人都能买得起的报纸,为公众报道当天的新闻,同时提供有利的广告媒介。”它为美国开了商业小报的先河,它与《纽约先驱报》(*The Herald*)、《纽约论坛报》(*New York Tribune*)并称为纽约三大“便士报”。

大约在同一时期,英国、法国也出现了成功的大众化报纸。到 19 世纪末 20 世纪初,廉价报纸完全取代政党报纸而成为西方资产阶级报纸的主流。

5.无产阶级报纸的产生与发展

工业革命后,工人阶级为改善生存条件而开展工人运动。工人报纸就是此时期的产物。早期的工人报纸是在极端困难的处境中创办的,其中最著名的是英国的《贫民导报》和《北极星报》。随着马克思主义与工人运动的结合,工人报纸也随着无产阶级政治运动的发展演变成无产阶级政治报刊。马克思、恩格斯 1848 年在科伦创办的《新莱茵报》是世界上第一份马克思主义日报,被誉为“革命无产阶级最好的机关报”。1900 年列宁创办的《火星报》表明无产阶级报刊已经发展为无产阶级党报。1912 年在圣彼得堡创刊的《真理报》,后来发展成了世界上第一份执政的无产阶级政党的中央机关报。

6.过渡时期报业

19 世纪末至第一次世界大战,近代报业逐步向现代报业过渡。这一时期报业发生的最大变化是黄色新闻的泛滥和报团的出现。

黄色新闻起源于美国著名报人约瑟夫·普利策和威廉·赫斯特的竞争,它是报业不择手段追逐利润的产物。

约瑟夫·普利策(1847～1911)是匈牙利移民,被称为"美国现代报业的奠基人"。1883年,他买下纽约《世界报》(*The World*)后,以高质量的社论抨击时弊,又以煽情主义和耸人听闻的手法大量刊登社会新闻和暴力新闻。在该报的创刊号上,头版头条是"新泽西州特大风暴造成百万元损失"。其他新闻还有"一名被判刑的杀人犯访问记""华尔街的跳楼自杀事件""匹兹堡的一次绞刑""海地的暴动以及一名含冤受屈女奴的悲惨遭遇"等。而它在第一个月的头版上的新闻"救命的呼声""一个母亲的可怕罪行""爱情与毒药""是新娘但不是妻子"等,无不是触目惊心的煽情之作。这种形式吸引了大批猎奇的目光,使该报很快获得巨大利润,普利策接办《世界报》10年后,报社资产由35万美元扩充到1000万美元,每年赢利高达百万美元。

此时,另一著名报人威廉·赫斯特也将刚买下的一份陷于困境的报纸更名为《纽约新闻报》(*New York Journal*),并以此为阵地,开始了同《世界报》的激烈竞争。普利策的《世界报》有个连环漫画专栏,主人公是个穿着黄色衣服的孩子,到处东游西逛,点评纽约发生的新闻事件,故"黄孩子"的大名在纽约家喻户晓。赫斯特高薪把包括漫画作者在内的《世界报》星期日版的原班人马挖走后,普利策另请画家继续创作"黄孩子"系列漫画,由此引发"黄孩子双胞胎案",两家报社为争夺"黄孩子"的版权而对簿公堂。由于两报竞争中大量充斥版面的情绪化、夸张或不准确地强调犯罪、暴力和性的煽情主义报道,于是,这两家报纸被新闻界称为"黄色报纸",人们以"黄色新闻"来命名这种粗俗的煽情主义新闻。

在黄色新闻甚嚣尘上的时候,一种新的办报理念也悄然兴起,其代表是阿道夫·奥克斯治下的《纽约时报》。他树立了庄重、严肃的编辑方针,以新闻全面、社论稳健来赢得读者,逐渐成为面向上层读者的严肃性报纸的先驱。

随着大众化报刊的急速发展,报刊业已经成为一个巨大的商业行业,为追求更大的利润,报业必然走向规模化、集团化,报团由此产生。报团是在两个以上城市,拥有两种以上日报的报业公司。形成于19世纪80年代初的美国斯克里普斯报团(The E. W. Scripps Company),是世界上第一个报团。报团的出现,表明新闻事业走向了垄断的趋势。

（二）外国现代报业

第一次世界大战后，历史进入现代，现代报业亦随之出现。

1.资本主义国家现代报业

从第一次世界大战至第二次世界大战是报业垄断基本形成时期。这一阶段英、美、法等国报业竞争和兼并加剧，“一城一报”现象日渐普遍。报团的数量和规模不断扩大，美、英等国先后形成报业垄断局面。而德、意、日等国的报业则随着政治上的法西斯化，走上了法西斯国家垄断的道路。

第二次世界大战以后是报业垄断继续加深的时期。随着报团数量的增多、实力的扩展，欧美各国先后开始了报业垄断化进程，经过一个世纪的市场筛选、分化组合、兴衰演变，报业垄断加剧，出现了超级报团，这些媒体巨头实现了跨媒介、跨行业以及跨国、跨地区垄断。

至20世纪末，美国的日报80％以上为报团控制，英国的报业为十几家报团所左右，日本五大报系控制的日报发行量占全国日报发行量的52％。进入21世纪，报业的扩张主要体现在集团之间的兼并，而非集团对单个家族报纸的收购。目前世界主要报业集团有美国的甘尼特公司（Gannett Company）、默多克新闻集团（News Corporation）等。

在信息革命的浪潮中，报业也迎来了重大的技术更新。20世纪70年代起，从美国、日本开始，照相排版、胶版排版、电脑加工稿件、版面数字传输等新技术被陆续采用。到20世纪80年代，大多数报纸已经告别了传统的笔写铅印的工作方式，依靠电子计算机和卫星通信网络，实现了采、写、传、编、排、印、发全过程的电子化和自动化，效率大为提高，内容更加丰富，编印更加精美，图片清晰艳丽。进入20世纪90年代，随着电子计算机网络的发展，发达国家报纸纷纷在互联网上设立网站，向网络用户发布信息。这是现代报业传播方式的重大转变和飞跃，它极大地增强了报纸的时效性、渗透性和信息功能，也有力地促进了印刷媒介和电子媒介、传统媒介和新兴媒介的汇合、互动和渗透。

2.社会主义国家报业

社会主义国家报业模式主要沿袭了苏联新闻体制。该体制成型于斯大林领导苏联社会主义建设时期，对于国家建设和卫国战争都曾起过积极作用。其特点是报刊均属国家所有，各级报刊绝对服从党委领导，信息来源单一，言论高度集中，实行新闻检查和编委会制度，是一种高度集中的报刊体制。第二次世界大战后，各社会主义国家仿效苏联，建立以党报为主体的报业体系，将报纸纳入国家管理轨道。

1989 年，东欧国家政治风云突变，先后发生了脱离社会主义轨道的政权更迭，以党报为核心的报业体系亦随之瓦解。1991 年，苏联解体，庞大的社会主义报业体系不复存在，原各加盟国的报业相继独立，按照自己的国情和现行制度来管理报业。虽然具体情况不尽相同，但大都朝着多元化、商业化的方向发展。古巴、朝鲜、越南、老挝四个社会主义国家没有受剧变影响，继续坚持社会主义制度，发展社会主义报业。

3.发展中国家报业

亚非拉地区发展中国家的早期报刊，尤其是报业发端较早的国家的早期报刊，大多是殖民者创办的。随着反殖民主义、反封建斗争的开展，这些国家的民族报刊逐渐发展起来，并推动了斗争的进程。民族解放运动胜利后，大多数报业获得了前所未有的发展，但也有的国家报业重新陷入本国独裁者控制之下。

目前亚、非、拉地区的报业与其他地区相比还是比较落后的。一般来说，拉美国家报业较发达，现代化程度高；亚洲多数国家报业已有一定基础，有的还相当发达，但是内陆山地国家仍很落后；非洲报业起步晚、基础差，许多国家在独立之后才有了本民族报刊，尤其是撒哈拉沙漠以南还有几个国家，如吉布提、厄立特里亚、佛得角等国家的报业发展较为缓慢。这种不平衡状况的形成，除了历史原因外，更有现实的政治、经济方面的原因。

发展中国家的报业控制类型大致分为三种：第一种是政府或执政党报纸为主。这类体制在非洲较为普遍，亚洲、拉美的某些国家也有这种体制。第二种是政党报纸和商业报纸并存，在多数亚洲、拉美国家以及某些非洲国家，凡是实行多党制和市场经济的，一般都采用这种体制。第三种是商业报纸为主，亚洲、拉美某些资本主义经济发达、报刊商业化程度高的国家多采用这种体制。

二、中国报纸的产生及发展

（一）中国古代的报纸

从原始社会到魏晋时代，新闻传播无疑已成为社会信息传播的一部分，而中华大地上却没有诞生专用的新闻媒介，新闻信息同其他信息被融合在一起传播。据考证,我国到唐代才有确证出现了专门用以传播新闻的媒介,即今人所说的“古代报纸”。

1.邸报

中国古代的报纸虽通称“邸报”,但其实有多种名称,如“状”“报”“邸史状”“朝报”“塘报”“驿报”“邸抄”“阁抄”“牌报”等等。“邸报”只是其中一种慢慢成为约定俗成的通称。但所有这些名称,都不是专指某一家报纸,即不是专有名词。“邸报”作为一种新闻传播媒介,在基本功能上与现代报纸有某些相似之处,但因为历史条件不同,两者在许多方面又具有明显的不同之处。

首先,它的内容不同于现代报纸。它刊登的是皇帝的谕旨、臣僚的奏折、官员的任免升降奖惩,以及宫廷动态等公告性材料。不仅没有专文、专讯,甚至连专门采写的新闻也没有。

其次,它的形式也不同于现代报纸。它只是一个又一个材料的堆砌,没有分栏,也没有标题,更没有消息、通讯、评论等文字题材的分野。它也没有四开或对开的版面,而是抄在帛上,或写在纸上,或印成单张,并无定形。当然也没有广告。

最后,它的发行与传递也不同于现代报纸。它是由朝廷或官方其他机构发布,由水陆驿站传递的,而不是由报馆出版、发行的。那时还没有作为独立行业的报业。

总的来说,邸报刊载的材料来自官方,有官方文书色彩,但它毕竟不是作为具有行政效力的文件下达的,而是为了满足人们(主要是官员)了解朝廷动向的需求而传播的。因此,它是一种新闻传播媒介,而这种性质在它的发展进程中日趋明显。

2.小报

小报出现于北宋,流行于南宋,是中国新闻传播史上最先出现的非官方报纸。这种报纸的新闻来自官方,但经过传播者各取所需的选择,甚至加入了一些捕风捉影的材料之后,其内容往往真假难辨。小报以民报身份出现,第一次突破了官方对新闻传播活动的垄断和朝廷政事的封锁,打破了封建官报统天下的局面,并成功进入市场,出现了雕版印刷和沿街叫卖的现象。

小报的产生不是偶然性事件,有着深刻的历史必然性。宋代小报产生的主要原因包括社会信息需求的加大、进奏官提供了信息来源、“士”阶层在宋朝的空前壮大、宋朝雕版印刷的普及鼎盛以及商品经济的空前发展等。

3.京报

作为中国古代报纸的完备形式，京报是一种与近代报刊最为接近的古代新闻传播工具。虽然京报所刊载的内容仍局限于宫门抄、明发谕旨和大臣奏章的范围之内，但它由北京的民营报房定期印刷出版、公开销售于民间，与以前的邸报只在官员和各衙门中传阅全然不同。官方的邸报不公开发行，只在官员中传播，范围很小，这同人们交往日益密切的社会环境越来越不适应。所以，公开发行的京报，正好可以满足人们对新闻的需求。而且，京报的稿件来自权威部门，因此为社会各界所重视。

京报作为中国古代报纸发展最成熟的一种形式，之所以还不能算大众传播媒介，是因为它只有抄录和印刷人员，没有记者、编辑，只许照章抄录宫门钞、谕旨和奏章，不准自行采写新闻、发表评论、安排版面。总之，京报与之前的同类载体相比，虽然有很大的不同，但仍没有质的变化，还不能列入近代报刊之林。

（二）中国近代的报纸

1.外国人的办报活动

中国近代报刊不是在邸报、小报或京报的基础上诞生的，而是在19世纪由外国传教士“引入”西方报刊模式后创办的，这种“引入”过程是与西方列强的对华入侵活动同步进行的，充当了对中国进行文化侵略和思想奴化的工具。

1815年，英国传教士米怜于马六甲创办了第一份中文杂志《察世俗每月统记传》，它被认为是中国近代新闻事业的开端。中国境内第一份外文报纸是葡萄牙人于1822年在澳门创办的葡文周报《蜜蜂华报》。1833年，普鲁士基督徒郭士立在广州创办了《东西洋考每月统记传》，这是第一份在中国境内出版的近代中文报刊。

1840年鸦片战争以后，中国的社会性质发生了改变，报纸的形式也随之发生了巨大变化。中国海禁大开之后，通商成为首要事务。外国人要推销商品，占领中国市场，中国人要了解洋人和洋货，于是，以沟通贸易为主的商业报刊应运而生。商业贸易讲究时效，需要迅速、全面了解市场行情，因此出版日报势在必行，而传输手段与排印设备的进步，又为日报出版提供了必要的物质技术条件。第一批中文日报是由外国人在19世纪70年代创办的，其中最著名的是1872年在上海创刊的《申报》。《申报》的问世，标志着每日刊行的、面向社会大众的、以时事新闻为主的综合性报纸，开始成为占主导地位的新闻传播媒介。

2.国人办报的两次高潮

19世纪七八十年代，出现了一些国人自办的中文报纸，虽然数量不多，但属首批，更为重要的是，这些报纸冲击了外报在华的垄断地位，代表了历史的发展趋势。其中，由王韬于1874年在香港创办的《循环日报》是早期国人自办报中出版时间最长、影响最大的报纸。王韬也是我国历史上第一个报刊政论家。第一批国人报刊的发展受到了西方侵华势力和腐朽的清廷两方面的钳制，还受到了外国人所办中文报刊的排挤。

从维新运动开始到20世纪初，资产阶级改良派、革命派以及一些资本家创办或从外国人手中接办了一大批报纸。其中，维新变法运动阶段的国人办报活动，被称为“第一次国人办报高潮”。在这一时期，维新派和支持维新运动的知识分子共创办了30多种宣传鼓吹变法的报刊，比较著名的有《中外纪闻》《强学报》《时务报》等。其中由梁启超任总主笔的《时务报》是当时维新派的主要机关报。它出版仅几个月，销量就达到17000余份，成为当时宣传变法维新影响最大的一份报纸。

这次办报热潮有一个特点，即存在报、刊不分的情况。此外，这次办报热潮中兴起的都是政治报刊，多以慷慨激昂的政论为旗帜，以至于创造出了一种“时务文体”。这种重政论而轻新闻的特点，后在中国的报纸中长期存在。

戊戌变法后，维新派创办的报刊绝大部分被封闭或被迫停刊。康有为、梁启超等人流亡海外，相继在海外创办了一系列报刊，继续宣传他们的政治主张。其中影响最大的是梁启超在日本横滨创办的《清议报》和《新民丛报》。不过，从总体上来说，此时维新派的办报活动已是强弩之末，其地位正在被资产阶级革命派的办报活动所取代。

辛亥革命爆发与民国建立，使国人办报出现了第二次高潮，大多数报纸已由近代形态发展成为现代形态，结束了报、刊不分的时代。这时期重要的报纸有《中国日报》《苏报》《神州日报》等。与维新运动中的办报高潮相比，此时的报刊宣传又有了新的特色：政党报刊在报业中已占突出地位，资产阶级革命派成了办报的主角，政论的战斗作用得到充分发挥，办报地区、读者对象逐渐扩大。但这次热潮也没有维持多久，袁世凯向国民党举起屠刀的同时，开始大肆镇压北京的异己报纸，史称“癸丑报灾”。

20世纪初年，不仅革命派报刊得到很大发展，民营报纸也迅速崛起。这个时期较重要的民营报纸有英敛之创办于天津的《大公报》、狄楚青创办于上海的《时报》、彭翼仲创办于北京的《京话日报》等。这些民营报纸从政治倾向而言，大都偏于维新改良。在办报业务方面，由于民营报纸之间的竞争，大都进行了一些改革创新。其中，近代民营报刊中最有名的是1872年由英商美查等在上海所创办的《申报》，它是以营利为主要目的商业报纸。但在外国人办的报刊中，由中国人主执笔政的，《申报》是第一家。其也是近代中国发行时间最久、具有广泛社会影响的报纸，前后总计经营了77年，历经晚清、北洋政府、国民政府三个时代，共出版27000余期，出版时间之长，影响范围之广，使同时期其他报纸难以企及，在中国新闻史和社会史研究上都占有重要地位，被人称为研究中国近现代史的"百科全书"。

（三）中国大陆现代的报纸

1915年，陈独秀在上海创办了《新青年》，这标志着中国现代形态报刊的真正成熟。在新文化运动、五四运动和中国共产党成立的推动下，各种宣传新思潮的报刊相继问世，党的报刊也由此诞生并获得空前的大发展，如陈独秀、李大钊于1918年创办的小型政治时事评论报道《每周评论》，就是"五四"时期最有影响的报纸之一。

中国共产党成立后，全国创办了一大批左翼报刊，其中有第一次国内战争时期创办的《向导》《中国青年》等，第二次国内革命战争时期创办的《红色中国》《斗争》等，抗日战争和第三次国内革命战争时期创办的《新中华报》《解放日报》《新华日报》等，这些革命报刊成为党的宣传阵地。1942年《解放日报》改版，确立了通过党的报刊指导党的工作以及全党办报的原则。

在中国近现代史上，国民党在全国推行新闻控制政策，建立以《中央日报》为核心、辅之以地方党报和军队报刊系统的全国性报业网络，对民营报业，尤其是大报，采取拉拢和严管并行的措施。京津沪等大城市和抗日战争时期大后方几个主要城市的民办报纸，在夹缝中求生存，也获得了一定的空间，如《申报》一度销量达15万份，《新闻报》一度销量达20万份，是当时发行量最大的两家报纸。

1949年中华人民共和国成立后，全国逐步建立起以《人民日报》为核心、以党报为主体的国营报刊网。1956年，在社会主义改造完成后，新中国报刊不再有民营成分而完全成为国有的了。

在报业指导思想、体制、编辑业务等方面发生重要变革的时候，新中国也掀起了各种政治运动，新闻界成为这些活动的主角，取得了一些业务上的进步，但也犯了不少"左"的错误。"文化大革命"期间，报刊出版事业受到了很大的影响，全国原有的约700家报纸，大部分在造反派的冲击下停刊，只有中央的几家报纸得以保留。

1978年中共十一届三中全会后，报业加快了改革的步伐，获得了空前的发展，报纸的种类和发行量成倍增长，总体结构也发生了变化。改革开放前，我国报业结构主要由全国性、省级党报构成，在20世纪80年代，行业报、地县级党报蓬勃兴起，四级党报与行业报分割市场的格局开始形成。20世纪90年代，都市报的崛起推动了报业结构的大改变，形成党报、都市报、行业报三分天下的格局。经过20多年的发展，我国目前已形成了多层次、多品种、多特色报业新结构，并在规模化、集团化、融媒化方面取了新突破。

（四）港澳台地区报纸

鸦片战争后的一个半世纪中，香港曾经是资产阶级维新派报刊、资产阶级革命派报刊、抗日救亡报刊和中国共产党领导下的统一战线报刊的重要活动基地。在1841～1850年的10年间，香港先后出版过9种英文报刊，而全国其他地区就只有一种。香港报业发展相对稳定，但商业化倾向明显，报纸之间的竞争异常激烈。目前，就在香港出版的中文报纸来看，时事政治性或经济性的综合报纸有30多家，其余为娱乐或休闲性报纸。影响或规模较大的时事政治性报纸有《大公报》《文汇报》《明报》《东方日报》等。最著名的报业集团为"星系报团"，旗下拥有《星岛日报》等4家报纸。

澳门是中国最早出现新闻传播事业的地区之一，在中国早期报业史上具有重要的地位。鸦片战争结束后，近代报刊在内地大批出现，致使澳门的报业发展缺乏动力，其地位与作用也日益减弱。1949年新中国成立以后，澳门报业又有了很大的发展空间，进步报纸的出现与蓬勃发展，是澳门报业发展的一大显著特点。目前，澳门发行量大、地区影响高的中文报纸主要是《澳门日报》《华侨报》和《大众报》。

1884年以前，台湾地区的读者主要看大陆的报纸。1885年后，台湾才有自己的报纸。1949年，蒋介石败退台湾后，在全岛实行"报禁"，即从1950年开始对报纸实行"停登、限张、限印"。直到1988年1月1日，才解除

"报禁"。"报禁"解除后，台湾地区报业一度呈现空前发展的景象，短短3个月内，33家新办的报纸向台湾"新闻局"办理登记手续。至1996年，台湾地区报纸日发行总数大致为400万～600万份，平均3～5人即拥有一份报纸。目前，台湾有报纸300多家，最有影响力的是《联合报》《中国时报》等。

第三节 世界报业的现状及发展趋势

一、世界报业的现状及趋势

作为最早的大众媒介，报纸在进入21世纪后开始面临种种挑战。随着国际贸易的相互渗透和数字技术的迅速发展，报业垄断更为严重，而且跨国和跨行业的趋势也越来越明显。从世界范围来看，报业面临数字化转型乃是必然，但数字化盈利方式却并不健全。世界报业协会的总干事蒂莫西·鲍尔丁认为，这种新的竞争越来越激烈以及媒体市场越来越脆弱的规律，对传统报纸来说是一种极大的刺激，促使报纸为了在信息市场中成为一个胜利者而在竞争中使用所有的手段。[①]

（一）全球概况

根据世界报业协会最新推出的《2020～2021年世界报业趋势报告》，数字读者收入和数字读者人数一直在持续增长，而且增长的速度很快。2020年，数字读者收入和数字读者数量分别上涨了27%和36%。[②] 这是人们在疫情期间寻找可靠信息以及媒体组织专注于数字订阅和受众优先战略的结果。数字付费内容是大多数媒体2021年的优先投资计划，媒体组织的数字发行收入同比增长23%。

广告仍然是媒体最重要的收入来源。目前，广告收入约占全球媒体组织传统收入的46%，大部分广告收入仍然来自印刷媒体，尽管印刷量持续下降，仍然有26.3%的受访媒体组织高管将其视为重要收入来源。2020年，虽然总的广告收入平均下降11%，但是数字广告收入增长了8.8%。到

---

① 参见潘玉鹏：《从2000年世界报业发展状况调查结果看报业发展趋势》，《新闻大学》2000年第2期。

② 参见张建中：《加速数字化转型：2020～2021世界报业趋势报告解读》，《青年记者》2021年第11期。

2023 年，数字广告预计将占据 58%的市场份额。

5G 和人工智能技术将会对全球报业未来产生巨大影响。牛津大学路透新闻研究所发布的《2021 年预测报告》建议媒体组织了解人工智能在其组织中的位置，应首先确定适合其业务发展的应用程序，其次决定如何实施解决方案。5G 技术也正在很多国家稳步推进，2019 年第三季度到 2020 年第三季度，部署 5G 网络的国家数量增加了 62.3%。预计到 2025 年，全球 45%的地区将被 5G 覆盖。

（二）主要大国的报业现状

1.报纸数量最多的国家——美国

仅以报纸数量而论，美国在世界报业的"老大"地位是不可动摇的。据美国报纸协会 2001 年公布的数据，2000 年美国各类报纸的总数就达 9169 家，其中日报（即每日出版的报纸，包括晚报，下同）1480 家，周报 7689 家。这一数据还未包括美国各大报单独发行的 917 家星期天刊。2000 年，美国报纸发行总数达 1.3 亿份。报业是美国第三大产业，多年来一直是美国最赢利的 10 种产业之一。

美国报纸的种类繁多，按美国人自己的分类大致有以下八个类别：第一类是全国性日报，主要有《今日美国》（USA Today）、《纽约时报》等；第二类是城市及地区报纸，主要指中等以上城市报纸，以《洛杉矶时报》（*Washington Post*）《华盛顿邮报》（*Los Angeles Times*）《波士顿环球报》和《芝加哥论坛报》为代表；第三类是地方及社区报纸，指发行范围局限于某个社区的报纸；第四类是非每日出版的综合类报纸，主要指周报，此类报纸数量庞大，但无著名报纸，很多还是免费发行的；第五类是英语版的少数民族报纸；第六类是外语报纸，其中发行量最大的是中文《世界日报》；第七类是军事类报纸；第八类是其他专业报纸。

经过长期的竞争兼并，美国的报业格局目前呈现稳定的局面。相对而言，美国的报纸分布较为均匀，基本是一城一报。如今在美国 1500 多个大小城市中，只有 132 个城市有两张或两张以上英文报纸。美国有城镇的地方就有报纸，而且这些报纸独自拥有各自的市场，互相之间很少重叠，因此美国报纸的发行量比较均衡。但受新冠疫情影响，美国报业广告收入下滑，直到 2021 年 4 月才开始反弹。

目前美国的主要报纸有：

(1)《纽约时报》。美国最有权威、最受尊重的报纸。《纽约时报》创办于1851年,由纽约时报公司出版,读者对象主要是政界、企业界和知识界。创办100多年来,该报对发生在美国内外的重要新闻都做了全面详尽的报道,被公认为了解美国历史和现状的可靠资料性报纸,有"档案记录报"之誉。《纽约时报》旗下包括众多的报纸、杂志、电台、电视台、网站,2001年创下近35亿美元的巨额收入。虽在2003年被曝记者造假丑闻,但就总体而言,该报仍不失为全世界最有声誉的报纸之一。1996年1月,《纽约时报》建立报纸网站,提供在线阅读服务。1999年成立了独立核算的数字《纽约时报》,提供数据库查询服务。2005年5月,其将旗下内容产品改为付费制,将评论和专栏作家文章作为"时报精选",每年收取49.95美元,但因运营不佳,于2007年8月8日取消收费。2010年,为了维持运营,开始探索线上订阅等多种盈利模式。2011年3月28日再次收费,成为第一家收费的大众新闻媒体。《纽约时报》的"付费墙"尝试,不但增加了新的收入来源,而且改变了报业集团以往过度依赖广告的经营结构,在一定程度上遏制住了经营状况恶化的险局,也为传统报业维护自身品牌价值,发挥自身资源与优势,走出了一条数字化转型的新路。2014年,《纽约时报》推出了两个新的数字订阅模式,提供给消费者新的低价和溢价模式。低价套餐"NYT Now"可以为读者提供更多的付费文章,为在线订阅者提供不断更新的内容,定价每个月8美元。溢价模式的订阅费用是45美元一个月,用户可以享受到包括"Times Insider""Times Talks"等独家内容、免费"Tbooks"的使用权限和定制内容体验等服务。可以看出《纽约时报》在付费经营模式上一直在不停地推陈出新。

(2)《华盛顿邮报》。该报创办于1877年,是美国首都第一大报,也是美国最有影响的大报之一,声望仅次于《纽约时报》。读者主要是政界、企业界和知识界人士。该报注重报道美国国会和政府的消息,是了解和研究美国内政外交的重要窗口。20世纪70年代,该报由于报道五角大楼关于越南战争的秘密文件和率先揭露"水门事件"而对美国的政治和社会生活产生了重大影响。2013年8月5日,华盛顿邮报公司宣布将旗下《华盛顿邮报》在内的报纸业务出售给贝佐斯,结束了格雷汉姆家族四代人对该报纸的掌管。

(3)《洛杉矶时报》。该报是美国西部发行量最大的报纸,被称为"美国第三大报"。创办于1881年,钱德勒成为发行人后,进行了一系列改革,加强国际新闻和全国性要闻的报道,多发深度分析文章,注意反映各派政治观点。读者对象为西部上层社会。该报篇幅居美国报纸首位，周一至周六日出 100 多版，周日出 200 版左右，广告登载量也为全美报纸之冠。2016 年，《洛杉矶时报》进入美国报纸发行量前十名，同年获得普利策突发报道奖。2018 年 6 月 18 日，《洛杉矶时报》以 5 亿美元的价格被出售给华裔富豪黄馨祥。

(4)《华尔街日报》(*Wall Street Journal*)。该报创办于 1889 年，由道・琼斯公司出版，是侧重于财政金融的日报，同时注意报道国际国内重大新闻。政治上代表大资产阶级。读者除了金融界、企业界外，还有政界和上中层知识分子。2007 年被新闻集团收购后，在很大程度上摒弃了传统的长篇分析评论文章，转而成为默多克一直所期望的那种关注突发新闻和头版冲击力的媒体形态。2009 年日发行量达 202 万份，超过《今日美国》，成为美国发行量最大的日报媒体。在报纸的数字化方面，于 1996 年 4 月正式推出付费墙，2007 年11 月 5 日订户超过 100 万，其专业的内容定位、高端的读者群体、多样化的商业运营，成为目前全球盈利最好的报纸网络版。《华尔街日报》网络版自 1996 年推出，到 2005 年为止付费用户超过了 76 万。其特点是不间断更新和覆盖全球商业新闻。2011 年，《华尔街日报》开始推行“无处不在”战略(WSJ Everywhere)，秉承“受众在哪里，《华尔街日报》就在哪里”的战略思维，开始擘画媒介融合的战略蓝图。2011 年推出“华尔街日报播报”互动视频应用，2012 年《华尔街日报》开始与 YouTube 合作生产每日 30 分钟的节目《不上班》。

(5)《今日美国》。该报创办于 1982 年，是全国性的综合日报，曾经是全美发行量第一的报纸，属于美国最大的甘尼特报团，但 2015 年6 月29 日被拆分。该报内容简明，编排新颖，创办时就采用彩色印刷，曾经是全美发行量最高的报纸。它不注重深度报道、专栏评论，但是注重信息图解常采用引人注目的标题新闻或图片新闻，经常将冗长深奥的内容化为生动形象的图表，读者主要是来去匆忙的商界人士和成千上万的旅游者。该报因拥有酒店等场所的大宗用户，纸媒的发行量一直名列前茅。2014 年 8 月15 日，甘耐特报团宣布将会剥离出版业资产，将旗下的出版业业务和广播数字业务分开，《今日美国》被迫独立经营。2016 年，《今日美国》进入美国报纸发行量前 10 名，2018 年获得普利策解释性报道奖。2021 年 7 月，该报官宣要加入“付费墙俱乐部”。

2.现代报业的发源地——英国

英国是现代报业的发源地，是当今世界上报业最为发达的国家之一。与美国类似，英国的报业格局在经过长期的竞争兼并后，也呈现高度垄断的局面，“一城一报”现象遍及全国。到20世纪80年代初，全国只有贝尔法斯特和格拉斯哥两个城市存在两种以上属于不同企业的日报，其他城市或者只有一份日报，或者虽有两种日报但属于同一企业。

英国报业与其他主要西方国家报业的最大不同点在于全国性报纸在报业中占据主导地位。英国共有10家全国性的日报，占全国日报总发行量的70%以上，其中发行量最大的是《太阳报》(*The Sun*)。

英国报业习惯于把报纸分为上层报纸和通俗报纸。上层报纸，又被称作“大报”，以《泰晤士报》为代表。该类报纸篇幅较多，报价较高，版面严谨，强调客观、严肃、独立等传统的报业理念，以国内外新闻报道和评论为主，读者定位于上层人士和知识阶层。通俗报纸也被称为“小报”，以《太阳报》为代表，一般篇幅较少，报价较低，版面夸张泼辣，主要内容是黄色新闻和娱乐材料。美国新闻学者约翰·蒂贝尔曾评价说，“英国出版了一些世界上最好的和最坏的报纸”。

目前，英国的重要报纸有：

(1)《泰晤士报》。该报创刊于1785年，是英国历史最长、影响力最大的报纸，也是世界上最古老、最受尊敬的报纸之一，一向以消息准确、社论严肃闻名，读者对象主要是政界、工商金融界和知识界。19世纪前期和中期是《泰晤士报》的黄金时代，大量刊登国内外要闻，常有独家新闻，因勇于挑战政治家和政府政策，成为公益与公众声音的象征。进入20世纪以后，该报逐渐落伍，处境窘困，报纸辗转于不同报业集团。1981年，在被报业巨头默多克掌管后，该报推出一系列改革措施，如扩大报道范围，采用彩色报纸和大幅图片，大报小报化等。2003年11月26日，《泰晤士报》改变了218年的传统，推出版面比一般报纸小一半的小开本以吸引乘坐地铁和公共汽车的上班族。经过一系列改革，报纸逐步远离颓势，焕发了生机，2005年，《泰晤士报》日均发行量为68.8万份，经营状况处于历史最好。2010年，《泰晤士报》引入“付费墙”制度，但是此举令其流失了大量读者，根据2010年7月17日的统计数据，《泰晤士报》网站读者在推出“付费墙”制度后减少了三分之二。为了维持运营，《泰晤士报》在多个新媒体平台上同时发力，与脸谱(Facebook，现更名为Meta)、谷歌(Google)等合作，建设内容营销号，推出主打美食、时尚的电子周刊《星期日泰晤士报 STYLE》(*The Sunday Times STYLE*)等。2021 年,《泰晤士报》与谷歌公司就有偿提供新闻服务达成了为期三年的全球伙伴协议。

(2)《每日电讯报》(*The Daily Telegraph*)。该报创立于 1855 年,是英国第一家成功的大众化便士报。1928 年,该报被贝瑞(Berry)兄弟购得后,开始脱离大众报纸行列,演变为相对"高级"的报纸。但它与《泰晤士报》等报纸有些不同,严格说起来,它是居于"高级"和"大众"报纸之间的。报纸每天32～36 版,消息量大而较简短,国际新闻占 1/3,注重读者兴趣。1994 年该报成为欧洲第一家网上报纸,是英国四家全国性"高级"日报中销量最大的一家。该报是英国保守党的喉舌。2005 年11 月,成为英国第一批定期提供博客服务的报纸网站。2006 年 5 月8 日,在拓宽页面的基础上增加了更加丰富的音频视频和记者博客资源。2006 年,《每日电讯报》重新发布自己的电子版报纸网页,涵盖了《每日电讯报》和《星期天电讯报》(*Sunday Telegraph*)的纸媒内容。作为"中央厨房"模式的鼻祖,《每日电讯报》在 2006 年率先试水全员全流程整合的工作模式,在打通各业务流程的同时,使用了全媒体内容整合管理系统。2016 年 4 月《每日电讯报》创立了在线视频中心,关注音视频产品的创新和转型,以吸引年轻用户和音视频用户。在报道影响力和广告效果的量化评估方面,《每日电讯报》也一直走在英国主流媒体的前列。在各大主流媒体网站以浏览量作为评估标准的时期,该报最早提出"有保证的浏览量"概念,提出了"效果至上"的广告理念。目前《每日电讯报》将"10·1·23"作为自己的未来目标:到 2023 年时,报社的订阅用户达到 100 万、注册用户达到 1000 万。

(3)《卫报》(*The Guardian*)。该报从创刊至 1959 年,原名《曼彻斯特卫报》,1959 年起改用现名,是全国性综合内容日报,读者主要是政界、知识界和金融界人士。该报目前在伦敦与曼彻斯特同时出版,每天 24 版左右,继承了重视言论的传统,也相当重视国际新闻,政治上一贯倾向于自由党和工党。2005 年 8 月的统计数字显示,《卫报》目前的发行量有 32.5 万份。2011 年,《卫报》获得英国新闻奖"年度报纸"荣誉。2014 年,《卫报》对斯诺登及其提供的有关美国"棱镜门"监控丑闻的系列报道令其获得了 2014 年的普利策新闻奖。面对互联网的浪潮,《卫报》在 2011 年提出了"开放性新闻"的报道理念,面向使用者、数据和平台开放。《卫报》早在 1997 年就面向使用者设立了"读者编辑"这样一个独立的职位。读者编辑接受总编辑任命，稿件独立签发无须审查，其职责是弥合读者与新闻记者之间的分歧，推动互信。除此之外，《卫报》积极推动用户生成内容(User Generated Content，UCG)，2013年开辟了"见证"版，鼓励读者为新闻生产提供内容。面向数据，《卫报》2009年开设了"数字博客"栏目，是全球主流媒体中第一个开设的纯数据报道板块，曾诞生过如2009年英国国会议员开支丑闻报道、2011年维基解密阿富汗战争报道等优秀新闻。面向平台，《卫报》在2009年提出了开放应用程序编程接口(Application Programming Interface，API)服务，并且启动了开放平台战略，允许外部开发者使用媒介内容并且应用到自己的程序中。

(4)《金融时报》(*Financia Times*)。该报创办于1888年，是全国性的经济金融报纸，主要报道金融、财政、工商业消息，也十分重视与经济有关的国内外政治新闻。该报政治上倾向于保守党，是伦敦金融界的喉舌。目前除在伦敦出版外，还用传真版在法兰克福同时印行。该报每天40版左右，以粉红色纸张印刷，在世界各国金融经济界拥有广泛的读者。2015年，英国培生集团宣布，旗下《金融时报》以约13.1亿美元的价格被日本日经新闻收购，宣告了培生集团对《金融时报》58年所有权的结束。

3.日本

日本可谓名副其实的"报业王国"，2002年度报纸的日销量为7080万份，是世界上报纸发行量最大的国家之一。日本报纸的普及率为每千人拥有664份报纸，仅次于挪威，居世界第二位。在世界报业协会发布的全球2005年日报发行量前10位排行榜上，日本报纸占据了六席，其中《读卖新闻》1424.6万份、《朝日新闻》1232.6万份。《读卖新闻》也是目前世界上发行量最大的日报。

与目前国内绝大部分报纸发行亏本，报业经济主要依靠广告收入的情况相反，日本报纸的发行与广告的收入之比几乎相同，二者共同成为推动日本报业经济发展的"两大车轮"。日本报纸发行99%是靠订户，只有1%零售，这与日本独特的"宅配制"发行方式有关，它们依靠报纸销售店来直接向读者投递，逐门逐户地送报上门。如《读卖新闻》在日本全国拥有8500多个销售店，这些销售店负责每天按时把报纸派送到每一位订户的家里。由于这些销售店都是独立经营和核算的，因此他们会想尽办法把报纸卖出去，还会在报纸中夹带很多附近地区的广告以方便订户的生活，这样便既可从贩卖报纸的销售额中获得利润，还可获得一定的派送广告的收入。

日本的重要报纸有：

(1)《朝日新闻》(*Asahi Shinbun*)。该报于1879年1月25日在大阪创刊，在日本设有东京、大阪、西部和名古屋四个本社以及北海道支社和福冈本部，各都道府县共设有43个总局，全国各主要城市共设有250个支局。报社名下还拥有两架喷气式飞机和四架直升机供采访报道使用。《朝日新闻》的采访网络遍布日本国内外，日本国内约有300处记者站，海外则有30个常驻机构。中国地区分别设有中国总局(北京)、上海支局、广州支局、香港支局和台北支局。该报广泛刊登国际国内新闻，既注重于速报，又致力于详报和解说，拥有庞大的读者群。在互联网时代，《朝日新闻》面临着发行量和广告收入的下滑，雪上加霜的是，2014年《朝日新闻》出现"吉田调书"和"吉田证言"两个误报事件，进而受到右翼势力攻击和社会的抵制，为了求生存，《朝日新闻》开始了融媒体的转型。该报秉持"真实、公正、敏速报道"的原则，深耕优质内容，在2011年"东日本大地震"、2018年西日本暴雨灾害等都有独家、深度的报道。此外，《朝日新闻》积极拥抱新技术，2013年成立媒体实验室，开发VR(Virtual Reality，虚拟现实)、AR(Augmented Reality，增强现实)、AI(Artificial Intelligence，人工智能)技术，"O-torii"、AI编辑"Chatbot"等，2017年正式公布了VR新闻客户端—朝日新闻"News VR"等，实现数字化转型。

(2)《读卖新闻》(*Yomiuri Shinbun*)。1874年11月2日，该报创办于东京，初为市井小报，1942年与《报知新闻》合并，更名《读卖报知》，跃为东京第一大报，1946年5月1日恢复《读卖新闻》刊名。该报是日本的第一大报，曾被"吉尼斯世界纪录大全"列为"全世界发行量最大的日报"，近两年仍雄踞世界报业协会公布的"世界日报发订量百强"榜首。该报除了关注日本国内外新闻外，还注重社会新闻、体育新闻等，版面活泼，文字通俗。至今该报仍然处在日本报纸发行量排行榜前列，根据2015年日本ABC协会统计数据，《读卖新闻》日发行量为1001万份，位居第一。《读卖新闻》积极向政府建言献策，成了其独特的品牌。2014年，《读卖新闻》自行制定了一个宪法修正草案，并且将其作为建言进行报道。为了方便读者，《读卖新闻》成立了专门的社会保障部和医疗情报部，报道养生、医疗、健身等内容。深度报道、独家报道、调查报道也是《读卖新闻》面对互联网冲击推出的对策，其专门成立了调查部与解说部来提高新闻报道的权威性。"社说"是《读卖新闻》推出的社论栏目，由最优秀的记者队伍负责内容生产以保证其深度，其目标是"可以承受三十年后的批判”。

(3)《每日新闻》(*Mainichi Shinbun*)。该报前身为1876年创刊的《大阪日报》和1872年创刊的《东京日日新闻》,1943年起改用现名。该报在二战前和二战时期是日本第一大报,二战后退居全国第三位。现有东京、大阪、名古屋、西部四个本社,北海道设支社,这五处分别出早晚刊,东京、大阪、西部三处还出版供应偏远地区的“统合版”。同其他纸媒一样,《每日新闻》也遇到了互联网时代的冲击,其试图通过巧妙地转化载体重新赢得人们的关注。2014年,《每日新闻》将报纸变成饮料瓶的包装,同时降低饮料售价,提高辨识度的同时也打开了销路,瓶身上印有《每日新闻》的二维码,消费者可以扫描二维码在App中查看最新消息。

(4)《产经新闻》(*Sankei Shinbun*)。该报前身是1933年创办于大阪的《日本工业新闻》,1942年合并了33家产业和经济小报,改名为《产业经济新闻》,20世纪50年代初由经济报纸转变为综合性报纸,同时在东京出版《产经时事》,1958年起两地报纸统一改用现名。目前,《产经新闻》在东京和大阪设有本社,分别编辑出版。该报与政界、财界、企业界右翼势力关系密切,政治态度偏右。2007年,《产经新闻》与微软公司共同开设新闻网站“MSN产经新闻”。

4.法国

法国报纸根据习惯分为巴黎报纸和外省报纸两大类:前者在巴黎出版,有全国性影响;后者在巴黎以外出版,可进一步分为大区报、省报和城镇报。

巴黎报纸以往有言论性和消息性之分。言论性报纸重视国内外政治时事,有较多的评论分析,一般代表某一政党或政治派别。消息性报纸侧重于新闻报道,特别是地方新闻、社会新闻。二战后言论报纷纷淡化党派色彩,增加消息报道和娱乐性、趣味性内容,因而两种报纸差异缩小。外省报纸基本都是消息性报纸。

目前,法国的重要报纸有:

(1)《世界报》(*Le Monde*)。1944年该报创办于巴黎,是目前法国最有影响力的日报,也是一份严肃的言论性报纸,政治上持中间偏左立场,每周出版六天,每天20版左右。内容侧重政治事件,解释性报道多,国际新闻丰富而有分量,基本上不登图片,不刊登黄色新闻。该报广告约占版面的40%,读者主要是中上层知识界、政界和工商界人士。2000年开始,《世界报》开始陆续创办新刊物和收购国内报纸,共拥有12种全国性出版物。

2002 年 11 月创办《世界报 2》，精选出版在《世界报》上的好文章，做成图文并茂的月刊。1998 年，《世界报》网络版创办，2002 年 4 月 15 日，《世界报》网站开始设立“付费墙”。

(2)《费加罗报》(*Le Figaro*)。1854 年创办时为周报，1866 年改为日报，是法国现存历史最久的日报。这是份言论性报纸，政治态度历来保守，内容着重政治新闻、国际新闻及文学艺术，社会和体育新闻也很出色。该报每天通常有 30 多版，图文并茂，轮流出各种专版，周末出增刊《费加罗画报》。该报广告收入丰厚，读者主要以文化水平较高的政界、商界人士和高级职员为主。1980 年，《费加罗报》和刊物《曙光》合并。1981 年 5 月 10 日，《费加罗报》第一次成为反对党的机关报。2004 年6 月，达索工业集团收购了《费加罗报》隶属的沙克报业集团。2014 年3 月 25 日，在对法国进行国事访问之际，国家主席习近平在法国《费加罗报》发表题为《特殊的朋友　共赢的伙伴》的署名文章。

(3)《法兰西晚报》(*France Soir*)。该报的前身是 1941 年创办的地下报纸《保卫法兰西》，1944 年 8 月公开发行，同年 11 月改为现名，成为面向社会大众的晚报。该报大量刊登社会新闻、煽情主义新闻，格调不高，还辟有多种娱乐、游艺专栏，20 世纪 80 年代开始逐步改变编辑方针，增加政治经济新闻及有关资料，以求摆脱困境。2011 年 12 月 13 日，《法兰西晚报》在最后刊发了“飨食读者”之后宣告停刊，成为法国第一家停刊的日报，2012 年，其公司宣告破产。

(4)《国际先驱论坛报》(*International Herald Tribune*)。这是美国企业在巴黎出版的国际性英文日报，前身是 1987 年开始出版的《纽约先驱报》(后改名为《纽约先驱论坛报》)欧洲版，1976 年起改用现名。该报着重报道国际政治、经济、文化等方面的新闻，通过卫星传版在伦敦、马赛、苏黎世、海牙、罗马、迈阿密、香港、新加坡等地同时印刷，行销 160 多个国家和地区，发行量 15 万份左右，是美国资产阶级观察世界、传播观点的重要阵地。

5.德国

德国至今没有全国性的报业中心，长期以来，地区性报纸一直占主导地位。他们往往以一个较大的城市为中心办报，着重报道本地区的新闻，刊登本地区的广告，在本地区发行，因而和当地居民联系比较紧密。但是，也有些报纸从事跨地区的报道和发行，具有全国性的影响，因而被视为全国性报纸。这些报纸的发行量不一定很大，但读者多为政界、经济界、文化界上层人士，对舆论和公共生活有较大的影响。

德国的报纸绝大部分为商业报纸，收入 2/3 来自广告。德国报纸的广告收入一直领先于其他媒介。德国的报纸大部分是订阅的，约占日报总发行量的 75%。

德国的重要报纸有：

(1)《法兰克福汇报》(*Frankfurter Allgemeine Zeitung*)。1949 年，该报创刊于法兰克福，代表着实业界的利益，重视经济新闻和国际新闻，读者主要是政界、工商界、文教界人士。该报平时出 24～30 版，内容分政治、经济、文艺三大部分，另外，每天分别有科技、书籍、旅游等专版，版面严肃，标题字小，图片极少。周末版最多 180 版，图文并茂，题材多样，恰与单调的平日版构成鲜明对比，广告占版面的 50%左右。

(2)《世界报》(*Die Welt*)。该报创办于 1946 年，社址原在汉堡，1976 年迁到波恩，平日版 20 版左右，分为四个部分——重要新闻和评论、综合新闻、文化科技、体育新闻和特稿，另外还有一系列轮流出版的专版，广告约占到版面的一半篇幅。该报消息灵通，报道广泛，编排要比《法兰克福汇报》活泼。该报在国内外有广泛的记者网，首都新闻的报道很有权威，对国际新闻业相当重视，读者主要为中等文化水平以上的中年人。《世界报》发行量不大，2003 年约 21 万份，但是在世界范围内有一定的影响力。

(3)《南德意志报》(*Sueddeutsche Zeitung*)。1945 年，该报创办于慕尼黑，创办时持社会民主党执照，后变为私人报纸，但仍倾向于社民党。读者主要为自由派知识分子。该报篇幅较大，平时 40～50 版，周末更多，平日版分三个部分：政治新闻与评论、地区新闻和文艺影剧、经济新闻。另外，还有些副刊、专页，轮流刊出。该报报道面广，文体很有特色，头版专设抨击时弊的杂文栏“曝光台”。报纸外观庄重而不呆板，广告约占一半左右。2015 年，西方国家经历了自二战以来的最大难民潮，《南德意志报》对难民问题进行了系列报道。2016 年，《南德意志报》第二季度发行量超过 42 万份。

(4)《图片报》(*Bild Zeitung*)。该报于 1952 年创刊于汉堡，是一份图文并茂的大众化报纸，是德国最大的报业集团施普林格集团的一家发行量最大的街头零售报纸，2003 年年中发行量达 422 万份，是德国乃至整个欧洲发行量最大的报纸。该报纸图片大约占据板面的一半，全部彩色印刷。色调多以红、蓝等强对比色调为主。该报主要刊登轰动性的社会新闻、趣味新闻、体育消息以及知识性报道。该报长期读者有 1170 万人，占德国 14 岁以上居民的1/4左右，读者覆盖社会各阶层，尤以中等文化层次的职员和工人为主。2013年6月11日，《图片报》实行了“柔性付费墙”制度，每天80%的新闻可以免费阅读，15～20篇新闻需要付费。该模式实施后该报网站并未出现大规模用户流失，仍然在德国网站中保持了点击量第一的位置，第一年订阅用户就超过了25万。

6.俄罗斯

苏联解体以后，作为苏联领土上最大的加盟共和国，俄罗斯成为其继承者。尽管近年来俄罗斯政坛动荡不安，经济发展也处于低谷状态，但是社会的变迁在一定程度上刺激了新闻业的发展，使俄罗斯的报纸呈现出多元化发展形态。其中社会影响力较大的是由苏联官方报纸转变而来的某些独立报纸；另有一些官方的报纸，但公众影响力较小；同时，还有一些形式独立，但依然在一定程度上代表党派观点的报纸，影响力也较小。

目前俄罗斯的重要报纸有：

(1)《红星报》。《红星报》是俄罗斯国防部机关报，也是目前世界上最权威的军事报纸和媒体之一，1924年1月1日创刊，原为苏联国防部机关报，是经历了巨大社会变革之后变化最小的报纸。该报全面充分、真实可信和有效地报道军队的消息，也经常刊登有关国际局势、地缘政治及评论改革的文章，在国际关系研究、军事改革研究和国际安全研究方面都具有举足轻重的地位。

(2)《真理报》。该报于1912年5月5日在圣彼得堡创刊，首任主编是斯大林，其目标是在劳动群众中散播关于工人阶级的朋友和敌人的真理。1914年，该报被沙皇查封。1917年二月革命沙皇被推翻，报纸发表了列宁著名的“四月提纲”。十月革命胜利后第三天，《真理报》恢复出版，1918年3月其编辑部由圣彼得堡迁往莫斯科。苏联时期，《真理报》是苏共唯一机关报，与其密不可分，地方各级报刊宣传口径与《真理报》必须一致。1929年，斯大林明确指示《真理报》有审查监督其他报纸的义务。苏联解体后，该报分裂为《真理报》和《真理报－5》两家。《真理报－5》由外国资本支持，政治倾向较为自由，而《真理报》具有民族爱国主义的倾向，被认为是俄罗斯共产党和俄罗斯左翼力量的报纸。

(3)《独立报》。1991年，该报由莫斯科知识界发起创办，其有关国家政治、经济、外交政策的分析评论深受专业人员的喜爱。

(4)《共青团真理报》。1925年，该报在莫斯科创刊。苏联解体之初，该报曾实行报社员工集体所有制(即同人报制),现属于新崛起的寡头波塔宁控股的一个大型传媒集团,目前为俄罗斯第一大报。

(三)世界报业的发展趋势

1.纸质报纸下滑,数字报纸抬升

随着网络媒体的发展,世界报业的发展总体呈现下滑趋势。近年来,尽管经过一系列的调整,下滑势头有所遏制,但已经很难大幅回升,信息本质及其与技术的对应关系,决定了成熟传统媒介的逐渐衰退。

世界报业协会《2020～2021 年世界报业趋势报告》显示,近几年数字读者收入和数字读者数量一直保持快速增长。2020 年的数字读者收入和数量分别上涨了 27%和 36%。这一方面是因为人们在信息混杂的疫情期间寻求可靠信息的需求,另一方面是因为媒体组织专注于数字订阅和受众优先战略。报告指出,尽管从全球范围来看,媒体组织的数字发行收入仅占媒体组织收入的 6%,但它具有"读者收入战略的所有关键要素"。这些关键要素包括与受众互动、丰富的数据分析、产品开发和跨部门协作,它们是"不断发展的数字化转型战略的支柱"。

少数媒体大品牌主导数字付费市场。以美国为例,数字付费订户集中在《纽约时报》《华盛顿邮报》《华尔街日报》三大报纸,2021 年 7 月,《今日美国》官宣,要加入"付费墙俱乐部"。在芬兰,几乎半数在线订户集中在《赫尔辛基日报》一家。但在德国和西班牙,数字订户的分布较为均衡。总部在德国的施普林格是欧洲最大的报业集团,该集团于 2009 年开始在部分报纸的推广中实施"付费墙"战略。2012 年,其旗下的《世界报》成为德国第一份实施数字订阅的报纸,半年后,旗下的《图片报》加入,现已成为全球数字订户 10 大新闻品牌之一,与《卫报》《金融时报》并列为欧洲三大数字订阅报纸。

目前,广告约占全球媒体组织传统收入的 46%,其次是订阅收入(21.2%)、举办活动和零售收入(均为 10.4%)。因此,许多媒体组织认为广告业务的持续下滑是其迈向成功的最大风险(30.6%),其次是无法实现收入来源多样化(21%)。2020 年,虽然总的广告收入平均下降 11%,但数字广告收入增长了 8.8%。调查公司 Zenith 预计,2021 年数字广告将增长 10%,到 2023 年平均每年增长 9%,最终,数字广告将会占到广告市场份额的 58%。

2.探索新技术和新内容形态,营造新发展点

尽管创新并不总是依赖于技术,但媒体组织通常会利用技术来促进创

新。目前,媒体组织越来越多地将数字化、大数据、5G、VR、人工智能等技术用于内容生产、个性化、预测分析和订阅等各个方面。牛津大学路透新闻研究所发布的《2021年预测报告》指出:“人工智能不会立即改变新闻业的游戏规则,但它有潜力以一种渐进的方式帮助改善新闻业,这将会带来积极的、长期的结构性影响。”无论是利用人工智能来研究用户行为、为用户提供个性化内容,还是利用5G技术来为用户提供高质量内容等,媒体组织都需要探索这些前沿技术,为未来的业务做好准备。

“国际媒体支持”(IMS)针对拉丁美洲和中东欧20个国家的44家报纸进行的最新调查发现,越来越多的媒体将人工智能(AI)作为转型的重要工具。该报告显示:“下一次突破浪潮:由AI和机器学习(ML)主导的新兴媒介市场。”关于AI的核心用途,报告称,首先是合作受益,AI有助于打通编辑部各部门之间的壁垒,跨部门解决包括工程技术、设计、编辑、营销等问题;其次是在实验中推动编辑部采纳新技术;最后是实质性拓展发行量(线下和线上)。报告同时称,目前在采用现有技术的可能性和已经应用于新闻编辑部的技术方面仍存有鸿沟,而待记者、编辑、管理人员懂得通过AI进行合作,将最终彻底改变内容产品的质量乃至形态。

在逐步完善“付费墙”机制、优化新闻内容的同时,媒体也开始探索新闻内容的新形式。比如,2017年《纽约时报》推出的新闻播客“The Daily”。作为《纽约时报》数字广告收入增长的重要驱动因素之一,该音频节目于每个工作日早晨更新,节目时长20分钟,主要提供每日新闻报道和头条新闻。截至2020年末,该播客由美国各地250多家公共广播公司播出,每周约有200万人收听,一跃成为美国月收听榜榜首的播客节目。新闻播客这种形式对媒体组织很有用,因为它有助于培养读者习惯,同时也可以吸引年轻读者,与视频相比,它更容易接近,也更便宜。那些已经提供音频服务的媒体组织,可以为智能音箱这个渠道重新设计内容,以便更好地利用这一新的信息平台。

在2021年8月的东京夏季奥运会上,《华盛顿邮报》和《今日美国》采用AR方式呈现现场。《今日美国》从当年7月19日起,已经在其移动客户端上传了两个AR报道:一个是由职业滑板运动员现场呈现奥运会滑板运动场地以及该项目的比赛特点和自己的滑板生涯,另一个是由该报记者和攀岩运动员现场介绍此次奥运会攀岩比赛规则以及抱石、抓岩等不同类型的攀爬技巧。《今日美国》母公司甘尼特集团新技术高级主任雷·索托说,这些AR报道旨在让受众“在比赛期间更好地理解运动特点、竞争形式及得分规则等要点，并由退役运动员现场讲解，令受众如临其境”。《华盛顿邮报》也从7月20日开始上传了3个AR报道，分别关于攀岩、滑板和冲浪，其中攀岩项目让受众感觉自己就在15米高的攀岩墙旁近距离体验，滑板项目则展现了180度的观察视角，而冲浪项目则令受众可以紧跟运动员以慢动作现场体验冲浪乐趣。

3.打通社交媒体，吸引年轻人

路透社(Reuters Ltd.)研究所发布的《2021年数字新闻报告》中提到，仅8%的英国人和21%的美国人为在线新闻付费，绝大多数用户仍在使用免费的新闻资讯服务。对于媒体来说，他们迫切地需要生产新内容、打入新市场、获得新优势。另据英国《新闻公报》的数据，印刷品或数字报纸五成的订阅者超过55岁，这使得年轻读者市场成为亟待开发的蓝海。

媒体组织的未来发展还取决于能否与受众建立更强有力的互动。以受众为中心的数字转型战略可有助于提高数字订阅和广告收入。一些媒体组织正在“基于受众路径和第一方数据来完善他们的广告策略”。媒体需要对来自社交媒体的推荐流量，进行持续性的量化跟踪，以查看用户的订阅意向。社交媒体因其直观的数据新闻而广受好评，并已成为部分报纸，如《经济学人》等数字运营的核心。而推特(Twitter)、领英(LinkedIn)等成为其社交媒体战略的重要支柱性渠道，尤其是照片墙(Instagram)，这一平台一直是该报实现用户快速增长的地方，如今传统媒体主要的竞争对象已不再是媒体机构，而是诸如奈飞(Netflix)、声田(Spotify)等科技公司。

4.竞争兼并

从报纸大众化起，竞争兼并已经开始，如今它仍然在继续，而且随着风险的加大正愈演愈烈。2000年，世界报业掀起并购狂潮。论坛公司以80亿美元收购发行《洛杉矶时报》的时代镜报集团，使其拥有了11份日报，成为美国发行量第三的报业公司。甘尼特公司也以26亿美元收购了中央报业有限公司(Central Newspapers Inc.)。英国三一公司(Trinity)以20亿美元并购了镜报集团，组成三一镜报集团(Trinity Mirror)，成为英国报业的新龙头。发展中国家报业集团化也在启动，我国集团报业已经遍地开花，目前正着力发展融媒体中心，实现全媒体发展策略。

随着经济全球化和互联网的推广，报业大亨开始通过跨国收购或发行海外版向国外拓展势力。1999年，甘尼特以近15亿美元收购了英国最大的报纸地区发行商之一纽斯奎斯特(News quest)。2000年，又并购了另一家地区发行商纽卡姆(Newcom)。2000年，伦敦《金融时报》发行德文版，专门报道德国经济、金融和企业发展动态，而且还积极进入美国市场，力图抢占《华尔街日报》地盘，后者立即在伦敦发行报纸反攻《金融时报》。

新闻寡头默多克从20世纪70年代就开始了全球扩张计划，至今已经在世界各地拥有109家日报和15家周报，其中英国40%的报纸受其控制。同时，报业与其他媒介联合的趋势也在他身上得到充分反映。他早已将触角伸向其他电子传媒，在美国，他拥有福克斯电视公司、20世纪福克斯电影公司。2000年，他以10亿美元购买了新加坡电信4%的股权，以发展亚洲地区的宽带网和电信业务。自此，默多克跨媒介经营的"媒体帝国"已然建成。

二、中国报业的现状及对策

(一)中国报业的发展现状

1.报纸数量、广告营收下滑，大量报纸关停

改革开放以来，我国报业在与媒介同业竞争中，顶着国际化与网络化等多种压力快速发展、迅速壮大。据世界报业协会统计，2004年我国出版的日报数量位居世界首位，占全球日报出版总量的14.5%，成为无可争议的日报出版大国。在报业总体结构上，我国报业逐步呈现出以党报为龙头的，多门类、多品种、多层次的报业发展格局。

党报是我国数量最多的单一品种报纸，目前，通过一系列改革，一度下滑的党报发行量得以稳定，其主导地位得到巩固，影响力明显增强。2004年，全国各级党报连同所属系列报总数达1017种，占全国报纸总量的53%。晚报、都市类报纸在全国报纸结构中所占比重仅次于党报，同时也是自费市场和广告市场的主力。生活服务类报纸日趋丰富，一些大城市相继拥有了自己的品牌生活服务类报纸，如北京的《精品购物指南》、上海的《申江服务导报》《上海星期三》、天津的《假日100天》等，而行业专业类报纸也通过细分读者市场，不断提高专业水平，抢占市场。

伴随着新媒体的迅速崛起，纸媒尤其是地市党报面临着前所未有的挑战。根据国家新闻出版广电总局2020年10月发布的《2019年全国新闻出版业基本情况》①，2019年，全国共出版报纸1851种，平均期印数17303.34

① 参见国家新闻出版署:《2019年全国新闻出版业基本情况》，2020年10月，第11～14页，https://www.chinaxwcb.com/uploads/1/file/public/202011/20201104100014_77qg4korlu.pdf。

万份，每种平均期印数 9.35 万份，总印数 317.59 亿份，总印张 796.51 亿印张（不含港澳台地区）。与上年相比，种数降低 1.07%，平均期印数降低 1.60%，总印数降低 5.83%，总印张降低 14.16%。各类报纸的出版数量、所占比重如下：

（1）全国性报纸 213 种，平均期印数 2835.35 万份，总印数 77.56 亿份，总印张 203.90 亿印张，占报纸总品种的 11.51%、总印数的 24.42%、总印张的 25.60%。

（2）省级报纸 747 种，平均期印数 10763.43 万份，总印数 140.97 亿份，总印张 330.25 亿印张；占报纸总品种的 40.36%、总印数的 44.39%、总印张的 41.46%。

（3）地、市级报纸 872 种，平均期印数 3670.30 万份，总印数 98.05 亿份，总印张 260.48 亿印张；占报纸总品种的 47.11%、总印数的 30.87%、总印张的 32.70%。

（4）县级报纸 19 种，平均期印数 34.26 万份，总印数 1.00 亿份，总印张 1.88 亿印张；占报纸总品种的 1.03%、总印数的 0.31%、总印张的 0.24%。

随着网络媒体和新媒体的迅速发展，近几年报纸的阅读率持续下滑，从较高峰的 2011 年的 65.7%下滑到 2019 年的 20.1%，已跌去了 2/3 多，如图 3-1 所示。

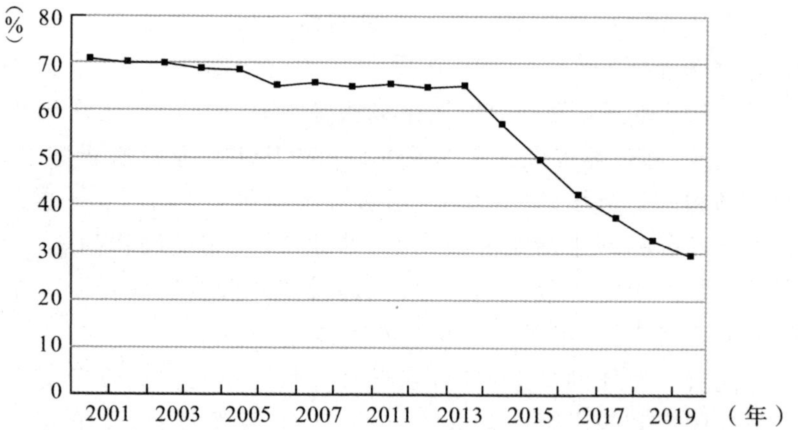

图 3-1　2001～2019 年报纸阅读率趋势

数据来源：《2019 年全国新闻出版业基本情况》，https://www.chinaxwcb.com/uploads/1/file/public/202011/20201104100014_77qg4korlu.pdf。

同时，传统广告模式也遭遇致命冲击，2019 年报纸广告刊登额只有 2011 年的 1/10，其间变化如图 3-2 所示。

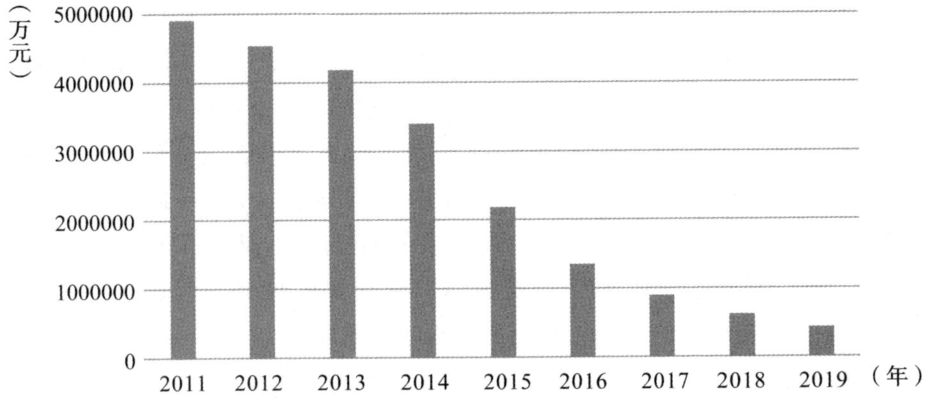

图 3-2 2011～2019 年报纸广告刊登额

数据来源：《2019 年全国新闻出版业基本情况》，https://www.chinaxwcb.com/uploads/1/file/public/202011/20201104100014_77qg4korlu.pdf。

受读者减少和报纸广告营收下滑的影响，报纸开始了合并、关停潮。报业大部分改革举措，如集团化、多元化、资本化、媒体融合等，曾经都有赖于都市报利润的支撑。而在如今的报业危机中，市场化的都市报首当其冲。据不完全统计，2019 年有 34 家报纸选择休停刊，其中有 16 家报纸选择在 2020 年的第一天休停刊，其中，有 29 家为都市报，其余 5 家是行业报，2020 年至少有 19 家报纸选择休停刊，2021 年的第一天亦出现了休停刊的情况。

2.报业集团和融媒中心的迅速崛起

以 1996 年广州日报报业集团成立为标志，“报业集团化”这种新的报业经营管理机制和经营方式在中国报界日渐流行。截至 2004 年底，全国经国家有关部门批准成立的报业集团达 40 家。其中，中央级报业集团 2 家，省级报业集团 25 家，省会城市报业集团 10 家，计划单列城市报业集团 3 家。

报业集团的出现是中国报业适应市场经济新形势、顺应国际报业发展潮流、参与国际报业竞争的内在需求，也是带动我国报业由规模数量型向优势高效型转移、由粗放型向集约型转移的措施。

随着网络媒体的发展，建设融媒体中心成为报业转型的必由之路。融合发展关键在融为一体、合而为一。党的十八大以来，以习近平同志为核心的党中央高度重视传统媒体和新兴媒体的融合发展，强调利用新技术、新应用创新媒体传播方式。2013 年 8 月 19 日，习近平总书记在全国宣传思想工作会议上发表重要讲话，指出年轻人的信息来源主要是网络，要正视现实，加大力量投入，掌握舆论战场上的主动权。同时要适应社会信息化持续推进的新情况，加快传统媒体和新兴媒体融合发展，充分运用新技术、新应用、创新媒体传播方式，占领信息传播制高点。

2014 年 8 月 18 日，中央全面深化改革领导小组第四次会议审议通过了《关于推动传统媒体和新兴媒体融合发展的指导意见》。习近平总书记强调，推动传统媒体和新兴媒体融合发展，要遵循新闻传播规律和新兴媒体发展规律，强化互联网思维，坚持传统媒体和新兴媒体优势互补、一体发展，坚持先进技术为支撑、内容建设为根本，推动传统媒体和新兴媒体在内容、渠道、平台、经营、管理等方面的深度融合，着力打造一批形态多样、手段先进、具有竞争力的新型主流媒体，建成几家拥有强大实力和传播力、公信力、影响力的新型媒体集团，形成立体多样、融合发展的现代传播体系。要一手抓融合，一手抓管理，确保融合发展沿着正确方向推进。

2016 年 2 月 19 日，习近平总书记在党的新闻舆论工作座谈会上发表重要讲话，指出要推动融合发展，主动借助新媒体传播优势，要抓住时机、把握节奏、讲究策略。

根据媒介发展趋势和中央精神，以《人民日报》的“中央厨房”为先行，各地融媒体中心纷纷成立，推动了传统媒体和新兴媒体融合发展，增强了报业等传统媒体的实力，增强了舆论引导力和国际竞争力。

3.中国的著名报纸

(1)《人民日报》。该报为中共中央机关报，是中国最具权威性、发行量最大的综合性日报，被联合国教科文组织评定为“世界十大主要报刊”之一。其前身是 1948 年 6 月 15 日在河北省平山县西柏坡创刊的中共中央华北局机关报《人民日报》，1949 年 8 月 1 日改建为中共中央机关报。《人民日报》承担着每天向全国和世界传播与介绍中国共产党和中国政府的方针、政策及主张的重任，其中人民日报的言论（尤其是社论和评论员文章等），已成为人民日报的一面旗帜，被认为直接传达着党中央的声音，备受海内外读者、外国政府和机构的重视。目前，《人民日报》每周一至周五为 16 个版，周六、周日为 8 个版。除此，还有《人民日报》海外版、《人民日报》华东版、《人民日报》华南版等。人民网（前身是人民日报网络版）亦于 1997 年 1 月 1 日正式运行。2015 年 2 月，人民日报“中央厨房”启动，由空间平台、业务平台、技术平台组成。2017 年全国“两会”起，“中央厨房”机制全面运行，设立总编调度中心，建立采编联动平台，统筹各方采访、编辑和技术力量，“报、网、端、微”一体联动，建立移动优先、PC 做全、纸媒做深、多次生成、多元传播的策采编发新流程。人民日报“中央厨房”的“一次采集，多种产品”的全媒体运行生态被业界广泛推崇，走出了一条融媒发展的特色道路。

(2)《参考消息》。该报由新华社主办，是刊载外国以及中国台湾、澳门和香港特别行政区的通讯社和报刊的文章与消息的 4 开 8 版日报。1931 年 11 月7 日，该报创办于江西瑞金。1957 年 3 月 1 日起，《参考消息》改版并扩大发行。毛泽东主席曾赞扬《参考消息》是“天下独一无二的报纸”。1985 年 1 月 1 日起，《参考消息》由“内部发行”改为“限国内发行”。2021 年 1 月 1 日，《参考消息》正式改版，增加科技报道量；新设“新闻纵深”版，发挥纸媒优势，在“深度阅读”和“系统化阅读”上做文章；增加评论言论版面，强化“观察”功能；打造五大特色周刊，减少自采稿件数量。大力强化纸质版和新媒体内容的融通互动、优势互补，构建《参考消息》“纸媒＋融媒＋智库＋品牌”四位一体的现代化传播体系。目前发行量在 300 万份左右，是中国发行量最大的日报之一。

(3)《中国青年报》。该报为中国共青团中央机关报，是当代中国政治、社会生活中具有重大影响的一份全国性综合性日报，1951 年 4 月 27 日在北京创刊，1966 年 8 月 20 日停刊，1978 年 10 月 7 日，经中共中央批准，《中国青年报》复刊。该报在全国 25 个省区设有分印厂，采用先进的卫星传版，使全国 90％以上的地区均能阅读到当日的报纸，下设四种子报(刊)——《青年参考》《青年时讯》《青年体育》和《数字青年》，其高端读者群居全国平面媒体前列，发行覆盖 93 个部委办、129 家中央企业及各省市领导群体。2014 年，《中国青年报》开启全媒体转型，通过全面布局融合报道、加速渠道平台建设、启动跨界合作方案，不仅重新获得了广大青年的关注和喜爱，还在新型主流媒体建设道路上迈上新台阶。据国家统计局有关部门发布的市场调查报告，《中国青年报》阅读率在全国性日报中位居第三。中国消费者协会开展的中国产品品牌问卷调查显示，《中国青年报》回收率连续三年名列第一。2019 年，《中国青年报》的单报阅读率为 1∶16，读者规模近千万。

(4)《中国日报》(*China Daily*)。该报创办于改革开放之初的 1981 年，是中国第一份、也是目前唯一一份全国性英文日报。《中国日报》目前已成为国内外公认的中国最具权威性的英文刊物，也是我国被国外主流媒体转引率最高的报纸。作为我国唯一一份进入西方主流社会的报纸，《中国日报》在国内外政界、商界和高知识阶层拥有众多的忠实读者，已发行到全世界150多个国家和地区。据中国日报社统计，截至2019年12月，《中国日报》在Facebook上的粉丝数高达1亿人，位居全球媒体账号排名第二位，而在Twitter上的粉丝数也达到430多万人。

(5)《南方周末》。该报由南方日报报业集团主办，创办于1984年2月11日。该报立足广东，面向全国，以“反映社会，服务改革，贴近生活，激浊扬清”为特色；以“关注民生，彰显爱心，维护正义，坚守良知”为己责；将思想性、知识性和趣味性熔于一炉，寓思想教育于谈天说地之中。该报发行量达600多万份，读者群主要是知识型读者。其新闻以独家为主，时评以纵深见长，副刊佳作迭现。其在全国设有11个印点，通过卫星传版，实现同步彩色印刷。新媒体环境下，《南方周末》也在积极探寻纸媒出路，进行数字化变革，改革信息采集方式。《南方周末》在2007年建立网页版，2009年创建新浪账号，2012年创建微信公众号用于发布新闻。同时，该报还积极进行版面创新与改革，增加头版引导栏，运用具有自己特色的导航图和图片叙述新闻。

(二)新形势下中国报业的发展对策

飞速发展的经济与大幅度提高的民众文化教育水平，为中国媒体发展创造了无限的生长空间。但是因为中国网络媒介的飞速发展，传统媒体空间受到挤压，近几年时有报纸关停的消息，报业生存面临极大危机。

另外，随着网络媒体的异军突起，公众接受新闻信息的方式也在相应改变，“最快最新看网上”已成为共识。面对新的媒介环境和中国报纸发展的挑战，应该从以下几个方面来促进报纸媒介的发展。

1.加强与互联网的对接

面对突飞猛进发展的网络媒介和电子媒介，有些人对于报纸在未来的发展持有悲观的态度。但是作为一种相当完善的媒介形式，报纸还会有其生存的空间和理由。虽然不少学者都认为网络将会对包括报纸在内的所有传统媒介实现一个总替代，但是统计数据显示，在网络迅猛发展的现代社会，实际上近年来大多数国家报纸的发行量和广告收入依然在持续上升。

那么在现代社会传媒高度发展的今天，报纸应如何应对呢？未来的报纸完全可以在网络传播技术的基础上以新的形式继续向前发展，我们可以利用网络提供的技术手段和便捷的信息传递来丰富报纸的形式，使报纸走多元化、现代化的发展轨道。

2.多元化发展报业集团

随着报业经济的壮大，单一的报纸显然已经不能够保证报社在市场的风浪中不受冲击。因此，多元化发展战略便成为报业的共同选择。中国的特殊国情使得各地报社特别是机关报、综合性日报在当地都是进行垄断性经营，这是对报业集团形成和发展的最大制约因素。因此，利用自身经营多种产品、开辟多个领域、以多种经济形式开发市场，是集团化发展的必然趋势。

多元化发展可以减少报业经营风险，使收入多元化，确保新闻事业正常、顺利、圆满地完成被赋予的使命。另外，报业经营中发行市场与广告市场都接近饱和，报业的进一步发展需要新的增长点，因此也有必要以报业集团的形式涵盖更广阔的市场天地。

多元化发展还可以使报纸经营者与原料供应商和发行销售网络等关联企业的合作基础更加稳固，不会因为市场的变化而导致报社陷入不利的境地，增强了报社自身的生存和发展能力。

多元化可分为两个层次：一是报纸本身的多元化，也就是创办与主报并列的新媒体，以适应不同读者的不同阅读需求；二是市场行业的多元化，走出办报这一行业，开拓其他领域。

3.完善社会主义市场经营体制建设

我国原有的经营体制严重地束缚了报纸作为大众传播媒介特征的显现和发挥，因此必须完善报纸的社会主义市场经营体制，改变传统的经营理念和模式，必须进行市场化改革，改变过去单纯依靠行政手段强行发行的特点，而让报纸的经营和发展完全依靠市场的检验，使报纸媒介成为自主经营、自负盈亏、自我管理、自我发展的现代企业。

政府应主动改变传统的对报社财政补贴的做法，将报社真正推向市场，在市场的经营中实现报业集团的真正企业化和产业化经营。对于报社市场化运作要有计划、有步骤地加以调整。政府应推进报纸的技术升级、专业化协作水平升级，另外，作为特殊的行业，政府还应该有政策上的倾斜，加快报纸媒介市场化的进程，以促使我国的报纸媒介迅速追赶西方发达国家。

4.注重专业人才的培养

人才培养的问题也是目前报纸媒介发展的一个十分突出的问题，因为报纸的出版、发行和经营管理都需要专门的高级人才。由于在以前计划经济体制模式下，没有重视这方面人才的培养，所以目前专业的人才特别是高级的编辑人员、发行人员和经营管理人员的短缺，成为制约报业集团发展和转型的最主要原因之一。目前在报社中绝大多数专业技术人员都是从其他专业“转行”而来的，这种专业知识缺乏、专业意识薄弱的问题亦严重地制约着报业集团现代化的发展步伐。

随着网络传媒技术的普及和发展，报业集团对专业技术人员的依赖性会更加突出，因此必须加大人才培养的力度，多途径、全方位地来培养专业化的人才。一方面，政府应利用其管理的优势，加大对于新闻传播人才专业培养的资金投入，通过扩大招生规模、社会培训等方式来增加报纸从业专业技术人员的数量；另一方面，报社可以通过组织学习培训、引进国外先进人才等方式提高现有人员的专业化素养。总之，一支高素质、高水平的专业化技术人员队伍是报纸现代化发展的基础和保证。

第四节　报纸个案分析

一、报纸中的“电视”——《今日美国》

(一)《今日美国》小档案

《今日美国》是美国唯一的彩色版全国性对开日报，1982 年 9 月 15 日创刊，总部设在弗吉尼亚州的罗斯林，属全美最大的甘尼特报团。该报团创办这份报纸的初衷是：虽然美国报纸之多，几乎达到平均 2.15 人就拥有一份，而且许多报纸的影响遍及全美，乃至海外，但遗憾的是，它们的报道重点都是地区性的。随着美国社会、经济、文化的发展，国内旅游者和每天出差的公务人员日益增多，没有一张地方报纸能满足这些人全面了解有关整个美国的新闻、市场、金融、气象、娱乐、体育等方面内容的需求，人们为此感到十分苦恼，颇为不便。甘尼特报团的老板们及时发现并意识到了这一巨大、潜在的读者市场，便筹办起这份全国性的综合日报。

《今日美国》每周出版 5 天，分国内版和国际版，国内版每天 56 版，国际版每天 16 版，向 50 多个国家发行，发行量从创刊时的 20 万份已一跃而达 140 万份，创造了美国报业史上发行量增长速度最快的纪录。据统计，1988 年在全美 10 家发行量最大的报纸中，《今日美国》已高居第二，仅次于《华尔街日报》。目前，该报在美国国内有 30 个印刷点，通过卫星传送版面。1985 年和1986 年起先后通过卫星传送版面，在新加坡和瑞士的苏黎世印刷国际版。1998 年，《今日美国》跃升为全美发行量最大的报纸。2001 年10 月1 日至 2002 年 3 月 31 日，其日平均发行量达到 221 万份；2003 年同期，其工作日平均发行量上升了 1.8%，达到 2250474 份，遥遥领先于其他报纸。2009 年，《今日美国》公布了自己的发行量数字，称遭到了史上最严重的销售下滑，发行量同比下降 17%至 188 万份，此时，《华尔街日报》超过《今日美国》成为美国发行量最大的日报。截止至 2012 年，根据美国权威的报刊发行量稽核局(ABC)公布的数字，《今日美国》日平均发行量 170 万份，居美国第二。

(二)《今日美国》版面内容上的创新

彩色印刷和大图片是《今日美国》版面上的鲜明特点，因此它也有“报纸中的电视”的称号。

《今日美国》创刊的时候也正是美国彩色电视开始普及之时，媒介受众沉迷于电视前，习惯了用简单、直接、轻松的方法来获取信息。有人预言，报纸媒体在电视媒介的冲击下将走向灭亡。《今日美国》的创始人受到电视传达信息直观形象的启发，开创了报纸以大量富含信息的照片和图表来表现新闻的先河，正式宣告了“读图时代”的到来。

1.版面电视化，设计编排独特，版式固定清晰

版面设计的着眼点应该是方便阅读、适宜阅读、引导阅读、愉悦阅读。《今日美国》的版面设计尽量考虑读者的视觉习惯和生理特点，通过对版面编排布局的调整为读者营造舒畅的版面视觉感受，遵循方便、吸引读者阅读报纸的内容的原则，采取了一反美国传统报纸的垂直格子式设计，使读者视线不知不觉地以它安排的强势走向来移动，阅读报纸内容，而浑然不觉花边、线条、空白的存在。《今日美国》的版面是由大大小小的长方形板块组成的，版面清晰、简易、不事喧哗。这样的整体设计，体现了编辑“回归人的自然视线流动”的编排思想，要使读者的视线“易发现，易追踪”。根据视觉原理，人的视觉还是更容易接受形状规则的图形，过多的穿插、转行只会增加

视线移动的障碍。《今日美国》的设计师认为，板块的这种配置符合读者大幅度“扫描”的移动规律。因此，这样的设计深得读者的青睐。

《今日美国》的版式编排一反美国报纸的传统，开创了属于自己的“今日美国体”，以为读者提供服务、提供方便为宗旨。《今日美国》的头版包括封面故事一般一共有三篇新闻报道，除封面故事外的其他两篇新闻报道一般都短小精悍，并时常配有小图片和图表。整个头版的报道一般除封面故事外绝无转版。相比较而言，跟《今日美国》差不多同样版式大小的对开大报《纽约时报》，动辄就是头版六七篇新闻报道的转版，让读者兴致勃勃地读了一个开头之后戛然而止，兴味索然。而《今日美国》却 22 年来始终如一地坚持把“读者需要论”奉为最重要的实务指导原则，走新闻平民主义的道路。

《今日美国》在编排上的另外一招是使用导读。导读，指报纸上为方便读者迅速找到自己感兴趣的内容而设计的目录、索引、提示等简要内容，通常置于报纸最显眼的版面。《今日美国》利用报头左侧的“黄金宝地”来刊登带图的要闻提示，另将报头下方左侧一栏半约 20 厘米高的区域用来刊登新闻提要和各板块提要。另外还在所有板块的第一页，不惜牺牲黄金广告位，刊出不亚于整个报纸头版的详尽导读，哪怕其与头版导读略有重复，这种做法大大方便了阅读，节省了读者的时间。

2.实施彩色战略，引领“读图时代”

《今日美国》认为现在的读者是“电视的一代”，报纸必须考虑读者的需要。实施彩色战略的目的就是向电视观众争取读者。他们经过详细、深入的调查研究发现，现在的读者尤其是年轻读者深受电视的影响，在阅读习惯上比较喜欢图画，而不是长篇大论的文章。因而，它多处借鉴电视中处理新闻的方法，并应用到自己的报纸上。《今日美国》是美国最早采用彩色印刷的报纸。

《今日美国》还注重对彩色版面的设计，头版特别注重选用大幅彩色图片，四个大板块的各个头版，也都精心应用色彩，以形成每个板块的鲜明特色。每个板块都固定使用一种颜色，从不改变，作为各个版面的一种识别标志，帮助读者快速做出选择。其色彩的运用很节制，而且偏重使用冷色调，并非像美国有些媒体形容的那样像“油漆库爆炸”。彩色铺底的版头面积不大，标题字和所有线条一律使用黑色，颜色鲜明而不乱，全部考虑到读者的阅读习惯，并且保持整个版面的协调。

3.图片意识具有革命性的意义,为图表的使用确立了新的标准

《今日美国》使用过的形象手段包括:照片、解剖图、地图、统计示意图等。有人评价《今日美国》的时候说,"文字+照片+示意图就是《今日美国》的报道"。《今日美国》选择照片倾向于使用大幅,使版面醒目。除尽量选用大照片之外,也不遗余力地使用小照片,甚至小到仅有1寸大小的人头像。《今日美国》认为照片在传递新闻信息的时候,跟文字的作用是平起平坐的,有时候甚至还超过了文字。因此,照片在版面上的位置不逊于任何文字报道,遇到特殊情况,文字甚至会让位给照片,使其成为当之无愧的版面霸主。《今日美国》的这一独创可以看作了解美国社会的一个窗口,简单易行。

(三)《今日美国》的数字化转型

《今日美国》在数字化转型中充分发挥了其面向普通大众的定位特征。2000年,时任《今日美国》总裁兼首席执行官的汤姆·库里(Tom Curley)确立了《今日美国》走互联网道路的发展方向。他为自己的报纸勾画出了数字时代转型的发展蓝图:通过报纸、广播电视直播和网络三个不同的平台发布内容。利用报纸的报道,电视制作小组可以为甘尼特旗下21家电视台提供内容,同时,报纸也可以提供内容给网络,广播电视则可以为报纸和网络提供多媒体素材。

这种"三位一体"的内容生产以报纸和广播电视为中心,但是在其时代背景下仍然是成功的。尽管《今日美国》旗下的广播电视和网络也开始如报纸一样大量采用图片导致报纸本身的特色不再如以前那样鲜明,但是通过形象化与娱乐化的结合,《今日美国》仍然找回了大量年轻读者,并且成功地提高了读者参与网络互动的意愿。2021年7月,《今日美国》宣布将开启数字"付费墙"。

二、数字化转型的领头羊——《华尔街日报》

(一)《华尔街日报》小档案

1882年,美国金融记者查尔斯·道和同事爱德华·琼斯合伙成立了道琼斯公司,公司的主要业务是向股票经纪人定期发售收集到的有关工商行情的消息。随着渴求信息的投资人数量增多,他们的服务拓展到时事通讯的发布。于是在1889年7月8日下午,两人在美国金融中心"华尔街"创办

了《华尔街日报》，主要用于发布经济信息和股票指数。该报本是金融专业报纸，在20世纪30年代末逐渐发展为综合性日报，除了继续侧重财政金融内容外，也注意报道国际国内重大新闻，刊登政治、社会、文化、科教方面的专稿。该报在政治上代表大资产阶级，特别是金融资本家的利益，读者除了金融界、企业界外，还有政界和上中层知识分子。该报刊登的经济分析以及道琼斯公司编绘的股票指数历来为国内外经济界关注，社论版常就国内外重大问题发表有重大影响的言论。

《华尔街日报》创办之初，自称为“投资者的报纸”，目标读者为平均年龄在55岁的中产阶级以上人士。但由于报道领域和读者群体主要局限于金融圈内，报道内容也是关于证券市场和上市公司的，因此创立30年后该报的最高发行量也不过5万份。1941年，任执行编辑的基尔戈尔对该报进行了根本性改革，两年后《华尔街日报》的发行量就回升到3.5万份，1947年初增至7.2万份，1948年成为美国第一个也是唯一一个全国性的商业日报。美国真正意义上的全国性日报寥寥无几，《华尔街日报》作为一份财经类的全国性报纸，却能连续多年发行量位于全美前列实属不易。据调查，该报读者的年平均收入为14.7万美元，这些读者代表着一支购买力相当强的群体，也代表着一股巨大的“政治势力”，这一点也足以证明《华尔街日报》所具有的举足轻重的作用。但近年来新媒体的冲击同样使该报陷入发行量骤减、印刷广告业务急剧下滑等行业困境，呈现明显的衰退趋势。

《华尔街日报》2007年被新闻集团收购后，在很大程度上摒弃了传统的长篇分析评论文章，转而成为默多克一直所期望的那种关注突发新闻和头版冲击力的媒体形态。2008年，美国遭遇全球最严重的报业危机，从2009年到2010年，全美报业发行量均在下滑，只有《华尔街日报》的发行量（包括数字订阅用户量）有明显增长。美国发行量审计局2009年10月发布的数据显示，该年4～9月，《华尔街日报》日平均发行量微升0.6%，达到202万份，超过长期占据第一名宝座的《今日美国》，成为美国工作日第一大报。2010年，《华尔街日报》日平均发行量达到2092523份，环比增长0.5%，是同期美国家最大报纸当中唯一一家发行量有所增长的报刊。在美国报业发展持续不景气的大环境下，《华尔街日报》却能逆流而上，这与它坚持数字化转型的战略有着直接关系，数字版发行量的持续增长正是这一战略成功的标志。由此可以看出，数字化转型对于挽救报业危机有着实践性的意义。

(二)数字化转型的先行者和成功者

在报纸的数字化方面,《华尔街日报》于1993年率先正式启动电子版,即后来的"华尔街日报在线"。1996年4月正式推出网络版,8月正式转变为付费订阅模式。虽然这一举措使《华尔街日报》网络版的注册人数从几十万跌至不足一万人,但它开创了网络付费阅读模式之先河,《华尔街日报》从此走上报网并进的数字化转型之路。

2005年,《华尔街日报》进行改版,改版后的显著变化是更强调独家、独到,80%的新闻内容集中于"意义何在",超越了仅仅报道"何时发生"的层面。2006年该报印刷版和网络版合并,把所有的最新新闻都放在网站上,印刷版和网络版的内容几乎不重复。2007年1月2日起,《华尔街日报》再次改版,报纸版面变窄,报道角度发生重大变化,对前一天发生事件的分析和对将要发生事件的预测占据了很大比例。这次改版被认为该报一个重要的历史变革,对进一步改善报网互动、加快数字化转型进程有着重要意义。此次改版是为了帮助用户以最有效和便捷的方式获得最有用的金融信息和分析,通过印刷版和网络版的配合,让用户全天候地倚重《华尔街日报》。

在数字化改版中,《华尔街日报》注重拓展品牌化、定制化和差异化服务,进一步奠定了自己美国报业领头羊的地位。同时根据不同用户的需求,提供三个层次的在线内容——免费新闻服务、订阅服务与定制高端服务。针对大数据时代的特点,通过深入分析多层次用户特点,提供不同层次的定制化服务,增强受众黏性,同时结合新闻网站、平板设备、智能手机等传播平台的特点,打造针对不同平台的个性化阅读体系。

改版后的《华尔街日报》着重刊登分析性报道,网站侧重于突发新闻的及时更新。事件性新闻报道和大量金融数据也被转移到网络版,并对读者免费开放,这些变动加重了网络新闻的分量,巩固了报纸网站的地位。印刷版首页增加导读功能,专门指引读者阅读网络版上更完整的新闻,以及更丰富的图片、音频、视频等多媒体形态的信息,网络版也会对印刷版即将刊出的深度报道做出预告。此外,《华尔街日报》会选择一些栏目作为连接点积极展开报网互动,例如"今日问题"是一个意见调查性栏目,先在印刷版的相关栏目或新闻中提出问题,然后读者利用网络的互动性登录网站参与调查,最后再在报纸上公布调查的结果。新改版的《华尔街日报》网络版新增了博客、视频、读者论坛等用户可以参与互动的版块,此外,还开办了"MyWsj.

com”网站，订户可以定制自己感兴趣的新闻，享受个性化的新闻服务。报纸网站建设的加强，以及报网之间的分工和配合，都是向数字化转型的重要路径。[①] 2007 年 11 月 5 日，《华尔街日报》订户超过 100 万，凭借专业的内容定位、高端的读者群体、多样化的商业运营，《华尔街日报》网络版成为全球盈利最好的报纸网络版。

（三）媒介融合理念的搭建者

《华尔街日报》成功的数字化转型，体现了先进的媒介融合理念，值得引起特别的关注。(1)在内容和技术的交叉点创造受众体验——将技术开发人员嵌入新闻室和平台中立的订阅战略。在新闻产业里，要将技术和受众需求通过优质的内容很好地匹配。(2)从印刷第一到数字第一，再到移动第一 。《华尔街时报》的数字战略越来越向移动倾斜，因为日报内容消费(无论是新闻警示、电子邮件还是浏览器或是应用)的第一体验越来越多地发生在移动设备上。对于日报而言，“移动第一”的战略方向主要在于三种产品：日报的平板电脑应用、智能手机应用和移动视频新闻。日报每月生产1600 个、约计 120 个小时的视频，也许是世界上电视以外的最大网络视频生产新闻室。视频新闻对日报的商业模式最有利，原因是视频新闻使日报的商业模式随着日报内容一起移动，因为无论人们在哪里观看视频，视频前卷广告都随着人们而移动。虽然日报要和 Hulu、Roku、Xbox 等平台分享收入，但平台就意味着更多受众，这就是无处不在的日报，跟随受众意愿，订户想在哪里获取日报内容，日报就在哪里，这是内容供应商和平台开发商的双赢。(3)数据和新闻内容及日报经营的融合。虽然日报的新闻编辑部和广告销售方面是被严格隔离的，但数字时代的新科技使新闻内容创造和广告经营二者都需要共同依靠日报的数据战略部提供的信息来更好地做出决策。从新闻内容生产一方来看，从事新闻生产的日报记者、编辑们必须理解受众消费新闻的方式，并考虑如何以多数人欣赏的方式来报道新闻，为此日报必须对其各个平台、各个版本的受众进行全面、深入的研究。日报使用数据，尤其是受众数据来配置新闻报道资源，制定新闻决策，给读者更好的体验。(4)融合打造独家新闻和实时新闻。日报在实施媒介融合战略中进行了两项最大的变革：一是合并日报印刷版和在线版编辑部，二是合并日报和道琼

① 参见王毓：《〈华尔街日报〉数字化转型的发展策略》，西北大学硕士学位论文，2014 年。

斯通讯社编辑部。这两个“大动作”的直接目的就是要整合报道资源，去除因重复采编、报道造成的资源浪费，将更多的资源投入到独家新闻和实时新闻的生产上。人所共知，独家新闻或独家报道是一个健康的新闻编辑部的命脉如果说日报的独家新闻是为了追求专业，那么日报的实时新闻就是为了追求时效，而实时新闻是数字新闻及财经新闻的不二核心。为此，道琼斯不断调整新闻编辑部结构，并于2013年新推出了数字实时新闻服务“DJX”，2014年新成立了单独的实时新闻部，数字和实时新闻真正成为日报和道琼斯新闻编辑部的中心。①

在利用新技术进行数字化改革方面，《华尔街日报》一直不甘人后。2004年，《华尔街日报》联合移动通信公司推出手机阅读服务；2006年，其在Facebook、Twitter等社交网站上开设公共账户发布信息；2007年，创办中文、日文、西班牙文网站等10种不同语言的网络版本，开始进军国际市场；2009年，推出苹果手机客户端和安卓系统客户端；2010年开发iPad付费软件以及安卓平板系统软件；2013年开始，其正式启动“大数据工程”项目，并将大数据时代、智能化生产和无线网络革命称为引领未来繁荣的三大技术变革。2014年美国皮尤中心发布的关于美国新闻业的《新闻媒体报告》显示，深度数字化进程已经开启，数字化转型成为报业发展模式的核心。

三、中央厨房组织全媒体内容生产的典范——《人民日报》

（一）《人民日报》小档案

《人民日报》是中国共产党中央委员会机关报。1946年5月15日，中共晋冀鲁豫中央局机关报《人民日报》创刊，1948年6月14日停刊，次日，与《晋察冀日报》合并为中共华北中央局机关报，代中共中央机关报。1949年2月2日，为适应城市新闻工作需要，《人民日报》在北平创办了《人民日报》（北平版），主要报道北平的地方新闻。1949年3月14日，中共华北中央局机关报《人民日报》迁入北平，《人民日报》（北平版）正式停刊。同年8月1日，中共华北中央局机关报《人民日报》正式转正成为中共中央机关报，第一期刊号延续了作为华北中央局机关报的《人民日报》刊号，为第407号。8月1日起，《人民日报》每天出版一份《北平新闻》专版，报道北平地方新闻。

---

① 参见张利平：《用户思维、平台整合与媒介跨界融合——〈华尔街日报〉媒介融合实践及启示》，《东岳论丛》2017年第8期。

8月17日,《北平新闻》专版停刊。

自1949年8月1日起,《人民日报》正式作为中共中央机关报延续至今并且积极尝试革新技术和扩张新闻业务。1973年12月26日,《人民日报》第一次印刷彩色报纸,1974年1月1日正式印发部分彩色报纸。1978年1月7日推出彩色画刊《星期画刊》。1985年7月1日创办了《人民日报》(海外版),成为中国对外发行的最具权威的综合性中文日报,起到沟通国内外的桥梁作用。1995年1月2日,《人民日报》第一个地方版华东版在上海正式出版发行。1997年1月1日,《人民日报》网络版创建,2012年开通微博。

在新媒体时代,《人民日报》积极适应新媒体环境,推动自身与新媒体融合发展。2014年习近平总书记主持中央深改小组会议,部署推进传统媒体与新媒体融合发展。《人民日报》响应号召,启动了名为“中央厨房”的全媒体平台建设。

(二)人民日报“中央厨房”特色

1.建立全流程打通的媒体融合体系

人民日报的“中央厨房”并不只是建立一个多平台分发的内容生产中心,而是打造了完整的媒体融合体系。总编调度中心是指挥中枢,是策、采、编、发网络的核心层,主要负责任务的统筹调度和选题策划。采访力量指挥。采编联动平台是常设运行机构,负责执行指令、收集反馈,来自不同终端的记者隶属于此机构,在后台新闻稿库的加持下负责全媒体新闻生产。报社总编室、人民网总编室、新媒体中心总编室等终端主编室从稿件库中取用稿件,所有产品在社属媒体首发后,再向国内外合作媒体推广。目前,人民日报“中央厨房”可提供18个语种的新闻产品,向全球500家主流媒体和新闻网站供稿。针对这一组织架构,人民日报配套了总编辑协调会、采前会等专门机构,负责协调配合各个环节。

2.数据化、移动化、智能化的融合云体系

“中央厨房”的报道依赖于全网大数据分析,基于实时抓取的大数据,使各地发生的热点事件可以得到随时呈现。让新闻线索、选题策划、传播效果运营效果都有数据支撑。借助大数据,媒体可以进行细致的用户画像描绘,精准地掌握传播效果。移动化指的是“中央厨房”软件平台的内容分发、舆情监测、用户行为分析等功能支持移动终端使用,只要能连上网络都可以调用“中央厨房”平台功能。智能化指的是基于人民日报“中央厨房”软件平台的内容分发、舆情监测、用户行为分析、可视化制作等一系列技术工具，前后方采编人员时刻在线连接，各终端渠道一体策划，逐步形成新媒体优先发布、报纸深度挖掘、全媒体覆盖的工作模式。数据化、移动化、智能化的人民日报“中央厨房”汇集了十几家与媒体技术相关的行业头部公司形成媒体技术云并且开放给全行业使用。

3.开放、协作的全行业生态

“中央厨房”并非孤立地局限于人民日报一家媒体，而是与河南日报、湖南日报、四川日报、上海报业、广州日报、深圳特区报等地方媒体围绕技术、传播、内容等方面建立战略合作。各媒体根据自身需要可以随时和人民日报的中央厨房接通，实现内容协作、资源共享、整合传播。

四、《南方都市报》——在策划中经营品牌

(一)《南方都市报》小档案

《南方都市报》是南方报业传媒集团所属系列报之一，正式创刊于1997年。

它诞生在中国改革开放的最前沿，并迅速攻占了前沿阵地的两个最坚强的堡垒——广州和深圳。该报在这两个城市的发行量占总发行量的70%以上，表演了一场精彩的“双城记”。2002年4月，《南方都市报》开始进军东莞，在较短的时间内得到了东莞市民的青睐，也迅速占领了当地市场，取得了“一炮三响”的效果。2003年4月，《南方都市报》向佛山和珠海扩张，至此，《南方都市报》全面覆盖珠三角地区，成为该地区最有影响力和最有竞争力的媒体。目前，《南方都市报》平均每天出报100版以上，日均发行量已达169万份，是在广东省内发行量最大的综合类日报。2006年广告额达18亿元左右，员工多达4000余人。2006～2007年，新闻出版总署发布了全国晚报都市类报纸竞争力检测结果，《南方都市报》连续两年名列第一，被世界品牌实验室评为“中国品牌500强”。

《南方都市报》肩负“为民重任、心怀报国”理想，义不容辞地扛起了新主流媒体的大旗，记录时代进程，培育现代社会，启蒙公民意识。2003年以来，《南方都市报》推出的有关“非典”的报道以及“孙志刚案”的报道等，在国内外产生了重大影响。《南方都市报》作为广东省的官方报纸，以其开放和大胆直言的特性吸引了国内的大批读者。

《南方都市报数字报》于 2007 年 8 月 10 日正式上线,它全面整合《南方都市报》采编资源,以《南方都市报》广泛的读者群体为基础,运用多媒体手段,突出报网互动,第一时间报道最新资讯。

进入全媒体时代后,纸媒纷纷面临着转型困境。尤其是都市报,由于其主要面向的是大城市的读者群体,因而遭到了新媒体的沉重打击。在 2018 年停刊休刊的 53 份报纸中,都市报就占了 3/4。面对全媒体时代的挑战,《南方都市报》以内容为核心,从组织架构、新闻生产等多个角度进行了深刻改革,成功转型成为全媒体时代的新型主流媒体。

(二)《南方都市报》的品牌经营

1.注重活动的策划

在全球一体化的时代背景下,媒体所面临的挑战也越来越大,国外资本在媒体领域的逐步渗透,使得竞争由国内转向国际,激烈程度的加剧将更加凸显媒体经营能力和品牌号召力的作用。在市场经济环境下,媒体必须从过去的体制窠臼中解放思想,在政策弹性中施展拳脚——做新闻,也做广告;搞宣传,也搞经营。在报纸的经营中,我们提得最多的是发行与广告。那么,如何提高发行、增加广告投放量?新闻策划、广告策划等固然必不可少,而活动策划也可以起到非常大的拉动作用。

2002 年 10 月 1 日,由《南方都市报》主办的中国南方汽车展、国庆房产大联展在广州隆重举行,其中中国南方汽车展为期 5 天,参观人数超过了 35 万人次。由一家媒体一手策划组织、同期推出两个如此大规模的活动,这在新闻界、行业界乃至政府部门都引起了极大的反响。这些活动的举行,不仅有效地推广了品牌、扩大了发行,而且还直接带动了广告增长,创造了不菲的经济效益。而在此前,《南方都市报》便已成功策划推出了多场形式新颖独到、令人眼花缭乱的活动,无不有效地扩大了报纸品牌的影响力。

2.活动策划与新闻策划、版面策划相配合

一次成功而有影响力的大型活动策划,一定要有新闻策划与版面策划的通力配合,而这两点又恰恰是媒体独有的优势所在。报纸媒体的新闻策划是指围绕某一活动的主题而展开的专题与综合新闻报道以及准新闻性信息报道;版面策划则是指特别为活动的宣传而设计的版面组合与版式,包括普通版、专版和专刊(含号外)三种。

其实,新闻策划和版面策划本来就属于活动策划的一部分,它们是对活动的一种系统宣传，是对活动各个项目环节信息的跟踪传播。只是由于策划者尚未有意识地提出，因此，人们对这两部分在活动策划中的分量还未形成清晰认识。

新闻策划不仅应具有很强的时效性，还需具有超前性。即在活动方案初定，但具体流程尚处酝酿筹划阶段就应该开始实施了，而且这种前瞻的视距越远，为活动聚积的能量也就越大。新闻策划必须全程跟踪活动的每个环节，并根据活动组织者的要求随时变更方案，既能放大某个亮点，也可对负面影响进行淡化处理。在活动结束后，新闻策划承担着为本次活动画上圆满句号的任务，使人们在总结性的新闻报道中继续感受活动的余温。例如 2002 中国南方汽车展，从 8 月份开始筹划到 10 月 1 日开幕，再到 5 日落幕，新闻部的编辑为此做了大量的前期报道铺垫，往往是配合汽车展的硬广告而“大处着眼小处着手”——先对汽车行业现状和未来做梳理，再谈本次车展的现实意义和深远影响。这种处理手法比就事论事的硬性报道显然要柔和得多，读者接受起来也容易得多。在车展期间，报纸多次特辟 A 叠头版，对开幕、抽奖和闭幕等环节进行了专题报道，从而使当日的报纸发行量和门票销售量双双飙升。在活动结束后的一周里，新闻部还请政府部门领导、行业权威人士等对活动的得失给予评述，从而成功地为活动画上了圆满的句号，也为后续同类活动做出了表率。

版面策划是新闻策划的影子。版面是新闻和广告的载体，充裕的版面空间、科学的版面设计往往使得不起眼的新闻和广告更出色、更具轰动性。版面策划涉及跨媒体之间的组合，包括同一母报系统中的各个子报和子刊的版面配合，以及不同地区、不同集团旗下报纸之间的版面配合。这种合作其实是互利双赢的业务合作，不需要现金的支付，一般是以版面互换方式完成，各自在对方报纸拥有一定版面资源预存，一旦本报有什么活动策划，即可启动利用，不但可以节约谈判时间，提高效率，而且可以充分利用对方报纸覆盖目标读者群的差异化，扩大传播的影响。例如，在中国南方汽车展举办期间，《南方都市报》不但充分利用了南方日报报业集团下的《南方日报》（面向全省机关单位）、《南方周末》（面向全国 600 万高学历者）、《南方体育》（面向全省体育界人士及爱好者）、《21 世纪经济报道》（面向全国经济领域的专业人士）、《21 世纪环球报道》（面向全国各个领域人士）、《21 世纪明星周刊》以及《城市画报》（面向当代城市年轻读者）等 7 个子报刊，还积极利用了其在《参考消息》《三联生活周刊》、新浪网、公交车体等媒体的版面资源。可以肯定地说，中国南方汽车展的空前成功，与其以出色的版面策划为主体的整合传播模式紧密相关。

3.注重活动策划的效果评估与总结

活动结束后，都必须做一个效果评估与总结，这也是企划部门一次活动策划流程的最后一部分。企划部应该形成一套比较客观的活动策划效果衡量工具与标准，对每次策划带来的经济效益和社会效益做前后比较，这样才能看出策划究竟为报纸创造了多少利润，带来了多大的价值。令人遗憾的是，对于衡量的量化标准和工具，国内媒体行业还有很长的路要走——媒体企划部在一次活动策划中，起到的作用就像风一样，感觉得到却看不清。

在《南方都市报》企划部，每次活动策划都是实行项目主要负责人制，而其他同事则要服从调配，全力协作完成。活动过程中出现问题，一般也是主要负责人承担，并且将工作表现带入最后的项目业绩考核。

总结工作也由主要负责人完成，一份完整的总结报告要包括活动策划书、项目细化执行流程、活动协议附件、广告投放记录、费用收支明细表和活动得失汇报等六个方面。完满而出色的总结，会让企划部人员扬长避短，不断提升自己的策划能力，它既是本次活动策划的休止符，也将是下一次活动策划更高的起点。

4.全媒体时代打造智库＋新闻核心能力

2015 年，置身于全媒体时代的变局之中的《南方都市报》宣布改版，以“精准定位‘精英，精致，精品’，更多独家新闻和独特版，提供高品质阅读”为理念，在组织架构、内容生产等多个领域进行了深度改革，并以平台渠道为中心调整自身资源布局，在全媒体时代重新打造自身的品牌定位。

组织架构方面，积极推动以报纸为核心的组织架构转型，为智媒发展提供基础。在南都报系下，设立编辑委员会、技术委员会、大数据研究院、运营委员会、行政委员会等，为向智媒转型提供了组织架构上的保障。

内容生产方面，积极推动自身从“信息提供者”转型成为“决策参考提供者”，放弃泛资讯类内容，主推优质原创类内容，重新定位，将自身打造成为基于大数据的优质媒体智库。2019 年，《南方都市报》宣布打造“深度融合的媒体阅读端口”“传递价值的决策参考读物”，提供深度硬核调查、公司治理观察、数据评测榜单等优质原创内容。2018 年，《南方都市报》成立了大数据研究院，大量记者兼职研究员，利用“记者＋大数据研究员”的双重身份实现智库研究和新闻生产并行推进。2020 年，《南方都市报》提出了基于“智库＋

新闻”运营模式的“优质原创＋创意传播＋智媒服务”的三个核心能力，以智库研究成果滋养优质新闻内容生产。

思考题

1.简述报纸在外国的产生和发展历史。

2.简述报纸在中国的产生和发展历史。

3.网络媒介高度发展的今天，你认为报纸这种传统纸质媒介会逐步走向消亡吗？

4.《今日美国》在版面内容、数字化转型方面的创新，有何值得借鉴之处？

5.《南方都市报》的品牌经营、多元化经营理念有何值得其他报纸借鉴之处？

推荐阅读

1.张建中：《加速数字化型：2020～2021 世界报业趋势报告解读》，《青年记者》2021 年第 11 期。

2.王润泽等：《中国新闻传播史新版》（第二版），中国人民大学出版社 2020 年版。

3.张允若、程曼丽主编：《外国新闻事业史教程》（第二版），高等教育出版社 2017 年版。

4.陈力丹、赵永华等：《外国新闻传播史》，中国人民大学出版社 2015 年版。

5.郑超然、程曼丽、王泰玄：《外国新闻传播史》，高等教育出版社 2014 年版。

6.丁淦林：《中国新闻事业史（修订版）》，高等教育出版社 2007 年版。

7.邵培仁、海阔：《大众传媒通论》，浙江大学出版社 2005 年版。

8.张冠文：《大众传媒概论》，山东大学出版社 2004 年版。

9.冯一粟、周永龄：《大众传媒导论》，科学出版社 2006 年版。

10.包国强：《传媒策划与营销》，清华大学出版社 2007 年版。

11.辜晓进：《走进美国大报》，南方日报出版社 2002 年版。

12.李奕：《试析〈今日美国〉的办报策略与实践》，四川大学硕士学位论文，2005 年。

第四章　杂　志

杂志和报纸同出一脉，所以我们时常将两者合称“报刊”。相对于报纸来说，杂志刊期较长、对新闻事件的灵敏度较低，再加上印刷成本更高、内容更趋向于专业化等特点，其影响力不如报纸。然而杂志独特的内容、丰富的表现形式，使它成为很多读者心中的知识宝库、情感家园和社会思想者。即使在今天的互联网时代，杂志仍然占据重要地位。本章介绍了杂志媒体的定义及传播特点、产生和发展历程、各国杂志媒体现状和发展趋势，以及杂志媒体个案分析四个方面，以期在对杂志的发展进行全面概述的基础上展望其未来的发展趋势。

第一节　杂志的定义及传播特点

一、杂志的定义

杂志，又名“期刊”，英文名“magazine”，源于阿拉伯文“makhazin”，原义为“仓库”或“军火库”。“军火库”与杂志初看似乎并无关联，但实际却存在很多内在联系。“军火库”是装载各种弹药、军事器械的仓库，杂志则是装载各种信息内容的“仓库”，可以说是“知识的仓库”。这也从一个侧面反映了杂志包罗万象的特点。现代杂志发展成为一种用文字和图像诉诸视觉的大众传播媒介，是一种定期的连续出版物，每期版式基本相同，有固定的名称，用卷、期或年、月顺序编号出版，一般分为半月刊、月刊、双月刊、季刊等类别。它一般要经过选题、组稿、审稿、加工、发排和读样等流程编辑完成，然后再经过推销和促销手段发行，具有储存信息、审美娱乐、智力开发等功能。

杂志的出现标志着人类媒体开始由主要依赖文字（如历史上的图书），向文字与图像相结合的方式转变。图像的介入使信息传播更为直观、生动，也更容易被理解和接受。对于受众来说，这一转变意味着媒介开始走出狭小而特殊的群体，走向大众。

随着廉价报纸的大量涌现，报纸发行周期缩短，受众群体扩大，与杂志逐渐分野。杂志开始将主要目标锁定为某个特定的方向，以专业化取胜。因而，它受到政治家和商品宣传者的钟爱，发展成为能够深入挖掘主题、全面展示相关信息的出版物。

二、杂志的传播特点

作为印刷媒介的一种，杂志与报纸、图书关系密切，但各有千秋。有人做了一个形象的比喻：如果把这三种印刷媒介的时效性比作钟表，那报纸就是秒针，杂志是分针，图书则是时针，都围绕着时代的轴心旋转。

（一）分类清晰、读者明确

杂志内容分类清晰，专门性强，拥有明确的读者群体，善于针对某一方面的信息进行深入挖掘和专门性研究，所以读者群体相对比较稳固。同样，读者群体明确，也方便广告主进行定向广告投放，广告回报率较高。

（二）印刷精美、生命周期相对较长

相比报纸来说，杂志一般印制比较精美，内容比较丰富，色彩艳丽，图文并茂，适合读者反复阅读。另外，杂志读者大都具有某领域的专业知识和较高的理解、赏析能力，也相应延长了杂志的生命周期。

（三）时效性差、发行周期长、灵活性较差

杂志一般刊期较长，对于一些具有时效性的事件无法及时报道；另外，因为印制条件要求较高，印刷耗时相对较长，而且一旦定稿就很难更改和更新，灵活性也较差。

（四）读者范围小、影响力受到局限

杂志定位精准，也就导致其读者群体往往局限于某一特定群体，读者范围很受限制，影响力自然也受到局限，想达到“出圈”传播非常不易。

第二节 杂志的产生及发展历史

一、杂志的产生

首先，报刊从一般的印刷物中分离出来，形成独立的报业；其次，报纸和杂志开始分流，形成报业中的两个分支。

西方杂志的产生，与资产阶级革命、资本主义经济发展密切相关。西方资本主义工业革命后，英、法、美等国先后出现了杂志，这标志着杂志大众化时期的开始。

在现代意义上的杂志出现之前，西欧各国主要依靠手抄新闻来传递信息。随着资本主义商品经济的发展和社会对于信息需求的不断增加，这种手抄新闻的形式已经远远不能满足社会发展的需要。为了丰富的信息含量，有些印刷商就采取铅字印刷把新闻编成一本书的模样，这被称为“新闻书”(News week)，也有单页的新闻传单(News sheet)。

16 世纪后半叶，定期的新闻印刷品开始出现，刊期较长，并且有了固定的名称。最早的是奥地利人迈克尔·冯·艾津在 1588 年出版的《博览会编年表》，在法兰克福一年两度的博览会上公开出售。该杂志每年两册，系统地刊登过去半年内欧洲及周边地区的政治、军事、经济等方面的重大事件。

17 世纪，社会政治、经济环境的变动导致社会信息量大增，人们对于社会信息的需求也迅猛增长。随着技术条件的改善，原来的手抄小报逐步改为印刷出版，从不定期出版向定期出版转变。1605 年，荷兰人亚伯拉罕·卫荷文在安特卫普出版了半月刊《新闻纪事报》。1609 年的《通告—报道或新闻报》被认为是世界上目前发现最早的新闻周刊。1660 年德国人莱比锡书商出版的《新到新闻》，通常被认为这是世界上最早的日报，但在形式上它一直与期刊比较接近。1665 年 1 月 5 日，法国人戴·莎罗在巴黎创办了《学者报》，该刊初为周刊，1724 年改为月刊，该刊通常被认为是世界上最早的期刊。1665 年 11 月 16 日，英国的《牛津公报》问世，它首次采用单页两面印刷的形式，在内容和形式等方面实现了与期刊的区分。从此报纸和期刊开启独立发展之路，欧洲各国都在这一时期产生了定期出版的期刊。

二、杂志的发展

西方杂志是伴随着西方各国资产阶级革命的进程而发展的，且其发展的情形因各国资产阶级革命形势各异而有所不同。各国资产阶级革命是否彻底，革命后的政局是否稳定，决定了革命后杂志的发展情况。

(一)早期发展

1.英国

在封建势力的统治下，刊物不允许随便出版，直到1621年8月13日，经过国王特许的《欧洲新闻周刊》才得以创办，这也是英国第一本定期刊物。在英国资产阶级革命期间，出版物曾经达到300种。1649年王权政府废除了书报检查制度之后，报刊才得以迅速发展。资产阶级革命后，英国形成了代表土地贵族、高级教士利益的托利党和代表工商资产阶级利益的辉格党。1710年，托利党领袖亲自主持出版了该党的刊物《考察家》，聘请著名作家斯威夫特主笔，经常以尖刻泼辣的文章批评辉格党。辉格党也先后创办或资助了一些刊物，如《辉格考察家》《自由人》等。两党对峙性的争论导致了政党报刊出现。

随着工商业的繁荣，辉格党在议会中的力量占据多数，其刊物也在竞争中渐居上风。其中，英国作家笛福(Daniel Defoe)创办的《评论》(1709～1713，周三出版)杂志影响最大。其主要贡献在于：选择大众关心的论题，语言趣味化、通俗化，开了大众化杂志的先河。此外，理查德·斯梯尔(Richard Steele)的《闲谈者》(*The Talter*，1709～1711，每周三出版)、约瑟夫·艾迪生(Joseph Addison)和斯梯尔合办的《旁观者》(*The Spectator*，1711～1712，每日出版)在当时也非常有影响力。1704年，《法国每周评论》创刊，不久更名为《英国评论》，其文风优美，开建设性时事评论和商业评论之先河。

爱德华·凯夫(Edward Cave)于1731年创办的《绅士杂志》(*The Gentleman's Magazine*)是英国第一份综合月刊，最初主要摘录国内外新闻和文艺小品，后来尝试突破政府禁忌，报道国会新闻。它是第一份以“杂志”命名的刊物，以选登各类图书和小册子的优秀文章见长。《绅士杂志》于1914年停刊，是英国杂志史上发行最持久、最负盛名的月刊。在此之后，人们把刊登论文、小说等文章的期刊都称为“杂志”。

18世纪末，英国工人运动兴起，工人刊物纷纷涌现，成为斗争的有力武器。宪章运动期间，哈尼在编辑《北极星报》的同时，还创办了《红色共产党人》杂志，以鲜明的无产阶级革命立场宣传建立民主共和国，而且连载了《共产党宣言》的第一个英译本。该文章发表后，引起了当局的恐慌，准备以追查印花税为由迫害哈尼,杂志遂在改名为《人民之友》后继续出版。

1847 年,"共产主义者同盟"成立,同年出版机关刊物《共产主义杂志》,其封面上印有"全世界无产者,联合起来"的口号,成为第一个无产阶级国际组织的机关刊物,开创了共产主义机关报刊的历史。

2.美国

独立战争前,美国杂志开始出现。启蒙思想借助定期出版物进行传播,以《美利坚杂志》和《综合杂志》为代表的十几种杂志对传播欧洲启蒙思想、促进北美殖民地形成民族意识及对联合抗英起到了推动作用。1741 年,费城两位著名的出版商安德鲁·布拉福德和本杰明·富兰克林分别出版了《美利坚杂志》和《综合杂志》,前者仅比后者早面世 3 天。《综合杂志》共出版了 6 期,而《美利坚杂志》只出版了 3 期,主要是转载英国的杂志内容。独立战争期间出现的 5 种杂志均为月刊,其中最著名的是《宾夕法尼亚杂志》。另外,《哥伦比亚杂志》《美国博物馆杂志》和《马萨诸塞杂志》也很有影响。

南北战争后,美国的统一和稳定发展为杂志的快速发展提供了良好的外部环境。1865 年,全美仅有 700 多种杂志,而到了 1885 年,数量激增到 3300 种。杂志不仅数量猛增,而且呈现出专门化趋势,宗教各派别在不同地区有各自代表性的杂志,妇女儿童也有相关的杂志。杂志出版业的飞速发展得益于印刷技术的变革进步和民众识字率的提高。同时,处于变革中的社会产生了大量可以讨论的话题,易于吸引读者的注意力。

这一时期,以《星期六晚邮报》和《北美评论》为代表的思想评论类期刊加速了美国社会的文化建设。《星期六晚邮报》创办于 1821 年,它是第一份拥有大批读者的杂志,每周六出版,刊登大众感兴趣的内容,成为以后 40 年中美国最重要的周刊之一。1850 年,《哈泼斯月刊》在南北战争期间的销量达到 20 万份,创下了新的销售纪录,成为当时世界上发行最多的月刊,并赢得"为美国杂志事业开创新纪元"的美誉。

(二)走向大众化

1.英国

由于受到政府的限制,英国杂志大众化进程较为缓慢,直到 1881 年,乔治·牛恩斯创办了《点滴》杂志,才被视为"开创了杂志大众化的新纪元"。该杂志最初是周刊,每期 16 页,售价仅为 1 便士。牛恩斯采取各种方法推销他的杂志,使杂志发行量在 14 年后突破了 70 万份。

作为英国现代新闻事业的创始人，北岩勋爵以赢得大众为目标，以盈利为最终目的，使英国走上了现代报业的道路。他于1888年创办的《回答读者投书》杂志是一份以通俗知识为主的综合性周刊，以有奖竞猜的方式吸引了大批读者，一年后，销量即达4.8万份，最高时达到100万份。

2.美国

与报纸类似，美国杂志的起源可以上溯到殖民地时期。第一本美国杂志出现在1741年的费城，名叫《美国杂志或英国殖民地政治状况每月评论》，由费城第一家报纸创办人安德鲁·布拉福德出版。有人说，这本杂志的寿命远远短于它的名字，只存活了3个月。其后，各殖民地陆续办起了一些杂志。不过美国早期杂志大多短命，在接下来的60年间，只有4家杂志生存时间超过了4年，广告更是少得可怜。

南北战争以后，美国通过义务教育使国民拥有了当时世界上最高的识字率，以铁路为代表的交通运输业的发展使得横贯北美大陆的传递成为可能。杂志业在这种环境下飞速发展，开始走向大众化。

这一时期，一批以小说或非小说类文章为特色的综合性杂志纷纷出现。低廉的定价使它们真正成为普通民众可以阅读的杂志。其中，最有名的是由报业巨头麦克卢尔于1893年创办的以他自己的名字命名的《麦克卢尔》杂志。该杂志每份售价15美分，远低于其他杂志25～35美分的售价。到了第二年年底，该杂志发行量即达到4万份，1895年12月更猛增到25万份。

一些杂志还为读者提供了多样化的文章，使读者可以有更多的选择，以满足读者的需求。1865年，美国杂志数量约为700种，而到了1900年，美国杂志已经达到了5500种，其中包括全国性的杂志50种。杂志凭借其低廉的价格和具有吸引力的内容吸引读者，从此走向大众。

到了19世纪20年代，杂志业终于成了一个长期而且能赢利的行业，并且开始呈现加速发展的势头，这一时期著名的杂志是《星期六晚邮报》。另一份著名的杂志是《北美评论》，它于1815年由“选集俱乐部”出资创办，以后与哈佛大学经常联系，许多著名学者为其撰稿，发行量虽不大，但读者皆是一些有影响的人。该刊后来改为季刊，一直出版到1940年。

若从数量上来考察，在1825年时，美国的杂志还不到100种，但到了1850年以后，美国已经有了600种杂志。杂志出版业的飞速发展，首先得益于印刷业本身的技术变革，当时以蒸汽为动力的转轮印刷机已发明，它能同时印刷两面；其次，我们也应看到，义务教育制度的实施使得民众的识字率大大提高，杂志的读者不再仅限于精英阶层而是走向了大众；再次，一些社会改革运动的风行，也为杂志提供了进行讨论的题目，且更能吸引读者的视线。

（三）走向专业化

1.英国

20世纪70年代，英国杂志业也呈现出黯淡的发展势头，发行量下降，广告收入减少。1966～1975年，杂志广告收入份额从29%下降到24%，并持续下降。到了20世纪80年代，杂志业出现了明显转机。1984～1989年，杂志市场的总产值上升了70%。复苏的主要原因是：产业内部实施了缩小规模的营销策略，锁定目标读者和市场；出版商的增加带动了杂志种类的增长；欧洲出版商涌入英国杂志市场，带来了新的商业和编辑理念，也带来了竞争和商机。

英国重要的杂志《经济学人》（*The Economist*），创办于1843年9月，由伦敦的经济学人报纸有限公司出版。该杂志是一份以报道国际新闻为主的英文刊物，每周出刊一次，采用杂志专用的光面纸印刷。虽然《经济学人》的发行方式更像是周刊，但它却以报纸自居，因为它每期除了提供分析与意见外，还试图报道整周发生的所有重要政治、经济新闻。该杂志有意办成一家国际性杂志，因其80%以上的读者在英国以外地区。据报道，其2007年的全球发行量约为每期140万份，其中有半数销往北美洲，20%在欧洲大陆，15%在英国，10%在亚洲。2002年，经济学人集团的营业额达到2.27亿英镑，盈利1500万英镑，收入的大约一半来自读者订阅，另一半则来自广告。

《经济学人》是英国最有影响的周刊，最初为经济杂志，但其报道内容并非完全专注于经济事物。该杂志主要关注政治和商业方面的新闻，但是每期也有一两篇针对科技和艺术的报道以及书评。除了常规的新闻之外，该刊每两周还会就一个特定地区或领域进行深入报道。该刊发表的文章往往带有鲜明的立场，社论立场根植于自由贸易和全球化，无论是经济还是政治的立场都倾向自由主义，反对政府在政治和经济方面过度介入。

《经济学人》的创办目的是“参与一场推动前进的智慧与阻碍我们进步的胆怯无知之间的较量”，这句话被印在其每一期的目录页上。该刊以受过高等教育的读者为目标，读者群中包含众多拥有巨大影响力的决策者和企业家。

2.美国

提到进入20世纪的美国杂志业，就不能忽视由杂志业开始的“扒粪运动”。“扒粪运动”体现了美国媒体的浪漫主义传统，始于20世纪初的“进步运动”时期。19世纪末至20世纪初，即从南北战争结束到20世纪30年代的大萧条之间，是美国政治和社会发生剧烈变革的时期，也是这个民族走向强大之前的转型与阵痛时期。一批由记者和作家组成的中产阶级知识分子愤怒于美国社会政治道德的堕落，充当了“扒粪者”(Muckrakers)的角色。“扒粪”新闻的主要代表人物有林肯·斯蒂芬斯、戴维·菲利普斯等20多人，这些人主要基于道德义愤或宗教原因，致力于揭露社会中的不公正现象。他们认为，揭露社会的黑暗与疾病会使社会变得更加健康，使政治得到改良。[①] 从1902年起，艾达·塔贝尔在《麦克卢尔》杂志上连载名为《美孚石油公司的历史》的文章，通过大量证据，详尽地描述了美孚石油公司通过不正当竞争手段击垮对手的事实。第一次世界大战后，“扒粪运动”逐渐衰落，但它在调查性报道方面开创了一个时代，成为新闻业的学习典范。

第二次世界大战之后，电视的兴起抢夺了杂志的受众市场。1967年，为了摆脱危机，《展览》杂志开始用一种“人口突破”的策略，针对某一特定人群销售，以便吸引广告商，最终求得生存。创办于1936年的综合性的《生活》杂志拥有500万册的销量，最高曾达850万册。1970年以后，由于电视对画报带来了强烈的冲击，再加上印刷和邮寄费用的上升，使该杂志的订阅率逐渐下降，最终，该刊于1972年破产。就在这一年，一本新的专业化杂志《女士杂志》创刊，该杂志宣传妇女权益并推进妇女运动，把妇女看作是与男性平等的人，因而受到妇女的欢迎。

至此，美国专业化杂志兴起，并替代综合性杂志成为市场上的主流。一方面，广告商越来越意识到专业化杂志更能满足要求，专业化杂志的读者群非常明确，这使得广告商愿意投放广告；另一方面，美国经历着从工业社会向后工业社会的转变，服务行业的增长和专业化程度的加强是其鲜明的标志，人群因此分化成具有不同兴趣和关注对象的部分。同时，人们希望通过杂志，找到个体在大众文化中的位置，满足对归属感的需求。

---

① 参见曾华国:《中国式调查报道》,南方日报出版社2006年版,第2页。

第三节 世界杂志业的现状及发展趋势

世界各国杂志业发展不均衡，形成了东西方差距，发展中国家的杂志在早期基本都仿照了西方发达资本主义国家的行业发展模式。进入新时期尤其是互联网时代后，根据新媒体技术的发展情况，各国更积极探索适合自身的发展之路。但自进入互联网时代后，杂志也历经危机。2008～2012 年间，全球杂志产业经历了数波倒闭潮，仅 2008 年一年，美国就有 525 家杂志社倒闭。[①] 但与此同时，在密西西比大学杂志创新研究所对美国新创刊杂志的逐年统计中发现，到 2015 年，新创刊杂志为 236 种，存活率达 44.92%，比 2007 年提高了一倍。[②] 数据表明，经历了低谷期的杂志产业正在迎来调整之后的新生态，移动互联背景下的杂志产业面临洗牌。[③]

一、国外杂志业发展现状

（一）总体概况

1.消费型杂志销量最大

目前西方杂志主要分三类：消费类、专业类、行业类。近年来美国、西欧的经济快速发展，消费需求旺盛，催生了大量消费类杂志；同时因为细分读者与市场，消费类杂志大都形成了特定读者群体，因而消费类杂志是读者最多、利润最大，也是目前最流行的杂志类型。专业杂志针对从事某行业或对该行业信息有需求的人而创办，通常由媒介公司、大学或专业联合会发给订户或成员。大部分专业杂志只刊登与他们所服务的专业相关的广告。公司杂志是企业为员工、消费者、股票所有人印发的，不刊载广告，其主要目的是联络相关人员的感情、发展企业关系。

2.小众杂志、独立杂志异军突起

在主要的杂志分类之外，近年来分化越来越细的垂直领域的小众杂志、

---

① Bloom, J., "Despite Claims to Contrary, Magazines still Rooted in Past", *Advert Age*, 2008: 14, EBSCOhost.

② 转引自曲慧、喻国明：《世界杂志产业十年：发展状况与趋势研究》，《现代传播（中国传媒大学学报）》2017 年第 3 期。

③ 参见曲慧、喻国明：《世界杂志产业十年：发展状况与趋势研究》，《现代传播（中国传媒大学学报）》2017 年第 3 期。

标榜独特个性和态度的独立杂志也正在崛起，并在互联网媒体争相取悦的“数字原住民”一代中享有独特的情感依赖。

学者大卫·苏摩（David Sumne）对美国发行审核局（ABC）认可的单期发行量超过30万本的168种杂志2001～2010年的发行数字进行研究，分析了科技和经济环境杂志的影响程度。结果表明，美食、园艺、健康、健身等垂直领域的杂志全面胜出，而新闻周刊、娱乐杂志和大众杂志则相对失败。大众兴趣的杂志正在不断消失，而定位于窄众读者群的杂志正在崛起；读者的阅读期待也在转变，“杂志正在试图转向‘逃避’，因为人们更愿意从杂志上看到可令个人受益的生活和兴趣爱好，并不想从中看到对最近新闻的解读、政治和社交话题以及科学技术上的进步”①。甚至也有学者判断，这种特立独行的独立杂志（style press）可能会是在媒介数字化的世界中实现活下去的“最后的杂志”（last magazine）。

3.兼并收购成扩张常用手段

20世纪70年代后，欧美的杂志特别是消费类杂志的市场已趋饱和，兼并与收购而非发展新刊成为主要的扩张手段。一些发达国家的杂志业或强强联合，或直接投资、收购、控股当地出版商，或进行版权合作，以实现开疆扩土、培养新增长点。经过竞争与淘汰，国际杂志市场80%以上的份额控制在不超过20家传媒集团手中。

但受疫情影响，国外媒体近一年多来广告收入下滑，杂志也受到了诸多影响。最为引人关注的是，根据标准媒体指数（Standard Media Index）统计，美国媒体广告收入自2021年3月份以来首次反弹并连续增长，几乎所有媒体都受益于这次反弹，但消费类杂志除外。不得不说，这对杂志行业来说是一个重大危机。

4.移动端和社交端的尝试

网络端和移动端的融合曾经被认为是拯救杂志的良药，但是目前情况并不乐观。而在加入了社交尝试后，杂志业的发展有了一定起色。

有学者对世界杂志十年产业进行了分析和调查。2012年的有关行业数据库显示，美国最大的几个出版商全部为杂志制作了App，赫斯特集团（Hearst Corporation）有71个、邦尼集团（Bonnier）有68个、康泰纳仕集团（Condé Nast Publications Inc.）有52个、时代集团（Time Inc.）有38个、梅瑞

① Sumner, D.,“American Magazine Winners and Losers: 2001 to 2010”, *Journal of Magazine & New Media Research*, Vol. 13, No.1, 2012.

狄斯公司(Meredith Corporation)有 29 个。但皮尤研究中心(Pew Research Center)和《时代》杂志(*Time*)的独立调查都显示,读者在移动端阅读杂志的兴趣并不高,22%的平板电脑使用者每周阅读一次,11%的智能手机用户仅在手机上点开过一次杂志。数字原住民们"每个小时在不同的媒体平台中切换注意力多达 27 次,平均每两分钟便有一次注意力转移"①,但在加入了社交因素后,情况似乎有所改善。2012 年美国杂志媒体协会(The Association of Magazine Media, MPA)报告显示,47% 的社交媒体用户在 Facebook 上阅读杂志过刊内容,而且 56%订阅了杂志的 Twitter 账号,其中 51%的用户在推特上转发了他们喜爱的内容。

喻国明在挑选和研读了有关杂志产业的文章后,对世界杂志业的目前问题总结如下:(1)产业界限不清晰。(2)内容分析远远多于商业模式研究。(3)缺乏真正有颠覆意义的审视角度。

(二)英国

英国杂志发展比较均衡,近几年数字化进程加快,收入形式日渐增多,最著名的杂志就是 1843 年 9 月由詹姆士·威尔逊(James Wilson)创办的《经济学人》。它主要关注政治和商业方面的新闻,但是每期也有一两篇针对科技和艺术的报道,以及一些书评。《经济学人》除了特别报道和名人撰文外,其他文章都不署名,而且往往带有鲜明的立场。主编们认为:写出了什么东西,比出自谁的手笔更重要。随着中国国际地位和影响力的提升,《经济学人》从 2012 年 1 月 28 日开辟了中国专栏,为有关中国的文章提供更多的版面。

《经济学人》的数字化转型相对比较顺畅,2021 年新公布的年度报告显示,2020 年其付费订户数增长 9%,达 112 万,助其主营利润增长 27%,突破了 5820 万美元。这些增长很大程度上受益于吸引订户的一些新政策以及与合作者的配合。此外,经济学人智库(Economist Intelligence Unit)为新商业模式贡献了 44%的收入;杂志举办的线下活动也有较大贡献,全年多达 171 次,吸引了 7 万受众和 300 赞助商参加。但由于广告的减少,总收入仍从上年度的 4.60 亿美元下降至 4.32 亿美元,其中订阅收入为 2.92 亿美元,广告和其他收入为 1.04 亿美元。该刊表示,过去一年在数字端的投入大

---

① 参见曲慧、喻国明:《世界杂志产业十年:发展状况与趋势研究》,《现代传播(中国传媒大学学报)》2017 年第 3 期。

增，由此开发出多个新平台，例如在 Youtube 上的“经济学人电影”获得 200 万订户，播客听众突破 300 万，社交媒体总粉丝量达 5600 万。[①]

（三）美国

美国拥有世界最发达的杂志工业，《时代》《读者文摘》(*Reader's Digest*)《商业周刊》《财富》《国家地理杂志》《科学》等杂志都享有世界性的声誉。美国杂志工业有着美国文化产业的一般性特征，如强大的品牌经营与延伸、注重知识产权、推崇创意、消费者导向、营销优先、科技的应用、重视人力资源和知识管理。研究美国杂志，是研究美国文化的一个重要方面。

1.美国杂志概况

杂志虽然和其他传播媒介一样同属于言论的载体，但它起源于申述政治和宗教主张的小册子，而不是传递新闻的传单。研究杂志的历史学家认为，美国没有一种报纸可以从东海岸发行到西海岸，任何一种报纸（无论是纽约报纸、华盛顿报纸、巴黎报纸还是伦敦报纸）都无法像某些杂志如《读者文摘》那样，除拥有美国总人口半数以上的读者以外，还拥有大量操世界其他主要语言的读者。报纸更多地表现为地方性和时效性，而杂志则更多地体现为意识塑造和操作性。杂志的这一特点决定了它在传播中的重要地位。

在美国，杂志在数量上比报纸、广播电台和电视台都多。1998 年，美国共出版杂志 12262 种（此数字是国际杂志联盟提供的。另据美国杂志协会提供的统计数字，美国 1998 年出版杂志为 18606 种），其发行市场总收入达到 99.23 亿美元。

美国杂志的分类五花八门，如培根公司的“杂志指南”将美国杂志分为 4 个大类、90 个分类、250 小类，总数超过 13000 份。其中 4 个大类是：商业类、贸易类、专业类、消费者类。雅虎网站对杂志按内容分为 48 类。《广告时代》杂志在评选美国杂志 300 强时，将杂志分为 3 大类：消费者杂志，商业杂志，计算机、互联网和电子游戏杂志。权威的“标准评价和数据服务公司”(SRDS)的分类则是 2 个大类、25 个分类，其中 2 个大类是消费者类和商业、保健、农业和计算机类，而消费者杂志又包括 15 种分类。

美国现在约有 1.8 万种杂志，其中消费者杂志占 50%～60%。所谓“消

① 参见辜晓进：《疫情后新闻媒体呈现新转机（外 5 则）》，《青年记者》2021 年第 13 期。

费者杂志”，就是办给非专业、非学术人士看的，适应一般消费者多种需要的杂志。或者说，消费者杂志是“杂志”，而其余的杂志是“专志”，即专门化的杂志。

根据美国发行量审计署(Audit Bureau of Circulation, ABC)的数据，美国付费发行量(Paid Circulation)排前10名的杂志如表4-1所示。

表4-1　美国付费发行量排名前十的杂志

排名	名称	期发行量(册)	刊期
1	现代成熟	20,636,813	双月
2	读者文摘	12,613,790	月刊
3	电视指南	10,844,269	周刊
4	国家地理杂志	7,957,063	月刊
5	好家与花园	7,627,977	月刊
6	好主妇	4,507,306	月刊
7	妇女家庭杂志	4,173,295	月刊
8	妇女之日	4,151,481	17次/年
9	时代	4,073,827	周刊
10	人物	3,525,250	周刊

资料来源:《广告时代》2000年6月12日。

美国杂志大致具有以下特点：

(1)基本性质为商业化

美国杂志的基本性质是商业化，但一些非营利机构所办的杂志除外，一般免费赠给会员，不以营利为目的。如美国发行量最大的《现代成熟》(*Modern Maturity*)双月刊，就是由主要为老年人服务的非营利组织美国退休人员协会所办的，每期发行量为2000多万份。

美国杂志有明确的所有者和股东，有明晰的产权关系。美国大部分杂志的母公司和从事其他产业的公司没有什么分别。公司股东可以是个人(如创办了《时代》和《财富》的卢斯)，也可以是公众投资者(如购买了《读者文摘》股票的人)，还可以是公司或某个慈善机构。

(2)行业高度产业化

英美杂志呈现出高度产业化的特征，实行编辑与经营“两分开”、发行和广告并举的经营机制。在刊社内部的管理体制上，大多实行主管经营的出版总监和主管编辑的总编辑并行的“双轨制”，有的社刊出版总监的地位在总编辑之上，但又不影响编辑的独立性。另外，出版商在重视发行市场的同时，几乎毫无例外地具有很强的广告经营理念。《时代》《福布斯》《时尚》等瞄准高端市场、广告主导型的杂志自然不用说，就连许多发行量大的月刊或以发行为主导的周刊，如《人物》《读者文摘》等，也对广告经营非常重视。

(3)定位准确

美国杂志的准确定位，为其广告销售奠定了良好的基础。西方著名杂志向来非常注重市场调查，对读者群体的年龄结构、性别比例、职业收入、消费水平、阅读习惯等，都会进行一系列科学而详细的研究，从而确定刊物定位、编辑思路，并以满足读者和广告主行业的需求为导向，制定刊物发行和广告的营销策略。一句话，就是先找准市场，然后再推出适合这个市场的产品。

(4)重视品牌建立和延伸

美国出版商非常重视杂志品牌的建立和延伸，以实现品牌的商业化和广告收益的最大化。例如，美国赫斯特杂志出版公司的《大都会》，充分利用品牌资源，在欧美市场开发以“Cosmo”为品牌的女性服饰、家居、手表和首饰等衍生专卖产品，形成了核心品牌的产业链。而随着品牌在市场上的扩张和影响力的增强，其广告价值也得以提升，从而拉动了刊物广告销售的收入。2006 年，该刊每期平均发行 292 万册，全年发行收入只有 1.27 亿美元，而广告收入却高达 3.67 亿美元，几乎是发行收入的 3 倍。再如美国的《国家地理》，以主刊品牌为核心，依托品牌的辐射力，不仅相继推出了《国家地理·旅行家》《国家地理·探险》《国家地理·探险者课堂》和《国家地理·儿童版》等子刊，而且还向图书、教育出版物、有线电视、音像制品、图片库、地图集、数字媒体、社会活动等领域延伸和拓展，形成了强大的品牌生命力、社会影响力和市场竞争力。

(5)高素质的经营团队和有效的营销手段

高素质的杂志广告经营队伍及行之有效的广告营销手段，是杂志行业的制胜法宝。在美国，无论是杂志行业组织还是杂志出版公司，都非常重视杂志广告经营人才的培训和使用。

美国杂志的广告销售人员都拥有很高的专业素质，不仅懂得广告销售，而且对杂志编辑也相当内行，知道如何利用各种市场调查研究的结果。在整个媒介的大环境之下，他们对杂志媒体的广告销售进行定位和分析，并向广告主和广告代理商积极游说杂志作为一种广告载体所拥有的其他媒体无法比拟的优势，比如读者对杂志广告的接受和认同度高于其他媒体上的广告，大部分读者把广告看作杂志内容的一部分并乐于从中获取有关信息，读者阅读杂志的自由和主动性以及其阅读的时间和次数大大提升了广告的传播效果，经常阅读杂志的读者往往是做出购买决定的消费者，等等。美国杂志的广告销售更具针对性和有效性，营销手段也更加丰富，往往能利用杂志的品牌和资源优势，充分挖掘杂志广告的价值，对广告进行整合营销。例如，在美国许多大的杂志出版公司，其广告销售人员不仅对公司杂志的定位、所占市场份额及竞争对手的优劣等信息一清二楚，而且对广告投放市场及各类别的广告主的行业情况也相当熟悉，并且掌握有详尽的相关市场调查数据，在面对广告主或广告代理商的时候，能够做到胸有成竹，主动而有效地进行营销。

2.成功的美国杂志

(1)《时代》周刊与亨利·卢斯的杂志帝国

《时代》由亨利·卢斯(Henry Luce)和布里顿·哈登(Briton Hadden)于1923年在纽约合资创办。1929年哈登去世后，卢斯开始单独经营该刊。作为首创的新闻周刊，《时代》对后世影响深远，今天世界上有名的新闻周刊，大都模仿了《时代》的风格。美国的《新闻周刊》《美国新闻与世界报道》、印度的《时代》、德国的《镜报》、法国的《快讯周刊》等，从封面设计到内部新闻的分类，都采取了《时代》首创时的方法。

《时代》旨在使“忙人”能够在短时间内充分了解世界大事，初创时就是把一周内报纸的重大新闻消息经过改写、压缩、集中在一起进行呈现。直到20世纪30年代，《时代》才逐渐依靠自己的记者采写国内国际大事。《时代》的方法是对一周重大新闻进行加工整理，分门别类、综合叙述、补充材料、搭配照片，使它们比报纸报道更有条理、更具深度。新闻事件被当成故事一样加以描述，文字力求生动活泼，情节最好富于人情味，在夹叙夹议中呈现观点。通常《时代》杂志的内容包括国内大事、国际新闻以及经济、科学、文艺、宗教、教育、新闻界等栏目。该杂志已经建立了10多个国内分社和几十个国外分社。有关《时代》的详细介绍可以参照本章第四节。

《时代》的成功使得卢斯不到30岁就成了百万富翁，为其进一步扩展提供了坚实的物质基础和丰富的实践经验，《时代》也成为建立卢斯杂志帝国的奠基石。卢斯的公司一度成为美国最大的杂志公司,其旗下拥有多家重量级杂志,除《时代》外,还有《财富》《生活》《体育画刊》《金钱》《人物》等。

《财富》(月刊)是一本综合性工商业杂志,于 1930 年问世。其发刊词中写道:"《财富》杂志的宗旨是用纸墨图文来反映工业生活,就像最漂亮的摩天大楼用钢铁和建筑艺术来反映它一样。"1995 年开始,它每年都对美国前 500 家最大的制造业公司进行排名,颇具影响。后来榜单扩展为世界性 500 强企业的排名,以各企业的年度收入及净利润为评选准则。目前,每年的"财富世界 500 强"榜单仍然是衡量全球大型公司的最著名、最权威的榜单,被誉为"终极榜单"。除了闻名全球的世界 500 强企业排行榜,《财富》杂志还推出了"全球最受赞赏的公司""商界领袖人物"等多种排行。2001 年开始,《财富》中文版与香港财华社集团合作推出"中国上市公司 100 强"。《财富》致力于提供最专业的商业信息,它告知读者,阅读本刊可以令人成为商界内行。《财富》对专业性的要求反映在内容设置上,其内容包括宏观经济问题、产业分析、企业经营之道等。

《生活》杂志创刊于 1936 年,"生活"这个名字是卢斯花 8.5 万美元从一家老漫画杂志那里买来的。这是一本印刷精美的通俗性画刊(周刊),是美国新闻图片杂志的先驱。该刊第一期上市时,4 万多册几乎是被抢购一空的,几周后其发行量便跃至 100 万册。历史上的《生活》杂志几经坎坷:1972 年,《生活》杂志因为电视的冲击而第一次停刊,停刊前夕发行量曾达到 850 万册。1978 年下半年复刊,主打怀旧情绪,但改为月刊出版。2000 年 5 月,该杂志出版了最后一期后,再次宣布停刊。《时代》的主编默勒认为,这次《生活》杂志停刊是因为其市场定位已经不符合时代潮流了,特别是现在其他杂志正走向专门化之际,《生活》的定位仍然是不太清晰的"大众化口味",很难像以前那样吸引受众了。于是这本曾经以关注弱势群体闻名的杂志只好再次关闭,转向网上寻求发展。2004 年 10 月,《生活》再次复刊,但它的身份已经变成了周五报纸增刊,随 70 种报纸夹带发行,发行量约为 1200 万册。杂志标语也从经典时期的"看生活,看世界"(To see Life, to see the world)变成了"全美国的周末杂志"(America's Weekend Magazine)。面对互联网和新媒体的冲击,2007 年4 月 20 日《生活》第三次停刊,这一次的败局似乎已经无可挽回。《生活》将其庞大而珍贵的图片资源全部放上了互联网,供依然难以割舍的读者们免费下载。

此外,时代公司还出版过多种杂志:《体育画报》(*Sports Illustrated*)(周刊)从1954年开始发行,专业报道体育新闻;《金钱》(*Money Magazine*)创刊于1972年,是一个专谈个人及家庭如何理财的周刊。1974年,时代公司又出版了《人物》(*People*)(周刊),报道各界风云人物,主要是影视界和体育界明星。

1989年,时代公司以50亿美元的巨资兼并了华纳通信公司,组成集多种媒介手段于一体的时代华纳公司。1996年,时代华纳又收购了特纳广播公司,从而超过迪斯尼一跃成为世界最大的媒介公司。1997年,其市值是240亿美元,到了1998年其市值增至260亿美元。2000年1月10日,时代华纳与美国在线合并(AOL-Time Warner),开创了传统媒介与网络巨头联手的新模式,成为当时乃至今日世界上最大的企业合并案例。但这是一次失败的合并,2009年美国在线业务被剥离。由于印刷媒介的衰落,2014年6月9日,时代杂志集团被分拆,带着旗下90家杂志和45个与杂志相关的网站,在一个视印刷媒体为"过去式"的市场中,作为一个独立的上市公司开始挂牌交易。美国具有相当影响力的媒体意见领袖肯·道科特在哈佛尼曼专栏中,直截了当地把当时即将被分拆的时代公司称为"孤儿"。著名媒体记者戴卫·卡尔更于2014年6月8日在纽约时报上发表长篇述评,描绘了一幅美国杂志业的衰败景象,并把拆分时代公司惊悚地称为"海葬"。

(2)三大新闻周刊

《时代》《新闻周刊》(*News Week*)和《美国新闻与世界报道》(*US News & World Report*)被合称美国三大新闻周刊。

《新闻周刊》创刊于1933年,是美国时政杂志中因评论优秀而获得荣誉最多的周刊。1961年,改杂志归于华盛顿邮报旗下,但后来因为亏损严重,2010年以1美元价格卖给西德尼·哈曼。其观点比《时代》更自由,而比《美国新闻和世界报道》更保守,但观点偏左。近年来,随着全美杂志业江河日下,《新闻周刊》广告收入大跌、发行量直线下降,虽几经转手,却仍未摆脱亏损。2012年12月24日,《新闻周刊》发布创刊80年来的最后一本纸质杂志,宣布纸质版休刊,此后,改名为《世界新闻周刊》,提供网上付费阅读,定位读者群为"渴望深入了解世界新闻的高度电子化的意见领袖"。2014年3月7日,该杂志复刊,共68页,每期售价7.99美元,比印刷版停刊前的4.99美元的定价上涨60%。订阅一年52期的价格则为149.99美元,大约合2.9美元一期,同时人们可以在电脑上阅读网络版,比两年前的50美元一年的订阅费上涨了2倍。但《新闻周刊》能否依靠可观的发行收入,找回昔日“荣耀”,现在仍未可知。

《美国新闻与世界报道》创刊于1933年,初创时名为《美国新闻》,1948年和《世界报道》合并,以专题报道美国国内外问题及美国官方人物访问记而显其特色,相对来说,它的文字更浅显易读。同样因为印刷媒体的现实状况,该杂志于2010年12月停印纸质版。

(3)《读者文摘》及其在世界范围内的扩张

1922年,德威特·华莱士(Dewitt Wallace)夫妇创办了《读者文摘》。它是一种文摘性的月刊,其创刊者的初衷与卢斯的《时代》颇为相似,也是为了给忙碌的现代人办一本专门摘选刊载报刊文章的杂志,以高度浓缩化的方式适应快节奏的生活。第一期一炮而红后,华莱士开始广泛搜集世界各国著名评论、小说和其他专著,加以摘编,每篇文章不超过3000字。《读者文摘》称,它的稿件是报刊、书籍的精华,有如牛奶上面的那层奶油,好吃且易消化,能够节省读者的时间。

《读者文摘》的成功是显著的,1935年其销量即突破100万份,1940年更增至300万份。第二次世界大战期间,该杂志销售量进一步由400万份增至900万份。早在20世纪30年代,《读者文摘》就迈出了海外扩张的第一步。1938年,《读者文摘》在英国发行了第一个海外版,此后其海外版不断增加,时至20世纪80年代已经以16种语言出版了40个版本,发行于163个国家和地区。从1950年起,《读者文摘》编辑部又进一步出版《读者文摘书摘本》,每年出版5本,销量超过1000万册。此后还发行图书与录音带,逐步发展成为一个规模巨大的出版公司。2004年起,受到互联网的影响,《读者文摘》发行量直线下降。2004年《读者文摘》发行量为1251.8万册,2009年时降到了720万册,广告收入同样呈直线下降趋势。为了应对数字化冲击,《读者文摘》积极推动数字化转型,利用Facebook等社交媒体进行宣传,2010年在Facebook上已经获得了115万次的点击量。在机构配置上,专门配备了一支网络媒体团队。内容上,读者文摘更加关注时尚和热点内容,2007年加入“地球”栏目,2011年,杂志对栏目进行重新整合,调整为“健康”“美食”“家庭”“旅行”“工作”“金钱”“家居”等。

《读者文摘》的成功与其有效的管理分不开,有关《读者文摘》创新管理的介绍可以参照本章第四节。

(4)稳坐头把交椅的《电视指南》

《电视指南》首次发行于1948年,1953年后由三角出版公司出版,是一个像袖珍本书那样大小的周刊，专门刊登各大地区的电视节目单及有关电视明星的短文。虽然随着电视的普及，美国的同类杂志多如牛毛，但《电视指南》多年来已经坐稳了美国国内发行量第一的宝座。1998 年其原出版商美国新闻有限公司以 20 亿美元将《电视指南》卖给了美国电讯公司。1999 年10 月，吉姆斯塔国际集团(Gemstar International Group)又斥资 92 亿美元收购了《电视指南》，吉姆斯塔公司的主席和首席执行官亨利称："虽然《电视指南》将来仍然是广告商和用户间的主要联系纽带，但是公司的未来目标是把电子节目指南作为焦点，以增加杂志的灵活性和便利性。"数字化时代电视频道爆炸，观众的阅读习惯也发生了实质性的变化；同时，网络成为人们获得娱乐新闻和电视节目导视的重要来源，这都导致了《电视指南》发行量大幅下滑。1970 年，其销售量为 1800 万份，到 2000 年时，这一数据已经下降到了 900 万。为了维持运营，《电视指南》开始拓展自己的媒介渠道，不仅有纸质的杂志，还有一个提供家庭节目、电影、音乐、天气等信息的有线电视频道——一个每月访问量达到 1.5 亿的《电视指南》在线网站，向观众提供电视节目表、娱乐新闻以及游戏等。《电视指南》借助新技术手段打造数字导视媒体平台，通过对电视导视媒体的形式创新扩张了《电视指南》的品牌效应。

(5)《人物》

美国《人物》杂志于 1974 年 3 月创刊，视角专注于美国的名人和流行文化，是时代集团旗下的周刊杂志。

《人物》是全球定位最精确又最有效的杂志之一，聚焦主流的风云人物，不仅有大量独家的明星新闻图片，还有深度的明星访谈，八卦而不媚俗，篇幅短小，文章也充分迎合了时代阅读习惯。由于编辑方向精确，遂被封为"最适合在厕所阅读的主流杂志"，足见《人物》阅读适应性之广。《人物》杂志最为出名的活动是每年评选的"最美丽的人"(Most Beautiful People)、"最佳和最差着装"(The Best and Worst Dressed)和"当今最性感的男人"(The Sexiest Man Alive)。

(6)发行量和广告情况

20 世纪 90 年代末，西方各国的经济形势较好，通货膨胀率低，经济增长率高，邮政事业、交通运输的发展也都有助于杂志业的发展。当然更主要的原因还是广告数量和读者范围的扩大。多年来，广告商一直认为杂志是最有效的宣传载体——读者定位准确，市场划分明确，购买力强，因而汽车、化妆品、计算机、医药、食品、消费服务业等厂商对杂志十分青睐。虽然杂志不得不在与电视和报纸的双重竞争中求生存，但无论是专业性杂志还是综合性杂志，其广告收入都在不断增长。

进入21世纪，国外传媒业巨子纷纷将发展的重点转入数字电视等新技术，且花费不菲，但这些投资都是"放长线钓大鱼"，真正盈利的还是传统的出版业。全球第一传媒——美国在线时代华纳的前景之所以被看好，一方面固然是由于美国在线的强劲发展态势，但时代华纳庞大而坚实的出版王国才是其核心竞争力。《时代》《财富》《众生相》《娱乐周刊》等都是世界知名的品牌，成为宣传美国价值体系和生活方式的最好载体，也是公司形象的最佳代言人。《时代》素有"美国史库"之称，2000年的发行量高达450万份，远远超过《美国新闻与世界报道》等同类周刊。《财富》几十年来坚持用严谨的态度、公正的手段、科学的统计为全球最大的跨国公司制定排行榜，这已成为所有知名企业用来判断自身实力、规模和竞争力的重要指标，专家学者也以排名榜作为进行研究的权威数据来源。其举办的《财富》全球论坛更是成为影响世界经济未来发展的著名讲坛。

在没有与美国在线合并之前，时代华纳旗下的各种杂志给公司带来的利润仅稍稍次于有线电视这一项。根据美国发行量审计署的统计，在美国约有1万种以上的杂志遍布各种报摊商场中，其中《电视指南》《读者文摘》《全国地理杂志》的发行量均在1500万份以上，有85种杂志的发行量均超过100万份。近几年，杂志的销售额每年可达300亿美元以上，比图书出版高出30%左右，其利润的回报是相当可观的。

另外，最近的一项调查显示，在西方社会，人们的业余时间除了与家人团聚、外出旅游，就是阅读杂志，而看电视已经下降到第7位。这也正说明了近些年西方世界报纸发行量略有下降而杂志业却连续数年以适中的速度净增长的原因。这种增长既表现在日益增多的杂志数目上，也表现在不断增长的广告收入和一直扩大的杂志发行量上。

美国杂志一般分为消费者杂志和行业类杂志两大类别，它们在经营模式、发行及广告收入比例等方面也各有不同。一般来说，消费者杂志的经营收入多以发行为主，行业类杂志则以广告为其主要收入来源。美国杂志出版商协会公布的一项调查数据表明，2005年，美国消费者杂志的经营收入中，广告收入占55%，发行收入占45%。

拥有如此大的发行量，这些美国大刊的发行收入自然相当丰厚。例如

2006年,《人物》周刊的发行收入达5.32亿美元、《体育画报》为2.84亿美元、《美国周刊》为2.52亿美元、《读者文摘》为2.46亿美元、《电视指南》为2.14亿美元、《时代周刊》2.03亿美元。在发行量百万册以上的美国大刊中,大部分不仅享有丰厚的杂志发行收入,而且广告经营也相当出色,每年都有巨额的广告收入进账,其中《人物》周刊、《美好家园》和《时代》分别以8.72亿美元、7.76亿美元和6.61亿美元,雄踞2006年美国杂志广告收入前三强的位置。

美国杂志的中坚力量对社会主流阶层有重要影响力。《时代》《财富》《商业周刊》这样的刊物已经成为资本主义文化的一部分,畅销整个资本主义世界。如《商业周刊》在1997年3月的封面报道中第一次提出"新经济"的概念(高增长与低通胀并存),最早提出"亚洲金融危机"问题,2000年6月提出21世纪是"创造力经济"(Creative Economy)的口号(该组报道由30个编辑记者花费6个月时间完成,共100多页)。像美联储前主席格林斯潘这样的人士会定期向该刊分享其思考成果。该刊有一句口号"不只是我们倾听商界最有见解的思想,他们也需要听我们的。"充分表明了其在引导世界经济新观念、新趋势方面的重要地位。对该刊订户的分析表明:《商业周刊》在北美的订户85%为男性,年龄在25到54岁之间的占68%,大专以上学历的占88%,从事高级管理工作的占59%,平均年薪为23.3万美元。

除了商业类杂志,美国还有一大批在学术或专业领域享有世界声誉的杂志,代表世界性的学术或专业水平,成为一种"国际标准",如《电子工程师时代》《新英格兰医学杂志》《科学》《自然》《哈佛商业评论》等等。

3.美国杂志业的经营

(1)迎接信息化时代的到来,美国杂志加入互联网

同报业相似,网上杂志将扩展杂志的读者群。所以,各大杂志也在积极筹建自己的网络,实现传统的杂志上网。1993年《新闻周刊》有了网络版,1994年《每周经济》也创办了网络版,1998年杂志站点已有近2000家,目前基本所有的杂志都已拥有网络版。

(2)美国杂志业的垄断,集约化经营效果显现

根据培根杂志指南(Bacon's Magazine Directory)计算,美国大约有500家"杂志集团"(multiple magazine publishers),即至少出版3份杂志以上的出版商。由于培根(Bacon)杂志指南列举的美国杂志为13000份,不能完全囊括美国杂志的总数量(18000份左右),因此美国的"杂志集团"估计还

不止500家。像时代集团、先进出版公司(Advance Publications)、赫斯特杂志集团(Hearst Magazines Inc.)、国际数据集团(International Data Group, IDG)、普莱传媒公司(Primedia)这样的杂志集团经营至少10多种杂志,最多的经营80种杂志(一家专门出版各州贸易类杂志的集团)。集团化使名牌杂志得到充分的自我延伸,如《运动画刊》出版了妇女版和少年版,《时尚》出版了《青少年·时尚》,《财富》出版了《电子公司》(*E Company*)和《财富:小型商业》(*FORTUNE*: *Small Business Magazine*),等等。

像其他媒体业一样,杂志的发行日益被大集团所支配,到了20世纪90年代,美国前20家杂志控制了全国杂志一半的发行量。

近年来,这种集中的趋势还在加剧,并且在激烈的竞争中出现了大规模并购风潮,致使美国杂志市场风云变幻。1998年的杂志并购达105起,并购总值为69亿美元,1999年达115起,并购总值为140亿美元。进入21世纪后不久,仅美国在线并购时代—华纳公司,并购金额就达到1450亿美元。

集约化规模经营是现代产业经营管理的一个重要特征。二战后,美国各主要产业经营所有权的集中趋势都不断加强,媒介产业的步伐虽然稍慢了一些,但也没能例外。与此同时,正如我们在前一章已经提到的,跨媒体甚至跨产业并购案的增多,使得美国出版业巨头越来越多地与广播、电视、网络巨头联合,出现了集多种媒介手段于一身的大型媒介集团。

究竟是什么原因导致了美国媒介产业所有权集中化趋势迅猛发展?美国媒介管理学家约翰·勒文认为,最根本的原因在于媒介公司的盈利非常丰厚。据维罗尼和苏勒在1986年的调查,1984年媒介各行业的平均税前利润超过美国同期许多大型产业的利润平均水平,而且在整个20世纪80年代始终保持着这一态势。1984年,媒介产业中各行业的利润率水平如下:报纸18%,广播电视18.5%,商业类杂志14%,消费类杂志11.5%,广告业10.2%。媒介经济领域如此诱人的投资回报率吸引了许多有实力的大财团纷纷涉足媒介产业,收购和兼并其他媒介公司,从而进一步加剧了媒介产业所有权集中化的程度。

(3)美国杂志全球化扩张

冷战结束后,20世纪90年代初,世界出版业找到了新的发展契机,开始了全球化的步伐。尤其是俄罗斯、中国、东欧等国家和地区的新的读者市场的出现,迅速地点燃了国际出版集团的扩张欲望。德国的贝塔斯曼集团(Bertelsman)拥有80多种杂志,而它的杂志在本国的销售量已基本趋于饱和，多年来都没有明显的增长，其收入的 80%都依靠国外业务的扩展。这些年贝塔斯曼将公司一半的收入都用来开拓新的市场，在国外 60 个国家开展业务。贝塔斯曼在全球市场的业绩，连时代华纳对此也艳羡不已，因为时代华纳收入的 80%都来自美国本土。

现在令美国杂志业精神振奋的是海外市场。在“国际出版”或“全球出版”口号下，无论是大刊或小刊，都着力开拓境外杂志销售市场或实现跨国合作出版杂志。《读者文摘》无疑是成功的先行者，从欧洲、南美洲、澳洲直到亚洲都有它的身影。连一贯较为保守的《国家地理》杂志，近年来也在欧、亚各洲陆续推出近 10 个外文版。随着先进电子、数字化技术的发展和全球化的深入，美国杂志业的向外意识日益强烈。今天的美国杂志业者几乎不必问国界在哪里，因为他们在使用各国语言“说话”。

（四）其他国家杂志业现状

法国杂志业比较知名的两本新闻周刊是《快报》(*L'Express*)和《巴黎竞赛画报》(*Match*)。《快报》1953 年创刊，是法国最大的时事政治性新闻周刊；《巴黎竞赛画报》1949 年创刊，是法国著名的时政类新闻周刊，也是法国发行量最大的杂志。

德国发行量最大的三份新闻周刊是《明镜》《亮点》和《焦点》。1947 年创刊的《明镜》(德语：*Der Spiegel*，英语：*The Mirror*)，常译作《明镜周刊》，是一份在德国发行的中左翼周刊。该杂志以时事新闻、图片以及对不法行为以及政治丑闻的揭露而闻名于世，自称是“德国最重要的且在欧洲发行量最大的新闻周刊”，注重调查性报道，敢于揭露政界内幕和社会弊端。

日本杂志业比较发达，有稳定而庞大的读者群体和市场需求，也形成了丰富多样的销售网络。日本杂志重视读者需求，市场细分度高，不同于大众化的报纸定位，杂志形态趋向于更加精准的小众化和分众化市场，而动漫画杂志、生活杂志和成人杂志更是占据了主要的市场份额，甚至成为许多日本人的日常生活必需品。“在阅读的快餐时代，杂志在日本已经成为快速消费品，而更少具有传统意义上的文化产品的特征。”[①]因此，日本杂志的销售渠道也更有针对性和细分化特色，比如，动漫画杂志主要在超市和连锁店销售，专业性杂志则主要在书店销售，另外一些杂志则走专营渠道。日本少年

① 刘强：《日本杂志业发展模式研究》，《中国出版》2011 年第 24 期。

漫画行业的漫画三雄举世闻名，分别是《周刊少年 JUMP》（集英社）、《周刊少年 Magazine》（讲谈社）和《周刊少年 SUNDAY》（小学馆），出品的很多漫画，行销全球，并被改编成影视作品。比如《周刊少年 JUMP》的《航海王》《龙珠》《火影忍者》《乌龙派出所》《灌篮高手》《乔乔的奇妙冒险》等，以及近年的《鬼灭之刃》《石纪元》《约定的梦幻岛》等；《周刊少年 Magazine》的《金田一少年事件簿》《妖精的尾巴》《麻辣教师》等；《周刊少年 SUNDAY》的代表作无疑是人气、知名度和销量都居于第一的《名侦探柯南》，之后的作品有《天方魔谭 MAGI》《只有神知道的世界》《银之匙》等。随着网络媒介的发展和新媒介技术的兴起，日本杂志业也面临了巨大的压力，电子杂志的发展日益兴盛起来。

可以说，世界杂志业多元开花，经营出了各自特色。面临网络的竞争压力，世界杂志面临巨大挑战，但同时移动互联网背景、社交基因和新兴技术力量，也给了杂志业以新的发展机遇。

二、中国杂志的现状

（一）概况

1.中国杂志业概况

改革开放以来，我国的杂志业在经过 40 多年的高速发展后进入繁荣期。这一时期，我国经济处于高速发展的快车道，人们的需求更加丰富化、多样化和个性化，这为杂志业的发展壮大提供了很多新的市场机会。这一时期，中国杂志产业规模有限，整体实力较弱。

数据显示，2006 年，我国共出版杂志 9386 种，总印数 28.5 亿册，总印张 134.7 亿张，定价总金额 140 亿元。而同一时期日本杂志总印量达 30 亿册，但按人均计算是我国人均杂志拥有量的 10 倍。此后中国杂志数量逐年缓慢增长，但总印数有所下滑。2019 年我国共出版杂志 10171 种，总印数 21.9 亿册。2014～2019 年，中国期刊种数呈现明显增势，但总印数呈现明显下滑趋势（见图 4-1）。

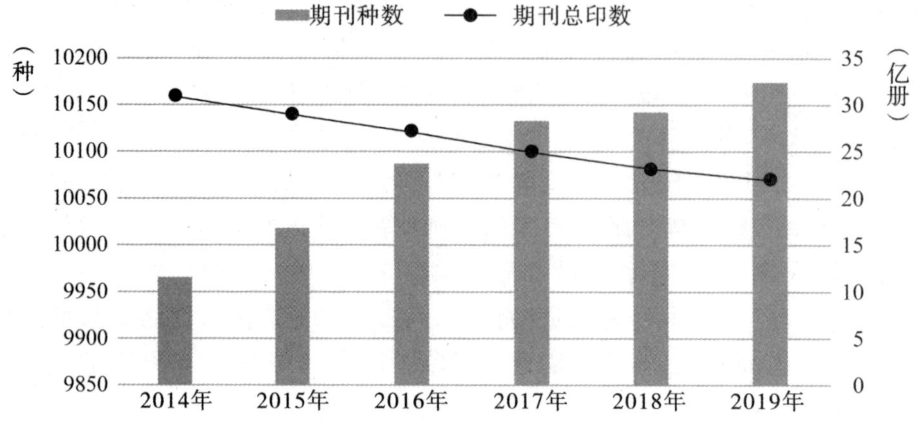

图 4-1　2014～2019 年中国期刊种数及总印数

数据来源:《2019 年中国期刊行业发展趋势分析未来我国期刊发行将进一步产业化、社会化和专业化》,https://www.chyxx.com/industry/202011/906647.html。

从进出口数量方面来看,我国期刊进口数量逐年下降,从 2014 年的 396.69 万册减少到 2019 年的 295.34 万册;出口数量波动上升,从 2014 年的 188.07 万册增加到 2019 年的 294.87 万册(见图 4-2)。

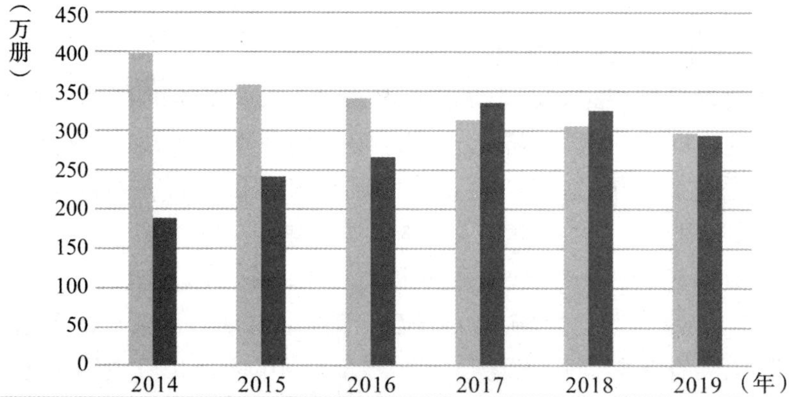

(年)	2014	2015	2016	2017	2018	2019
进口数量(万册)	396.69	357.669	338.37	311.74	305.84	295.34
出口数量(万册)	188.07	240.35	265.69	335.19	325.23	294.87

图 4-2　2014～2019 年中国期刊进出口数量

数据来源:《2019 年中国期刊行业发展趋势分析未来我国期刊发行将进一步产业化、社会化和专业化》,https://www.chyxx.com/industry/202011/906647.html。

从进出口金额方面来看,我国期刊进出口贸易市场呈贸易逆差态势,2018 年中国期刊进口金额为 13526.85 万美元,出口金额为 595.54 万美元;

2019 年中国期刊进口金额为 13365.54 万美元，出口金额为 516.34 万美元（见图 4-3）。

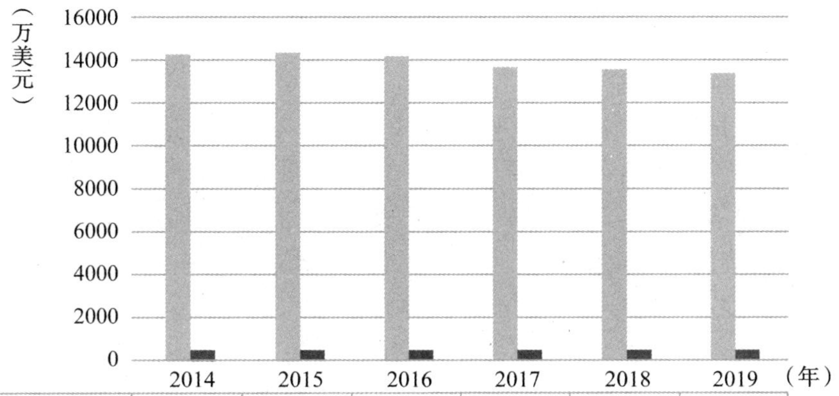

	2014	2015	2016	2017	2018	2019
进口金额（万美元）	14232.07	14323.1	14137.21	13595.01	13526.85	13365.54
出口金额（万美元）	544.35	461.64	443.78	504.37	595.54	516.34

图 4-3　2014～2019 年中国期刊进出口金额

数据来源：《2019 年中国期刊行业发展趋势分析未来我国期刊发行将进一步产业化、社会化和专业化》，https://www.chyxx.com/industry/202011/906647.html。

智研咨询发布的《2021～2027 年中国期刊行业发展现状调查及未来前景分析报告》显示：我国的期刊产业还处于发展的初级阶段，有巨大的发展空间。中国的市场很大，还有很多潜在的读者群可供开发。

2015 年世界期刊协会（FIPP）年度报告中写道："未来的市场在中国。中国有着世界第二多数量的期刊，却有着极端赢弱的盈利能力。"①中国的杂志产业目前正处于逐步上升期，但提升盈利能力成为一项重要工作。

2.中国主要的杂志类型

随着社会经济的发展和进步，出现了很多发展势头良好的新兴杂志。2019 年的统计数据显示杂志行业在财政收入和就业总盘中的比例为 8%左右，杂志在国家和社会层面的受重视程度越来越高，并开始积极开拓创新。

（1）行业杂志。这类杂志致力于某一行业，根据广告主的需求，筛选广告主满意的受众作为发行对象，并通过市场调研了解受众的需求和阅读习惯，在编辑方针和刊物内容上充分体现受众的需求。这类杂志最好的方式

① 王睿：《传统媒体影响力的重塑与期刊融合发展之路》，2017 年 10 月 20 日，https://www.fx361.com/page/2017/1020/2380050.shtml。

是由传媒集团和该行业的领导性企业集团合办，其原因在于：一方面，双方可以达成战略合作伙伴关系，实现优势互补；另一方面，在杂志的起步期，就可以得到大量的广告做支撑，风险很小。如《IT经理世界》《中国石油化工》等。

(2)时政新闻类杂志。这类杂志主要以时政新闻作为其主要内容，目前发展势头良好，基本实现赢利。尤其是在2020年新冠疫情期间，时政新闻类杂志以深度报道内容重回大众视野，在获得尊重的同时，也极大地开辟了互联网和移动渠道。这类杂志的代表性刊物有《中国新闻周刊》《南风窗》《南方人物周刊》《财经》《三联生活周刊》《财新周刊》等。

(3)纯商业化杂志。这类杂志是目前杂志的主体，主要从广告主和受众的角度来考虑选题，赚取商业化利益，也有的是由一些广告公司创办的，成为单纯的商业广告的载体。随着人民生活水平的提高、生活节奏的加快和中产层扩大，这类杂志有着良好的前景。此类杂志办得比较好的有《时尚》《瑞丽》等，广告收入都已经超过1亿元人民币。

(4)国外优秀杂志的中国版。这类杂志的大部分内容是在国外优秀杂志内容的基础上，适当填充一部分国内的内容，广告由国外与国内两部分组成。这类杂志的代表性刊物有《哈佛商业评论》(中国版)、《体育画报》(中国版)等。这类杂志依靠国外成熟的商业操作理念和庞大的资金支持，成为激活中国杂志市场的“鲇鱼”。

(5)专业化的学术性杂志和主要依靠发行赢利的杂志。专业化的学术性杂志深耕某一领域进行专业研究，比如新闻传播学科的“四大权威期刊”：《新闻与传播研究》《国际新闻界》《现代传播》《新闻大学》等。

(二)中国杂志业存在的主要问题

改革开放40多年来，中国杂志业取得了巨大进步，但仍然存在着如下主要问题：

1.市场秩序尚需完善，企业实力较弱

市场秩序存在的问题，主要体现在如下几个方面：第一，缺乏权威的发行量统计机构。各杂志的发行量都是各自的最高机密，虚报发行量成为行业惯例。在这种情况下，广告主无法准确判断广告效果，如果自己去从事调查，成本过高，所以很多广告主只能从发行终端来判断各种杂志的广告效果。这就使很多杂志不是从提高自身质量上着手，而是千方百计地占据良好的发行终端，甚至有很多杂志企业为了占据报摊的醒目位置，每个月都会支付给报摊相当数额的“占位费”；第二，各杂志的广告收入不如实发布。目前，很多统计机构统计的都是杂志广告收入的刊例价。由于各杂志广告收入的打折比例差异巨大，各杂志企业的刊例价和实收价也相差悬殊，导致无法准确知道各杂志的广告收入；第三，存在着很多没有刊号而发行的杂志以及很多打“擦边球”的杂志，导致杂志业市场混乱、鱼龙混杂。

和国外杂志动辄几百万的发行量、几亿美金的广告收入和巨大的现金流相比，目前中国大多数杂志企业分散、规模小、实力单薄。当然，国外的杂志企业也是从小发展到大的，在良好的政策导向下，只要假以时日，处于中国快速发展的传媒业大市场下的杂志企业也必将迎来自己的快速发展期，也必将做强做大。

目前，中国的绝大多数杂志企业和传媒企业实行的制度是“事业单位企业化运作”，囿于外部管理因素的影响，虽然已经建立起现代企业制度，但部分企业制度落后，导致杂志企业发展后劲不足、活力不够、效益不好。

2.杂志内容定位不准，同质化现象突出

从广告主与受众的需求出发、基于市场化进行定位，是一本杂志能够成功的前提条件。但是，我国目前很多杂志都存在定位不准的问题：没有明确的广告诉求，没有明确的受众定位，缺乏明确而精准的编辑方针和办刊理念，同质化现象较为突出。财经类杂志为高级经理人打造，汽车类杂志为购车者和车主制作，时尚类杂志为年轻白领女性开办……很多杂志的读者定位方向趋同，进一步细分下去则定位模糊。

3.营销理念、管理体制落后，经营管理人才缺乏

从经营策略上看，中国杂志市场至今仍保留着很深的计划经济的痕迹，多数杂志仍停留在粗放经营的阶段，很少有杂志能建立起自己精确的读者数据库，因而也无法在调研基础上制定精准的市场战略，不利于参与国际竞争。此外，我国的杂志创新力不足，从内容到形式，许多杂志模仿痕迹过重，对于影响杂志购买的因素认识不清。

从人力资源上看，中国杂志业缺乏高素质的经营管理人员，这与中国杂志业自成体系、相对封闭的状况分不开。相对于高水平的编辑人才来说，高素质的经营管理人才更为缺乏，尤其缺乏具有战略思维能力的传媒职业经理人。

从业界各参与方的运行体制上看，目前一些杂志编辑力量为事业单位

人员，销售力量为资本投资方，发行力量为邮政部门和发行商，三者体制的不统一，造成许多杂志在整体运营的各个环节上存在瓶颈效应。

（三）中国杂志业的发展趋势

改革开放40多年来，中国杂志业走过了一条不平凡的发展道路。从20世纪80年代青年杂志的火热，到今天外资进入杂志业与本土杂志合作，激烈的市场竞争让中国杂志业逐渐走向专业化，开始懂得品牌的建设与延伸，用集约化的经营占领市场。未来几年，我国期刊发行将进一步产业化、社会化和专业化，区域期刊发行市场将逐步向更加规范、多元、开放、整合的全国性期刊发行市场转型。

1.受众定位：从大众化到专业化再到小众化

（1）大众化到小众化。大众化杂志在20世纪80年代盛行一时，内容包罗万象，无所不有。在书刊供不应求的卖方市场阶段，这些杂志的销售量往往很大。然而，市场是一个流动的概念，杂志市场亦是如此。改革开放40年来，中国的杂志种类呈现出爆发式增长态势，品种从20世纪80年代初的几百种发展到近万种，但要想博取人们的注意力却并不容易，大众化杂志逐渐走向困境。随后，中国杂志市场发展开始呈现出细分化、专业化的趋势。比如《时尚》杂志旗下有《时尚》《时尚先生》《时尚家居》《时尚旅游》《时尚健康·女士》《时尚健康·男士》等近20种不同门类和特征的细分化、专业化期刊，这既是获取稳定读者群的要求，也是广告投资的必然要求。只有那些定位准、有特色、目标读者稳定的杂志才能在广告方面拥有很强的竞争力。细分化是杂志发展的必然趋势，只有把小市场做深、做透，杂志才能在竞争激烈的市场中获得一席之地。

（2）小众杂志迎来黄金时代。在中国乃至全球范围内来看，小众杂志与独立杂志迎来了一个发展的黄金时代。2003年，杰里米·莱斯利（Jeremy Leslie）在《杂志文化：新杂志设计》中提出“微杂志”（Microzine）概念来指代不同于现存的消费杂志或特殊爱好者杂志的小众杂志。预计小众杂志在未来25年内将会逐步占据10%的市场比例。在新媒体环境下，独立杂志借助天然的数字媒介环境可以得到充足的发展，小众杂志迎合了杂志业发展越发细分化、领域垂直化的趋势。在遵从大众办刊思路的杂志普遍发行量欠佳的融媒体环境下，小众杂志凭借其对内容的深入挖掘，借助融媒体的“东风”，反而可以获得比较好的发展。如《黄埔》杂志其创刊时读者就已经相当明确——黄埔师生、家属、后代等。经过30多年的发展,《黄埔》深挖黄埔军校历史,特别是让读者了解了20世纪30～40年代黄埔军校为中国抗敌救国做出的巨大贡献。《黄埔》陆续以增刊的形式出版了《黄埔军校史料汇编》《黄埔军校与抗日战争》等。面对融媒体浪潮,小众期刊体量小、面向读者群细分化,凭借着"船小好调头"的优势,可以走上可持续发展道路。

2.塑造品牌:赢得市场的关键

中国市场上的杂志数量众多,但强势品牌杂志数量不多,另外杂志市场良好的增值性(大众传媒投资平均8年可以产生效益,快于药品、日常消费品、银行、建筑等传统行业的10～15年)使各种资本涌入,杂志市场呈现出风起云涌之势。

对于中国杂志来说,发展才是硬道理。而中国杂志要获得发展,关键是做大品牌。品牌是杂志的行业精髓。杂志做不成品牌,就既无法有力地实现自己应有的文化力量,也无法有力地实现自己应有的经济力量,就进不了量级。今天的世界杂志舞台,是量级品牌杂志的天下,没有品牌杂志的入场券,难有出头之日。

相比较而言,美国杂志把品牌看成其生命,非常重视品牌塑造,给了我们可供借鉴的经验。美国杂志经常举办论坛、评比、会议,以塑造其品牌。《美国新闻与世界报道》每年评选"美国大学排行榜",《商业周刊》每两年评选"25所最佳商学院";《财富》1955年开始评选500强企业,1995年创办《财富》论坛,1999年创刊70周年之际又推出"财富500"股票指数与"财富e-50"股票指数。前者衡量美国最强企业的经营表现,后者衡量美国50家最强的信息产业公司的表现[包括美国在线、雅虎(Yahoo)、亚马逊(Amazon)等网络内容供应商,也包含英特尔、硅图、美国电话电报公司(AT&T)等网络硬件、软件供应商,以及网络服务连接商]。《财富》还与芝加哥商业交易所共同宣布,在这两个股票指数获批准之前,人们可以在芝加哥商业交易所进行有关这两个指数的期货、期权交易。所有这些活动使得《财富》牢牢地嵌入了美国最活跃最重要的经济活动之中。

中国杂志要想在更大范围内占有市场,就必须加强品牌塑造,形成品牌效应。近几年中国杂志业纷纷仿效国外成立媒体集团或公司,重视品牌力量,取得了一定的成绩。比如北京《瑞丽》杂志社,以杂志品牌为中心,拓宽核心业务,走出了一条成功的品牌化运营道路。其旗下杂志主要有《瑞丽服饰美容》和《瑞丽伊人风尚》两大时尚类杂志,发行量稳居全国第一位和第二位,拥有中国最大的女性垂直门户网站——瑞丽女性网,拥有中国发行总量最大、品种最丰富的系列时尚刊书——瑞丽 BOOK,拥有中国最大的时尚媒体客户数据库——瑞丽读者数据库,以及最大的瑞丽模特资源储备库。另外成功的国内品牌运营杂志还有《知音》《读者》《中国地理杂志》等。

3.集团化经营:集约效应

随着杂志数量的增多,市场竞争将更加激烈,强势杂志的资源整合能力将在竞争中进一步显示力量,而弱势杂志则不可避免地被边缘化。

强势杂志本身就是在激烈的市场竞争中成长起来的,它们具有较强的市场生存能力。这种生存能力也造就了它们对市场资源的强大的吸附能力,如黑洞一般,“吞噬”着市场中的各种资源——资本、广告、出版资源(刊号)、人力等。由于这些市场资源是有限的,这种吸附导致了排他性局面的出现:一方面是这些资源愿意锦上添花,追随强势杂志,各种资源向强势杂志集中;另一方面是需要雪中送炭的弱势杂志或者正在成长的杂志却难以得到这些市场资源的青睐,逐渐被边缘化,而这正是市场的残酷性所在。

正因为这种资源吸附能力和整合能力的存在,一些强势杂志走上了集团化发展的道路。这样形成的集团并非传统的行政捏合式的集团,而是在发展到一定阶段由市场内生成长起来的,内部的组织架构和资源配置更加合理,更具有竞争力。如《时尚》《瑞丽》《知音》《家庭》等杂志均成立了传媒出版集团。而集团化发展的杂志反过来在整合渠道、广告、人力以及其他资源上也就有了更强大的发言权。

4.国际潮流:走进来,走出去

目前,主要广告杂志领域的知名国际品牌杂志分别以各种方式进入或渗透到国内市场,国际杂志出版商与本土杂志出版商之间的竞争格局正在形成。国际杂志出版商携强大的品牌优势、资本优势、广告资源优势,以及先进的出版理念,正在对尚未完全成长起来的本土杂志出版商形成强大的压力。对于国际杂志出版商而言,如何在保持杂志品牌纯洁性的前提下进行本土化是他们面临的最大挑战。而对于本土杂志出版商来说,经营机制的羁绊和缺少现代杂志出版理念,正成为切肤之痛。在海外杂志进入国内市场的同时,国际杂志的出版理念正在被更多的中国杂志出版者接受。世界向中国输入的,不仅仅是杂志产品,还有杂志出版理念、出版教育、出版技术、出版管理、出版模式。中国不但正在成为世界杂志产品的大市场,也在成为世界杂志出版观念、管理、技术、教育的大市场,而后者对未来中国杂志出版的影响会更大。

第四节 杂志个案分析

一、《时代》

20世纪20年代，美国的受众市场被众多的报纸占领，报纸的报道铺天盖地，但却杂乱无章，让读者理不清头绪。所以该刊提出"《时代》好像是由一个人之手写出来给另一个人看的""它对各个领域的报道，都不是写给各个领域的专家看的，而是写给《时代》的'忙人'看的"的口号。该刊将过去一周的新闻事件、人物加以筛选、组织、分类，并提供背景资料、进行分析，内容覆盖了政治、经济、教育、法律、体育、宗教、医药、艺术、人物等领域，这样的报道方式一下就引起了大批读者的关注。

《时代》大量使用图片和图表，是美国第一份用叙述体报道时事并打破报纸、广播对新闻垄断的大众性期刊，其编排广为国内外新闻杂志所效仿。读者主要是中产阶级和知识阶层。该刊拥有一批精明能干的撰稿人记者，还有一支庞大的研究人员队伍，覆盖面遍布全世界。它的主编们运用讲故事的手法，将每周的新闻加以组织和分类，让读者可以利用较短的闲暇时光快速了解世界大事。这种编辑手段迅速获得了市场的青睐，到1928年，利润已经增长到12万美元。1929年，哈登英年早逝，卢斯接替他成了主编。随后，刊物在卢斯手里开始了快速扩张，并且最终成为一个庞大的杂志帝国。1930年，卢斯创办《财富》杂志。1936年，推出后来最高发行近千万的《生活》杂志。1954年，又创办《体育画报》。到1960年，时代公司年营业额达2.7亿美元。《时代》声称，1962年它的国内版、加拿大版及三个国外版的发行量总计300万份。1976年，时代公司成为第一家拥有10亿美元资金的出版公司。到1997年，《时代》在美国国内的发行量超过410万份，全球总发行量加上5种非美国地区版(包括亚洲版)超过550万份。20世纪90年代初，《时代》在国外的19个分社至少有29名记者，国内10个分社有40名记者，在纽约有450名采编人员，成为美国最大的印刷媒介公司，年收入达25亿美元。近年来时代公司年收入增加到56亿美元，拥有151份杂志和2900万读者。目前，《时代》发行量仍保持在400万以上，在美国的1万多份杂志中位于前15名，继续名列三大新闻周刊之首。

1989年,时代公司与华纳传播公司合并,成立时代华纳公司(Time-Waner Inc.)。然而,随着互联网时代到来,杂志在美国渐渐过时。自2014年脱离时代华纳后,时代公司一直处于经营困难的境地,不断流失订阅客户和广告收入。2017年11月,美国传媒机构梅雷迪思公司(Meredith)同意以28亿美元收购时代出版公司。目前《时代》有美国主版、国际版,以及欧洲、亚洲和拉丁美洲版。欧洲版(*Time Europe*,旧称 *Time Atlantic*)出版于伦敦,亦涵盖了中东、非洲和拉丁美洲的事件,亚洲版(*Time Asia*)出版于香港,南太平洋版出版于悉尼,涵盖了澳大利亚、新西兰太平洋群岛。2018年12月,世界品牌实验室编制的《2018世界品牌500强》揭晓,《时代》排名第263。2020年10月22日,美国《时代》公布了最新一期封面,将"TIME"(时代)改为"VOTE"(投票)。美媒指出,这是该刊近100年来首次"改名"。

该刊物创立近百年来,每期封面都是以一幅图片占据主要位置,配上精心制作的背景图片和少量的介绍文字,已成为其一大特色。被选中的封面人物被人们形象地称为"世界之眼",即人们可以透过这个封面人物,知晓近一周所发生的最有影响的世界大事。

《时代》是美国影响力最大的周刊,有世界"史库"之称,20世纪的政治、经济、文化事件都可以从中找到相当可靠的史料记载,与《新闻周刊》《美国新闻与世界报道》并称为"美国三大新闻周刊"。纵观《时代》近百年的成长,对我国的杂志事业也有一定借鉴意义,主要包括以下几个方面:

(一)富有开创精神,独树一帜

1.内容组织专类化

在1923年的创刊号中,《时代周刊》将薄薄的28个内页划分为"国家事物""国际事物""书评""剧目"等栏目,这种在今天看来司空见惯的新闻分类法,在当时却是巨大的创举。如今,这一创举已经成为期刊界通行的法则。

此前,在报纸上新闻就像是一锅"大杂烩"呈现在读者面前,由读者按需自取,费时费力。卢斯认为"新闻能够组织化,每一条新闻都可以重新组合使之成为'一个完整的新闻组织'"①。在他手中,新闻是有生命的,可以以性质和内容详加分类。例如在"国家事务"一栏中,他又将新闻整理为"总统""内阁""最高法院"等附题分类。卢斯更独创了"假想的访问""赞语""贬语"

① 陈勇:《国家形象建构与国家利益关系》,华中科技大学出版社2019年版,第115页。

等专栏，里面是由《时代周刊》的编辑对全刊内容的摘要和简述，别出心裁，简洁幽默。

2.打造有辨识度的期刊封面

期刊形式上的特色是树立期刊形象、标志期刊品牌、方便读者识别的重要手段。面对激烈竞争的期刊市场上的，想让读者在尚未知晓内容的情况下就在众多期刊中迅速识别并选择自己的刊物，形式上的鲜明特征就显得尤为重要，而封面设计就是其中最为重要的一项。

创刊号封面上，采用了当时的国会主席约瑟夫·坎农(Joseph Cannon)的肖像，从此以后，用重要人物肖像做封面就成为《时代》封面的主要特色。创始人卢斯认为，在封面上印刷巨幅人物头像，不仅可以增强视觉冲击力，而且能通过重要人物进行时代写真，从而使严肃的新闻材料更加吸引读者。1927 年，《时代》在其封面边缘加了一道红边，自此知名人物肖像、红边、罗马字体的大写字母"TIME"，共同构成了《时代》封面的标志，使它能够在令人眼花缭乱的杂志中被读者一眼认出。其封面设计风格几经演变：20 世纪 20～40 年代，受现代主义设计思潮影响而具有朴素、保守、严谨风格；20 世纪50～70 年代受到国际主义平面设计风格影响而形成了理性、刻板与现代风格；20 世纪 80 年代至 21 世纪初，信息时代使设计呈现出多元化发展的趋势，先是受里特罗设计影响而具有装饰主义风格，后又出现应用计算机技术进行图形创意表现的趣味性概念化风格，2007 年改版后则呈现为崇尚复古怀旧的简约风格。

(二)打造品牌衍生品

《时代》封面人物的办刊特色风靡全球，每年评出的年度封面人物更是关注度颇高的国际事件。20 世纪 30 年代中期，"封面人物"成为美国社会的重要事件，彼时已经成为知名作家的海明威甚至因为另一位作家帕多斯比他更早登上《时代》封面而愤怒不已。而选出时代年度风云人物的传统由 1927 年开始，当时《时代周刊》的编辑们正思考过去没什么大新闻的一周究竟有什么可以写。由于在那一年查尔斯·林德伯格(Charles Lindbergh)首次飞越大西洋，但《时代》并没有把他放在封面，于是编辑想到补救这个尴尬的方法，就是把林德伯格放在年底刊行的杂志的封面，并称之为"年度风云人物"(当时正值年底)。虽然称为"风云人物"，但获选对象可以是男人、女人、夫妇、一群人、意念、地方甚至机器。其评选的宗旨是"选出对新闻和人们生活影响最为重大的人，不管是好是坏”。

同时，《时代》非常善于通过排行榜扩大杂志影响。从“年度风云人物评选”到“全球最具影响力的100位人物”，再到“年度十佳新闻”“最好的50个网站”“最糟的50项发明”等颇具个性的榜单，《时代》在其品牌衍生品上所下的功夫可见一斑。

1.独特的编辑理念

卢斯和哈登在创刊之初，就已经确立两人分别管理编辑工作和经营工作，互不干涉，互相合作。哈登去世以后，卢斯作为老板，依然坚持由董事会任命发行人，自己只承担公司总编辑的责任，他规定发行人不可参与编辑政策的决定，编辑主任也不得过问发行业务，尤其不得过问广告客户的要求或抗议，以免影响到新闻选择或采访的独立客观，这项制度成为时代公司的基本制度，即使时代与华纳合并，这一重要原则也被保留了下来。

对于卢斯所坚持的经营规则，有一套形象的比喻：他将杂志的经营部门比作“国家”，将编辑部门比作“教堂”，“教堂”拥有“国家”不能干涉的绝对自主的新闻筛选权力，并由此创立了一个新闻报道行业的新制度——编辑制度，大大增加了编辑的权力。之前，编辑每天的工作只是给记者整理材料，但这在卢斯创立的制度下发生了改变，记者只写背景材料，不署名，编辑不但可以对新闻进行改编，还能在文章中加上自己的观点。而在当时，这样的做法引起了大量关注，同时也引起了大量观点相悖者的不满。

2.敏锐且富有远见的定位

期刊是能满足精神需求的文化产品，但它首先是商品，它的生产运作必须符合市场规律，在市场竞争中没有“风险豁免权”。哈登和卢斯就是在当时看似铺天盖地、繁荣发达的新闻市场中敏锐地发现了杂志尚未满足读者的部分，才奠定了《时代》今天的地位。

1923年的美国，大众文化兴起，广播、电影、电话、报纸、杂志日益发达，人们生活的信息量空前增长，社会上已经出现了众多优秀的报刊，但两位创始人却敏锐地发现，“虽然美国新闻界比世界上任何一个国家发展得都好，虽然外国人对美国的期刊如《世界工作》《世纪》《文学文摘》《美国展望》等不少期刊的精良内容赞叹不已，但美国大部分人却没有足够的信息，非常无知”[①]。他们认为，“在美国，多数人孤陋寡闻，因为到目前为止还没有一种适

① 齐琳：《论〈时代周刊〉的定位》，《编辑之友》2009年第2期。

合于忙人阅读的出版物能满足他们一经浏览即能做到消息灵通的需要”①。于是,他俩决定创办一份能“让大多数美国人更了解世界”的杂志。

在决定创办《时代》的一年时间里,哈登和卢斯细分了出版市场,制作了样刊向资深的业内人士征求意见和建议,给他们认定的目标读者寄出了7000份订户调查,近七成的被调查者表示“渴望见到这本杂志”。就这样,在历经挫折筹得8.7万美元的启动资金后,包括两位创始人在内的11位员工在纽约郊区一个破旧的印刷厂房内推出了日后闻名遐迩的《时代》。虽然第一年在经济上亏损了近4万美元,但其市场定位——对新闻市场空白的填补、对美国新闻业的改造却获得了读者的鼓励和肯定。当时的纽约州州长富兰克林·罗斯福致信卢斯说:“非常欣赏你们的新刊物,每一篇文章都值得阅读,每一个美国人都应该阅读,以了解国家与世界大事……”②

市场定位是期刊创办阶段的主要任务,读者定位则是期刊发展过程中的重中之重。《时代》将自己的目标读者锁定为“忙人”,其内容定位就是满足这些忙人一经浏览即能得到所需消息。实际上,这些所谓“忙人”并非泛泛而指的忙碌的人,而是受过一定教育、有一定的经济地位和社会地位、渴求广泛的信息和深度的分析而自己却没有时间和精力去研究所感兴趣的话题的知识大众。针对这些读者的需求,《时代》大胆地改变传统新闻仅仅“揭露事实”的报道手法,将大量相关的历史资料插入新闻事件之中,描绘事件背后的场景,预测事件未来的走向,为读者提供各种不同观点,提出能引发读者思考的问题。

二、《读者文摘》

《读者文摘》专门摘要刊登其他杂志发表过的当时人们感兴趣的和有消遣价值的文章。20世纪20年代,该刊获得了读者的青睐,到1935年发行量已经猛增至100万份。这本杂志的大小正好可以放到口袋里,它的编辑人员对读者的爱好有敏锐的判断力,再加上摘编文章的技巧熟练,使它保持了全国畅销杂志的地位,1938年发行量为300万份,1942年达到500万份,1946年更增至900万份。它取得惊人成功的原因被认为很有可能是当时许

① 齐琳:《论〈时代周刊〉的定位》,《编辑之友》2009年第2期。
② 许知远:《纳斯达克的一代》,文化艺术出版社2001年版,第7页。

多高质量杂志纷纷停刊。[①] 1955 年,《读者文摘》开始接收广告,从而进一步提高了杂志的利润。现在,这份刊物在美国国内有近 2000 万份的发行量,另外,在 60 个国家的外文版发行量达到 1000 多万份[②],年收入超过 25 亿美元。《读者文摘》杂志在美国发行量居第二,仅次于邮寄给美国退休人员协会所有会员的《现代成熟》杂志。[③]

正如创始人德威戴维斯·华莱士所说,《读者文摘》杂志"以非常广阔的媒介形式,致力于丰富各种年龄与文化层次的人们的生活。使他们受到教育,并得到娱乐"[④]。目前,读者文摘出版集团以经营《读者文摘》杂志为主,兼营书籍、音乐录制品、家庭音像出版、直销、制作和发行业务,并通过直投、实时电视、电缆、上门服务零售以及互联网等许多渠道销售其产品。

不追求过眼烟云一样的热点,始终守住人性——创始人华莱士认为,只有人性的东西才能征服人心,即使在一个物欲横流的社会里,人还是有所敬畏,那就是看似简单朴素的真善美。《读者文摘》用持久的、人性的东西打败了时尚的、热点的东西,在人文关怀中温暖读者的内心,抚慰着人们的心灵。

由本土走向国际,由单一杂志走向多元产品组合,纵观《读者文摘》83 年的成长,对经营创新的管理始终贯穿其中,其主要包括以下几个方面:

(一)为不同国家的读者配备不同口味的饭菜

在迎合读者方面,《读者文摘》国际杂志出版部总裁这样描述自己的工作:《读者文摘》的编辑喜欢把自己的工作比作选菜。不同国家的读者有着不同的口味,而我们的工作就是,掌握他们的口味,为他们配备最可口的饭菜。一道大餐的烹制过程是这样的:

1.对每期封面文章有严格的挑选标准

如果是一个真实而且激动人心的故事,就要求情节、细节有趣而又富有人情味。即便是转载的故事,也要非常谨慎地核对,以确保其真实性。通过与作者或文中涉及的人联系,确认与事实没有出入后采用。他们认为,这事

① 参见[美]迈克尔·埃默里、埃德温·埃默里:《美国新闻史——大众传播媒介解释史》,展江、殷文主译,新华出版社 2001 年版,第 386～387 页。

② 参见[美]迈克尔·埃默里、埃德温·埃默里:《美国新闻史——大众传播媒介解释史》,展江、殷文主译,新华出版社 2001 年版,第 387 页。

③ 参见[美]乔尔·埃文斯、巴里·伯曼:《市场营销教程》(上),张智勇等译,华夏出版社 2001 年版,第 81 页。

④ 陶丹:《美国〈读者文摘〉的创新理念——国外名刊评析之二》,《中国记者》2004 年第 9 期。

关刊物80年来在读者中积累的声誉,绝不能马虎半点。

2.对文章语言有严格要求

缩写要在保持原文精华的基础上,使语言更简练、通俗。《读者文摘》杂志严谨、求实的精品意识,迎合了特定读者的喜好,紧紧抓住了读者的心。与时下新潮、时尚、多变的年轻人的杂志相比,《读者文摘》的定位和内容深深地抓住中年读者的心,杂志也以此维持了较高发行量和销售量。近年来,《读者文摘》重视美术设计,加强了视觉效果,令杂志看起来更生动。

(二)在不同国家有不同的经营方式

在编辑业务方面,《读者文摘》每个国际版本都拥有当地的编辑人员,负责各地期刊的内容编辑。其中相当一部分文章出自专业人员或自由作家之手。杂志还配备了一支专业队伍,负责研究、编辑各种出版材料,所有这些材料都要经过编辑的精心处理。

在广告经营方面,《读者文摘》对不同国家、不同版本,实行不同的折扣。它们为世界各地的广告商提供不同的地区版本,这些版本通常具有相同的编辑内容,因地制宜地为不同广告商发布广告。

(三)积极拓展相关业务

《读者文摘》发展为美国的品牌期刊后,华莱士夫妇立即着手进行其他产品的开发。1940年,他们发现公司出版的"图书增刊"非常畅销,遂开始开发图书出版业务,也就是后来的浓缩套书的"祖先"。这种文稿式图书的版式和印刷风格与《读者文摘》相同,并进行连续出版。编辑们在不破坏原作风格的前提下进行修改、压缩和编辑,尽量把原作的精彩内容展现给读者。

1959年,《读者文摘》进军音像出版业。

1989年,协会开始出版特殊兴趣的杂志,发行了《美国健康》(*American Health*)、《家庭手工》(*Family Handyman*)、《理财》(*Moneywise*,在英国发行)、《新的选择:50岁以后活得更自在》(*New Choice:Living Even Better After* 50)和《旅行假日》(*Travel Holiday*)等杂志。

在科技发达的今天,《读者文摘》不断致力于发行方式多元化,积极拓展其他发行渠道,充分利用电视、零售业以及互联网等多种渠道宣传自己。

(四)不断完善客户的邮购资料——拥有世界上最大的邮购名单

在开始创业阶段,华莱士发现,办公室的青年会会刊中,有一栏是关于女青年新地址的专门报道。他示意员工，定期剪下这些报道。他认为："我们知道，这个女孩刚到一个陌生的城市，在还没有找到新朋友前一定会寂寞，有任何一封信，即使只是一封推销信，她看了也会很高兴。"就这样，持续不断的收集客户的名单，不放过任何机会编写客户名单，使《读者文摘》的邮寄名单年年持续增加，成了《读者文摘》的无价之宝。

《读者文摘》目前拥有世界上最大的私人消费者数据库，它的数据库文件能够不断地反映有关公司杂志、书籍（包括普通读物和参考书）、交互式光盘（参考书和烹饪书）、音乐盒带和录像带的订阅者的最新信息。《读者文摘》每年要更新 2/3 的读者，售出 500 万份杂志给新订户。同时，公司还充分利用创办新的期刊来加强其数据库内容。比如 1995 年，由于这些刊物的发行，公司添加了 3000 万个新的用户姓名。

现在，它拥有世界范围的 1 亿家住户的数据（其中一半在美国）。尽管《读者文摘》杂志以其 83 年的历史享誉世界，但少有人知的是，数据库却是它的生命线，公司所有的运作都与数据库联系在一起。为保护数据库的秘密，他们不出租也不出售其中的名单。

（五）提供具有生活保障的终身制，稳定员工

华莱士认为，每一个在《读者文摘》工作的员工都应该是终身制。有生活保障的终身制使读者文摘集团的人员一直比较稳定，易于管理，人员的素质也随着《读者文摘》的壮大而逐渐提高。

华莱士去世后，现任 CEO 对员工终身制却有自己的理解，他认为，员工终身制有种种弊端，例如人力成本居高不下，巨额的养老退休金成为沉重的财务负担，使《读者文摘》无法轻装前进，在与新兴刊物的竞争中处于劣势，等等。

（六）给员工提供高薪金，以保证《读者文摘》持续的高质量

高薪金吸引人才和稳定人才，是华莱士人力资源管理的惯用手法之一。

优秀的人才对于刊物的重要性不言而喻。为了网罗人才，华莱士可谓费尽心机。1930 年，他开出年薪 7 万美元这个在当时十分优厚的条件，聘请了《读者文摘》历史上的第一位主编肯尼斯·佩恩。1976 年，在资深员工一年一度的聚餐会上，华莱士出人意料地宣布给全体 3300 名员工加薪：年薪在 4 万美元以下的加 11％的薪金，年薪在 4 万美元以上的加 8％的薪金。

为了保证《读者文摘》浓缩书的质量和编辑出版政策的贯彻执行，华莱

士夫妇从《读者文摘》中拿出部分利润，花高薪聘请了出版专业人才，包括高级出版管理人员和著名编辑，组成了一个强有力的编辑出版班子。

这种向雇员支付高薪的做法，一直保持至今，成为读者文摘集团的一大传统和特色。

三、《财新周刊》

（一）发展概述

《财新周刊》创刊于2010年，是财新传媒旗下的高端平面杂志产品，以自由思想、批判精神和专业素养向中国政界、金融界、产业界和学界精英传递市场经济理念与财经新闻资讯，其前身是《新世纪》。《新世纪》创立于1988年10月，是我国最早的一批新闻刊物之一，由国家新闻出版署批准成立，并由中国海南改革发展研究院主办。2010年，《财经》杂志的团队成员入驻《新世纪》，经营方变更为财新传媒和中国改革研究发展院共同经营，刊头更新为《财新·新世纪》，2015年第8期起又更名为《财新周刊》。现在的《财新周刊》隶属于财新传媒，而财新传媒系提供财经新闻及资讯服务的全媒体集团。

《财新周刊》以经济、时政及其他各社会领域的动态分析为核心，提供客观及时的报道和深度专业的评论，记录、推动、引领中国市场经济的宏伟进程。《财新周刊》长期关注中国社会热点事件，通过深入的调查报道，为受众呈现优质原创新闻内容。周刊的新闻报道，均经过精心编辑和筛选，为用户萃取重大新闻核心内容，还事件原貌。2016年，《财新周刊》跃居“中国杂志融合传播百强榜”第四名。

（二）逆势上扬原因分析

近年来，新媒体普及较快，受众的媒介消费由传统媒体转向新媒体，传统媒体正在走向“寒冬”，甚至纸质媒体消亡论甚嚣尘上。然而，《财新周刊》的发行量却逆势上扬。特别是在新冠疫情期间，《财新周刊》被“卖爆”“卖疯”，甚至出现近年来少见的供不应求、加印销售的情况。2020年的第4期与第5期《财新周刊》早早售罄，“零售版供不应求”“编辑手里也没有刊物，淘宝甚至炒到88元”，所以第6期杂志采取了预售模式，并以快递的形式投递，以便掌握印量，这在当前是难得一见的现象。《财新周刊》还被读者评为

“最值得购买的付费新闻杂志”。在当今新媒体时代，作为传统媒体的《财新周刊》能够脱颖而出、强势崛起的主要原因有以下几点：

1.付费改革坚决彻底

《财新周刊》自 2010 年上线起即为付费阅读，用户至少订阅一年，价格为 298 元，后调整为 348 元。2017 年 11 月 6 日，财新传媒宣布开启全面付费，即受众在网络上阅读所有由财新传媒出品的媒介信息产品时均需付费。作为读者来说，如果希望在网络上获得完整的由财新传媒提供的新闻报道，除平台出于营销目的特设的限时免费作品之外，在没有已付费读者赠阅的情况下，阅听人必须为此付费。从付费额度上看，除特殊情况外，包括财新网、财新周刊微信公众号和财新 App 在内的财新传媒全体线上的媒介产品，单篇作品通常并无常设的付费渠道，也就是说，消费者如果希望获取某一则新闻的信息，则至少需要购买一个月使用的时长。

其实，付费阅读并不是什么新生事物。在纸媒时代，订阅一直是重要的媒体收入支柱。进入互联网时代，受众的信息获取方式转为压倒性的免费阅读。这与互联网公司进入所有领域一样，免费只是补贴用户，借以占领市场、换取未来收入的手段。不过从各个行业的经验来看，对用户的长期补贴以至于生产端的极致挤压本身就是不公平的。天下没有免费的午餐，高质量的产品终归需要有人支付成本，内容的长期免费必然会带来质量下降，进而引发市场的回调和分化。当免费阅读市场不再能满足所有用户的需求时，付费方式自会应运而生。

2018 年 11 月 6 日，《财新周刊》设置付费门槛刚好一周年，个人付费用户超过 20 万，继续订阅的用户仍在强劲增长，机构用户超过 100 万家。目前严肃新闻行业正处于艰难转型时期，实施付费阅读虽然在一定程度上使得受众范围收窄，但在凸显原创新闻价值、抑制造假和恶炒风气、重建媒体的自身造血机制、推动“四力”建设（影响力、公信力、传播力、引导力）等方面有着不容小觑的作用。相对于娱乐消费导向的社交媒体，严肃新闻媒体的使命仍然是吸引主流精英人群，构建社会主流价值，而不是简单迎合民众的消费需求。

2.集团化运营，形成多产品付费矩阵

财新传媒于 2009 年在北京成立，创始人为著名媒体人胡舒立，是提供财经新闻、高端金融数据和资讯的全媒体集团。依托专业的团队和强大的原创新闻优势，以“新闻＋数据”为两翼的业务平台全面覆盖中文媒体、英文媒体、高端金融数据等多层次的产品，在财经新闻领域，财新传媒以调查性报道选题尖锐、采访扎实闻名。财新传媒目前拥有财新网、财新通 App、《财新周刊》《中国改革》高端政经评论双月刊、财新视频、财新图书、财新会等产品与服务。

付费改革的成功，并非一日之功，而是经历了很长时间的动员和准备。财新的付费阅读内容早有先例，《财新周刊》自推出起就是付费阅读，不仅积累了大量付费用户及相关数据，还积淀了相关技术准备。在财新通上线之前，面向金融机构用户的数据库产品"财新数据＋"(数据通)、面向英文读者的财新英文(英文通)，亦积累了相当的用户群。此外，独立的知识付费产品"财新私房课"，实现了与"得到"的合作。以《王烁学习报告》为代表的财新分享课，以"赤龙"为代表的财新小说界，也有效拓宽了财新的读者群，增强了读者的可选择性和获得感。财新商城也早在 2015 年就已运行，作为一个积累了初步经验的销售平台，为财新通的技术开发奠定了基础，并且随后调试了与微信、苹果应用商店等平台的打通机制以及各种支付手段之间的连接功能。2018 年，财新借助新的社交传播技术，针对金融业的垂直类用户开发了寄身于微信平台的试验性产品"我闻"，其首个单品"金融人·事 2018"备受青睐，财新付费产品矩阵基本成形。

3.组织结构改革：采编与经营分离和内部扁平化管理

实现刊物内部结构的扁平化管理对减少管理程序、提升工作效率、提升员工积极性很有好处，在市场经济背景下，对于激发报刊主体的活力具有重要意义。随着《财新周刊》规模的扩大和采编队伍的迅速发展，原属于其编辑部的四大部门开始出现一些变化：取消网络编辑部，设立视觉新闻部门，与视觉设计部门并列，而新闻编辑部下的区分更加细化，具体分成民生、宏观、金融、公司、法治、时事、证券、国际、环境科技、能源资源、文化、社论评论等 12 个板块。这样的部门划分更符合时代发展和人们阅读的要求，更符合财经类新闻的需要，提升专业度的同时更贴近《财新周刊》的定位。

真实公正的报道，方能使媒体获得社会公信力，继而发挥媒体的社会价值，特别是要防止资本市场以各种方式影响新闻真实。我国新闻媒体不仅具备一般媒体的功能，还同时担负党和政府的喉舌、社会舆论的监督器等重要角色，尤其不应被社会力量与经营活动干扰。《财新周刊》反复强调"编辑独立"，胡舒立曾公开表示要用高薪"帮助"记者保证自身清廉。财新传媒一直采用"高薪养廉"的员工管理办法，让采编和市场高度分离，这也是胡舒立口中的“新闻专业主义”的最大保障。这既可以提高采编经营的专业化程度，提高媒体的核心竞争力，增强“打铁”的硬功夫，又可在一定程度上防止新闻报道受到商业利益的干扰。

4.长于调查性报道，新闻采写作风严谨扎实

《财新周刊》一直保持着财经领域调查性报道的鲜明风格，延续了既有的深度财经报道的优势，做到了高价值财经新闻作品的密集输出。无论是选题还是具体内容，财新传媒在财经领域始终坚持独立思考、开展深度报道的立场，在选题上具有相当的前瞻性和突破性，在选题操作上也一直保持着严谨扎实的作风。

《财新周刊》在 2019 年所做的猪肉相关选题就体现了这一办刊宗旨。当年秋冬，猪肉价格猛涨引发了社会各界的广泛关注及讨论。通过既有资料可知，供需关系不匹配、生猪供应短缺是造成市场价格波动的主要原因，而导致生猪供应短缺的主要原因在于非洲猪瘟的影响。实际上，早在生猪价格猛涨受到广泛关注以前，2019 年 3 月 25 日出刊的《财新周刊》就以《猪瘟凶猛》为题，对非洲猪瘟在生猪主产地造成的影响进行了详细报道。报道选取了黑龙江省明水县欧亚牧业在非洲猪瘟中的经历和遭遇，呈现了导致生猪供应不足的深层次原因：生产方对猪瘟管控不当，疫情处置滞后，政府监管政策失当等等。所有前述情况都查有实据，结论的得出都是基于记者深入事发地，采访当事人所掌握的一手信息和数据。

四、《三联生活周刊》

（一）发展概述

《三联生活周刊》由中国出版集团下属的生活·读书·新知三联书店创办，是一份有着悠久历史渊源的综合性新闻和文化周刊，其前身是 1925 年 10 月 11 日由中华职业教育社主办的《生活》周刊。1926 年 10 月，邹韬奋接手了经营不善的《生活》周刊，并且开始进行一系列编辑方针改革。他宣传革命进步思想，力求使《生活》周刊贴近时事、贴近生活、贴近人民。由于其宣传进步思想，1933 年底《生活》周刊遭到查封，但是其办报宗旨一直延续到了新时期的《三联生活周刊》。

20 世纪 80 年代，面对着美国风靡全球的《时代》周刊，以沈昌文、董秀玉为代表的中国早期新闻人认为，中国也应该拥有自己的新闻周刊。于是，

1993 年 3 月，生活·读书·新知三联书店开始出版《三联生活周刊》。不过，刚刚起步的《三联生活周刊》经营并不顺利，1994 年 5 月 11 日开始几易其主，数次休刊，直到 1995 年 8 月朱伟接手，才有了改善。

朱伟上任之后，快速地对刊物的定位、目标读者群体等基本经营原则进行了构想。他认为《三联生活周刊》是一本新闻性的文化周刊，应该比较迅速地反应时代潮流的流向和社会生活的变迁，它的读者群应该是那些月工资收入在 1000 元以上，对国家发展、社会生活变化关心，中等文化程度以上的学生、知识分子和机关工作人员。为满足这些读者的兴趣和需求，三联生活周刊必须选择新闻作为由头，选取文化、历史的角度对新闻进行透视，以提炼生活观念。朱伟对这本刊物的设想基本定下了其后多年《三联生活周刊》的主要经营框架。但是此时的《三联生活周刊》仍旧为月刊。

由于再版以后经营良好，2001 年开始，《三联生活周刊》改为每周出版，进入了真正的周刊时代。为了适应周刊出版，该刊物在内容上做了一些调整，做到"更多信息更实用，更具趣味更好看"，并且更新了刊物宗旨，"以敏锐姿态反馈新时代新观念新潮流，以鲜明个性评论新热点新人类新生活"。读者范围重新定位为"受过高等教育、关心时代发展、不断寻找自己的新型知识分子"。转为周刊出版之后，《三联生活周刊》新闻性有所上升，影响力大大提升。从 2001 年到 2010 年，《三联生活周刊》发展迅速，一举成为中国最成功的新闻类周刊之一，2008 年的数据显示，其发行量为 58 万册。

2010 年，以微博为代表的社交媒体强势崛起，《三联生活周刊》也面临着纸媒普遍需要面对的转型问题。2011 年 4 月 2 日，《三联生活周刊》上线 App。为了适应 App 特点，《三联生活周刊》在文章配图风格、内容原创力度和视频更新配合方面都做了一些调整。

（二）成功之道

1.反映现实生活

《三联生活周刊》之所以受到受众欢迎，很大程度上是因为它贴近生活，贴近时代。从其前身《生活》杂志开始，就注重贴近生活、贴近时事、贴近人民。《三联生活周刊》创刊以来，一直紧紧追随时代生活。1999 年迎接新世纪之际的热议词"民主""平等""自由"，2002 年的"反腐时代"，2003 年的"抗击 SARS"，2007 年的"全民炒股"……《三联生活周刊》始终关注着时代潮流下的百姓生活。

2.内容呈现与叙事方式契合读者心理

《三联生活周刊》的内容呈现顺序经过了精心的安排，类似“环球要刊速览”等严肃内容一般被放置在开头，最后以漫画等轻松内容作为结尾，以契合读者的阅读心理。内容呈现上，《三联生活周刊》始终坚持“快半拍”的理念。以有关互联网的选题为例，1996 年胡泳在采访过程中接触到了互联网络，当时他就敏锐地意识到了互联网时代的到来，率先撰写了封面故事《环球第一商战》来介绍微软。随后的《Internet 离我有多远》《数字化时代的英雄》《珪纪元》等充满前瞻性的文章让人们了解到了当时并不熟悉的互联网。

3.活用历史品牌，创造现实价值

《三联生活周刊》继承与发展了其前身——邹韬奋先生的《生活》杂志所创立的优良品质，这也就成了《三联生活周刊》独一无二的品牌效应，并在发展中活用和提升这一品牌优势。邹稻奋在《患难余生记》中把《生活》精神归纳为“一曰坚定、二曰虚心、三曰公正、四曰负责、五曰刻苦、六曰耐劳、七曰服务精神、八曰同志爱”。三联生活周刊继承了这种品质，重视生活，重视读者，重视内容的深度和权威性，在互联网时代公信力和权威性日渐缺失的情况下，这种品牌优势更加可贵。

思考题

1.简述杂志的产生和发展概况。

2.中国杂志业的现状如何，存在哪些问题？

3.美国杂志业成功的经验有哪些？

4.《时代》的成功经验带给我们哪些启示？

5.中国的杂志业将走向何方？

推荐阅读

1.曾华国:《中国式调查报道》，南方日报出版社 2006 年版。

2.[美]埃默里:《美国新闻史——大众传播媒介解释史》，展江、殷文主译，中国人民大学出版社 2004 年版。

3.[美]斯坦利·J.巴兰:《大众传播概论媒介素养与文化》，何朝阳译，中国人民大学出版社 2016 年版。

第五章　通讯社

工业革命推动了报业的迅猛发展。19世纪30年代，随着廉价报纸的出现，报纸需求量大增，原有的新闻采集和编辑方式已无法满足用户需求。为了适应大众对信息的需求，专门搜集和供应新闻的机构应运而生。通讯社的服务对象主要是报纸、电台、电视台等真正意义上的大众媒体，所以可称之为“媒介的媒介”。本章介绍了通讯社的定义及传播特点、产生和发展历史、世界通讯社的现状及发展趋势、通讯社个案分析四个方面，在对通讯社的发展进行概述的基础上，对其未来发展进行展望。

第一节　通讯社的定义及传播特点

一、通讯社的定义

新闻通讯事业诞生于19世纪前期，是继报业之后问世的又一种大众传播事业。它的主体是新闻通讯机构，所以人们通常认为新闻通讯事业就是各类新闻通讯机构及其业务活动。这些新闻通讯机构一般称为“新闻通讯社”，其主要职能是采集并向用户供应各种形式的新闻信息、新闻报道和新闻资料。

新闻通讯事业是整个新闻事业的重要组成部分。它是社会新闻流通的重要渠道，是各种大众媒介以及许多企事业单位的重要新闻来源，人们常常称之为“供应新闻的大动脉”。由于它同时向许多大众媒介、向许多团体和个人用户发稿，因此影响相当广泛，又由于它往往得新闻之先，是许多大众媒介的新闻来源，因此又有着左右舆论的重大作用。

通讯社(news agency)是专门从事采集、加工和提供新闻信息,为其他新闻媒介和各类用户服务的新闻传播机构。与报纸、广播、电视和网络等其他传播媒介相比,通讯社采集的新闻信息要经过其他媒介才能与用户见面,因此被称为“媒介的媒介”。通讯社一般拥有庞大的记者网、广泛的新闻来源、先进的通信技术,能够大量采集和加工新闻电讯、新闻图片、新闻资料、广播电视新闻等等,具有独特的优势。由于通讯社是一个大规模地收集和发布新闻的机构,所以也被称为“消息总汇”。

二、通讯社的传播特点

通讯社一向以“消息总汇”而自豪,因为它有着让其他媒体望尘莫及的庞大的新闻采集和传播网络,它发布的新闻信息以及时全面而著称。

诞生一百多年以来,通讯社跟随着社会的发展和技术的进步而迅速发展。历史证明,在信息传递和沟通方面,通讯社发挥着不可替代的作用。面对来自传统媒体和新兴媒体的冲击,通讯社依然保持着自身的传播优势,并且在实践中将自身的传播特点发挥到了极致。

总的来看,通讯社拥有规模庞大的新闻信息采集网络。以新华社为例,新华社拥有独立的记者网络,在世界范围内建立起了完整的新闻信息采集和发布网络,形成了24小时对外发稿体系。在全国各省、自治区、直辖市和香港特别行政区、澳门特别行政区设立了33个分社,在50多个大中城市设立了分社或记者站,在海外100多个国家和地区设立了分社。同时,又设立了可以向国外直接发稿的总分社。遍布世界的分支机构、覆盖全球的记者网络,以及高质量的从业人员队伍,使得通讯社可以对世界各个地方发生的重大事件做出迅速的反应。

通讯社还采用先进的通信技术。通讯社是伴随着传播技术的发展而发展的,从电报系统到今天的互联网和卫星传输等,人类科学技术的许多重大成果都被通讯社应用到信息的采集和发布上来。世界新闻传播竞争的焦点在于新闻时效的竞争,特别是在重大突发事件中,报道的迅捷与否决定了能否争夺舆论的主动权。传播技术的进步能够大大提升通讯社信息传播的效率。因此,通讯社总是抢先吸收先进的科学技术成果,更新技术装备,促进自身传播手段的现代化。

(一)通讯社在传递信息方面的传统优势

1.迅速快捷地抢占舆论制高点

国际上的重大事件中,都少不了通讯社的身影,特别是在重大突发事件中,各个国际性的通讯社也是铆足了劲,在时效性上进行激烈的争夺。重大突发事件发生的精确时间往往是不可预料的。在这种情况下,时效具有决定性作用,最早发出的报道往往成为世界范围内的独家新闻,接下来才是报道的广度和深度的较量。因此,对于一家世界性通讯社来说,在报道重大突发性新闻时,千方百计追求时效是其首要目标。时效是通讯社新闻的生命,抢时效成了各大通讯社之间竞争的主要内容。在重大突发事件的报道中,通讯社以分、秒计算发稿时间,而且大多采用滚动发稿的方式,根据时间的进展不停地同步发稿。滚动发稿是在短时间内对某一事件,特别是突发事件的追踪报道。这种报道要求记者追踪事件进展,不断把随时出现的新情况或将围绕信息事件不断挖掘到的新信息传递给用户。

世界三大通讯社抢发神六着陆快讯[①]

新华网消息:中国"神舟六号"载人飞船返回舱(2005年10月:编者注)17日凌晨4时33分顺利着陆,航天员费俊龙、聂海胜安全返回,世界三大通讯社实时跟踪报道神六返回的消息,并且都在第一时间抢发"神六"着陆的快讯,以下是美联社、法新社、路透社滚动播发的主要消息:

美联社:03:49:29 中国"神舟六号"在经过5天的太空飞行后,准备按计划返程

04:24:54 飞船飞离黑障区,准备打开主伞

04:34:11 中国"神舟六号"着陆

04:41:18 宇航员身体良好

05:41:51 中国中央电视台播放宇航员出舱的画面

法新社:03:47:28 中国"神舟六号"开始返程

03:44:37 地面搜救队准备

04:33:10 成功着陆

---

① 《世界三大通讯社抢发神六着陆快讯》,2005年10月17日,http://news.sina.com.cn/c/2005—10—17/06467182974s.shtml。

04:42:19 宇航员身体良好

05:48:57 宇航员出舱

路透社:04:18:49 进入大气层

03:44:37 宇航员报告身体良好 主伞打开

04:35:12 成功着陆

对于中国"神舟六号"载人飞船顺利返回地面的重大新闻,各大通讯社"秒秒必争"、不间断滚动播出,可以看出各大通讯社对新闻时效性的重视。

2.客观全面地报道新闻、传递信息

国际性的通讯社要面对分布在不同国家和文化背景下的用户,所以其新闻产品要尽量客观全面,不表露明显的倾向性。

多年来,国际性的通讯社在采集、编辑新闻稿件时已基本形成了及时、准确、客观而充分的新闻报道风格。当然客观只是相对的,新闻报道必然要受多种因素的制约,所以很难做到完全准确、客观,难免会带有某种倾向性。但为确保新闻信息传播的质量,各家通讯社也都通过制定行为准则等多种途径尽力维护这些原则。比如路透社制定的规范新闻采编人员行为准则的《采编人员手册》中,第一条就明确要求其采编人员要把准确性放在"高于一切"的地位,着重强调新闻报道的准确性。要求记者在搜集材料时必须认真核对每项事实,编辑也必须确保报道的准确性。此外,倡导平衡报道原则,即新闻报道要力求客观,报道的内容应该不偏不倚,不能歪曲事实和加入不公正的感情色彩,也不能为了引人注目而使导语失去平衡。在新闻写作方面也提出了许多具体要求,如新闻报道必须交代消息来源及事实出处,少用形容词和副词,尽可能地使用中性词汇等等。此外,为了确保新闻报道的准确和客观,路透社还要求评论与消息分开、新闻采编人员不得搞有偿交易等。

有学者认为,通讯社的报道还应当全面,这包括三层含义:一是报道覆盖领域的全面,即要满足世界不同地区用户的需要,通讯社需要对发生在世界上不同地域的事件进行报道;二是具体报道内容的全面,重大事件发生后,通讯社应当从多角度报道,这里面,既要包括事件本身的所有要素,又要涵盖事件发生发展的前因后果;三是新闻体裁和新闻产品品种的全面。

（二）在互联网和新技术冲击下的创新之举

通讯社的传统业务受到新闻业竞争及互联网技术的双重冲击，面临前所未有的挑战。随着新闻传播业的发展和竞争的加剧，以及以计算机和互联网为核心的信息传播技术的迅猛发展，通讯社的传统业务——新闻信息供稿业务受到了比较严重的冲击。网络媒体凭借其技术优势正在成为一种越来越受人喜爱的新闻来源，正在夺走传统媒体的一部分受众和市场，从而对通讯社的固有地位构成一定威胁。通讯社一向以“消息总汇”而自豪，并以此作为自己生存与发展的独特优势。这得益于让其他媒体望尘莫及的庞大的新闻采集和传播网络团队，其发布的新闻信息以及时全面而著称。然而，信息传播技术的发展所催生的新型媒体使通讯社独有的一些优势丧失殆尽，甚至网络媒体凭借其技术优势有可能成为一种新的“新闻信息总汇”。历史形成的分工和先天的技术限制，使报刊、广播、电视等媒体无法具备这一条件，令通讯社独享其美，而如今，网络媒体从信息采集面、信息传输速度、信息容量等各方面都有可能大大超过通讯社，从而成为新的“消息总汇”，使通讯社新闻“全”的优势不复存在。此外，一些新型网站以整合全球信息资源为运作方式，也对通讯社产生了新的威胁。

因此，在今天的多媒体时代，通讯社要想生存下去，就必须采取措施、创新手段。

1.主营业务及经营多元化

广播电视的发展以及网络和新媒体的兴起，不断挤压着通讯社的利润空间。为了求生存、谋发展，通讯社不得不在传统的新闻供稿业务基础上，开展多元化经营，寻求新的利润增长点。在这个过程中，一些通讯社大力扩展新闻信息服务的用户市场，从传统的媒体用户扩展到非媒体用户，从国内市场扩展到海外市场。一些通讯社开发了许多新兴业务，如向各类投资者和工商机构提供各类经济信息服务，甚至直接经营或合办报刊、广播电视等媒体。随着信息技术的发展，许多通讯社都创办了网站、开通客户端、手机视频等业务。这些新兴业务的开展，更大限度地利用了通讯社的原有资源，拓宽了通讯社的服务领域和范围，增加了通讯社的收入来源，扩大了通讯社的影响力。

各大通讯社将互联网用作一个新的技术手段，以提高新闻采集、加工和传输的效率。互联网技术可以提供全新的从新闻的采集、加工到播发及反馈等一整套的业务流程解决方案，而且比传统工艺更快、更安全、更丰富、更美观、更便于使用，也更经济。因此，各大通讯社都在大力应用网络技术，更新自己的新闻业务技术平台。

总起来看，通讯社的发展大致呈现三种模式：一是成为信息集团，以路透集团为代表。二是成为拥有多种传播手段的现代通讯社，以美联社（The Associated Press）为代表。经过多年的发展，美联社从原有的提供文字、图片稿件，发展为同时提供电视节目和网络稿件。三是成为拥有更多新闻传播手段的传媒集团，以新华社为代表。新华社可以提供文字、图片、音频、视频、图表、数据库等多种传播形态，可以向媒体用户和非媒体用户提供新闻信息产品和经济信息产品，可以向报纸、杂志、电视台、新闻网站等提供多媒体服务。

2.产品和服务多媒体化

网络和多媒体技术的发展为通讯社新闻产品的多媒体化提供了可能和条件，通讯社在提供传统的文字新闻、图片新闻的同时，又相继开始提供图表、音频和视频产品，几大世界性通讯社都在建设和完善自己的在线多媒体信息系统。路透社的在线多媒体信息系统不仅提供包括传统的新闻信息、全球重要市场的即时行情和权威市场分析在内的内容，而且提供技术支持，即各种专业分析与管理软件，同时支持用户从事相关市场交易，用户之间在系统上可以随时沟通和交流。各大世界性通讯社陆续创办各自的网站，建设多媒体数据库。新华社就建设了一个多媒体数据库，它是一个集新闻信息采集、编辑、储存、加工、开发、管理和产品营销、服务为一体的在线信息系统，由两个分平台组成。“一个是由最先进的网络技术、信息技术、计算机技术支撑的多媒体新闻信息采、编、发一体化的工作平台。这个分平台与各分社采编系统连接，其功能是把新华社每天在全球采集的文字、图片、图表、音频、视频等新闻信息资源整合在一起，供全社采编人员选用，以加工、制作、编发各种多媒体新闻信息产品。另一个是新闻信息产品对外发布、营销的工作平台，与分社供稿营销系统连接。其功能是把新华社各编辑部每天加工、制作、编发的各类新闻信息产品整合在这个分平台上，供海内外新闻信息用户选择使用，因而是全社新闻信息产品的总出口。”①

① 唐润华：《传播活动网络化改变了通讯社的生态环境》，2007 年 9 月 3 日，http://news.xinhuanet.com/newmedia/2007－09/03/content_6653835.htm。

第二节　通讯社的产生及发展历史

一、通讯社的产生

作为专业机构的新闻通讯社，诞生于19世纪前期欧洲工业革命之后。工业革命推进报业迅猛发展，19世纪30年代，随着廉价报纸的出现，报纸需求量大增，原有的新闻采集和编辑方式已经无法满足报业的需要。为了适应大众需求，专门搜集和供应新闻的机构应运而生。通讯社是专门搜集和供应新闻稿件、图片和资料的新闻发布机构，是新闻传播业社会分工的产物。

通讯社一般都采用同时代最先进的信息传递手段，通过遍布全球的信息采集网络，编发大量高质量、多类型的新闻报道。通讯社对于推动大众媒介发展起到了重要的作用，尤其是对国际新闻的传播，是西方发达国家垄断世界新闻市场的主要途径。世界四大通讯社——美联社、路透社、法新社、合众社——提供了全世界80%～90%的国际新闻。

通讯社并非一种大众媒介，然而其对各种大众媒介的发展起着重要作用。它的存在使得大众媒介从原始新闻事件采集中脱离出来，更有效地致力于内容制作和编发，以及经营管理业务，从而能够更好地发挥各自的文化传播和产业功能。“通讯社的出现极大地增进了‘人民的知情权’，因为它们可以利用新闻技巧和现代传播技术来发现新闻、公正地报道新闻，并且可以将新闻迅速地传播到全国和世界的每一个角落。”①

(一)通讯社产生的原因

1.经济基础

工业革命带来了经济的飞速发展，资本主义世界市场逐步形成，席卷了欧洲大陆，这一切使得人们对外地、外国信息的需求大增。

资本主义的扩张性是通讯社产生的内在原因。工业革命在多数西方国家建立起资本主义生产关系，并造成了本国资源利用的紧张，最终将生产移植进殖民地国家和地区。国际生产流通的框架促进信息的跨国交流，人们

---

① [美]迈克尔·埃默里、埃德温·埃默里：《美国新闻史——大众传播媒介解释史》，展江、殷文主译，新华出版社2001年版，第244页。

将视野扩展到世界其他国家和地区。通讯社正是基于这种政治、经济侵略的动因而诞生。早期具有一定规模的通讯社几乎都起源于经济信息领域，以便向工商界和银行界提供国际经济、金融信息。在当时，这些通讯社得到本国政府的大力支持，为该国的殖民扩张开辟道路。

2.报业革命

近代报业在工业革命后发展迅速，报纸数量大增，尤其是廉价报纸的出现，使报纸由注重言论转变为注重新闻，而且民众对外地或外国新闻的需求大为增加。在这样的背景下，有人设立机构，专门收集外地和外国的经济政治新闻和各大城市的金融行情，出售给公司、银行和报社，充当信息的“批发商”，这就产生了最初的新闻通讯社。

直接促成通讯社出现的原因是报业革命。为了顺应经济增长和信息需求扩大的形势，报纸引入现代广告机制，以广告为依托，廉价、多版、大量发行。而这样做的负面结果之一，却是客观上造成信息供应尤其是国际新闻信息供应的滞后，报业内部人员无法应付产、供、销一体化工作流程，同时也增加了国际新闻采集制作成本。由此，专门从事新闻采集并提供给报刊的通讯社应运而生，报刊与通讯社之间形成了相互依存、共同发展的关系。

3.通信技术和通信手段

通讯社产生的首要物质条件是远距离快速传递信息技术的发明。电信事业的兴起和快速发展为新闻通讯社的产生提供了重要的物质条件，并极大地促进了它的发展，催生了远距离信息传递。1838 年，美国人萨缪尔·摩尔斯成功地进行了电报收发实验，奠定了远距离信息传递的基础。1844 年，世界上最早的电报线路（华盛顿至巴尔的摩）开始启用，随后各国纷纷建立了国内的电报通信系统。1851 年，英法之间穿越多佛尔海峡的海底电缆铺设成功。此后 20 多年里，电报线路延伸到北非、中东、印度、澳大利亚，欧美之间也铺设了越洋电缆（1866 年至北美、1874 年至巴西），形成了联结全世界的电报通信网络。

随着电报线的延伸，国际电报通信网络逐渐形成。在电报技术的支持下，大量、迅速地采集远方发生的新闻事件成为可能，以至于早期通讯社有“电报通讯社”的称誉。早期的新闻通讯社正是随着电报线路的这种推进而逐步向世界各地扩展的。

（二）早期四大通讯社的诞生和竞争

19 世纪 30 年代，通讯社开始出现，法国的哈瓦斯社（L'Agence Havas）

是世界上第一个通讯社。之后,其他通讯社相继建立。这一时期,通讯社呈现了相互竞争的态势,并出现了垄断。

1.法国哈瓦斯社

1835年在巴黎问世的哈瓦斯通讯社,是世界上第一个取得成功的新闻通讯社。

哈瓦斯社的创办人为夏尔·哈瓦斯(Charles Havas),生于1783年,卒于1858年。其父曾任路易十六的书报检察官,大革命爆发后丢官卸职。哈瓦斯的少年时代在动荡不安的大革命岁月中度过。20岁时,哈瓦斯利用拿破仑对英国实行大陆封锁之机开设银行,借机发财,并成为巴黎金融界的巨头。拿破仑垮台后,哈瓦斯由于手中持有的大笔拿破仑债券作废而破产,生活状况急转直下。为摆脱窘境,1825年,哈瓦斯在巴黎开始创办新闻社。他凭借自己的外文特长,把英、德、俄、意等国报刊上的消息和资料译成法文,出售给报社或商界订户。由于哈瓦斯本人既有新闻敏感度,又有外语能力,所以他的稿件很受欢迎,新闻社生意日益兴旺。

1832年8月,哈瓦斯设立了编译事务所,专门经营翻译外报新闻的业务,之后兼并了加尼埃通讯供应社等几家竞争对手。随后他便在欧洲各大城市物色通讯员,逐步建立起自己的新闻采集网络。各地的消息经邮局或专人送到巴黎,经过编译后分送给各订户。1835年12月,哈瓦斯正式成立了哈瓦斯通讯社。

19世纪30年代,法国商业报刊兴起,为新闻通讯社开辟了广阔的市场。当时许多廉价报刊如《世纪报》《新闻报》等,都成了哈瓦斯社的主顾,其中《新闻报》的发行人吉拉丹与哈瓦斯私交甚为密切。

哈瓦斯社初办时的新闻稿是复写或石印印刷的,每日一次,后来增加到每日数次,自称为"报纸的报纸"。哈瓦斯社一开始就把速度奉为根本,其供稿原则是"迅速和优质"(哈瓦斯创办通讯社的动因之一,就是拿破仑逝世的消息过了两个月,才从流放地圣赫勒拿岛传回巴黎)。但当时既无铁路,也无电台,所谓的快讯只能靠驿马传递。为了尽快传递新闻,1837年,哈瓦斯开始使用信鸽,开辟了布鲁塞尔到巴黎、伦敦到巴黎等信鸽传讯线路。通过这种方式,哈瓦斯当天就可以获得比利时和英国的新闻,比邮局快很多,比利时或英国早报上的新闻,巴黎的晚报上就可以刊出。大文豪巴尔扎克曾经把哈瓦斯称为"控制法国报纸的巨头"。他曾经在1840年的《巴黎杂志》上写道:"一般人都认为巴黎有好多家报纸,但是严格说全巴黎只有一家报纸，那就是曾在卢梭大街上开过银行的哈瓦斯先生经营的'哈瓦斯通讯社'编发的新闻稿。"[①]由此可见哈瓦斯社当时的影响之大。1845年，哈瓦斯社在国内线上开始用电报传送新闻，同时又在布鲁塞尔、罗马、维也纳、马德里以及纽约等地设立分社。此后，哈瓦斯社利用电报、火车等新科技，进一步加快新闻的传递速度。

1848年，伴随着欧洲大革命的发展，哈瓦斯社开始获得显著进展。法兰西第二共和国存在的短短3年间，法国创办的报纸达1000余家。大批新创报社与哈瓦斯签订协议，订购新闻，使得哈瓦斯社客户剧增。此外，哈瓦斯社也积极拓展国外市场，如沙皇俄国的宫廷就订购了哈瓦斯社的新闻稿。

就在这一年，年轻的德国人沃尔夫、路透先后到这里来当译员，不久又先后离去，分别办起了自己的通讯社，成了哈瓦斯社的竞争对手，并与哈瓦斯社一起，成了19世纪最具实力的三大通讯社。进入19世纪50年代，哈瓦斯社已经普遍使用电报向法国各地及欧洲许多城市的报纸供稿。到19世纪60年代，哈瓦斯社已经通过海底电缆把新闻业务扩展到了拉丁美洲。1866年，第一条大西洋海底电缆铺设成功，美洲与欧洲电报线路连为一体。哈瓦斯社业务也随之迅速发展，把新闻业务扩展到了美洲。

在提供新闻的同时，哈瓦斯社又开始经营广告业务。1857年它和通用广告合作，与200家地方报纸订立合同，用国内外新闻交换一定的广告版面，然后把这些版面卖给广告客户。通讯与广告互相支持，极大地促进了业务的发展。

1850年，年迈的哈瓦斯将社务交给了儿子奥格斯特。1873和1874年，奥格斯特及其兄弟相继去世。至1879年，该社由巴黎的银行家爱兰奇接办，并改组为股份有限公司。

2.德国沃尔夫社(Wolff Telegraphen Bureau)

沃尔夫通讯社创建于1849年，是德国新闻通讯事业的鼻祖。

通讯社创办人贝纳德·沃尔夫(Bernard Wolff)是柏林一个银行家的儿子，1848年曾到巴黎，在哈瓦斯社当过译员，同年回到柏林，接任柏林《国家日报》社长。1849年，从柏林到边境城市亚琛的电报线路开通，他便建立沃尔夫通讯社，利用电报收集和发布股票行情和经济信息给自己的报社提供经费。沃尔夫社创建后，业务发展顺利。1855年起，逐步增发政治新闻和其

① 程曼丽:《外国新闻传播史导论》，复旦大学出版社2004年版，第47页。

他非经济信息，成为德国报刊重要的新闻提供者。在国外收集和发布新闻的过程中，沃尔夫社同哈瓦斯社和路透社有协作也有对抗。

沃尔夫社在政治上同普鲁士政府关系密切，处处为政府的内外政策服务。1865 年，随着沃尔夫的隐退，通讯社改组为股份公司。同年 5 月，在政府的支持下组建大陆电报公司，不过习惯上仍沿用沃尔夫的名称。随后普鲁士王朝统一德国，并且妄图称霸欧洲，因此沃尔夫社同哈瓦斯社、路透社的关系也日趋紧张。

3.英国路透社

路透社于 1851 年创办于英国伦敦，并以此为基地发展为世界性通讯社。

路透社的创办人保罗·朱利叶斯·路透（Paul Julius Reuters，1816～1899）原是德国籍犹太人，早年当过银行职员，与人合伙开过书店。1848 年，他到巴黎谋生，曾在哈瓦斯社当过短期译员。当他返回德国的时候，巴黎至布鲁塞尔、柏林至亚琛分别架设了电报线，哈瓦斯社和沃尔夫社各据一端经营新闻业务。鉴于亚琛和布鲁塞尔之间尚无电报可通，路透便于 1850 年在亚琛建立办事处，运用火车、马车、信鸽等手段沟通两地信息。他一方面收集由柏林这条线传来的金融信息、商业行情，汇编以后在亚琛地区出售并传递给非布鲁塞尔的订户；另一方面，又从布鲁塞尔收集巴黎这条线传来的信息，转送去柏林。1850 年底，亚琛至布鲁塞尔之间电报线接通，路透办事处的中转站作用随之消失。这时，路透获悉联结英伦三岛和欧洲大陆的海底电缆将铺设完成，于是转移到伦敦营业。1851 年 10 月，路透在金融街皇家交易所租借了两个房间重设“路透办事处”，工作人员除了路透夫妇外，仅有一名 12 岁的少年。

路透社初期的业务主要是把欧洲大陆传来的金融消息汇编成手抄的“路透社快讯”，向银行、公司、交易所、股票商出售。随后路透又利用种种关系在巴黎、柏林、维也纳、阿姆斯特丹、雅典等商业中心建立了通信网络和“快讯”的销售网，并且逐步增加了与经济形势息息相关的军事、政治、外交消息的报道，业务十分兴旺。经过多年经营，他在国内外经济界树立了良好的形象。

但是直到 1858 年，也就是建社 7 年之后，路透社才把业务扩展到报界，因为伦敦各报当时只信任自己的记者采写的消息。1858 年 10 月，路透社说服了多家报纸的总编，让他们免费试用“路透社快讯”两个星期，由于路透社的报道迅速准确、价格便宜，各报试用后陆续同该社签订了正式的订稿合同。后来一向保守自负的《泰晤士报》也不得不接受路透社的稿件了。

路透社在取得报业支持以后，便积极扩展海外业务，并且常常以富有时效的独家新闻在同行竞争中取胜。1859 年，法奥关系日趋恶化，整个欧洲都在密切注视着事态的发展，这年 2 月 7 日，法国国会要举行会议，路透社记者事先从法国当局弄到了拿破仑三世在即将举行的国会上的演说词，其中包含表达法国政府对奥地利态度的内容。法国当局限定路透社只能在演说开始后发布演说的内容。为此，路透社事先把法英之间的海底电报线路包了下来，当演说开始时路透社就通过电报线路向英国传送，从而在第一时间向世界传播了法国有可能对奥宣战的信息。这也是世界新闻史上第一次与事件进程同步传送新闻的行动。美国南北战争期间，路透社一次又一次抢在其他新闻机构之前发布了战况消息。1865 年 4 月，美国总统林肯遇刺，路透社驻纽约记者麦克林，十分机敏地驾着快艇将新闻稿送上了已经离港的商船，从而使路透社比欧洲所有新闻媒介提前两天报道了这一震惊世界的突发事件，给路透社提高了声誉。

19 世纪六七十年代，路透社沿着当年大英帝国向外扩张的路线，逐步开辟中近东和远东的通信市场。1865 年路透社办事处改为路透电报公司，兴建经由德、俄、伊朗通往印度的电报专线，同时经营电报和通讯业务，1866 年建立了孟买分社。1873～1874 年，路透社又把业务扩展到了澳大利亚和南美，19 世纪后期它已成了声名显赫的通讯王国。

4.从港口新闻社到美联社

在大西洋海底电缆铺设之前，美国报纸的国外新闻一般都由外洋轮船带来。为了协调对外轮的采访活动、减轻费用负担，及时、经济地进行战地报道，1848 年 5 月美墨战争之际，纽约 6 家大报——《太阳报》《先驱报》《商务报》《论坛报》《快报》《信使报和询问者报》——组成了一个联合采访部。战争结束后，这 6 家报纸出于共同采访国外新闻的目的，在联合采访部的基础上，合股组建了“港口新闻联合社”(Harbor News Association)。该社以两条快艇迎接入港的欧洲船只采访新闻，或在欧洲船只到达波士顿后，将消息用专线送往纽约各报，而所需费用由各报平均负担。1851 年，创刊不久的《纽约时报》加入其中，成为第 7 个成员。

1857 年，港口新闻联社和当地另一家成立于 1850 年的“电讯与一般新闻社”合并，组成纽约新闻联合社(New York Associated Press)，并把业务扩展到美国国内其他地方的报社，参加的成员不断增多。对外则同路透社、哈瓦斯、沃尔夫三大通讯社建立联系，交换新闻。纽约联合新闻社在向内地成员报社供应新闻时，往往采用集体签约的方法，把稿件传送到某一收稿中心然后再向各家报社分发，以减轻电报费用。这就促使内地报社联合起来，陆续组成了西部、南部、新英格兰等地区性联合新闻社，作为纽约联合新闻社的附属机构。这些地区性的新闻社和纽约总部在新闻供应和收费问题上常有摩擦，纽约本地成员之间也有矛盾，到 1882 年，有些成员甚至退出该社，另组一个名为“合众社”的新社（与 20 世纪合众社无关），这就致使总部机构四分五裂，无法开展正常的业务活动。

1892 年，位于芝加哥的西部联合新闻社宣布成立独立的公司，取名为美国联合通讯社，简称“美联社”，推举梅尔维尔·斯通为总经理，并且重新同欧洲三大通讯社签订了交换新闻的合同，这就在实际上取代了已经陷入瘫痪的纽约联合新闻社。至 1895 年，美国联合通讯社的成员和订户达到了 700 家，东部地区和纽约的报纸大多也加入了美联社。1900 年美联社再次改组，将总部迁到纽约，确立了作为全国性通讯社的地位。美联社的章程明确规定自己作为合作性质的组织，由编辑部负责新闻的编发交流，费用由全体成员分担。梅尔维尔·斯通仍任总经理，掌管编辑部直至1921 年，成为美联社的重要奠基人。

5.竞争和垄断

欧洲的三大通讯社哈瓦斯社、路透社和沃尔夫社，分别属于当时资本主义世界三个举足轻重的国家。它们在走向国际性通讯社的过程中，既有激烈的竞争和冲突，又有暂时的妥协和合作，而这种冲突和妥协又往往和这几个国家在政治经济上的冲突和妥协交织在一起。

从 19 世纪 50 年代起，三家通讯社就有过一些交换股票行情的双边协定。1859 年达成协议，相互交换新闻，并大致规定各自以本国为发行新闻的范围，互不侵犯。随着三家机构的改组、扩大和在全球范围内激烈竞争，各自都蒙受了很大损失。1870 年 1 月 17 日，哈瓦斯社、路透社与沃尔夫社在巴黎举行和解会谈，签订一组条约，名为《通讯社条约》(Agency Treaties)。

可是后来它们的业务日益越过国界，而且同殖民扩张的进程相联系。经过十多年的激烈争夺，把世界新闻市场基本分割完毕。为了确认既成事实和各自的垄断范围，1870 年 1 月 17 日，它们又签订了“连环同盟”(Ring Combination)协定。该协定以三大通讯社为主，美国的纽约联合新闻社虽然也参与其中，但不能插足美国以外的地区，所以通常被称为“三社四边协定”。

这个协定确定了各通讯社采访和发布新闻的范围，并规定了互换所采集到的新闻。具体划分如下：

哈瓦斯社：法国、瑞士、意大利、西班牙、葡萄牙、中美洲、南美洲、埃及（同路透社共享）。

路透社：大英帝国、埃及（同哈瓦斯社共享）、土耳其等国家和地区。

沃尔夫社：德国、奥地利、荷兰、斯堪的纳维亚、俄国和巴尔干各国。

纽约联合新闻社：美国（采集的新闻经由伦敦供给欧洲三社，欧洲三社发往美国的消息也只供给该社）。

协议生效后，这四大通讯社把各自势力范围内的通讯社纳入其体系，有的直接从属于其组织。四大通讯社依靠雄厚的实力，迫使其他国家的新闻机构将其作为国际新闻信息的唯一来源，从而实现了对国际新闻市场的垄断，为其本国的殖民活动奠定了信息传播基础。同样，各国政治势力和经济实力的此消彼长也反作用于通讯社的控制范围。

但是这种垄断协定并没有消除彼此间的竞争，相互之间的明争暗斗仍在继续。协定签订后不久，普法战争爆发，哈瓦斯社和沃尔夫社因两国关系紧张而不能顺利地交换新闻，于是路透社成了它们的中介。路透社还时而同哈瓦斯社合办某些业务，时而同沃尔夫社秘密结盟，从中渔利。1892 年，美国联合通讯社取代纽约联合新闻社后，重新与三大通讯社缔约，取得了向加拿大、墨西哥、中美洲等地发展的自由，但是在这些地区并没有业务专利。

“三社四边协定”划定的范围，一直延续到一战结束。1907 年美国合众通讯社诞生，这家新兴的通讯社自创立起便努力向拉丁美洲、远东以及欧洲发展。因此美联社 1914 年退出“联环同盟”，开始向南美及远东地区争夺市场。此外 1909 年，赫斯特创办国际社，该社发展至 1930 年也成为世界通讯社。因此，1934 年各大通讯社在拉脱维亚首府里加开会，宣布废除过去一切协定，完全遵循新闻自由的原则，由各通讯社根据自己的需要和实力发展业务。这样，通讯领域也和报纸一样，回复到了自由竞争的年代。

总体来看，新闻通讯社从诞生时起就同本国资产阶级的政治经济需要紧密相关。通讯社进一步打开了贸易和商业局面，把世界大大地缩小，起到了它独有的突出作用。但同时，由于当时是殖民主义的全盛时期，通讯社代表了殖民国家的利益。[①] 一方面，它们积极为本国资产阶级的殖民活动效劳，提供信息、收集情报、制造舆论；另一方面，它们本身的业务又随着本国殖民扩张的进展而延伸，地位也随着本国实力的消长而下降或上升。

二、通讯社的发展

进入20世纪以后，由于资本主义经济发展不平衡程度的加剧和帝国主义国家间矛盾冲突的发展，加之“十月革命”的胜利，世界政治、经济形势发生了重大变化，世界上的新闻通讯社也有了明显的兴衰更替，世界信息格局发生了显著变化。

（一）美国通讯社的崛起

美国是新兴的帝国主义国家，1898年美西战争后国力日益强盛，报业发展后来居上，跃居世界前列，新闻通讯事业也随之迅速发展。

首先，美国联合通讯社不甘居于从属的地位。1914年，它退出“联环同盟”，宣告不受“三社四边协定”的约束。南美洲本是哈瓦斯社的势力范围，第一次世界大战期间当地报纸迫切需要欧洲新闻，可是哈瓦斯无法及时供应德方的战况公报，于是美联社乘虚而入，发布新闻。大战后美联社又积极向路透社的势力范围亚洲渗透。1926年起，美联社在日本和中国开展业务。至20世纪30年代，它已在不少国家派驻记者或建立分社，1940年采用其稿件的国内外报纸有1400家左右。

其次，20世纪初美国出现了两家新的通讯社：合众社和国际新闻社。这两家通讯社和美联社不同，它们不是成员合作制机构，而是私人经营的企业，因此美国国内报纸都可以自由地向它们订稿；它们也不是“三社四边协定”的签约方，因此对外发展业务不受协定的约束。

合众社是1907年由斯克里普斯报团所办。其前身是1897年成立的斯克里普斯·麦克雷新闻社，当时主要为报团内的报纸采集新闻。以后斯克里普斯收买了其他两个小通讯社，一起组成合众社，任命罗伊·霍华德为首任经理，积极开拓，一面在国内同美联社竞争，一面积极向国外发展。它问世不久就在欧洲主要国家首都建立分社，并通过英国的交换电讯社向欧洲报纸提供新闻。它自1909年起向日本电报通讯社供应新闻，1915年起对南

---

① 参见联合国教科文组织：《多种声音，一个世界》，中国对外翻译出版公司1981年版，第12页。

美报纸供稿，1921 年起直接对欧洲和亚洲报纸供稿。20 世纪二三十年代，它的业务发展迅速，在某些领域还走到了美联社的前头，例如较早播发新闻图片（1925 年），较早向电台供稿（1935 年）。第二次世界大战爆发前的 1939 年，它已有分布于 52 个国家和地区的报纸、电台订户 1750 家。

国际新闻社是 1909 年赫斯特报团为向所属报纸提供新闻而创建的，之后也向报团外供稿。在第一次世界大战期间，其同情德国，反对英、法，因而遭到英、法等国的抵制。该社 1914 年有订户 300 家，30 年代起开展国外业务，1940 年其国内外订户达到 900 家。

（二）路透社的调整

路透社在 20 世纪前期逐步失去了其以往在欧美通讯业中的盟主地位，不过势力仍强于其他通讯社。1880 年创办人路透退休后，社务由其子赫伯特主持。1915 年，赫伯特因为妻子病故而自杀身亡，赫伯特的儿子休伯特当时正在军队服役，无意接替社务。一番混乱之后，路透社主要负责人会议推举开普敦分社社长罗德里克·琼斯（Roderick Jones）主持社务。1916 年，路透社从独资公司改组为股份有限公司。1925 年代表地方报业的英国报联社成为路透社的控股者。此后路透社主要从事国际新闻采集和报道，国内地方新闻由报联社提供。1941 年，社长琼斯隐退，路透社再次改组。同年，代表英国全国性报纸的报业主联合会参股，和报联社共同拥有了路透社的股权，并相互达成协议，要使该社成为英国新闻界共有的机构，始终保持“公正、独立和自由精神”。

（三）哈瓦斯社的瓦解

进入 20 世纪，哈瓦斯社的业务继续发展，在 20 年代已同时与世界上 20 多家通讯社交换新闻，报纸订户也不断上升。1921 年，哈瓦斯兼并了法国通用广告社，成为法国广告业最大控制者，拥有全国报业广告总收入的 80%以上。但在 20 世纪 20 年代以后，随着经济危机的到来，哈瓦斯社的财政趋于恶化，亏空日益严重，于是越来越依靠政府补助维持，这其中包括直接补助和政府所属机构的订稿，该社的新闻播发也日益明显地体现官方意向，被人们视为半官方的通讯社。1934 年，其报纸订户达到 2000 多家。1940 年 6 月，德军占领法国，哈瓦斯社随之瓦解，一部分被傀儡政府控制，改组为他们的宣传机构，许多爱国职工则离开该社，在国内外建立了四个反法西斯的通讯机构：法国独立新闻社（1940年与伦敦）、法非新闻社（1942年与阿尔及利亚）、新闻资料通讯社和自由法国通讯社（在法国境内）。1944年，巴黎光复后，在哈瓦斯社原址基础上，今天的法新社（Agence France-Presse，AFP）成立。

（四）沃尔夫社的衰亡

第一次世界大战爆发后，沃尔夫社与路透社、哈瓦斯社的联系中断，被迫终止了在德国以外的业务。德国政府为冲破英、法等国的新闻封锁，于1915年另外开设官方的海通社（Transocean），用无线电波对外播发新闻，一天几个小时，由德国驻中立国的大使馆抄收以后分送当地报社，该社后来成为希特勒的御用工具，1945年停办。第一次世界大战以德国一方的失败而告终，战后沃尔夫社降格为国内通讯社。1933年希特勒登台后接管该社，并将其同1913年设立的胡根贝格报团的联合电讯社一起改组为德国通讯社（Deutsches Nachrichtenburo）。历史悠久的沃尔夫社就此告终。而德国通讯社这个希特勒的宣传工具也在1945年随希特勒的垮台而解散。

自第一次世界大战起，早先瓜分世界新闻市场的“三社四边协定”就已名存实亡。1934年11月，各通讯社代表在拉脱维亚首都里加集会时正式宣布取消这一协定，接受了美国提出的在任何地方任何人都可以自由发布新闻的原则。从此以后，由四家通讯社划区垄断的局面宣告结束，代之以靠实力相互竞争并争取新的垄断地位的时代。

第三节　世界通讯社的现状及发展趋势

世界级通讯社在世界范围内采集和发布新闻，对国际舆论有重大影响。一般来说，世界级通讯社拥有遍布全球的新闻采编网，根据世界各地多种用户的不同需要，多渠道地提供多种形式的信息服务。

一、世界通讯事业的现状

（一）业务范围扩展

自20世纪末以来，世界级通讯社的业务范围有了明显的扩展。报道新闻一直是新闻通讯社的主营业务，报道的品种和形式日益增多，常见的有快讯、简讯、详讯、摘要、述评、新闻资料、新闻要目、报刊文摘、专家评论、一周回顾、一月综述、一年大事等多种多样的体裁。随着广播电视的发展和普及，广播电视新闻已成为一种重要的新兴新闻业务。许多通讯社专设机构，采制广播新闻、电视新闻，供电台、电视台使用。有的通讯社还同广播电视公司合建电视新闻社，共同采制声像新闻。例如，路透社和英国广播公司、美国全国广播公司曾经长期共同经营的维斯新闻社（1992 年改为路透社电视部）便是其中最为著名的一家。通讯社采制声像新闻，不仅拓宽了新闻通讯的领域，而且开创了新闻通讯和广播电视传播互相汇聚结合的新局面。

（二）信息业务开拓

除了报道新闻外，新闻通讯社还不断开拓信息业务，提供社会生活所需的各种信息，例如商品行情、证券行情、外汇牌价、金融信息、科技信息、服务业信息、经济报表、统计资料、气象预报、新书目录、社会调查、民意测验、旅游指南、交通情况等等。这种做法是和社会信息化的大趋势相适应的，它表明新闻通讯社正在日益成为社会生活中的信息中心。

在信息业务中，经济信息业务最为重要，路透社、美联社等大通讯社，都有专门的机构和设施，日夜不停地向用户播发世界各大经济金融中心的证券、期货、外汇和商品实时行情，对各国金融界和工商界有重大影响。这项业务不仅越来越成为通讯社的重要财源，而且正在使通讯社越来越深地介入社会经济活动，成为社会经济运作的重要组成部分。

（三）技术手段提升

自 20 世纪末以来，世界新闻通讯事业在的技术手段方面实现了新的飞跃。新闻传播的技术手段对新闻通讯事业的影响至关重要，因为新闻通讯社尤其是国际性通讯社必须日夜不停地、面向世界所有地区传播新闻信息，这种传播是全天候的、没有截稿时间、没有距离限制的。因此，新闻通讯社从它诞生之日起就比其他新闻媒介面临着更加激烈的时效和效率的竞争，一直在争相采用先进的技术手段，为更快速全面、真实高效地传播新闻、扩展市场、提高影响力而努力。

20 世纪后期，随着信息革命的兴起和扩展，电子计算机和卫星通信手段越来越广泛地被运用于新闻通讯领域，这是继电报通信、无线电通信之后又一次重要的技术飞跃。当今的国际通讯社和多数国内通讯社，已经经由电子计算机和卫星通信将记者、分社、总社和客户紧密连接起来。现场采访的记者普遍使用电脑、手机等设备采写，并随时向编辑部传送稿件或图片。分社和总社之间经由地面或卫星线路保持双向交流。在编辑部里，普遍使用电脑接收、撰写、删改和编辑稿件，编审完毕就能自动播发，同时将底稿输入数据库储存备查。播发的稿件经由各地面或卫星线路又能直接传送到报社、广播电视台或其他用户的电脑终端机上，从而使任何重大新闻都能在瞬息之间传遍全世界。

（四）网络业务开展

随着国际互联网络的迅猛发展，新闻通讯事业纷纷走上网络传播之路。许多通讯社、特别是国际性通讯社，纷纷将网络业务作为新世纪业务发展的重点，制订规划，加大投入，全力建设多媒体通讯社，并在这一领域展开了新的竞争。

一方面，互联网技术手段得到充分利用，提升了新闻采集、加工和传输效率。20 世纪 90 年代起，互联网就已经介入了通讯社业务的各个环节，但总体上并不系统。进入 21 世纪后，世界各大通讯社都把业务进行了互联网化改造，工作重心也逐步转移到互联网和新媒体方向，降低了运营成本，提高了工作效率，扩展了产品销售和营业收入。

另一方面，利用互联网拓展网络用户的做法日益普遍。除了将各类产品网络化之外，各大通讯社还进一步拓展新兴网络用户，比如各种网站、网上机构以及部分个人用户。通讯社利用现成的新闻采集和传输系统，以及丰富的信息加工和营销经验，还有充足的信息数据库，多样化地满足各类用户需求，提升市场占有率。

总之，目前世界通讯社从开始的被动地接受网络改造，到主动地进行网络化适应，走过了一小段艰难岁月，但是随着其战略布局和思维的调整，目前已经逐步进入良性循环阶段。

二、世界主要通讯社的现状

目前世界上大部分国家都有新闻通讯社，但是国际新闻通讯领域基本上被十几家国际性通讯社所左右。目前，主要的国际通讯社有美国的美联社、合众国际社（United Press International，UPI），英国的路透社，法国的法国新闻社，俄罗斯的塔斯社（TASS），中国的新华社，德国的德意志新闻社，意大利的安莎社，西班牙的埃菲社，日本的共同社等。其中前四家一般称为“西方四大通讯社”，实力雄厚，都在100多个国家设有分支机构，每天日夜不停地使用多种语言向100多个国家和地区的几千家新闻媒体发稿，影响着国际新闻的流通和国际舆论的走向。中国新华社和俄罗斯塔斯社与前四家通讯社，合称“国际六大通讯社”，另外通讯社新秀——美国彭博新闻社(Bloomberg News)也具有较强的业务实力。

(一)美联社

美联社的全称是美国联合通讯社，最初是纽约6家报纸的发行人为分担费用而合伙创办的。160年过去了，它仍然是一个非营利的、由各成员单位(社员)联合组成的合作型企业。社务由社员大会产生的董事会主持，董事会任命社长兼总经理领导日常工作。领导机构为社员大会产生的理事会，理事会任命社长兼首席执行官主持日常工作，经费由社员按照章程规定分担。它的基本使命是以尽可能经济的方式为其国内成员提供高质量、可信、客观的地方性、全国性及国际性新闻、照片、图表、广播电视和在线服务。美联社的专长就是其新闻服务。第二次世界大战前，它只吸收报纸为社员，并且只向社员供稿。随着广播和电视的蓬勃发展，自1947年起，社员范围扩大到广播电台和电视台，而且允许非社员订购稿件。到2005年，该社社员有本国报社1700家，电台、电视台5000多家。

美联社总部设在纽约，全社有编辑、记者3700多人，还雇有许多兼职记者。国外有2个总分社(伦敦、东京)，国内外记者站共237个，包括分设于亚太、拉美、欧洲、非洲、中东71国的93个以及美国国内的144个。在美国国内，有1700家报纸、6000家广播电台和电视台采用美联社的内容；而在海外，则有112个国家和地区的8500家报纸、电台和电视台与美联社合作，其全球的网络用户则有800多家。根据美联社提供的2016年数据，美联社在106个国家运营着263家新闻机构。

该社的编辑部门分设：总编室，编审国内分社来的新闻稿及国际部初审过的国外新闻，向国内报刊发稿；国际部，编审国外分社来稿；对外部，将重要的国内、国际新闻编写后向国外不同地区播发；经济新闻部，编写国内外来的经济专稿，编发股票、商品行情；体育新闻部；图片新闻部；特稿部，播发特写、专栏、知识性娱乐性材料；广播新闻部，为电台提供文字新闻、现场报道和录音材料。

美联社用英语、德语、瑞典语、荷兰语、法语、西班牙语等 6 种语言发稿，英语、西班牙语的稿件由纽约总社发，法语、德语、荷兰语的则在欧洲翻译播发。一方面，有总社统一经营的线路集中播发；另一方面，国内分社对自己所在的州、国外总分社对自己所在的地区，又可以自行发布本地区的新闻。播发内容除文字新闻外，还有图片、图表、数据、特稿，以及金融、商业、体育、气象等方面的信息。现在，美联社每天处理文字约 2000 万字、照片约 1000 张。美联社还同道·琼斯公司合作，创办了美联—道·琼斯专业新闻社，向国内外提供经济新闻和信息，订户遍及几十个国家。

随着历史的发展和传媒技术的进步，美联社不断地扩展业务范围。早在 1933 年，它就开始给报纸社员所属的电台提供文字新闻，1941 年起和一些电台签约提供适于口播的新闻。1947 年开始吸收电台社员后，这方面的业务进一步发展。1974 年建立 AP 广播网，专门为电台社员提供包括文字和音像材料的新闻以及体育、商业节目，到 20 世纪 80 年代已发展为世界上最大的广播网络。1979 年开始向电视台提供声像新闻。至 20 世纪 90 年代，美联社的业务又在广播电视新闻领域有了新的突破。1994 年开办广播新闻套餐，日夜不停地向电台提供成套的新闻节目，各种电台都可以直接采用并插入本地的新闻和广告。同年，它又增设电视新闻部（APTV），工作中心设在伦敦，通过亚洲、拉美、北美和全球服务四条专线，向全世界电视订户提供声像新闻。1998 年，美联社购买了美国广播公司控股的世界电视新闻社（WTN），并将它同自己的电视部合并，成立美联社电视新闻社（APTN），形成世界上最大的电视新闻通讯网。通过美联社电视新闻社，美联社向 80 多个办事机构和 500 多家客户提供视频音频多媒体业务。

面对信息时代，美联社也大力开发网络新闻业务。1995 年开始酝酿发展网络业务，成立美联社多媒体服务部，1996 年 10 月，推出为其成员服务的新闻网站“连线”（The Wire），日夜滚动发布全球最新消息。该网站不但能够随时在网上发布全球最新消息并实现 24 小时更新，还可以使美联社的所有成员机构把该网站改为自己的网站，即在该网站上打上自己报纸、广播电台或电视台的名称，并加入自己所在地的广告，实现与本机构其他网页的链接。订购“连线”的用户除了可以随时接收最新消息外，还可以把“连线”的页面插上广告、化为自己网站的一部分，向公众传播。美联社成员中有 950 家开设了网站，其中 300 家订购了“连线”。“连线”被视为美联社网络业务的基石产品。2000 年 2 月，它和真实网络公司联合推出专为媒体网站服务的实时声像新闻，名为“美联社源流新闻”，内容包括口播新闻摘要、电视新闻播报、现场新闻直播等，目前《纽约时报》等多家主流媒体的网站已开始使用这种“源流新闻”。2000 年 3 月 27 日，美联社宣布成立一个名叫“美联数字”的新部门，专门负责向网络媒体销售该社的产品，该部门有自己的技术、销售和营销人员。2005 年，美联社建立了信息数据库，保证新闻能在第一时间上传网络，形成了从报纸到平板电脑、手机的多终端平台服务。美联社在中国大陆地区的媒体业务，按照中国媒体的习惯，分为文字和新闻图片两部分。文字部分由美联社驻中国北京的办事处和香港的亚太区办事处负责经营。美联社的新闻图片部分，由中国最大的综合性图库东方 IC 独家代理，这家公司负责经营几家国际通讯社在中国大陆的新闻图片代理销售业务，客户包括美联社、欧洲新闻图片社(EPA)、玛格南图片社等。

2012 年，美联社更换了一系列标识系统，其中包含了对 LOGO 的更改，成为美联社近 30 年以来最为重要的一次改变。新的视觉识别系统大幅度扩展了美联产品和服务可以使用的颜色和设计的范围。新 LOGO 吸取了旧 LOGO 的原有特点，使用了辨识度很高的镂印。新系统使用了“主品牌”策略，即所有商业分支机构、产品、服务都统一在单一 LOGO 标识之下。总之，经过多年发展，美联社成为全球最著名的国际通讯社之一，每天使用多种形式向各种媒体全方位播送新闻和其他信息产品，每天用户数量在 1 亿人以上。

美联社对新技术的使用一直处于世界前列，尤其是在最具前景的人工智能方面，美联社是全球较早开展机器人写作和人工智能新闻生产的机构。2013 年以来，美联社应用智能机器参与新闻工作，开始改变线性工作流程，使从业者从繁重工作中解脱出来，可以消化更多数据、挖掘诸多内幕、生产高附加价值的内容。人工智能不仅能完成美联社的体育新闻报道和上市公司财报新闻，还可以帮助记者分析数据、验证趋势，从众多的信息来源中发掘缘由和深意，看见肉眼不能看见的事物，将数据、声音转换为文本或将文本转化为视频和音频，理解人类的情感，分析事物所处客观环境的多个方面，识别文本和颜色等。总体来看，人工智能将在未来让新闻业收获更多益处，而所有这些益处就汇聚成了新的新闻业务形式，美联社称之为“增强新闻”(Augmented Journalism)。

关于“增强新闻”，最核心的三个术语是“自动化”(automation)、“人工智能”(Artificial Intellect，AI)、“认知技术”(Recognition Technique)。“自动

化"即减少人工工作，将记者从繁杂的初级劳动中解放出来，让公众能更快地看到新闻。而"人工智能"和"认知技术"，是指参与新闻工作的智能机器具有"自我"意识，具有一定程度的识别能力，它的"思维"或"智力活动"可以用于信息输入和新闻生产。[①] 2017 年，在人工智能新闻实践方面进行着重大探索的美联社，首次发布《人工智能工作手册》，对当前人工智能新闻涉及的主要智能技术进行了总结。

(二)路透社

有关路透社的现状，可以参考本章第四节中的详细叙述。

(三)法新社

法新社的全称是"法国新闻社"，总部设在巴黎。它是依法建立的"独立的公共企业"，实际上受政府间接控制，具有半官方性质。法新社的前身哈瓦斯社成立于 1835 年，原是一家私营新闻机构，从 1929 年起，其经费便由法国外交部提供。1944 年改组为法新社后，其经费继续由政府提供，社长亦由政府任命。1957 年 1 月 10 日，法国国民议会通过一项法令，确定法新社是一个"独立的组织，其经营受市场规律的支配"。此后，法国政府对法新社的资助由过去的直接补贴改为由各级政府机构、国营部门及驻外机构订购法新社新闻。20 世纪 80 年代以前，政府每年支付的订费占法新社总收入的 80%左右。进入 80 年代后，经济危机的狂潮席卷法国，受削减开支的影响，订购法新社新闻的政府机构和公共部门的数量不断减少，政府订费在法新社总收入中所占的比重逐年下降：1980 年为 58.9%，1985 年为 54.8%，1988 年为 50%，1990 年以后更下降到 48%左右。

法新社有员工 3800 多人(其中编辑、记者 1000 多人)，另外，在世界各国雇用大量兼职人员。国内有 7 个分社，国外在 165 个国家或地区有分社、记者或兼职报道员，在北美、拉丁美洲、亚太地区、欧洲、非洲以及中东地区设有 197 个记者站，分属 5 个地区总部：华盛顿，主管北美；蒙得维的亚，主管拉美；香港，主管亚洲、太平洋地区；巴黎，主管欧洲、非洲；尼科西亚，主管中东。国内外订户 10000 多家，遍及 100 多个国家和地区。

法新社巴黎总部设有采写部、编辑部、摄影部，用英语、法语、西班牙语、

① 参见 Alayavijnana：《美联社推出新闻编辑部"人工智能"使用手册》，2017 年 4 月 27 日，http://www.360doc.com/content/17/0427/21/7872436_649200356.shtml。

葡萄牙语、阿拉伯语、德语、俄语等7种语言播报。采写部按活动领域分设六个大组:政治、外交、财经、社会、一般新闻和体育。编辑部按语种和发稿对象分成若干条线路,主要有:(3)国内线(法文);(2)欧洲、北美线(法文);(3)中东、北非、撒哈拉以南的非洲线(法文);(4)欧洲、北美、东亚、中东、撒哈拉以南的非洲线(英文);(5)欧洲(德文);(6)欧洲(俄文);(7)拉美线(西班牙文);(8)开罗线(阿拉伯文);(9)巴西、葡萄牙线(葡文)。这些线路都要供应国际国内各方面的新闻,但要根据对象地区的差异有所侧重或增减。此外,还有经济、金融、体育、文化等专线,以满足特定需要。除了巴黎总部以外,各个地区总部负责采编所在地区新闻,供给总社,并转发总社发来的新闻。各条线路7种文字每天累计发稿约60万字,外加照片1000张、图表50幅,另外,还提供163种网络产品。

法新社的经费主要来自政府机构、报刊用户、企业用户这三方面的订稿费。法新社的财政情况长期不佳,所以政府机构订费实际上是政府的变相津贴。但是该社一直在努力扬长避短,与美联社、路透社积极竞争。在战略上,它重视亚、非、拉美地区,仅在非洲就设了18个分社,对拉美除了西班牙文外,还专辟葡萄牙文线路,这都是不同于其他通讯社的。在技术上,它从20世纪70年代起更新设备,现在全部稿件都已采用电子计算机处理,记者和编辑部之间,总社、分社和用户之间,都能通过多颗通信卫星、几千座卫星地面站以及大量的电脑相互联结。在业务上,它注意提升稿件质量,提高报道的准确性和时效性,重视采制独家新闻,注意系列报道的运用,并且积极拓展服务领域。经过上述几方面的努力,进入20世纪90年代后,法新社的处境有明显改善,已逐步扭亏为盈。

法新社业务领域的拓展至其他领域。1981年创建新闻信息库,开展电脑信息咨询服务;1984年10月设立视听部,提供广播新闻和声像产品;1985年设立国际图片服务部,加强图片新闻供应,继而又开发图表新闻;1991年起同英国金融时报集团合办英文经济信息专线;1994年起与法国电视三台合作,向用户提供电视新闻。法新社网络业务发展的规模和力度原先一直逊色于路透社与美联社,但从1999年开始,该社对网络业务的重视程度大大加强。1999年9月14日,该社公布了一项为期5年的发展计划,其重点是向用户提供多媒体产品和吸收私营部门的投资,从人力、物力、财力等方面加大对网络业务的投入,发展多媒体产品,以使法新社跻身"世界主要的多媒体新闻通讯社"。

目前，法新社的主要网络产品有三类：第一类是“网站服务(website service)”，即向网站提供即订即用型(ready to display)新闻网页，上面有最新的世界新闻和图片。第二类是面向公司以及机构用户的新闻邮件服务。客户只要在法新社的网站中把自己所需的新闻的关键词和主题提交，该社就可以按照不同客户特定需要，每天为客户以电子邮件、传真、邮寄方式提供特定的新闻。第三类是无线应用协议(Wireless Application Protocol)互联网服务，即向提供手机上网服务的网络公司提供新闻。1999年12月，它同移动电话生产商诺基亚集团签订协议，以WAP方式向手机用户提供网上新闻服务，用户可以通过手机随时拨号上网浏览由法新社提供的新闻。2002年开始，法新社联手视频软件涉足互动电视业务。2003年，联合雅虎公司推出了网上新闻服务。2003年4月，联合盖蒂图片公司建立了覆盖全球的图片新闻业务。2008年，该社为手机运营商开发了一系列移动应用程序。

产品方面，法新社着重加强视频服务及体育产品。2010年9月，法新社推出全球首个高清视频新闻服务；2011年，推出首批3D影像；2012年5月进行首次现场直播；2015年6月，推出新的电视直播平台(AFPTV Live)。2018年，图片和视频收入已占到营业额的41%，成为法新社发展的新方向。技术上，法新社持续完善内部系统，加强新闻核查。内部升级方面，2012年法新社启动新网站；2012年7月推出Iris生产和分销系统；2014年4月推出AFP Forum，整合文字、图片、视频数据库资源；2019年基于内容和议程管理服务的AFP Content API与AFP Agenda应用诞生。在新闻核查上，自2017年7月以来，法新社已建成由48位事实检查专家组成的新闻核查网络，加入反剽窃文献检测系统(Cross Check)、事实保证系统(Compromise)、事实核查门户网站(Fact Check Eu)倡议等多项事实检查合作项目。总之，法新社在深耕新闻内容抓好新闻质量的同时，不断发展技术，提升传播速度，并通过加强国际化和多产品经营扩展新闻市场，适应互联网环境变化，迎合新时代大众对新闻信息的新诉求，形成了丰富的产品生态。[①] 具体的法新社产品体系见图5-1。

① 参见王润珏、朱玲莉：《世界性通讯社数字化转型路径探析：法新社》，《现代视听》2020年第7期。

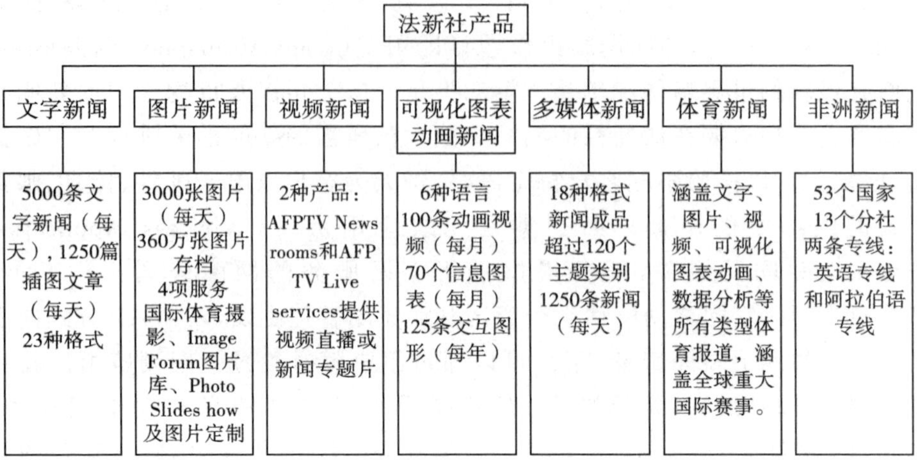

图 5-1　法新社产品体系图

（四）合众国际社

合众国际社是一家私营股份公司，总部设在华盛顿。二战后该社经营状况不佳，多次易主，且因经济困难而一再裁员，20 世纪 90 年代约有职工 1000 多人。

该社编辑部门的设置以及各部职能和美联社基本相同，有总编室、国际部、拉丁美洲部、对外部、经济新闻部、体育新闻部、特稿部、图片新闻部、口语新闻部等。该社图片新闻部创设于 1952 年，早于其他通讯社；1987 年，其率先建成全数字彩色新闻图片网，通过电子计算机传送，接收者当时即可收到优质的照片。该部的图片资料室收藏有 1000 多万张底片可为用户服务。口语新闻部每小时向国内外电台、电视台提供一套配有实况录音的口播新闻，早晚还提供经济新闻和体育新闻，另外还负责编发供有线电视网采用的文字新闻。

该社每天用英、西、葡、阿拉伯文发稿，方式也是集中和分散相结合，有国内线和北美、欧洲、拉美、亚洲等四条国际线路。全盛时期每天各线合计发稿量约为 300 万字、图片 100 多张。它也拥有全球性的通信网络，新闻的采集和传输已广泛使用电子计算机和卫星通信技术。

合众国际社还经营多种业务。它通过美国遥感计算公司兴办数据库，向机关、企业、学校、图书馆和私人的计算机终端提供各类新闻资料。它同商品新闻社合办合众—商品新闻社，向国内外商界提供经济新闻。它在伦敦设立的国际体育新闻社，专门报道重大国际比赛，订户遍及许多国家。

合众国际社1982年因亏损出售，1985年5月申请破产，1985年11月被出售给墨西哥报业主M.V.拉纳。1988年2月，该社被世界新闻电信集团公司接管。1991年8月再度申请破产，并大量削减雇员和关闭部分分社。1992年6月，被设在伦敦的中东广播中心公司买下。2000年，被新闻世界通讯集团的全球多媒体公司收购。目前，合众国际社拥有国内146家分社，国外78家分社，在114个国家和地区有订户。此外，它还拥有一个世界范围的图片社、一个电视、新闻电影部，并经营多种业务，兴办数据库，向机关企业学校等计算机终端提供新闻性数据，同时专设商品、经济、体育分社。

(五)塔斯社

塔斯社是苏联国家通讯社，为国际性通讯社之一。其前身是1917年11月18日成立的彼得格勒通讯社，1925年7月10日定名为“塔斯社”。塔斯社的成长发展，是对资产阶级通讯社垄断世界新闻市场的格局的重要突破。第二次世界大战期间，塔斯社大批记者走上前线，报道战事，每天发200条国内消息、2000～3000行国外消息。塔斯社还出版了1500多幅政治宣传画，在莫斯科和各大城市设点张贴，被称为“塔斯之窗”，对于鼓舞人民抗击侵略者发挥了重要的作用。苏联解体后，1992年1月22日，塔斯社归属俄罗斯联邦新闻中心管理。俄罗斯总统叶利钦签署命令，将塔斯社和苏联新闻社的一部分合并，组建新的国家通讯社——俄罗斯通讯社，同时在俄通社中保留独立的塔斯社机构。同年1月30日开始以俄通社—塔斯社名义发稿。1993年又以法令形式规定其国级通讯社的地位和国有企业的性质。1994年5月，俄罗斯总理签署了俄罗斯通讯社的章程，进一步肯定了通讯社的属性、任务、活动内容、方式、资金、财产以及管理形式。根据章程，俄罗斯政府是通讯社的主办者，负责任命正副社长领导全社工作。通讯社设立社务委员会，制定报道政策及规划，解决有关通讯社的发展和经营问题，其组成人员包括社内领导人员以及有关单位、企业和机关的代表，由社长任命。

俄通社—塔斯社组建以后，对原塔斯社的机构做了调整。主要业务部门有国内部、国际部、对外部、商业信息部、体育部、咨询业务部、电视新闻部、摄影部、信息数据库等。通讯社除了传统的新闻报道外，着重发展下列新业务：其一是商业信息，设有6条专线，以满足用户的具体需求；其二是信息咨询，建有先进的数据库，内容覆盖经济、科技、体育、政治时事各个领域；其三是提供电视图像新闻和图片图表。此外，还为企业家提供中介服务，自己也兴办了一些经济实体，以开辟财源。俄通社—塔斯社的经费 2/3 由国家拨款，其余靠自己筹集。

2014 年 9 月 1 日，为了建立强势的国家通讯社品牌，俄通社—塔斯社恢复了从前“塔斯社”的名称，其社标等也重新进行了包装。目前，它在俄境内拥有 8 个区域中心和 34 个分社，在世界各地有 75 个代表机构，用俄、英、法、西、德、阿拉伯文等多种文字发稿，在全世界有数千家订户，同路透社、美联社、新华社、共同社等 70 多家通讯社建立了信息合作关系。

（六）彭博新闻社

作为通讯社新秀的彭博新闻社是一家国际新闻通讯社，虽成立较晚，却成为全球最大的财经资讯公司。它成立于 1981 年，创始人是迈克尔·布隆伯格（Michael R. Bloomberg），所以又称“布隆伯格新闻社”。1981 年，迈克·布隆伯格与三位合伙人，开办了专门提供证券信息咨询服务的创新市场系统公司（Innovative Market Systems）。他们把一些电脑化的基础信息检索系统组合起来，建立最基本的金融信息数据库向客户推销。创新市场系统公司于 1982 年底向美林证券公司提供了 20 台布隆伯格终端机（Bloomber Terminal），由此使得证券交易员告别了用铅笔记录行情、凭感觉做出预测的时代。使用该数据终端的客户越来越多、遍及全球，包括美联储和美国其他官方机构以及全球各大银行。

创新市场系统公司于 1985 年 5 月更名为布隆伯格公司。1987 年，《华尔街日报》和美联社开始独家为布隆伯格公司提供每日美国政府债券价格信息。20 世纪 90 年代，布隆伯格公司开始进军新闻业，于 1990 年成立彭博商业新闻社（Bloomberg Business News），将金融、投资以及相关领域作为商业新闻报道的重点。同年 6 月，彭博商业新闻社的报道首次出现在布隆伯格终端机上。

1997 年，彭博商业新闻社更名为彭博新闻社，现已成为以财经报道为主的国际新闻通讯社，向包括《纽约时报》《华盛顿邮报》《洛杉矶时报》《朝日新闻》等在内的世界重要报刊提供经济、商业、政治、体育方面的新闻稿和专栏稿件。

彭博新闻社除纽约总部外，还在伦敦、我国香港设立总分社。全社现有编辑、记者 2300 多人，工作人员超过 1.5 万名，在世界各地设立了 192 个办事处。彭博新闻社坚持“更多、更好、更快”的原则，充分利用各种传媒和传播手段，不仅通过布隆伯格终端机向金融和投资专业人士提供文章、数据、声音和图像，而且向各大报社出售世界新闻。此外，还印刷、发行《彭博商业周刊》(*Bloomberg Businessweek*)、《彭博市场》(*Bloomberg Markets*)等杂志和行业简报，出版一系列书籍，其不仅在网络上进行实时信息发布，还在火车站等公共场所设立布隆伯格信息广告板，随时显示新的行情。彭博新闻社的内容还同时提供给彭博广播电台、彭博电视台及彭博移动平台。彭博新闻社虽成立较晚，却已成为全球最大的财经资讯公司，在全球拥有约 130 家新闻分社和约 2000 名新闻专业人员。彭博社是全球最大的金融信息服务供应商，其数据终端系统“彭博专业服务”可以帮助客户查阅和分析实时的金融市场数据，并进行交易。使用该数据终端的客户遍布全球，包括交易员、投行、美联储、美国其他官方机构以及全球各大央行等。该终端年费为 2 万美元，全球 315000 个用户每年为彭博贡献 79 亿美元的收入。彭博旗下的每一个员工都有自己的终端，包括其媒体部门的 2400 多名新闻记者。

三、新华社的现状

(一)历史发展概况

1931 年 11 月 7 日，中华苏维埃第一次全国代表大会在江西瑞金召开，600 多名代表参加了大会。当晚红色中华通讯社(简称“红中社”)成立并发布新闻，开始了新闻广播。红中社播发的第一批新闻是关于中华苏维埃第一次全国代表大会召开的消息及文件。在大会期间，红中社还抄收国民党中央社电讯，编印“参考消息”，提供给大会代表们参阅。红中社对外播发的新闻呼号为 CSR(Chinese Soviet Radio，中华苏维埃无线电台)这个呼号一直被新华社沿用至 1956 年 9 月改用汉字模写机发布新闻为止。

1931 年 12 月 11 日，中华苏维埃共和国临时中央政府机关报《红色中华》在瑞金创刊，周以栗任第一任主笔。作为中央的机关通讯社，红中社与机关报《红色中华》同属一个机构，开始了报、社合一的历史。

1937 年 1 月，红中社改名为新华通讯社，《红色中华》报改名为《新中华报》。抗日战争期间，新华社在抗日根据地相继建立了分社和总分社机构，逐步形成了以延安总社为中心的新华通讯社网络。

1939年,新华社与《新中华报》分开,成为独立的机构。抗战胜利后,解放区通讯网初步形成,新华社成了整个通讯机构的中枢。到1946年,共建立了9个总分社,40多个分社。

1950年,新华社实行统一管理,各地新华社总分社和分社只与总社有发送稿件的联系。至此,新华社逐步调整和统一了全国各地的机构,成为集中统一的国家通讯社。1982年,第五届人大常委会第24次会议决定将新华社作为国务院的组成部门、国家集中统一的新闻发布机关,确立了新华社作为国家通讯社的地位。

新华社从事新闻报道、经营管理和技术工作的人员超过了1万人,在全国各省、自治区和直辖市建立了30多个国内分社和50多个支社,在100多个国家和地区设立了总分社、分社和支社。自1983年起,新华社先后建立了亚太、中东、非洲、拉美和法语地区等5个可以直接向国外发稿的总分社,逐步形成了以中国新闻、发展中国家新闻和世界热点难点新闻为重点的多语种、多渠道、多功能和多层次的新闻信息发布体系。新华社在世界范围内用汉语、英语、法语、俄语、西班牙语和阿拉伯语等语言传送新闻、图片和其他形式的新闻产品,并同世界上其他80多个外国通讯社交换新闻和图片,根据用户的特别需要向130多个国家提供多种文字的专稿和特稿。

新华社在国内通过七条专线向中央新闻单位、各级党政机关和机关报、广播电视、晚报等传递新闻产品。新华社在提供新闻稿件的同时,还经营各类经济信息,开发出100多种信息产品,拥有各类用户近20万家。新华社出版20多种报纸和10多种期刊,主要有《参考消息》《经济参考报》《新华每日电讯》《半月谈》《瞭望》《中国记者》《环球》等。

1997年11月,新华社建成网站,2000年更名为新华网,每天更新内容100万字,成为由8个中外文网站、17个社办报刊和部门网站、35个地方分社网站和40家产业报联合网站构成的国内最大的新闻网站。

2015年,新华社提出建设"网上通讯社"目标,旨在不断增强为传统媒体服务功能的同时,显著提高对网络媒体和新媒体用户的服务能力。互联网专线打通了新闻产品到互联网用户的"最后一公里",内容更丰富、信息更聚合、可读性更强,受到海外网络新媒体用户普遍欢迎。

2020年8月,新华社正式推出法文、西班牙文、俄文、阿拉伯文、葡萄牙文等5条互联网专线服务。至此,新华社所有11条外文发稿线路均实现融媒体转型,对海外网络新媒体用户供稿能力显著增强,"网上通讯社"建设取得突破性进展。

(二)报道形式

目前,新华社运用三种报道形式:

1.传统形式报道

传统形式报道,主要包括对内对外的文字图片通稿、内部报道等。目前,新华社在全国各省市自治区和大中城市、解放军各大军区、各大兵种、各大单位和武警部队都设有分支机构,在海外100多个国家和地区设有总分社、分社和编辑部,每天用8种文字向全世界播发总数达500万字的新闻信息和1000多张新闻照片。

2.新形式报道

新形式报道,主要包括网络、信息、音视频、手机短信等。新华社是继路透社之后第二个实时发布财经信息的世界性通讯社,也是世界上媒体形式最多的世界性通讯社,并已成为全世界最大的手机新闻短信"内容提供商"。新华社以新华网作为新闻信息发布的主要基地,同时也向世界各地网站发送新闻信息,新华网成为国内官方新闻网站中覆盖面最广、功能齐全强大的综合网站。新华网在全球1300多万个互联网站中的排名不断跃升,2004年6月,据谷歌搜索网站公布,新华网的页面浏览等级与美国有线电视新闻网(Cable News Network, CNN)、雅虎、微软、亚马逊等世界知名大网站同级。2004年6月26日,新华网单日全球排名跃升至33位。[①]

3.报刊形式报道

新华社现在集中力量办好《参考消息》《新华每日电讯》《半月谈》等重点报刊,其发行量实现逐年增长,目前期总发行量约800万份,是中国发行量最大的报刊群。

(三)报道内容

自20世纪80年代以来,新华社加强了经济信息产品的报道和播发:一方面,根据市场的需求改进现有经济信息产品,在现有的基础上研发新产品,逐步形成"拳头产品";另一方面,加强市场调研,满足用户的多元需求,还加强与社会各方面进行合作,同时,加快技术系统配套建设,加强人力资

① 参见詹正茂、苏楠:《七大世界级通讯社业务新趋向》,《新闻与写作》2006年第1期。

源建设，最终提高了经济信息产品的国际竞争力。

目前，新华社主要的经济信息产品有：(1)大客户专线：每日快递、舆论监测、专题报告、特色信息等产品，以及银行、钢铁、能源、酒业、医学、汽车与政务、教育、法制、军事等专供模块信息；(2)高管信息专线：高管信息综合版、商务版、教育版、法制版、金融版、建设社会主义新农村专题等；(3)环球财经信息专线：期货、证券、外汇信息以及金属、农产品、煤电油等行业监测信息；(4)新华财经分析专线：新华每日财经分析、新华每周财经分析、经济分析报告等；(5)对外中日文信息专线：中国经济信息、专供外企信息、海外特供信息等；(6)对外英文信息专线：中国经济信息、新华商业周刊、中国金融、中国油气、中国金属、21 世纪汽车等；(7)海外信息专线：高管信息海外版、亚洲网信息。

(四)通信技术

新华社在通信技术方面拥有了与世界性大通讯社相抗衡的能力。今天的新华社已经拥有国际先进水平的宽带通信网络，建成了具有一定规模、技术先进的新闻信息采集体系、新闻信息编辑体系、新闻信息供稿体系和新闻技术保障体系，多媒体数据库、宽带业务保密通信网、办公信息化系统等一系列业务技术系统，并在全社范围内广泛应用，实现了各类新闻信息资源互联互通和信息共享。与此同时，新华网、中央政府门户网、中国平安网等国家重点网站的相继建成也极大地推动了新华社事业的蓬勃发展，增强了新华社的影响力。

新华社还建成了多媒体数据库，该库包括待编稿库(对内服务系统)和成品稿库系统(对外服务系统)两个系统。数据库需要处理整合全社的文字、图片、图表、音频、视频等多媒体新闻信息资源，还要把从国内外搜集到的有价值的图片资源、历史资料、网上和外报外刊的新闻信息、音视频资料等数据资源，也要分类、整理入库，并以待编稿库为依托建立起全社资源统一共享的采编平台，使文字、图片、图表、音频、视频新闻信息可在同一界面上显示、编辑、互动，供各编辑部和所有编辑选择、编辑、加工和利用。全社所有记者采写的新闻信息素材和收集到的国内外新闻信息资源，都通过这个平台源源不断地输入待编稿库，编辑通过这个平台进行选择、编辑、加工和利用，编发各类新闻信息稿件。同时，通过这个平台，把新华社各编辑部编发的各类新闻信息产品源源不断地整合起来并录入成品稿库，经各分社营销平台提供给海内外新闻信息用户，形成了全社新闻信息产品统一的营销总出口。用户把他们的意见不断地通过营销平台反馈到总社采编部门，采编部门意见不断地改进报道，指挥记者把高质量、符合用户需求的稿子采进来，周而复始，不断改进，从而实现良性发展。

多媒体数据库的运用，实现了对新华社的海量多媒体内容信息资源实施全面数字化管理，为新华社生产力组织方式带来了巨大变革契机，不仅使全社新闻信息资源得以整合共享，而且使新闻信息资源和新闻信息产品得以科学管理，如待编稿库与国内外分社连接，成为全社新闻信息资源的“总入口”，而成品稿库通过分社营销平台与全社新闻信息产品用户连接，成为全社新闻信息产品的“总出口”，为新华社的三种形式报道提供了有力的技术支持。

目前，新华社多媒体数据库已成为中国媒体行业最大的多文种多媒体数据库，也是世界上最为先进的多媒体数据库。多媒体数据库目前存储了包括中、英、法、西、葡、俄、阿 7 种文字的信息，4000 万条（相当于 300 亿汉字）文字信息；140 万张高质量新闻图片（含 4000 多张图表）及中国照片档案馆馆藏的珍贵图片；4000 小时音视频信息。目前的总数据量已达 18TB。路透社、法新社等西方大通讯社负责人前来新华社参观考察时给予了高度评价，认为这将会带来新闻信息采编发方式的一次革命，对新华社乃至世界传媒业发展产生极其重要的积极影响。

（五）智媒时代新华社的报道实践

1.传播主体智能化

2017 年，新华社发布“媒体大脑”，经过不断迭代，现已经发展为具备信息素材采集、新闻编辑生产等功能的媒体人工智能平台，其新闻产品被称为“MGC 新闻”，即“由机器智能生产的新闻”，该平台现已被广泛应用于“两会”“世界杯”赛事等新闻报道中。2020 年，新华社发布短视频《AI 学政府工作报告发现了中国社会这些变化》，此视频由“媒体大脑”两会机器人通过捕获文本内容迅速自动剪辑并生成数据化内容制作而成，获得 155 万余次点击量。

2020 年两会前夕上线 3D 版 AI 合成主播“新小微”，输入文本即可实现实时播报，其生成时长为 1 分钟的播报视频只需 1 分钟，自推出以来就成为新华社两会新闻播报担当。“新小微”基于“搜狗 AI 算法”的实时驱动，可呈现出全方位出镜、精微表情播报、即时换装等播报效果，具备一定的新闻播报主体的专业性、立体感和灵活性。

2.传播形态全息化

2021 年 1 月新立方智能化演播室交付使用，能够在对被采访人员工作环境视频信号采集的基础上，依托 5G、MR(混合现实)技术、CAVE(基于投影的虚拟现实)等技术，实现采访场景的等比例还原。该演播室首个新闻产品《5G 沉浸式多地跨屏访谈》完成了对张伯礼院士异地采访的"跨次元"连线和沉浸式探访，使观众沉浸式体验了"裸眼 3D"效果，收到了"全网综合传播量超过3 亿"的优势传播效果。

3.提供价值服务、媒介设施

新华社在完成新闻资讯供给的基础业务外，发挥着主流媒体塑造社会视野、引导社会舆论的功能。为方便受众提问、及时汇集民情、回应社会关切，客户端开通"求证"板块和"新华全媒＋"新华号；推广"新华智云""媒体大脑"等智能媒介平台，旨在为传媒行业提供数据服务平台、智能生产平台，由此开放共享，为行业发展赋能；在社交媒体平台、资讯分发平台、生活服务平台等第三方平台建立官方账号，入驻微信、抖音、哔哩哔哩(BiliBili，B 站)等，打通平台用户资源与媒体之间的通路。

(六)中国新闻社——中国第二家新闻通讯社

中国新闻社简称"中新社"，1952 年 9 月 14 日在北京正式成立，其前身为 1938 年范长江成立的国际新闻社，直属于中国国务院侨务办公室(国侨办)，是我国新闻界和归侨知名人士主办的非官方通讯社，服务对象为海外华侨、港澳同胞、台湾同胞和外籍华人。

作为综合性的国家通讯社，中新社担负的职能是对外进行新闻报道，其也是世界华文媒体信息总汇、国际性通讯社。中新社履行职能主要通过四种形式：一是传统形式的报道，包括文字、图片、专稿等；二是新形式的报道，主要是网络、信息、视频、手机短信等；三是对海外华文报纸供版；四是社办报刊。因其稿件特点鲜明，贴合海外华侨华人实际，因此，亦有"民间通讯社"之称。

四、互联网时代的通讯社发展趋势

(一)迅速全面客观报道,占领国际舆论高地

从历史和现实来看,国际性的通讯社重视对重大突发事件的报道,以提升通讯社在国际舆论中的影响力。

在2008年5月12日,汶川地震发生后的18分钟后(北京时间14:46)新华社发出快讯:"12日14时35分左右,北京地区明显感觉到有地震发生。"14点53分,新华网发出快讯:"四川汶川发生7.6级地震。"新华社对于地震灾情、损失乃至救援情况进行了权威信息的及时发布,这使得中国政府在国际舆论上赢得了主动。

此外,在报道过程中,及时、准确、客观而充分的新闻报道风格也会提升通讯社的公信力,在用户受众中建立起权威性和影响力。

(二)根据市场需求,满足用户多种类需求

在交通和通信不发达、地域鸿沟明显的时代,通讯社正是媒体在一定程度上为了降低生产成本而做出的选择,它通过同时向众多用户批发出售同一新闻产品来取得规模效益。然而,随着现代化水平的提高尤其是新闻传播事业的发展,特别是网络和多媒体技术的进步,通讯社的发展受到了越来越明显的挑战。在愈演愈烈的新闻竞争中,传统的"一对多"的发稿模式越来越不被市场所接受,与众不同、富有特色的媒体报道才能使通讯社的生存和发展成为可能。因此,通讯社需要根据市场的需求,设计有特色和多元化的产品,以满足用户多种类型的需要。

(三)将网络技术和多媒体技术融入业务中

网络技术的普及和发展,不仅对新闻信息传播的所有环节产生了广泛而深刻的影响,同时也为新闻信息传播提供了一个新的基础性平台。通讯社应充分利用互联网的技术优势,完善自己的新闻信息采集、加工、储存、销售和传送流程,在整合内部资源、降低运作成本的同时,为用户提供更加个性化的产品和更加人性化的服务。同时,应逐渐实现在线数据库对外开放,在检索中实现信息增值。

通讯社今后的发展将依托网络技术平台,同时还会融入多媒体技术等

不断涌现的新技术，建设多媒体信息系统。新华社自2001年以来完成了多媒体数据库的建设，该数据库包括待编稿库（对内服务系统）和成品稿库系统（对外服务系统）两个系统。除了要对全社的文字、图片、图表、音频、视频等多媒体新闻信息资源进行有效整合外，还要把从国内外搜集到的有价值的图片资源、历史资料、网上和外报外刊的新闻信息、音视频资料等数据资源分类、整理入库，并以待编稿库为依托建立起全社资源统一共享的采编平台，使文字、图片、图表、音频、视频新闻信息可在同一界面上显示、编辑、互动，供各编辑部和所有编辑选择、编辑、加工和利用。同时，通过这个平台，把新华社各编辑部编发的各类新闻信息产品，源源不断地整合起来进入成品稿库，经各分社营销平台提供给海内外新闻信息用户，形成了全社新闻信息产品统一的营销总目。用户把他们的意见不断地通过营销平台反馈到总社采编部门，采编部门根据意见不断地改进报道，指挥记者把高质量、符合用户需求的稿子采进来。

第四节　通讯社个案分析——路透社

一、发展概述

路透社是世界四大通讯社之一，也是英国创办最早的通讯社。1850年由保罗·朱利叶斯·路透在德国亚琛创办，1851年迁址到伦敦。创办人路透为德国人，后加入英国国籍。1865年，路透把他的私人通讯社扩展成为一家大公司。

路透社是一家跨国股份公司，是路透集团的一部分，业务占路透集团的5%，素以快速的新闻报道被世界各地报刊广为采用而闻名于世。其股权属于代表伦敦出版的全国性报纸的报业主联合会，代表郡级报纸的报联社、澳大利亚报联社和新西兰报联社。这四家股东都有代表参加路透社董事会，它们之间有一项确保路透社在新闻报道中保持所谓“独立性”和“正直性”的“托拉斯协议”。路透社董事会由1名董事长、3名常务董事和8名董事组成。董事会每半年召开一次会议，由董事轮流主持会议，讨论财政和经营管理方面的问题。日常行政工作由执委会负责。执委会由总经理、两名副总经理、两名助理副总经理和总编辑等6人组成。总经理由董事会任命，新闻业务工作由总编辑主持。

路透社名义上是私人企业主所有，实际上受政府控制，是英国的官方喉舌。路透社新闻报道的主要对象是国外受众，其国际新闻紧密配合英国政府的外交活动，对体育新闻也很重视。该社的经济新闻主要是商情报告，为英国和西方大企业服务。

路透社的总部设在伦敦，现在世界上120多个国家和地区设有207个分社、记者站和办事处，其中分社127个。路透社下设5个分部：英国及爱尔兰分部、美洲分部、欧洲分部、亚洲分部和中东及非洲分部。各分部负责组织和监督该地区各分支机构的新闻、图片及经济信息的编辑工作。从20世纪80年代起，允许各分部集中编发本地区的新闻稿提供给本地区的订户，同时还可选择有重大影响的新闻传给总部，然后向全世界播发。全社员工总计1.4万余人，其中编辑部有2400余人，还在国外雇用了1000多名当地的兼职记者或通讯员。

路透社的新闻稿主要为国际新闻，包括一般新闻和经济新闻两大类。新闻稿件采用英、法、德、西、日、意和阿拉伯文等26种文字，每天发稿超过800万字。订户有几千家，遍及世界160个国家和地区。同时全天候地通过电子计算机控制以电视、电传和油印稿形式，向世界各地的银行、经纪人和工商企业提供经济、金融情报。路透经济新闻在世界上享有一定地位，路透社总收入的85%来自经济新闻的出售，只有15%来自国内的收入。[①]

作为全球著名的财经资讯商，路透集团推出的产品以复合型见长，覆盖了新闻、资讯、分析、交易、风险管理的整个金融运作过程。路透集团的产品线，从最早期的监视器（MONITOR）到后来推出的路透多媒体系列，涵盖了路透财经电视（RFTV），路透商业资讯（RBB）、关系数据库（RDB）、路透网（RWEB）、路透电子邮件（RMAIL）、路透电子讯息平台（RMSN）等。这些产品复合在同一个终端的界面上，用户可以根据需要定制。用户在进行接收操作时，可以将路透终端任意划分出若干窗口，同时看到新闻、汇市、股票、期市等等资讯，还可以直接进行买卖操作。

路透社的新闻产品多种多样，按照终端渠道分类，可以发到适于不同用户使用的终端，有整合了所有路透财经资讯、适合市场人士的83000系统，也有适用于媒体用户的路透社接收专线等；根据载体形态分类，可以将路透社新闻产品分为文字报道、图表、电视、照片、网络多媒体报道等；按照报道

① 参见施蓉：《在路透社实习》，《中国记者》2005年第4期。

题材分类,可以分为政治、经济、体育、娱乐四大类,其中每一大类都可以细分为若干小类,比如经济可以分为宏观经济报道、投资资讯等,投资资讯还可以细分为股市资讯、债市资讯、期货资讯等。另外,每一种子类都会给出类别代码,帮助读者检索;按照报道体裁分类,可以分为消息、特写、评论、报摘、新闻稿等,并且会在报道题目的最前端给予醒目的标志。此外,路透社还会经常根据客户提出的要求,不断丰富自己的产品线。①

二、业务范围

(一)新闻业务

路透社的新闻业务一直在扩展,除了文字新闻外,1985年建立专门的新闻图片部,大力发展图片业务,1990年又推出新闻图表业务。该社早在1964年就通过合营的维斯新闻社播发声像新闻。1992年,其买下了维斯新闻社的全部股权,改为自己的电视部(Reuters TV),如今在100多个国家有900多家广播电视公司及其附属台订购它的声像新闻。

路透社的网络业务在四大世界性通讯社中起步最早、规模最大,而且其发展模式也极具特色。早在1993年,当互联网对大多数人来说还是一个陌生概念的时候,路透社就开始将"路透新闻"出售给每一个愿意接受它的网站。1994年,该社组建了路透新媒体公司,负责全社的网络业务。1997年,当大多数网络公司处于亏损状态时,路透新媒体公司就已开始赢利。1998年,路透社在美国的供稿收入有55%来自向网络媒体的供稿,超过了已有100多年历史的传统媒体供稿业务的收入。1999年,路透新媒体公司成为美国最主要的网络新闻供应商,其在美国的网络用户达到225家。在美国市场上取得了稳定的市场份额后,路透社又把目光投向了更广阔的领域。1999年7月29日,路透控股集团又组建了一家名为"新媒体国际"的新公司,进一步在欧洲、亚洲以及拉美拓展其网络业务。到1999年底,路透社在全球的网络用户超过了900家,向网站出售新闻的收入达到1500万英镑,比上年增长226%。2000年2月8日,路透社在公布2000年预算时宣布,在其后4年内将投资5亿英镑(约合8亿美元)发展网络业务,而2000年当年仅网络客户业务收入就达到3000万英镑。2004年,路透在新的网络上启用

① 参见申森、黄梦阮、詹正茂:《路透社新闻生产流程管理体制研究》,《今传媒》2008年第2期。

Reuters Knowledge 等新产品。区隔产品线的应用使路透社能针对客户需求提供产品及解决方案，可针对关键领域重新调整资源的使用及投资的方向。2010 年，路透社拥有世界上最大的国际通信网络——330 多条国际专线连接着 130 多个国家和地区。2014 年 5 月，路透社推出一款名为“路透在线直播”(Reuters Live Online)的产品。这是一款专门针对互联网用户的视频产品，提供突发新闻和其他重大新闻的直播，用户可以通过互联网同时收看3 个通道的新闻直播报道。2015 年 5 月，路透社宣布推出“直播服务＋”，主要通过互联网进行传输。

经过这些方面的发展，路透社已建成为“世界上最大的国际性多媒体新闻通讯社”，面向世界上各种媒体、网站和其他用户，全天候地提供文字、图片、图表以及音频、视频新闻。①

(二)经济业务

除了新闻业务外，路透社一贯经营多种经济业务，这些业务实际上是该社财政收入的主体，90％以上的收入都来自经济信息和金融信息服务。其中主要有：(1)提供市场实时信息，即使用电子计算机装置日夜不停地向用户电脑(终端机)提供世界各大城市和金融中心的行情变化，包括外汇、黄金、股票、证券行情，以及石油、橡胶、食糖、粮食、金属等各类商品的期货现货行情。这项业务起始于 1964 年，是各大通讯社中最早开办的，当时叫作“stock master”；1970 年起使用荧屏显示器直观地提供行情，称为“video master”。(2)办理证券期货交易。这项业务开始于 1973 年，当时设立 Reuters Monitor，直接办理外汇交易；如今用户已经可通过它的电脑系统进行外汇、股票、证券、黄金等各种交易。(3)提供各种信息检索，包括世界各国的政治经济信息、各大公司的报表资料、各国报刊的文章材料等。(4)在进行上述服务时，向用户出售并代为安装相关的电子设备。路透社从创办伊始就依靠向工商界、金融界提供经济信息起家，到今天它仍是世界经济信息的最大供应者，上述经济业务占公司总收入 90％以上，其中实时信息服务就占到 65％，联系的用户达 50 万之多。这些收入使得路透社财务情况好于其他任何通讯社。

---

① 陈怡：《三大通讯社视频业务转型及启示》，《电视研究》2016 年第 4 期。

(三)改进传播手段

路透社一贯重视改进传播手段。目前,它的全部业务都依靠先进的技术装备进行。全社1万多人中,工程技术人员就有4000多人。它拥有完备的国际通信网络,有众多通信卫星和几千个卫星接收站,各种卫星和地面的电传线路连通了世界大多数国家和地区。它在伦敦、东京、纽约设有三个一级技术中心,掌管通信网络,从而把记者、分社、总社和世界上几十万家用户联结起来。

(四)业务协作

路透社和英国报联社在业务上互相协作。路透社的国内地方新闻由报联社提供,经选择编辑后对外播发。而路透社的国际新闻则交由报联社编发给英国地方报纸,自身则可直接将新闻发给在伦敦出版的全国性报纸。

三、路透社值得借鉴之处

李瑛在《路透社经久不衰的原因》一文中对路透社这家百年老店经历风浪取得成功的经验总结了以下五点:

(一)重视重大突发事件的报道,提升路透社在国际舆论中的影响力

以经济信息发布起家的路透社现在大部分的业务仍然是向各界提供财经信息,这部分收入占了路透社总收入的90%,但是为路透社在国际新闻界赢得巨大信誉和影响的则是它良好的新闻产品,以及一个半世纪以来许多重大时政事件的独家或首发报道。

1859年,法国和奥地利关系恶化,欧洲大陆的形势异常紧张。1865年4月14日,美国总统林肯遇刺身亡,路透社驻纽约记者麦克林在得到消息时,传送信息的邮轮已经起航,他立即高价租借了一条快艇追赶,把这条特大的独家新闻稿装入一个特制的木罐里,扔到了邮轮上,使得路透社在伦敦抢先发布了林肯遇刺的消息,而当时的美国驻伦敦大使馆以及英国政府对此事还毫不知情。此后,路透社在19世纪后期逐渐成长为显赫一时的“通讯王国”,其记者的足迹几乎遍布了世界各国,类似的独家或首发新闻更是数不胜数,如第一次世界大战停火的消息、1944年诺曼底登陆、20世纪柏林墙的建立与推倒、2002年巴厘岛爆炸案等。这些国际上的重大新闻事件的

最先报道为路透社赢得了巨大声誉，使其成为具有世界影响的新闻通讯社。

(二)坚持及时、准确、客观而充分的新闻报道风格，提升路透社的公信力

多年来，路透社在采集、编辑新闻稿件时已基本形成了及时、准确、客观而充分的新闻报道风格。当然，这只是相对的，因为受多种因素的制约，新闻报道是很难做到完全准确、客观的，但为确保新闻信息传播的质量，路透社很重视这些原则。在路透社作为规范新闻采编人员行为准则的深编人员手册中，第一条就明确要求其采编人员要把准确性放在"高于一切"的地位，着重强调新闻报道的准确性。要求记者在搜集材料时必须认真核对每项事实，编辑也必须确保报道的准确性。此外，路透社一直倡导平衡报道原则，即新闻报道要力求客观，报道的内容应该不偏不倚，不能歪曲事实和加入不公正的感情色彩，也不能为了引人注目而使导语哗众取宠。为此，路透社还对新闻写作提出了许多具体要求，如新闻报道必须交代消息来源及事实出处、少用形容词和副词、尽可能地使用中性词汇等。

此外，为了确保新闻报道的准确和客观，路透社还要求评论与消息分开、新闻采编人员不得搞有偿交易，等等。针对这一点，前主编吉尔特在谈到路透社对记者应具有的素质要求时，认为除了拥有较高的语言水平，具备政治、外交的能力及财经专业的素养，拥有敏感的新闻洞察力外，还特别强调："我们还希望他有绝对良好的道德品质，我们无法容忍任何人利用他们在路透社的职务之便为自己谋取利益，在路透社工作有很多得到信息的便利条件，这一点很容易被滥用，我们对员工的建议就是千万不要对这些感兴趣，希望他们有良好的道德品质，我们尊重那样的品质，那就是不为个人谋取私利，这一点非常重要。"①

(三)积极拓展财经信息服务的经营范围，寻求综合发展之路

路透社自创办以来，一直把提供财经资讯作为主导方针，现在已成为世界经济信息的最大供应者。它通过提供迅速可靠的新闻信息，通过对当前市场行情、金融形势的分析，通过对世界政治、经济态势及发展趋势较为准确、客观的评价，很大程度上便利了客户确定正确的经营、投资方向和策略。由于其长期注意维护新闻信息的准确性和客观性，信息产品的质量较高，在

---

① 李瑛:《路透社经久不衰的原因》,《新闻爱好者》2005 年第 9 期。

金融机构和企业界广受欢迎。

路透社往往根据市场需求，积极拓展经营范围。它尽可能地把较多的信息综合进每一单项信息产品中，以增加产品的信息容量，同时根据客户的需求以及市场的需要，进行信息产品的研制、开发与生产，拓展经营范围，以适应市场的变化。2003年9月，路透社与微软达成协议，将路透社的即时资讯服务系统与微软公司的MSN系统相连接。双方联合开发出一种提供即时资讯服务的项目——“路透社信息”，面向全球金融服务业界提供信息服务，通过该服务，财务管理能够随时与同事及客户保持联络。用户可通过路透社信息的目录接入网络，从而掌握对方在线与否等信息，使用该服务可以进行一对一或者一对多的对话，开通不久，即有84个国家的大约1100个公司注册了该项服务。

（四）运用新技术改进传播手段

为保证新闻信息的时效性，路透社一贯重视利用最新科学技术改进传播手段，在其创办初期曾使用火车、信鸽等方式传递信息，其后又较早地利用电报线路来传送信息。目前，路透社每年都要拿出全年总收入4.5%左右的资金用于新产品和新技术的研制与开发，以及安装新设备。在20世纪60年代，它较早地引入了美国的“股票大师”(stock master)电脑报价系统，20世纪70年代推出“莫尼特交易系统”(Reuter Monitor)并建立了集成数据资料网，甚至使用了国际卫星通信技术；到20世纪90年代又更新计算机系统，运用多媒体、互联网技术。总之，路透社在采用先进传播技术方面始终走在前面。1999年5月，路透社与道琼斯(Dow Jones Company)公司合作组建道·琼斯—路透交互式商业公司，用20多种语言向世界各地提供来自《华尔街日报》、道琼斯公司和路透社新闻网的商业消息和重要资讯。2004年5月，路透社网站引入简易信息聚合(Really Simple Syndication, RSS)技术提供自动新闻更新服务，这项技术能够使网站(websites)和网志(Web logger)免费接收路透网站传来的新闻标题，同时包含一行新闻内容简述，涵盖政治、国际新闻、娱乐和体育等内容。2015年5月，路透社宣布与ITN Source合作，后者帮助路透社把1910年至今的视频内容转化为数字模式并放置到itnsource.com上。借助于新的传播科学技术和不断改进的传播手段，路透社如今已拥有了一个四通八达、能够快捷准确地提供和反馈各种信息的通信网络，成为世界一流的国际通讯社。

(五)适应时代发展,积极调整经营策略

在长达一个半世纪的历程中,路透社经历了无数次的调整与变迁,但它始终注意随时根据内外情况变化和信息市场发展的需要,积极调整自身的产品结构及经营方针,从而得以逐步发展壮大,并不断地扩大自己的服务范围。此外,路透社还能够适时变更所有制形式,保持稳定发展。

20世纪前半期,在经历了一系列混乱的经营权变更之后,路透社由家族控制的独资公司改为股份公司。二战后,澳大利亚报联社和新西兰报联社也先后参股于路透社。1984年7月4日,路透社向全世界售出了1亿多份普通股票,从而变身为一家公众控股公司,遍布世界的股东达2万多人。由此,路透社的所有权具有了全球化的性质。在随后十几年的经营变革中,路透社发展成为一家全球性的大公司。2001年10月,路透社完成了其有史以来最大的一次并购,然而,由于受到全球股市下跌、银行等金融行业为削减成本相继合并等的影响以及新的竞争对手彭博资讯公司的冲击,加之管理层前期决策的失误,2002年,作为全球财经新闻和信息的最大供应商,路透社的业绩大幅下滑。2003年2月,其股票下跌了70%,公司经营陷入创建以来的最低谷。2003年3月,公司制订了重整计划,并于2004年底扭亏为盈。2008年4月,路透集团与汤姆森正式完成合并,新公司的股票在伦敦、多伦多和纽约市场挂牌交易。

作为世界上历史最悠久的通讯社,路透社经过160多年漫长、曲折的发展,有过崛起和辉煌的荣耀,也承受过衰落和调整的阵痛,但它仍然长期保持着其在世界通讯社范围内的领先地位。其成功运作的原因,除了自其创建以来英国国内没有经历过太大的动荡、经济发展比较稳定外,最主要的是路透社能够与时俱进,注意进行严格的管理,制定了完善的规章制度,尤其是它能够重视国际新闻以及经济新闻的报道,注重传播手段的改进,面对时势能够积极调整经营策略等。①

思考题

1.促使通讯社产生的因素有哪些?

---

① 参见李瑛:《路透社经久不衰的原因》,《新闻爱好者》2005年第9期。

2.通讯社的传播特点有哪些?

3.简述西方四大通讯社的发展历程和现状。

4.路透社的发展策略有何可借鉴之处?

推荐阅读

1.张允若、程曼丽主编:《外国新闻事业史教程》(第二版),高等教育出版社 2017 年版。

2.[美]约翰·维维安:《大众传播媒介》(第十一版),任海龙、常江等译,北京大学出版社 2020 年版。

3.[美]埃默里:《美国新闻史——大众传播媒介解释史》,展江、殷文主译,中国人民大学出版社 2004 年版。

4.[法]让纳内:《西方媒介史》,段慧敏译,广西师范大学出版社 2005 年版。

第六章　广　播

广播是诞生于20世纪初的电子传播媒介，它的出现，使得广大民众有史以来第一次足不出户便可方便接收新闻、享受高水平娱乐，促使大众生活发生了极大的变化，也将传媒带入了更广阔的社会生活。

各国都经历过广播曾盛极一时、享尽辉煌的时期，但随着电视的出现，广播逐渐失去了其社会第一传媒的地位而归于平淡。时至今日，新媒体——网络正被社会广泛认同，大众对它的热情也逐渐提高，而广播似乎更是日益沉寂。然而，广播仍然是大众传媒中的重要成员，它虽然辉煌不再，但依旧是不可或缺的传播工具。无论是发达国家还是发展中国家，拥有收音机的数量都大大超过其他各种媒体，这说明广播还是有着广阔的发展空间和市场潜力。

本章概述了广播媒体的定义及传播特点、产生及发展历史、世界广播的现状及发展趋势、广播媒体个案分析四个方面，以期尽量全面地介绍这种人类受众面最广的媒介形式。

第一节　广播的定义及传播特点

一、广播的定义

关于广播的定义，人们在不同的时期、不同的语境之下有着不同的界定和不同的理解。例如，《不列颠百科全书》："广播或电视讯号以电子方式发射，供一般大众接受，有别于特定接受者发射的私人讯号。"《美国联邦通讯法1934年》："利用无线电普遍传播消息谓之广播。"《辞海》："通过无线电波或通过导线向广大地区播送音响、图像的节目，统称广播。”[①]《新华词典》：“通过无线电波或导线传送节目的大众传播媒介。通过无线电传送的叫无线广播；通过导线传送节目的叫有线广播。”[②]

以上提法中《新华词典》的“广播”是指狭义的以声音为主体的广播媒介。《大英百科全书》所指的“广播”内涵显然是指广义的电子传媒，即包括广播（Radio）和电视（Television）。世界著名的广播公司：美国广播公司（ABC）、哥伦比亚广播公司（CBS）等都同时经营广播和电视。《美国联邦通讯法》的提法因 1934 年电视尚处于研制阶段，因此当时主要指狭义的广播。随着二战后电视的普及，广播的外延有所拓展，主要指电子传媒，即包括广播和电视。

目前，被引用最多的广播的定义是《辞海》中的定义：“通过无线电波或通过导线向广大地区播送音响、图像的节目，统称广播。”按传输方式，可分为无线广播和有线广播。从传播信号看，只播送声音的，称为“声音广播”，简称“广播”；同时播送图像和声音的，称为“电视广播”，简称“电视”。

本书论述的“广播媒介”是指以听觉传播为特征的声音传播，不包括电视，即狭义的广播。

综上所述，我们可以知道：广播是一种传播媒介，它的发信者为广播电台，它的传播方式是用电讯号传播声音节目，而收信者必须具备接收工具。这些构成了广播传播系统的要素，广播要完成传播使命，各个要素缺一不可。同时，这些要素的特征，也构成了广播特征的具体表现，特别是在传播方式方面更为突出。[③]

二、广播的传播特点

任何媒介都有自己独特的媒介特征，广播也是一样。电波广播的唯一符号是声音，广播是听觉符号依托时间流程的线性传播。和印刷媒介相比，广播转瞬即逝，听觉传播效果有一定的不确定性；同时，听众收听广播要适应线性传播程序，有一定的被动性。不管怎样，我们都要认识到当代广播的核心竞争力——声音的潜能，正确认识广播的传播特点和功能，发挥广播传播的优势，做到扬长避短。

---

① 辞海编辑委员会：《辞海》，上海辞书出版社 1979 年缩印本，第 845 页。

② 参见商务印书馆辞书研究中心：《新华词典》，商务印书馆 2001 年修订版，第 356 页。

③ 参见周小普：《广播新闻与音响报道》，中国人民大学出版社 2001 年版，第 24 页。

(一)广播的传播优势

1.广播是随意性大、动态接收的媒介

收听广播的唯一渠道是通过耳朵实现听觉传播功能。随着传播技术的进步,广播接收机从家庭媒介变成个人伴随性媒介。受众可以边做其他事情边收听广播。而且,只要身处电波能够覆盖之地,人们就可以随时随地收听广播,这是其他任何一种媒介都无可比的。现在的交通广播收听率一直很好的原因,就是人们在开车的时候可以随时随地打开车载设备收听广播。所以,广播可以声声相随,时时相伴,有人就把广播称为"伴侣性媒介""贴身媒介"。迄今为止,广播似是伴随性最强的媒介。①

从接收特性上来看,广播传播的声音信号在接收中只占用人的听觉,占用感觉比例小,而人体其他器官还可以从事其他活动,如体力劳动、做家务、开车、走路、运动健身等,只要这些活动不需要注意力高度集中,便都可以与广播为伴,这种"兼听"方式不仅提高了时间的利用率,而且给枯燥的劳动增添了乐趣。广播的这种接收特性是电视和报纸所不能企及的,因为电视、报纸的接收都需要占用视觉,占用人的感觉比例较大,如此就很难再分配出对其他事物的注意力,特别是读报的同时还需要思考,更不可能再从事其他活动。这样,广播的接收可以最大限度地渗入人们生活的各个时间段。

从接收媒介上来看,收音机本身还被设计成不同尺寸、档次,以适应各种不同的需要。高档、大型的机器给人提供高层次的收听享受,而袖珍收音机则可以随身携带,随人出入。这种携带方便的特性,使收音机渗透到人们生活中的各个领域中成为可能,如在家中、工作场所、旅行途中、交通工具上,人们只要在不同场合带上灵巧的收音机就可以时时刻刻和社会保持密切的联系,获得最新信息和娱乐。除个别特殊场合,人们可以在几乎所有活动空间里接收广播节目,做到信息畅通,及时了解社会动态。每逢重特大历史事件之际,比如遭遇地震、海啸、暴风雨等灾难时,几节乃至一节电池、一台收音机,就可以使得流离失所的人们获得外界信息。

2.广播是立即性传播、理想的速报媒介

由于广播的播出信号单一、技术较为成熟,节目播出也较易于操作,一些专业台甚至只需两三个人即可承担全台的节目播出任务。另外,广播节

① 参见曹璐:《广播新闻理念与实务创新研究》,中国广播电视出版社2007年版,第7页。

目的播出费用较低，所以广播电台播出节目时一般持续时间较长，甚至有很多24小时昼夜播出的电台。

由于这些特点，电台成为传播新闻最理想的速报媒介。遇有突发新闻，只要记者将线路接到电台，电台就可以打断正常播出、插入报道，使新闻报道获得最高的时效。如1981年3月30日美国总统里根遇刺受伤，第一个将消息报道出去的就是美国广播公司的广播电台，事发后仅5分钟即在收到现场记者萨姆·唐纳森的电话的同时报道了出去。在重大突发事件和巨大灾难突然出现的时候，广播总是一马当先，率先报道，甚至在众多媒体中一枝独秀，屡建头功。这都是由广播的声音节目制作简便、播出快捷、能长时间持续播出等自身优势决定的，这使得广播成为各类媒介中播出内容最多、时间最长、反应最快的一个。

3.广播是随时随地为受众提供服务的媒介

广播中的公共服务信息应是必听性信息，如人们生活所必需的气象预报、股市、汇市行情、交通信息、市场信息、就业信息、求学信息、文化信息等。公共服务性信息从人本视角精心汇集，在节目中及时滚动播出，及时提供最新的服务信息，体现了对听众生活、保健、文化消费的全方位服务，成为听众生活中不可或缺的"电子秘书"。尤其是随着私家车数量的日益增多，享受广播全面、及时服务的群体也在不断壮大，从即时的路况信息，到每日的天气预测，再到穿衣提示等，都让受众在无意间接收到这些有用的信息。目前，几乎现有广播频道都有服务性信息，但相当数量的电台在对必听信息的采集、整理时不同程度地存在着粗放化现象。包括天气预报，有关气象部门已能提供数百种气象服务，如何将气象预报以及各项必听性服务信息做得更加准确、实用、有效，更加人性化，是当前急需改进的课题。广播媒介对公共服务信息的重视程度是广播人社会责任的表现，广播不仅应成为人们的贴身媒介也应成为贴心媒介。①

4.广播是富于沟通的情感媒体

广播是一种富于沟通的情感媒体，被誉为"将心灵和社会合二为一的共鸣箱"。随着社会处于转型期的发展，在受到各种社会压力的影响之下，人们越来越重视情感上的需求。广播直播中的节目和全天候的听众信息接收平台，使听众可通过电话、手机短信、网络、信件等多种形式进入。再加上听

① 参见曹璐：《广播新闻理念与实务创新研究》，中国广播电视出版社2007年版，第7页。

众电话或手机参与节目的隐匿性，使听众更容易敞开自己的心扉。很多广播电台利用这一优势，开办起了多种情感类的节目，例如，专门针对女性的恋爱、婚姻类的节目；专门针对毕业大学生就业的心理辅导节目；还有定位于老人的健康、保健之类的节目等。中央人民广播电台主持人向菲的案例更具有传奇色彩：在主持《神州夜航》期间，从 2005 年 2 月 21 日至 2006 年 2 月27 日，她成功劝说了四名杀人在逃人员投案自首。向菲认为犯罪嫌疑人接二连三地通过广播自首，正说明了广播的魅力，靠声音的传情，获得了听众的认可，感动听众、感动社会，将爱与社会责任传播开来。

广播是目前唯一的非视觉媒体，但只要把节目内容做得贴近百姓，贴近生活，贴近听众心灵，让听众觉得温暖，从而唤起听众对生活的热爱和渴望，广播就能获得持久的生命力。一方面，广播使人们学到了一些处理情感问题的途径和方法；另一方面，广播也加强了现实生活中人们之间的交流和沟通。现代社会紧张的生活节奏、细密的社会分工与优越的物质条件在一定程度上导致了人际关系的疏离、社会交往的散淡与道德评价的失衡。以广播作为交流渠道开展精神交往，促进社会沟通，体现了广播媒介在传播形式上注重心灵相同的人文意识，适应了听众道德修养和人际关系调适的需求，也有利于人和人的交往与沟通。

5.广播是传受互动性的媒介

在曾经的黄金岁月里，广播一度处于权威媒介的地位，但随着电视机在战后的崛起，特别是到 20 世纪 50～60 年代，广播的收听率便一直下滑，广播迫切需要找到一条出路。广播的媒介地位在这一时期，也变成了一种“背景媒介”，或是退居为一种次要媒介。其媒介属性有两个方向的变化：一个是私人的、亲密的伴随媒介的特征有所强化，而原来作为主要媒介承担的社会功能则被电视所代替，总体上看广播媒介的私人化的属性更加强烈；另一个是在具体生活信息的传达上，广播比电视等其他媒介形式更灵活而迅速。正是这两种变化，使广播更加重视与受众之间的互动，注重建立起新的传受关系。由此，在新的社会环境的变化下，互动性也就成了广播所具有的另一个新的特征。

6.广播是低投入、高产出的媒介

著名传播学者施拉姆曾经说，无线电广播已将人类传播生活之钟摆，自

500 年前的印刷传播时代拉回口传时代。[①] 这个口传时代是指靠现代传播技术支持的、直接的、快捷的、跨空间的、无与伦比的“新的口传时代”。

当前世界已经进入跨国传播时代，特别是卫星和数字压缩技术运用于广播之后，将使广播不受或少受干扰即可覆盖全球。其中包括开发新一代数字音频广播技术，开发卫星广播电视应用技术、应用数字压缩技术，高质量地传送多路广播节目，逐步扩大覆盖面。这些高科技的广播器械不需要投入很多次，只要有一台发射机就可以把节目传送出去，这些相对于电视的传输设备和报纸的印刷设备来说是很便宜的。从投入产出比来看，广播的投入相对较少，而回报较高。另一方面，广播的接收设备——收音机也很便宜，比较适合老人、学生的购买力。受众通过广播获取同样多的信息，要比电视、报纸、互联网更便宜。这种低成本的传播手段，使广播在众多媒体中，具有较强的竞争力，是广播占领受众市场的一个十分有利的条件。

（二）突发事件中凸显广播优势

突发事件(emergency)可被广义地理解为突然发生的事情：第一层的含义是事件发生、发展的速度很快，出人意料；第二层的含义是事件难以应对，必须采取非常规方法来处理。我国 2007 年 11 月 1 日起施行的《中华人民共和国突发事件应对法》规定：突发事件，是指突然发生，造成或者可能造成严重社会危害，需要采取应急处置措施予以应对的自然灾害、事故灾难、公共卫生事件和社会安全事件。

危机管理中的一个重要环节是信息的传播和反馈。而作为迄今为止最便捷有效的媒介手段，广播电台一直被视为危机管理中最有效的新闻媒体。广播出现以来，美国政府就对广播电台在重大突发事件报道中的作用给予特别关注，将广播电台纳入国家危机管理体系之中，并通过广播对国民进行应对危机的动员与管理。经过多年的发展，美国的广播听众已经形成比较稳定而忠诚的受众群体，对广播媒体在危机中的作用有较高的需求和期待。广播媒体在一系列重大危机管理中也发挥了媒介先锋的积极作用，为听众提供了信息获取和心理安抚的多元信息服务平台。

当下，电视媒体的受众数量多数情况下领先于广播电台，这是不争的事实。但在近年来的几次重大危机事态中，广播电台听众数目大幅增长，影响

① 参见[美]威尔伯·施拉姆等：《传播学概论》，何道宽译，中国人民大学出版社 2010 年版。

力显著增大。究其原因，主要是广播媒体具有传播和接收方便、简单与快捷的特点，特别是相对于电视、电脑或纸质媒介更有着不可替代的便捷性。尤其是在重大突发事件中，出现停电、有线网络信号中断、受众驾驶交通工具疏散等情况，配备便于携带的电池收音机就成为危机中受众的首选。在2005年的卡特里娜飓风中，受灾地区有86%的居民家中停电，电视及台式电脑无法正常工作，因此大多数居民只得选择用收音机收听相关信息。

又如，2001年的“9·11”事件发生后，美国广播电台在危急关头重视发挥广播与听众、政府的良性互动机制，受到了听众与政府的认可。收音机便于携带的特点是其他媒体无法比拟的，因此在“9·11”事件之类的重大突发事件出现后，广播媒体为听众提供了大量的及时信息和及时、有效的服务，尤其是谈话类节目，利用连线节目(Call-in)等形式直接帮助听众寻找失踪的亲朋好友。“9·11”事件当天，美国全国的1.3万家电台都成了新闻台。

其他国家也都非常重视发挥广播在重大危机事件中的积极作用，收音机始终是民众家中的标准配置。比如，在英国，居民应付紧急事故储备的物品中，有一项必备物品就是一台使用电池的收音机以及备用电池。政府制订的《突发事件中的行为指导》明确提出：在紧急事故发生时，“进入屋内，留在屋内，收听广播”。据说，土耳其专家最近研制的最新抗震床的标准配置中也含着收音机。我们的近邻日本是一个地震多发的国家，日本差不多家家都有一个急救箱，里边就有一个“三合一”的电子装置，可以用来照明、给手机充电并收听广播。

在发生重大的危机事件、突发事件时，广播因其传播速度快，方便携带，发挥了重要作用。例如，在2008年初我国抗击南方暴风雪以及“5·12汶川地震”发生之后进行抗震救灾时，广播都发挥了其独特的优势，为救灾工作做出了重要的贡献。这两次灾情出现后，国家新闻出版广电总局也专门调拨、下发了十几万台收音机到受灾地区，以确保受灾者在最短的时间内、在其他通信设施还没有修好之前能接收到外面的信息。正因如此，广播被称为“动员民众在危机面前团结一心的媒体”。由此可见，广播在突发事件发生时的作用是不能忽视的。

在重大灾难危机事件面前，电视提供的多是第一现场的报道，特别是灾难现场中真实、强烈、有视觉感的报道；而在危机后的心理疏导慰藉工作中，广播则起到了主导作用，特别是本地广播，在灾后对民众进行深层次心理疏导方面能够起到重要的作用。这不仅仅是因为在灾难面前广播方式具有传播方式灵巧、收音机也携带方便等特点，也与广播声音传播的优势有关。声音虽是一维传播，但除了听觉符号的语义信息呈现之外，还有声音的传真、传情、传神的听觉感染力。所以在发生危机事件之后，及时、有效地对灾区人民进行有关的心理安抚，减少乃至消除他们对灾难的恐惧，以及灾后的孤独无助、绝望等心理，也应该是广播发挥自身优势的地方。

（三）广播的传播劣势

任何事物都有两面性，广播自然也有其自身不可避免的局限，主要包括：信息不易贮存，转瞬即逝；线性传播的方式限制了受众在内容选择上的自由；易超越国界，保密性差；语言多样，效果递减。

广播节目是借助电子信号传播的，但是声音不可以长时间保留，所以，听众如果在从事着另外一件事情时，就很容易走神而错过了节目中的内容。还有，广播听众在收听节目时处于相对被动的收听状态，受众只能按照广播的播放顺序听，而不能按照自己的意愿随意收听。现代社会生活节奏加快，人们也日益忙碌，他们总想在最短的时间内完成更多的事情，所以在这种情况之下，广播的这一缺陷更加限制了自身的发展。

三、广播电视体制

广播电视体制是广播电视事业赖以形成的所有制形式和结构方法，包括制度和体系两部分，既包含理念和法规的基础，又包含组织和经营的内容。广播电视体制主要取决于国家对广播电视事业进行管理的法律和行政规定，特别是广播电视事业的所有权和经营权，也受到包括广播电视传媒机构组成的方法和应遵循的路线、方针、政策的影响。世界绝大多数国家的广播和电视，同属于广播电视事业的组成部分，广播体制和电视体制通常也合二为一。广播电视体制是在广播时代形成，并在电视时代逐渐发展起来的。

从广播电视机构本身而言，目前主要有如下几种体制类型：

1.私营商业制（商营制）

定义：私人独资、合资或组成股份公司经营的广播电视企业。

主要特点：(1)其资产为个人所有；(2)在法律范围内自主经营，自行决定业务方针，国家只在宏观上加以调控管理；(3)通常以营利为目的，实行商业化经营和市场化运作，广告为主要收入来源。其优势有三：(1)媒体不受政府干预，可以以任何形式满足受众多样化的需要；(2)媒体在市场环境中生存和发展，善于在激烈竞争中改善经营管理、更新技术；(3)媒体自主运作的空间大，有利于形成激励机制，使媒体动力、活力十足。其劣势有三：(1)媒体以营利为目的，为追求经济利益常常忽视社会效益；(2)一味迎合受众需求，“腥、星、性”现象严重；(3)以广告收入为经济命脉，经营管理和业务运作上容易受广告商、赞助商牵制。

发达国家和发展中国家都多有这样的私营台，尤以美国最为突出，如美国三大广播公司 ABC、NBC、CBS 等。

2.公共服务制(公营制)

定义：国家所有，但由公司在社会参与下经营管理的电台、电视台。

主要特点：(1)资产为国家所有，但电台、电视台保持相对独立，作为“特殊法人”存在和运作；(2)根据法律规定组成董事会或管理委员会进行领导管理，其成员来自社会各界并具有广泛的代表性；(3)政府依法加以规范和监督，但具体业务由电台、电视台自主开展；(4)经费来自视听费、国家拨款，有的辅以广告收入。其优势在于：(1)便于国家宏观调控，使广播电视业务符合国家整体需要；(2)媒体具有相对的独立性，避免了政府过多的行政干预，运作有活力；(3)董事会成员来自社会各界，有利于实现媒体的社会化管理；(4)收入来源以视听费为主，一方面使媒体经营运作有财政上的保障，另一方面是媒体始终受到受众监督，为受众服务意识强。劣势在于：(1)由于国家介入媒体组织管理，媒体运作仍会或多或少地显示出“行政化”倾向；(2)由于受到政府保护，财政来源有保障，因此媒体容易在社会上处于“垄断”地位，缺乏竞争，不利于自身的改进，经营活力也会降低。

目前，发达资本主义国家以及发展中国家的许多公共台都在实行这一体制，其中，日本的 NHK 为最典型代表。

3.公有国营制(国营制)

定义：由国家拥有并直接经营的电台、电视台。

主要特点：(1)资产为国家所有，政府直接领导和管理，领导成员由政府任命，业务方针由政府规定，业务活动受政府的监督；(2)经费大部分靠国家拨款，有的辅之以受众缴纳的视听费以及广告费。其优势在于：(1)便于国家实施统一管理，有计划地安排人力物力财力；(2)合理安排各台设置，协调互补；(3)使广播业务更符合国家需要，从而使社会效益得到保证。劣势在于：(1)广播事业受政治干预多，业务侧重于对政府、领导负责，忽视对受众多样化需求的满足；(2)行政化管理，高度集中，缺少激励机制，缺乏活力。

实行这一体制的有社会主义国家、多数发展中国家、少数发达资本主义国家中的公营台，以我国为代表。

广播电视体制是传媒社会属性的集中体现。各国采取何种广播电视体制，往往是由历史所塑造并在实践中逐步发展起来的。几种体制各有利弊，没有一个国家的广播电视体制堪称完美。因此几十年来各种体制既互相竞争又互相借鉴，融合、演变的结果是各国体制都已不再纯粹，而是成为多种力量掺杂其中、相互作用的存在。

第二节　广播的产生及发展历史

一、广播的产生

广播是一种电子传播媒介，这也是它区别于在其之前诞生的书籍、报刊等纸质媒介的一个显著特征。具体从技术上来说，广播是将声音转变成连续的电子信号，通过有线或无线的方式传播出去，供听众收听的传收媒介。所以，广播的产生与电子技术的发展有着千丝万缕的联系，没有电子技术的进步，也就没有广播的产生与发展。

广播的出现，经历了极其漫长的摸索过程，它是由许多人的众多研究成果共同组成的，从技术方面看主要得益于电的发明和通信技术的进步。广播的媒介传播特征来自电子媒介的技术特质，涉及多方面和多层次的科学技术。这些技术的发展经历了这样一个发展的过程：电报——电动的文字传播；电话——声音的有线传播；无线电——电磁波传播文字信息。

纵观历史可以看出，广播与电子技术有着紧密的关系。电的发明是广播产生的基础。静电和电流的发现、电动力学的诞生都为广播的产生奠定了坚实的基础。有线通信的发明又将广播的产生推进了一步，比如有线电报的发明、电缆的铺设、电话的发明等。而最具有影响意义的应该是无线电通信的发明和发展，它为广播的快速向前发展提供了有力的技术保障。电报和电话是通过电线和电缆传送的，出了故障未免麻烦，维修起来也不方便。电磁波的发现为传播的进步提供了新的可能性，宣告了无线电传播时代的到来。在马可尼时代，人们只使用“无线”（wireless）一词。在“泰坦尼克”号惨剧发生后不久，“无线电”（radio）一词开始使用，这个词来自拉丁语“radius”，是“射线”的意思。“广播”（broadcasting）一词在第一次世界大战中开始使用，最重要的概念是：这种传播的接收者不止一个，它可以做到在新闻事件发生之后的最短时间内，让更多的受众同时接收到同一信息。后来，1916 年美国的无线电报务员萨尔诺夫(David Sarnoff)提出制作“无线电音乐盒”的设想，经过几年研究，美国无线电公司(Radio Corporation of America，RCA)制成最初的收音机。

广播的发明成功不仅是人类一百多年来在电信事业上前赴后继、努力探索的成果，而且开创了人类传播史的新纪元，标志着电子媒介的诞生。在美国，语言广播发明之前，没有人立刻意识到这是一种新的大众传播媒介，虽然出现了一两家试验播出的电台，但是由于随后爆发的第一次世界大战，无线电的一切使用都被置于政府的控制之下，试验也全部集中于军事目的。

直到一战后，私营广播才又恢复。这期间在美国和其他国家内曾经先后出现过几家电台，但世界公认的第一个广播电台是 1920 年 11 月 2 日开始播音的美国匹兹堡西屋电器公司(Westinghouse Electric Corporation)的商业广播电台 KDKA。根据美国商务部记载，这家电台是第一个向政府领取正式营业执照的电台。KDKA 电台的开播标志着广播事业的正式诞生，广播揭开了自己的历史，并同时掀开了世界新闻事业新的一页。

但是当时的西屋公司未认识到广播电台本身的商业利润作用，而仅仅将它当作刺激收音机需求的一种手段。有了人们对广播电台制造节目的收听需求，西屋公司的小矿石收音机变得相当畅销。其后，西屋公司在马萨诸塞州的斯普林费尔德市和新泽西州的纽华克市也陆续开办了电台。与此同时，竞争迫使 RCA 开始生产萨尔诺夫提议的“无线电音乐盒”，并在离纽约不远的新泽西州建立了广播电台；通用电器公司(General Electric Corporation，GE)在纽约州斯克内克塔迪市的厂区开办了广播电台；AT&T 也在纽约市开办了后来著名的纽约广播电台(WEAF)电台。1922 年初，有 28 家电台活跃在广播领域；半年后，这个数字达到 378 家；年底，则达到 570 家。收音机销售极快，20 世纪 20 年代末，已有半数美国家庭拥有一架收音机。

从世界范围看，在与美国毗邻的加拿大，马可尼公司拥有的蒙特利尔 XWAF 电台与美国 KDKA 电台差不多同时创办。到 1923 年，加拿大已经有 30 多座广播电台在播音了。英国于 1922 年 12 月开办了正式的商营广播电台——英国广播公司。其他欧洲国家也纷纷将原先的试验电台纳入正式的法规管理。法国和苏维埃俄国于 1922 年、德国于 1923 年分别开办了广播；在中国上海，1923 年初，一位美国人奥斯邦（E.G.Osborn）利用一位张姓华侨的资本开办了中国无线电公司（XRO）广播电台；日本于 1925 年在东京、大阪、名古屋等地开办了广播电台；澳大利亚于 1923 年开办了广播。广播电台这个新兴的事业就此开始了。

二、广播的发展

1920 年前后，广播在很多国家陆续出现，各国都先后开办了自己的广播电台。到 1922 年，美国的广播电台已发展到近 500 家。1926 年美国成立了全国广播公司（National Broadcasting Company, NBC），有 25 家电台；同年哥伦比亚广播公司（Columbia Broadcasting System, CBS）诞生，拥有 16 家电台网络。

到 1930 年，无线广播几乎已遍及世界，短短几年间，世界上主要国家都建立了广播电台。初期的广播电台规模小、设备简陋、发射功率低、广播时间短，主要是对国内广播。随着社会的进步与技术的发展，广播也有了更深刻的的改进，主要表现在以下几个方面：

（一）对外广播的出现

20 世纪 20 年代末，资本主义世界爆发了一次严重的经济危机，并导致了政治危机。帝国主义国家内部及各国之间的矛盾空前尖锐。为了争夺殖民地和势力范围，为了加强对殖民地和半殖民地的掠夺和控制，帝国主义国家一边组织经济集团扼制竞争对手一边发展对外广播，从精神上加强对殖民地和半殖民地人民的奴役和控制，企图压制日益高涨的民族独立和民族解放运动。

荷兰率先于 1927 年开办对外广播，随后是美国（1929）、法国（1931）、英国（1932）、德国（1933）和日本（1935）。早期的对外广播多是使用本国语言、针对广播对象国的本国侨民播出，所以还不是完全意义上的对外广播。在荷兰和苏联最早开设对外广播电台后，欧洲各主要国家及私营团体出于各自不同目的开设对外广播，当时广播的内容五花八门，广播的最主要目的是销售收音机与进行政治宣传。当时各国政府对国际广播重视不足，但这种新兴传播手法的潜质逐渐显露，只需要一个展示的契机。德国人最早意识到对外广播的重要性。1933 年，由纳粹主义分子掌权的德国开始用英语、德语向全球进行广播，宣传部长戈培尔将广播宣传发挥到极致，不仅在德国国内集聚民心，而且战前吞并捷克、奥地利时，德国人竟也凭此得到其他国家一定程度的舆论支持。1935年，意大利在入侵埃塞俄比亚后，开始对北非和中东地区进行阿拉伯语广播。同年，日本国际广播电台(NHK-RJ)开办了对夏威夷和美国西海岸地区的日语、英语广播，1937年开始华语广播。国际广播在法西斯国家率先得到应用。美国是在1941年12月7日珍珠港事件后的第二年(1942)的2月24日开办“美国之音”对外广播的，先用德语，后用法语、意大利语播出。

据历史资料统计，第二次世界大战爆发前后，世界上共有广播电台1200多座，收音机4000多万台，有25个国家开办了对外广播。第二次世界大战中，广播在对内对外宣传上发挥了重要的作用。苏、美、英等国同德、意、日法西斯国家展开了激烈的“电波战”(广播战)。各国的广播电台及时地报道战争消息，有的广播电台还派出记者到前线采访，做出许多真实生动的报道。许多国家元首如丘吉尔、戴高乐等还多次到广播电台发表广播演讲，动员、鼓舞人民同法西斯斗争。

(二)调频广播的诞生

广播电台的发展和收音机的普及，促进了广播技术的提高。1923年美国科学家E.H.阿姆斯特朗(Edwin Howard Armstrong)在美国无线电公司总裁萨尔诺夫的指导和资助下开始研究“不受天电干扰”的调频广播。1933年在技术上取得进展，达到实际应用地步，并于1935年11月6日进行了第一次调频无线电传输表演。美国于20世纪40年代最先建立了一批调频电台，但受到战争期间政府暂停发放执照的影响，直到战后才得到较大的发展。20世纪50年代，英国、日本及其他国家也办起了调频广播。调频广播的应用，标志着广播技术进入了一个较为成熟的时期。

从技术上讲，数字音频广播出现之前的电台主要有两大类：调幅(简称AM)与调频(简称FM)。调幅广播使用标准频率(535kHz～1605kHz)，而调频广播使用88兆赫和108兆赫。调频信号是调幅频道宽度的40倍，立体声技术的实施成为可能。

调频广播有很多调幅广播无法比拟的优点：

(1)高保真、音质好。人耳听觉范围是16赫兹～20000赫兹(声波)，调频可以全部携带传出，不切幅，广播质量好；而调幅广播则因频带窄而要切幅，高、低频都要损失，所以声音失真。

(2)抗干扰能力强。调频广播工作于超短波频段,超短波是直接波,电波传播稳定,没有中波的衰落现象,实现了"不受天电影响"的目标;在一定范围内也不易受邻近电台干扰,可以24小时稳定收听。

(3)容纳的电台数量多。调频广播的频带宽,可容纳比中波更多的电台。

(4)发射范围容易控制。调频广播发射距离与地理条件(高度、方位)有关,可以人为控制、调节,这样既解决了一台的覆盖问题,又不使其电波"外溢",杜绝了中波"听不到、听不好"的问题。

(5)使用费用低。调频广播台的建设维护费用低,不需要大功率发射机,一般县级台使用30～100瓦的功率就可以了。

虽然调频广播技术先进,收听质量要远远好于调幅广播,但是一直到1960年之前,都没有得到充分的发展。直到20世纪90年代才达到了高峰。以美国为例,自20世纪90年代起,美国广播的发展主要是调频电台的增加。据2003年的统计,美国的调幅电台有4803家,而调频电台已达8498家,同时还有2426个调频教育台。[①]

(三)录音机的发明

爱迪生于1877年发明留声机,其原理是用在锡箔或锡管上刻声迹(沟纹)的方法来保存和重现声音。后来,这一技术演变成压制唱片的唱盘录音,并被用于早期的广播节目录音,很多著名节目包括新闻节目都是这样录制的。

丹麦人波森在1898～1900年发明了磁录音带,是基于全新录音技术的产品,后来逐渐改进和发展为现代录音机。其间经历了钢丝录音、磁带录音、立体声磁带录音、数字化录音等不同发展阶段。

录音技术给广播节目的采制、播出带来了方便,使办台、办节目方式产生了巨大的变化,成为广播不可缺少的技术成分。它也和广播一起,成为人们文化生活的一部分。由于录音设备能把声音保存下来,并在需要的时候重放,所以它和摄像设备一起,成了保存人类历史片段的工具。[②]

---

① 参见洪浚浩:《美国广播业的发展和变化新趋势》,《世界广播电视参考》2004年第1期。

② 参见周小普:《广播新闻与音响报道》,中国人民大学出版社2001年版,第11页。

第三节　世界广播媒体的现状及发展趋势

从广播媒介诞生到今天已经有近百年的历史，从第一个正式电台出现到今天也有80多年的历史了。由于各国的国情不同，广播的诞生、发展、变化情况也是不一样的。比如，从世界广播发展史来看，各国对广播事业的管理体制与方法不同，决定了各国电台的节目形式与传播内容也不尽相同。

一、国外广播媒体发展情况

(一)美国广播媒体的发展

1920年11月2日美国匹兹堡KDKA电台创办，成为世界上第一家广播电台，也是第一家商业广播电台，到1924年底时已有近600家商业电台。促成美国广播兴起的除了无线电技术的发展和社会对信息的需求之外，还有一个重要因素是商业利润的驱动。广播电台经营广播广告开始赢利，广播电台迅速发展。1926年美国大型广播公司先后创办，也就是全国广播公司(ABC)、哥伦比亚广播公司(CBS)，并且建立了各自独立的广播网。

20世纪30年代爆发的资本主义世界空前的经济危机，造成千百万美国人倾家荡产，工厂纷纷倒闭，将近1/4的人失业。在社会动乱和诸多矛盾困惑中，广播迅速普及，几乎成为美国人家庭娱乐、消遣的唯一媒介，电台提供广播“肥皂剧”、音乐、谈话节目，为陷入危机的美国人提供了精神慰藉。1933年3月12日，富兰克林·罗斯福在就职总统后的第8天，于白宫接待室壁炉前作了一次全国性的广播谈话，被称为“炉边谈话”(Fireside chats)。这一谈话对稳定国民情绪、提振大众信心、激励工商业界起到了巨大作用，与罗斯福新政一起，成为引领美国走出大萧条的重要力量。罗斯福在其12年总统任期内，共做了30次炉边谈话，每当美国面临重大事件之时，总统都用这种方式与美国人民沟通，取得了良好效果。在百业萧条的年代，广播成了唯一走红的媒介。

第二次世界大战中，美国广播得到空前发展，进入高峰期。战争也为广播新闻和广播记者提供了开发广播潜能的新空间，广播获得了更加深刻的发展变化。“二战”中广播记者的创新精神，更使广播新闻报道形态不断得到丰富。现场报道、电话采访、新闻分析、连线访问构成了广播新闻报道的基本形态。综合运用这些基本报道形态，加上新闻主持、主播专业化角色已初具形态，使广播充分发挥了在公共服务和新闻传播方面的独特功能。

二战之后，美国经济复苏发展，民众对媒介的期望变得更高。电视解冻以后有了统一的标准，电视机普及得非常迅速。1947 年美国全国仅有 1.5 万台电视机，到 1960 年猛增至 4000 万台，全国 88%的家庭已拥有电视机。电视机的普及，对于广播来说是一场致命的冲击。电视不仅"抢走"了广播的听众，而且直接"夺走"了广播原有的广告商，至此广播走进了发展的低谷。如何深入改革、重新发挥自身的优势，成了当时广播界考虑如何进一步发展的重点。

20 世纪 70 年代中期美国广播进入了持续发展期，80 年代以后，卫星通信技术提升了广播覆盖效果，90 年代的数字音频广播技术（Digital Audio Broadcast，DAB）提升了广播传送的质量与品质，90 年代中期网络广播兴起，网民队伍汇入广播，开拓了传统广播的新空间。1996 年公布的远程电信法引发兼并浪潮，陆续出现的大型广播集团公司在广播产业化进程中发挥了重大作用。21 世纪以来，在网络的推动和影响之下，美国广播实现了全面网络化，传统媒体与新兴媒体紧密结合，使广播获得了一条新的发展之路。

进入 21 世纪，受到社交媒体兴起以及经济放缓等因素的影响，美国广播用户数量持续下降。就如同所有的传统媒体一样，美国广播为了生存，也积极地开始媒体融合。美国广播行业的"触网"从建立网站开始，运用 Twitter 和 Facebook 等媒体为自己宣传、获取新闻线索、与听众互动等。2014 年美国各大厂商陆续推出智能音箱，广播音频直播流和节目陆续开辟了新的战场。更进一步的是，美国广播行业积极收购互联网新媒体。美国卫星广播"天狼星 XM"就于 2019 年 2 月以 35 亿美元收购了互联网音频聚合平台 Pandora。在移动端市场，美国广播业开发客户端，美国哥伦比亚广播公司、美国国家公共广播电台等都已经有了自己的客户端。

对美国来说，广告创新令播客近年来的收入大增。美国全国公共广播电台（National Public Radio，NPR）在音频播客上的广告创新，导致其 2015～2019 年间的广告收入增长了 10 倍，即便在疫情肆虐的 2020 年，仍实现小幅增长，2021 年预估将增长 30%以上。NPR 的用户群高达 1.63 亿人，运行 7 种音频播客，播客用户总数目前为 2100 万，博客每月听众超过 500 万。NPR 于 2005 年开始在播客中接收广告，但只限于正式内容播出前的营销广告，每年收入在 100 万～200 万美元之间。2012 年，NPR 在播客播放过程中插入广告,此举导致广告年收入增加一倍。从 2015 年起,NPR 又增加了动态化的过程广告,2017 年引入客户音频空间,2021 年初则增加了品牌赞助。

(二)英国广播媒体的发展

英国是世界广播业的发源地,在早期,英国就为世界广播事业树立了一个标杆式的类型——公营广播制度和体系,英国也是以它的公共广播而闻名世界。

英国广播公司创办于 1922 年,成立之初为民营公司。几年以后,由于广播公司的影响日渐扩大,英国议会决定采用公共企业的形式来经营广播公司,使其不为私人占有,也不为政府所控制。1927 年元旦,英王颁发了“皇家特许状”,将民营的英国广播公司改组为公营的英国广播公司,这就是 BBC。英国 1955 年开始推出调频广播,1967 年起陆续兴建地方电台。居民拥有收音机数量从 1947 年的 1088 万台到 1956 年的1426 万台,广播基本普及到家庭。英国允许开办商业广播的开端是1972 年,目的就是打破 BBC 对广播业的独家垄断,促进英国广播业的发展。也是在这一年,英国通过了《无线电广播法》,将独立电视公司(Independent Television Authority, ITA)改为独立广播公司(Independent Broadcasting Authority, IBA),统管商业广播和电视。

但是,这一时期英国的私营广播都是受到 IBA 管辖并且租用 IBA 的设备播放的,而且在行政上也受到 IBA 的多方制约,所以人们将这种 BBC 与 IBA 两大公司控制广播电视的局面称为“双头垄断”。[①]

随着新媒体技术的发展,尤其是在 20 世纪 70 年代之后卫星电视、有线电视迅猛发展,BBC 和 IBA 之间的竞争越演越烈。又经过一二十年的发展,也就是到了 20 世纪 80 年代后期,西欧其他各国都出现了广播电视商业化的局面,所以英国一些机构组织要求全面发展广播的商业竞争。在这种呼声中,英国于 1990 年颁布了新的广播法,但其正式实施却是在 1992 年。这部新的广播法颁布实施后,对英国广播业的发展产生了重要的影响。最重要的就是,它打破了 BBC 和 IBA 之间的“双头垄断”,形成了英国一直持续到今天的广播格局,即公共广播与商业广播并存模式。

---

① 参见张允诺:《外国新闻事业史教程》,高等教育出版社 2003 年版,第 303 页。

英国广播数字化的推进也在持续进行中。数字音频广播技术(DAB)开始于1985年。1995年9月起,BBC成为第一个采用多路传输DAB发射系统的广播机构,它有四套全国性广播节目同时使用数字技术广播,是世界上最早正式进行全国性数字音频广播的电台。2002年2月起,BBC又开办了第一个专门的数字广播电台"第5直播台体育特别节目",作为对BBC第5台的重要补充;2002年3月起,又开办了数字化的音乐广播网,作为第六套节目。2005年,英国广播公司的高层首次从战略角度规划公司在遇到新媒体时的问题和发展需求。2006年,BBC推出"创意未来"发展计划,其宗旨是实现广播、电视、网络、手机的一体化。该计划提出了"马提尼"媒介,即多种媒介混合而成的融媒体。"创意未来"计划也被视为英国广播公司进军"web2.0"的宣言。2007年12月25日,IPlayer播放器上线,供用户在手机、电脑和其他移动终端上使用,该平台可以检索并且下载30天内播放的音频、视频节目。IPlayer目前已经实现与社交媒体的融合。2010年,根据英国最权威的广播数据统计调查机构RAJAR发布的统计数据,英国15岁以上的人口广播有效到达率为90.6%,每个受众周平均收听广播21.8小时,英国广播公司成为世界公共广播体制的典范代表。2013年12月20日,英国政府发布了一项行动方案,表示将"加快模拟信号广播向数字音频广播全面过渡"的进程。英国在2015年前后基本完成了广播业的数字化转型。截止到2016年,英国广播公司在英国本土的覆盖率达到95%,周均收听人数达到3470万。IPlayer月均访问量达到2.46亿人次,平均年增长率超过9%。同样是2016年,BBC广播三台开始全频率向网络转移,之后又有其他节目改成网络首播的播出模式。BBC IPlayer成为全球最大的新媒体内容分享平台之一。

(三)苏联及俄罗斯广播媒体的发展

苏联的广播诞生于20世纪20年代,1920年莫斯科开始创办广播电台,并且在莫斯科红场上安装了扩音器。随后,一直到1991年苏联解体,苏联一直实行国营广播电视制度。苏联广播电视体制分为三级:中央级、加盟共和国级和地方级,每一级广播电台和电视台都接受同级广播电视部门的领导;而每一级广播电视部门又都接受同级党和政府的领导。广播电视被视为推行各项政策的重要宣传鼓动工具、对劳动人民进行思想政治教育的强大武器。长期以来,苏联广播电视节目内容比较单调,更加注重节目的宣传性，新闻报道时效性较差。1991 年后，俄罗斯的广播电视发生了根本性的变化。①

由于俄国科学家波波夫于 1895 年发明了无线电波，并于当年的 5 月 7 日进行了首次无线电接收信息的展示，因此每年的 5 月 7 日也被定为苏联的“无线电日”。十月革命以前，俄国的广播事业没有很大的发展；十月革命以后，苏维埃政府很重视广播的发展，从此苏联的广播对国家的建设、社会的发展开始发挥积极、有效的促进作用。伟大的革命导师列宁就曾经把广播称为“不要纸张和没有距离的报纸”。

第二次世界大战爆发之前，苏联的广播也没有取得很大的发展。但是在反法西斯战争中，苏联的广播得到了积极的发展，谱写了苏联广播史上光辉的篇章。1938 年，德国法西斯军队侵犯苏联，苏联广播由此开始了反法西斯战争的“声音之战”。在外敌入侵的时刻，苏联广播积极担负起了凝聚人心、鼓舞军民士气的重任，为尽快打退敌人提供了有力的武器。卫国战争期间，苏联的广播电台播出了 2000 多篇战争报道、2300 余条“最新消息”、7000 余篇红军部队通讯。② 苏联的国际广播开始于 1929 年。

二战胜利以后，苏联广播得到政府的重视，从而使广播获得进一步发展。苏联采取了无线电广播和有线电广播并举的方针，大力发展广播电台。1964 年苏联开办了“和平与进步”电台，从而使苏联的对外广播在世界对外广播中跃居前列。苏联的广播媒体属于国家所有，并为党和政府所控制，不允许私人独自占有媒介。广播是整个党和政府机构的重要组成部分，它肩负着宣传党的路线、方针、政策的使命。

苏联解体以后，随着俄罗斯政治体制出现的转变，媒体也相应地进行了一系列的调整。目前俄罗斯广播市场形成了国有、私营、外资等多元所有制并存的格局。如今，俄罗斯的广播在经历了变革以后，又出现了新的发展，也开始向高科技迈进。有资料显示，2004 年俄罗斯政府掌握着 70%的电子媒介、20%的全国性报纸和 80%的地区报纸。THC2012 年的调查结果显示，俄罗斯国有广播电台占市场份额的 16%，商业电台占 72%，其他性质电台占 12%。③ 国有广播虽然数量少，但信息权威，舆论引导性强；商业广播数量较多，以音乐和娱乐为主。截至 2015 年 1 月 1 日，俄罗斯登记注册的广播

① 参见郭镇之：《中外广播电视史》，复旦大学出版社 2005 年版，第 106 页。

② 参见曹璐：《广播新闻理念与实务创新研究》，中国广播电视出版社 2007 年版，第 90 页。

③ 参见谢飞、刘秀文：《俄罗斯当代广播业现状与发展》，《中国广播》2013 年第 11 期。

电台共有3182家。现在，一方面，俄罗斯政府对广播媒介实行一些强制措施；另一方面，媒介也在慢慢地走向私有制、市场化和公司化的道路，多种经济成分并存。但是总的来说，现在俄罗斯的广播电台已经进行了重新定位，按照听众市场细分化的要求不断调整节目内容，主要有综合类广播电台、新闻信息类广播电台、音乐类广播电台等。广播节目受商业因素的影响，娱乐性增强，格调趋向低俗，西方文化的影响日益明显。目前俄罗斯主要广播电台有俄罗斯国家广播电台（第一大国营台）、“灯塔”电台（第二大国营台）、“莫斯科回声”广播电台（民营新闻台）、俄罗斯广播电台（音乐台领头羊）、“欧洲加”电台（俄法合资的24小时音乐台）。

俄罗斯广播电视的数字化进程始于1997年，是在国家信息化整体战略保障下进行的。虽然数字广播的发展进程缓慢，但是广播与新媒体的融合趋势已不可避免。如何利用新型的移动终端和数字化平台为听众提供所需的多元内容和有效服务，是移动互联网时代俄罗斯广播业必须直面的挑战。

二、我国广播事业的发展

中国广播事业在很大程度上是受到国外影响而诞生的。1922年，美国人奥斯在上海成立了中国无线电公司，并与美资英文报纸《大陆报》合作，创办了“大陆报——中国无线电公司广播电台”，呼号XRO，于1923年1月23日晚间首次播出节目。这是中国境内出现的第一座广播电台。我国早期的广播电台大多是由外国人在中国开办的，这些广播电台对我国早期广播的发展有着积极的作用。但是它们持续的时间都不长，最终皆被取缔。

中国第一部关于无线电广播的法律是1924年8月颁布的《装用广播无线电接收机暂行规则》。随后，在1926年，哈尔滨广播电台创立，这是中国人自己创办的第一座广播电台。国民政府时期，“中国国民党中央执行委员会广播无线电台”于1928年8月1日在南京成立。伴随其发展，中国广播事业的统一规模逐渐形成。据统计，1947年12月，中央广播事业管理处所属广播电台共42座，全国的收音机数量大约为100万台。

新中国的第一座广播电台是中央人民广播电台。1940年12月30日延安新华广播电台成立，1945年9月5日正式开播。1947年3月中旬，该电台撤出延安，移到瓦窑堡继续播音；同年3月20日改名为“陕北新华广播电台”；1949年3月25日开始在北平播音，改名为“北平新华广播电台”，同年9月27日又改名为“北京新华广播电台”，并在10月1日的开国大典上进行了中国广播史上首次大规模的现场实况广播。1949 年 12 月 5 日，北京新华广播电台正式更名为“中央人民广播电台”。

我国的广播事业在新中国建立以后的变化、发展，与中国的历史变革和社会环境息息相关。建国初期，社会经济有了一定的发展，广播在这一时期也奠定了发展的物质基础，同时广播也为国家经济建设的恢复发挥了很大的作用。“文化大革命”时期，广播也受到相应的影响，广播节目的政治内容急剧增加，知识性内容大幅度减少，文艺节目几乎消失。广播在这一时期也成了典型的政治斗争工具。

1978 年党的十一届三中全会召开以后，我国广播开始谋求自身独立发展的道路。广播媒介的功能定位从政治教化为主的单一功能转变为传播信息、社会教育、提供娱乐、自主经营发展的多元功能。1979 年 3 月，上海人民广播电台在全国第一个恢复了广播广告业务，随后，中央电台和地方电台纷纷开始经营广告业务，广播媒介开始改变了全部经费靠国家拨款的局面，进入了广播媒介自主经营时期。1983 年全国广告经营额为 23407.4 万元，广播经营额为 1806 万元，占广告市场份额的 7.7%。[①]

近些年来，随着广播技术的进一步发展，我国的广播事业也不断适应社会的变化和受众细分的要求。广播作为信息传播、舆论监督、交流渠道、教育载体、社会论坛、服务中介等的作用日益得到重视。在广播技术上经历了一系列的变革：确定并实施了将调频作为广播节目的传送手段；各地的部分中央转播台和省、市、自治区广播电台都相继使用微波线路接收中央台传送的节目；采用立体声调制器，播出大量的立体声节目；试验并应用卫星技术，建立广播地面卫星接收站，直接收转中央人民广播电台节目以及其他地区的著名节目；大力倡导发展数字音频广播，还可加视屏，实现边听边收看可视信息。如今，伴随着数字广播和网络的发展，网络广播电台越来越多，大部分的广播电台都办有网络电台，把广播这一传统媒体与新技术紧密地加以结合，推动广播更加长足、快捷的发展。

进入 21 世纪后，在广播电视技术和互联网媒体的双重驱动下，数字压缩技术、流媒体技术等都进行了升级，伴随着我国互联网网民规模的扩大，广播也开始借助网络展开自身的变革。首先被催生出的是世纪初一大批数字广播电台和网络广播电台。早在 1996 年 12 月，亚洲第一个数字音频广

① 参见丁俊杰、黄升民：《中国广播产业报告》，北京广播学院出版社 2004 年版，第 5 页。

播先导试验网便已在广东珠三角地区建立。2000 年 6 月，京津地区的数字音频广播试验网建立。网络广播电台随着技术的发展迅速地淡出了人们的视野，2009 年底豆瓣电台上线，开始凭借打造创新式音乐社区和扶持独立音乐人探索社交化广播发展道路。紧随其后的是新浪微博，于 2011 年创立了微电台，打破了传统广播线性传播、终端、地域的局限。音频客户端也搭乘互联网的便车发展起来，如“喜马拉雅 FM”，这类平台同样秉承社交化思维，用户可以直接使用 QQ 或者微信等社交软件进行账户登录。此外，传统广电媒体也积极推动社交化，央广视讯于 2016 年成立“央广云电台”，并于第五届中国网络视听大会上获得国家新闻出版广电总局评定的 2017 年度创新案例大奖。

三、广播的发展趋势

随着电视、网络和新媒体的发展，广播面临重重压力，但也在日益更新，不断进步，不断创新，力求扬长避短。

1.网络电台优势凸显

互联网的发展对社会进步产生了极大的影响。随着网络与广播的联合，网络电台日渐兴起，从而使广播成为互动的、个性化、无边界的媒介。网络音频广播系统、IMPS（Instant Messaging Presence Services，即时通信和状态信息的服务）网络媒体发布系统等一系列与计算机相结合的新技术，的应用，在很大程度上拓宽、延伸了广播的优势，克服了其自身的部分局限性。网络电台是指通过编码器，将电脑里面正在播放的音频或视频数据转换成可在互联网上直接传送的格式，而用户登录到电台的网站时，可以下载到经过编码的音频信息，再通过如 Realplay 或 Winamp 等相关软件将音频信息转换成声音播放出来。网络电台不需要占用卫星频段和频率资源，其播出效果仅受网络带宽的影响。目前，网络电台所依赖的宽带环境和气候已经逐渐形成，网络电台的成长就成了一件顺理成章的事情。

广播目前处于弱势地位主要是由其功能决定的，因为广播只能听、不能看，一听而逝、无法保留，与听众互动受到种种限制。互联网具备所有媒体的一切优势或者说功能：它能够像广播一样听，能够像电视一样看，能够像报刊一样读。同时，它还具有传统媒体所不具备的功能，它能够长久地保留一些有价值的节目，它能快速地查阅资料，它能够传播信息到世界的每一个角落，它能够通过各种途径与网民互动，比如发帖、聊天、开博客、游戏等等。

这些现代化的传播手段,极大地满足了现代人们对信息的需求和参与媒体的愿望。只要把网络的这些现代化功能与广播联姻,就会大大增强广播的功能,增强广播的竞争力,把广播从弱势转变为强势。

现在,世界上主要的国际广播电台,比如英国广播公司、美国之音(Voice of America,VOA)、法国国际广播电台(Radio France International,RFI)都将注意力放到了网络上,建立在线新闻网站,使用多种语言在网上进行新闻广播。网络广播可以更充分地发挥出广播的能量和魅力,让广播产生更大的影响和效益。

在我国,广播与互联网的融合已经成为当前广播发展的趋势,并且通过与网络的融合,可以消弭广播不易保存、转瞬即逝等传播缺点,使广播重新焕发生机。根据国家广播电视总局统计,截至2020年底,全国广播节目综合人口覆盖率达99.38%,广播制作和播出时间也是连年增长,2020年广播节目播出时间达到1580.72万小时,同比增长了1.76%。

2.广播数字化技术应用

广播从来都是新技术的产物。每一次广播变革都是新技术变革的结果,从有线广播到无线广播;从模拟广播到数字广播;从传统广播到网络广播到移动电台,新技术拓展了广播的视野,为广播发展提供了新的可能与发展方向。而数字化技术在广播中的应用也给传统广播注入了新鲜的血液。

从1995年9月起,英国BBC的四套全国性广播节目同时使用数字技术广播,成为世界上最早正式进行全国性数字音频广播的电台。2002年起,又开办了第一个专门的数字广播电台和数字化音乐广播网,在广播的数字化进程中迈进了一步。

以前,广播电台发射、传输节目都主要是依靠调幅,后来出现了调频节目,因此,广播电台的发射技术主要是模拟技术中波和调频。现在,上至中央台,下至省、市电台的无线广播频率已接近饱和了。又加上现在城市中高层建筑物云集,导致广播电台的信号不够理想。而利用数字调频广播(DRM)技术,包括数字音频压缩技术和数字编码技术,在保留模拟广播音质效果清晰的基础上,为传统广播增加了文本、图像、数据等附加信息传播能力。数字调频广播可以在不改变现有频率规划和频谱分配的前提下,通过增加相应数字化改造模块即可完成升级,从而实现了从模拟到技术的平稳过渡。①

数字技术不仅可以应用在广播节目的制作、传输过程中，通过充分发挥数字技术的优势大大扩展原有频率资源，有效解决频率稀缺的现状，同时也有利于广播电台专业化发展的要求，适应新的传播环境。而且数字化技术也促进了数字收音机的研发和生产。一直以来，人们都是使用半导体技术的收音机；现在，除了数字收音机外，还有手机、掌上电脑、车载收音机、网络音频等多样化接收设备，这样将会实现收听广播的多渠道、多符号的多样化选择。北京电台开通 DAB 移动多媒体广播，可以为用户提供 20 套音频、4 套视频多媒体以及 5 套数据服务，与原有 7 套广播频率相比，传播空间大为拓展。②

3.都市电台、社区广播深入发展

城市化是社会转型期间的一个重要的变革内容。如今，中国的城市化发展进程加快，大量农民涌进城市，这也是中国社会从农业社会向现代工业社会和信息社会转型过程中农村人口向城市集中的一个过程，而 8 亿农民中很大一部分将成为城镇居民，他们对媒介的需求也在增加。都市电台在适应了传播分众化的变化以后，不断摸索做大做强有本地特色广播新闻和娱乐广播节目的途径，以满足不断出现的新的受众群体的需求。在不远的将来，都市广播将仍会有它发展的优势所在。再加上城市中电话、手机的普遍应用，还有网络使用在城镇中的普及，都市广播将会引入广播竞争机制，增强广播经营能力，开拓出更加广阔的市场，有效地体现出城市广播本土化有效服务的潜力和优势。

随着城镇化的加速到来，城市受众群中的广播听众比例逐渐扩大，有学者预言，城市化将为广播复兴提供一个重要契机。发达国家广播的发展趋势多数是都市化、本土化、分众化。广播的本土化服务，特别是中小城市电台在为社区居民有效服务和居民参与等方面提供了开放的信息整合平台，因此，从长远来看，都市电台、社区广播仍将是广播发展的一个必然趋势，尤其是在现在媒体受众分众化很细的时代。这种社区广播也便于听众和主持人、编辑、记者进行一些“零距离”的接触，交流对广播节目的看法和意见，既为社区广播的下一步发展奠定了坚实基础，也为广播电台自身的不断完善、提升创造了良好条件。

① 参见吕锐：《广播新技术及其产生发展契机》，《中国广播》2006 年第 10 期。

② 参见曹璐：《广播新闻理念与实务创新研究》，中国广播电视出版社 2007 年版，第 277 页。

4.交通广播给广播开辟了广阔阵地

随着汽车保有量的增加和路况拥堵的加剧，上下班高峰期的路途为广播提供了巨大的发展空间。

1991年9月，上海人民广播电台开办了交通广播，成为中国大陆第一家交通广播频率。1993年北京交通广播电台开播，与交管局合办路况节目，使交通广播成为汽车内的最主流媒体。而音乐广播、交通广播在各地的相继开播，标志着中国广播开始进入了分众传媒的频率专业化时代，中国广播进入了持续发展时期。这种继续发展的交通广播已成为新世纪中国媒介改革的一道亮丽风景，人称“交通广播现象”。

5.国际广播在对外宣传中发挥更大的作用

近年来，随着国际局势及各国国家利益取向的变化、新媒体技术发展等因素的影响，作为长期以来国际传播的基本和重要组成部分的国际广播在信息传播全球化的过程中遇到了新的机遇和挑战。世界主要发达国家均利用国际广播宣扬本国文化，瓦解发展中国家本土文化归属感，发展中国家也积极利用国际广播坚守自己的政治文化阵地。世界主要国际广播媒体对其发展战略进行了调整，国际广播呈现出一系列新的发展趋势：由政治“硬传播”转为文化“软渗透”，由传者本位转为本土化传播，由单一广播媒体转变为多媒体传播机构，目标受众由大众转为青年和精英群体。比如美国之音增加了《美国校园》和《音乐世界》这两个文化节目的时间，每天各一小时。在美国对中东的广播中，“中东广播网”通过现代营销技巧用音乐吸引在这一地区占多数的年轻受众，音乐形式既包括美国的流行音乐也包括来自埃及等阿拉伯国家的流行音乐，在音乐节目的框架下提供新闻报道。

现在，全世界共有105个国家和地区开办了国际广播，国际广播电台数量有160多个，播出语种达140多种。目前我国的对外广播拥有38种外语和汉语普通话、4种方言，无须经过中间媒介便可直接进入外国的主体社会，具有电视、报刊和通讯社尚不具备的特点和优势，在对外宣传中处于主体位置。中央也确定我国传媒对外宣传的主要任务由中国国际广播电台担任。

在信息传播全球化背景下，受众获取信息的渠道日益多元化，互联网和卫星电视成为国际传播的新兴力量，与此同时，国际广播的受众在流失，国际广播的不可替代性受到了挑战。因此，各主要国际广播电台都扩大了自己的国际传播业务，由单一广播媒体发展成为集广播、电视、网络、移动信息为一体的跨媒体传播机构。

6.移动电台的强势崛起

如果说汽车带来的交通广播的繁荣，给了广播“第二春”，那么移动互联网以及4G时代带来的移动电台，则给广播带来第二次重生。目前，市场上移动网络电台大致分为以下三种：第一种是以“蜻蜓FM”为代表的综合性电台，他们与传统电台合作，将传统电台的内容搬到了移动互联网上；第二种是以“喜马拉雅”为代表的听书类电台；第三种则是以“荔枝”为代表的UGC(User Generated Content，用户生产内容)音频分享电台。

《中国音频传媒发展研究报告(2020)》显示，2019年，全国广播听众规模达到4.73亿，较上年增加1.72%，占全部音频用户的72.43%。而移动电台的用户规模，在2019年达到3.75亿，较上年增长14.77%。用户规模的持续增长揭示出音频市场的未来发展潜力，也进一步展现了广播电台在移动互联网用户中的再传播价值。在听众群体方面，整体来看，中青年、中高学历、中高收入者构成广播收听的主体，这为广播媒体的融合升级、移动转型发展奠定了听众基础。从全国音频用户的触媒行为与内容偏好方面看，信息源多样、诉求多元、场景丰富成为主要特点，音乐、新闻和垂类服务为主要收听诉求。音频听众的收听时间特征显示出“移动互联网伴随+定制化收听的场景化”特点，广播音频聚焦早晚出行高峰，移动音频占据睡前场景。①

从广播百年发展史来看，广播一直在随着社会变动而不断形塑。虽然“广播将死”之声不绝于耳，但广播总是可以借助技术和社会发展条件，提供新的参与方式、传播方式和传播形态，为自身开拓新的发展领域。在目前的融媒条件下，广播经历了网络化、移动化和社交化的发展阶段，正在步入当下的产业转型期。广播要借力移动互联网实现深度融合，必须真正实现从数字化向数据化、从智能化向智慧化的转变，进而实现从媒体生产逻辑向用户订阅逻辑的转变。数据化驱动、智慧化赋能、流媒体运维或可成为广播电台向移动互联网深度融合的未来进路。②

第四节　广播个案分析

随着社会的发展和生产力的进步，媒介的竞争愈演愈烈，在这些竞争当

① 电台工厂：《传媒蓝皮书：泛音频生态听众规模回升互联网化用户需求展现融合新视角》，2020年12月19日，https://www.sohu.com/a/439151760_738143。

② 参见赖黎捷：《广播向移动互联网融合的进路与未来趋势》，《中国广播》2021年第2期。

中，有些媒体经受不住考验而退出历史舞台，而有些媒体却在激烈的竞争中顽强地生存下来，并且有了更好的发展。广播媒介作为一个有着悠久历史的传统媒介，伴随着社会生产力的发展和新技术的应用，亦改变了一些传统特性，走上了频率专业化的探索之路。本节主要选取国内外较有代表性的广播媒介，对它们的历史、发展、经验做一个全面的总结。

一、英国的 BBC

英国广播公司，是英国的一家接受政府资助却独立运作的媒体，长久以来一直被认为是全球最重要的媒体之一。在相当长的一段时间内，BBC 一直垄断着英国的电视和电台业务。在 1955 年独立电视台和 1973 年独立电台成立之前，BBC 一直是全英国唯一的电视和电台广播公司。今天，BBC 除了是一家在全球拥有高知名度的媒体之外，还提供书籍报刊出版、英语教学、制作互联网新闻等各种其他服务。BBC 是世界上最庞大的电视新闻网，有 80 年的传统，每周全世界有 1.5 亿人收听 BBC 的广播，有 2 亿人收看 BBC 世界新闻台，数以千万计的人访问其网站。

（一）发展轨迹

在 BBC 建立之前，已经有很多私人公司尝试在英国做电台广播。根据 1904 年的无线电法案，英国邮政局负责颁发电台广播牌照。1919 年，由于收到很多军队对过多广播干扰了军事通信的投诉，邮政局停止发放牌照。于是，在 20 世纪 20 年代初期，广播电台数量骤减，越来越多人要求成立一个国家广播电台。1922 年 11 月 14 日，马可尼公司（Marconi Company）联合另外 5 家电器制造商集资组建英国广播公司，其最初目的是建立一个覆盖全国的广播传输网络，以为今后的全国广播提供便利。该公司节目内容包括文化、社会服务，第二年增加了新闻节目。该公司的广播节目不播放广告，收听费用以收音机附加费和执照费来解决。这种做法形成传统并对后来的英国广播体制产生了深远影响。

1927 年，BBC 获得“皇家特许状”，由理事会负责公司的运作，理事会成员由政府任命，每人任期 4 年，公司日常工作则由理事会任命的总裁负责。1932 年 BBC 帝国服务（BBC Empire Service）开播，这是 BBC 第一个向英国本土以外地区广播的电台频道。1938 年，BBC 阿拉伯语电台开播，这是 BBC 的第一个外语频道。到二战结束时，BBC 已经以英语、阿拉伯语、法语、德语、意大利语、葡萄牙语和西班牙语 7 种语言向全世界广播。这是 BBC 全球服务(BBC World Service)的前身。苏格兰工程师贝尔德从 1932 年开始和 BBC 合作,尝试进行电视播送。1936 年 11 月 2 日,BBC 开始了全球第一个电视播送服务。电视广播在二战中曾一度中断,但是在 1946 年重新开播。

20 世纪六七十年代,面对商业广播的冲击,BBC 开始应对商业广播带来的挑战,调整应对策略。BBC 在 1967 年到 1971 年之间,对广播节目进行了一系列的改编。政策调整以后,广播节目在 1967 年建立了面向青年听众的"广播一台",专门播放大量为青年喜爱的唱片和流行音乐,很快走红。随后又将每个电台节目进行调整,"广播二台"以娱乐节目为主,主要播放轻音乐、爵士乐和体育节目。"广播三台"以古典音乐为主,辅以时事综述和严肃戏剧。

由于受到地下电台的挑战,1967 年 9 月 30 日,BBC 开始了"BBC Radio 1"电台服务,以播送流行音乐为主。1983 年,BBC 又第一个开播了早餐时间广播服务——《BBC 早餐时间》,抢在了竞争对手的前头。

1991 年,BBC 正式开通 BBC 全球新闻服务电视频道,后在 1995 年 1 月更名为"BBC World"。与 BBC 全球电台服务不同的是,BBC 全球新闻服务是一家商业电视台,通过广告赢利,这也意味着该频道不能在英国本土播出。

1998 年 8 月,BBC 的国内频道也开始采用卫星播送,这么做的一个意想不到的结果是,欧洲观众也开始可以收看 BBC1 和 BBC2,只要他们使用英国制造的卫星解码器即可。到 2001 年 6 月 30 日,全球开播历史最长的 BBC 短波广播停播。

(二)经验总结

1.正确处理与政府的关系

1927 年,英国首次针对 BBC 颁布所谓"皇家宪章",规定了 BBC 节目制作以及运营的范畴,BBC 作为公共广播电视机构,每 10 年需要重新得到政府颁发的"皇家宪章"——规定 BBC 发展和节目范畴的基本章程。BBC 的董事会人选由政府来决定,其资金来源也由政府给予。

英国政府于 2005 年 3 月宣布了改革 BBC 的绿皮书,计划取消已有 78 年历史的 BBC 董事会制度。根据英国文化、新闻和体育大臣特莎・乔韦尔颁布的这份绿皮书，由 BBC 信托公司和一个执行委员会代替现在的 BBC 董事会负责监督管理 BBC 的运营。另外，BBC 赖以生存的电视执照费制度在未来 10 年内不会改变；BBC 不应为片面追求收视率，仿效一些商业性广电机构的节目模式。

在公司架构方面，政府建议取消现行的 BBC 董事会制度。未来董事会将一分为二：成立由现任董事会主席格雷德领导的 BBC 信托公司，负责制定规章制度，同时设立一个由现任总裁汤普森领导的执行委员会，负责 BBC 日常运作。

英国政府公布的一份有关 BBC 未来发展方向的白皮书中就提到，这个历史悠久且一向以新闻事实节目著称的公共广播电视公司，未来发展的关键在于“娱乐性”。英国政府建议 BBC 以“信息传播、教育和娱乐”为主要任务，反映英国民众多元化的生活以及英国在国际上的影响力。[①] 不过，着重娱乐绝不意味着庸俗搞笑，并不是靠模仿复制去拉动收视率，而是要走出属于自己的有特色的娱乐路线。

2.保质保量的广播节目保证高收听率

BBC 的收视率总是高过其他商业电视台，这不能不说与其高质量的节目紧密相关。公众调查也显示，观众对 BBC 的支持率也高于对其他商业台的这一数据。BBC 也力求在通俗节目和独特节目之间寻求平衡，真正做到两者兼顾。在严肃的纪录片和时事新闻方面，BBC 所提供的都比商业台多。BBC 制作了许多自然史方面的题材，如《蓝色星球》(*Blue Planet*)、《地球脉动》(*Planet Earth*)等。在英国，BBC 拥有最多的收视人群，受众也乐意为其节目支付费用。

BBC 曾明确表示：只有扩大在杂志、戏剧、喜剧、音乐、学习、儿童电视和广播领域的数字化投入才有出路。所以，BBC1 台节目减少了重复率且复制其他频道优秀节目。观众也希望 BBC 全力集中于优质节目，带给观众比其他广播有更高质量、更有雄心和更深刻的节目。BBC 的另一项重要举措，是在曼城设媒体城(Media City)，将有电视、广播的儿童节目、体育、广播 5 频道、新媒体总部、研究与发展部等迁往曼城，与整个英国社区结合。这是欧洲第一个以媒体为核心的商业中心，它改变了以往 BBC 陈旧的运营机制，给

① 政府建议六要点：(1)娱乐节目应成为 BBC 核心板块。(2)向公众征收电视执照费制度 2007 年起延长 10 年。(3)维持公民社会和社会文明、提倡教育、激发创造性，把世界带到英国、把英国介绍给世界。(4)建设数字英国。(5)取消董事会制度，另建两套班子。(6)反映英国的国家、宗教和民族多元化。

予了 BBC 更开放的发展思路。

3.重视发展对外广播

在对外广播中，BBC 也有所成就。对外广播通常是侧重对本国的内容介绍，显示自己国家在经济、政治、文化等方面的优越性，用文化传播的方式传递政治信息，从而潜移默化地影响受众的价值观。BBC 世界频道还开通了 24 小时的新闻频道进行国际传播，

BBC 在对外广播中很重视文化节目，比如《英伦之窗》《时尚生活》《流行英国》《娱乐时空》等，这些节目弱化了节目的政治性，容易受到年轻受众的欢迎，此外，还有利于吸引更多的潜在受众群体。

BBC 在对外广播节目中，也非常重视吸引精英人士，在内容设置上增加了深度报道节目，比如 BBC 的对华节目的深度节目有《中国丛谈》《世界电讯》等时事杂志节目，对中国政治、经济、军事、文化、社会等各方面进行深度剖析，设有世界各地知名学者供稿的《专家点评》，以及有关中国方面的报章摘要。

据英国广播公司调查，在美国和加拿大，BBC 的短波听众共有 125 万，而通过互联网收听 BBC 广播节目的已达 150 万。应对这一态势，BBC 新建了一个互联网媒体传输系统，这也就是 BBC 终止短波广播以节省资金、迎接媒体市场更大挑战的最重要原因。BBC 除了现有的 BBC 世界频道（英语）之外，在《2010 年远景规划》中还计划开办阿拉伯语的电视节目，开始每天播出 12 小时，最终实现中东地区每个利用卫星和有线电视接受的人都能收看到这个频道。

4.精兵简政，注重效率

BBC 重视人才的利用效率，其董事会人选由政府来决定，在员工管理上有一套严格的制度。2004 年时，BBC 总裁汤普森就宣布了一项重大改革计划。根据这项计划，BBC 大幅削减行政管理人员，3 年内裁员 2900 人。同时，1800 名工作人员从伦敦迁往曼彻斯特，这是 BBC 有史以来最大规模的一次重组行动，通过这项计划每年可节约 3.2 亿英镑。执行改革计划后，全球服务部门在经过评估后也大大缩减，从而使投入节目制作的电视许可证费用比例成为 BBC 历史之最。BBC 采用了发放给职工 4 个评估结果的方式，包括前几个月资金和节目制作的价值，以此实现精兵简政，从而大大提高员工的工作效率。

二、中国的“珠江模式”

改革开放给中国经济提供了一个宽广的发展空间，同样也给中国广播的发展提供了开放的媒介生态环境。于是，中国广播的发展在经历了电视普及的“悲观论”之后，开始了探索新的改革发展模式，这也就是20世纪80年代“珠江模式”引发的“广播热”。

（一）发展轨迹

1986年12月15日开播的珠江经济广播电台是我国的第一座经济电台。它是为了适应广东改革开放不断深入、商品经济迅速崛起的新形势，适应广大群众求富、求知、求乐而创办的。它是一个集大众、信息、服务和娱乐为一体的广播电台。它也是我国第一家全直播的广播电台，拉开了我国广播改革的序幕。它迈出了创建经济台、系列台的第一步。珠江台以“板块节目”为特点，采用主持人直播和“热线电话”的方式，密切了与听众的联系，实现了听众的直接参与，展示了“大众型、信息型、服务型、娱乐型”的崭新面目，赢得了听众。20年来，我国广播改革取得了丰硕的成果，我国已经成为仅次于美国的全球第二大广播市场。

珠江经济台的开播实现了中国广播改革的历史性突破，它是我国广播工作者在“节目主持人”“大板块节目”等改革探索的基础上对一个台的体制、系列台的建设、广播的发展总体方向的全新探索，促进了广播产业的规模化经营和科学化管理，它取得的成果和经验被称为“珠江模式”。

（二）经验总结

20世纪80年代电视在中国普及，1986年全国电视拥有量是9214万台，比1978年时电视的拥有量304万台增加了近36倍。正是在这种电视普及的影响之下，我国的广播业受到了极大的打击，比如广播听众急剧减少、广播的广告创收快速下滑等，尤其是南方发达的珠江三角洲地区表现尤甚。在这一历史背景下出现的“珠江模式”，对社会转型期中国广播发展模式的探索具有至关重要的战略意义。

1.探索广播作为听觉传媒的个性规律

很多年以来，广播一直就是作为文字传媒——报纸的“声音翻译版”而存在，播出的大部分新闻都是从报纸上直接选取，由播音员进行有声播报。

尤其是在战争年代，广播更作为传声筒、宣传工具而存在，并没有发挥出自身优势。珠江经济广播电台在打破这一传统方面进行了新的探索，寻求广播作为听觉传媒的个性规律，从而更好地发挥广播媒介的潜能。珠江模式广播频率从录播为主的封闭式状态转变为开放性的广播节目“时间版面”，通过记者现场报道、访谈连线、主持人个性化主持风格和听众参与等，使节目运作进入了广播媒介特有的听觉文本优化层面。

珠江台以“板块节目”为特点，采用主持人直播和“热线电话”的方式，密切了与听众的联系，实现了听众的直接参与，展示了“大众型、信息型、服务型、娱乐型”的崭新面貌，赢得了听众。

2.广播节目注重从受众角度出发

珠江台最突出的几大特点有节目内容综合化、节目设置板块化、栏目主持固定化、栏目播出直播化、开通电话热线、鼓励社会参与等。每天播出8个板块，平均每块时长为3小时左右，最短的为1个小时，最长的达4个小时。节目内容的编排以新闻信息为骨架，每逢半点有新闻，每逢整点播出经济信息，其他时间则以板块节目为主。板块节目是由若干具不同特色的小栏目组成、由主持人串联的大时段的节目样式，也被称为“杂志型节目”。这些节目并不是只顾一类听众，而是力求适应整个社会人群的收听要求。由于这种栏目类型比较注重受众的接收需求，所以迅速赢得了广大受众的喜爱，大多原来主要收听香港电台的广东听众都转而收听珠江台的节目。

珠江经济台的成功，在国内外产生了很大的影响。许多地方陆续开办了经济电台，主持人、大板块、直播、热线电话、听众参与等节目形式被广泛采用。在“珠江模式”的推动下，受到电视冲击的我国广播事业重新焕发了生机。

3.重视广播的创收

珠江经济广播开播四个月就扭转了珠江三角洲电波传播的格局，它使处于低谷期的中国广播界看到了振兴、发展的希望和光明的前景，对当时的中国广播业发展具有历史性突破意义。作为我国广播改革的先行者，近年来广东电台也稳步发展。根据央视—索福瑞2006年1～6月的调查，广州市场收听率最高的前10个节目中，广东电台占了6个。2006年1～10月，广东电台占全省收听市场份额的70.08%，规模和效益在全国省级广播电台中名列第一。[①]

"珠江模式"之所以在20世纪80年代取得成功,主要是因为它适应了当时社会改革形势,体现了中国的具体国情,遵循了广播传播的规律,从而实现了广播改革的优异成果。它的成功对中国广播改革有着突破和启蒙的重要作用。但我们也应该看到,虽然"珠江模式"是中国广播业改革史上重要的一笔,但并不能断言它就是以后广播改革的万能模板。所有的改革都应在具体历史情况之下,遵循一定的规律才能取得成功,广播的改革也是如此。

三、北京交通广播

交通台是以移动人群为主要收听群体、以交通宣传为主要内容的专业电台,交通广播主要面向司机和乘客。广播是声音的艺术,运用有声语言是广播的主要宣传手段,作为专业化的交通广播也不例外。置身于我国首都并成长在政治、经济、文化繁荣大都市的北京交通广播台,作为交通广播的一个典范,值得研究。

(一)发展轨迹

北京交通广播是北京人民广播电台的系列台之一,与北京市公安交通管理局合办,于1993年12月18日开台。使用频率FM103.9MHz,有线调频95.6兆赫,发射功率10千瓦,目前除每周二的0:00～05:30进行机器检修外,其余时间不间断24小时播音。交通台全天节目由以下内容构成:新闻、服务信息、知识性、服务性、娱乐性专题。新闻节目立足北京,通过新闻网络,全方位地关注世界范围内与交通相关的动态。整点、半点播报路况信息,重要信息随时插播,整点报告天气情况,为听众介绍衣食住行等各方面的信息。

北京交通台有一系列名牌栏目,比如《欢乐正前方》《一路畅通》等。《欢乐正前方》开播于1993年12月,曾多次荣获"北京电台名牌栏目"等荣誉,塑造了良好的节目形象和稳定的受众群体。它是一档成功的广播娱乐节目,灵活运用"碎片化"的幽默段子并力求以统一的主题有机地串联节目,使收听变得更轻松。而段子内容紧随时代语境,反映社会飞速发展给人们带

① 参见赖少芬、俞懋峰:《"珠江模式"影响我国广播改革20年》,2006年12月19日,http://www.gd.xinhuanet.com/newscenter/2006－12/19/content_8821595.htm。

来的变化，使得节目在幽默搞笑的同时具有讽刺意味，受到业界和听众的高度评价。《一路畅通》开播于2000年1月1日，是北京人民广播电台的一档名牌栏目，是集路况信息、新闻资讯、生活提示、话题交流于一体的互动直播栏目，拥有强大的号召力和健康积极的公众形象。多年来，《一路畅通》以优质的节目内容和创新的节目理念赢得了广大听众和业内同行的认可，多次获得国家及政府奖项，常年稳居北京广播市场收听率及市场占有率首位。

（二）经验总结

1.“三套交通新闻、三块路况直播、三档汽车栏目”，三条主线凸现交通广播特色

经过多年的打造和不断调整，北京交通广播的节目已经进入相对成熟的状态。早、中、晚有三套交通新闻，上午播出的《汽车天下》、下午的《1039交通服务热线》和晚间的《车动力》三档汽车节目分别以新车资讯、旧车养护和玩儿车为主要内容，再加上早晚高峰时段以播报路况信息、出行信息为主要内容的《一路畅通》、中午播出的路况分析类节目《路况会商室》和贯穿全天随时插播的实时路况信息，三条主线构成了交通广播大的节目格局，凸显出鲜明的专业特色，并得到了听众的普遍认可。

深受广大司机听众和移动人群喜爱的北京交通广播从2009年1月1日起进行了节目改版，仍以突出专业特色为主，不做大幅度调整，只是根据收听率调查数据、专家听评意见和听众反馈等做一些微调。

(1)《一路畅通》晚间版缩短为两小时。2009年，交通广播原中午时段播出的《路况会商室》节目取消，每天固定在7:15与12:10两个时点开始播出小栏目《警官出行提示》，由警官对当天路况进行即时汇总播报。《一路畅通》节目增加资讯含量和新闻互动的内容。上午版的《一路畅通》在7:45至8:30前的时段安排“点击资讯”环节，包括国内、国际、本市、交通、服务生活资讯等，其他时段仍以话题互动为主。《一路畅通》晚间版恢复为两个小时，改为17:00～19:00播出。交通广播很多栏目已经是听众喜爱的名牌或优秀栏目，有相当的影响力和固定的听众群，所以2009年仍保留《一笑堂》《激情岁月》《欢乐正前方》《汽车天下》《百姓TAXI》《1039交通服务热线》《蓝调北京》《有我陪着你》等节目，但在节目创意、内容、主题等方面推出了一些新的设计。

(2)白天两档新节目主打服务、娱乐牌。中午时段增设了一档突出交通

广播特色、体现“大交通”理念、适合移动人群收听的节目《航空在线》。周一至周五播出，志梅主持。这档节目以服务为特色，兼顾趣味性、可听性，为听众提供机场信息、航空公司信息等。周末为《航空在线》旅途版，由杨晨主持。下午时段推出一档“北京风味”浓郁的《京城喜乐会》，节目突出北京地方特色，讲述历史典故、风土人情，介绍北京的特色景点，中间穿插相声、影视等，由王一、高滟主持。这档文艺娱乐类节目适合移动人群收听，力求突出北京风情和京味文化。

(3)晚间两档新栏目力求形成轻松又有内涵的风格。晚间时段的《1039都市调查组》是一档文化类、有娱乐外表的节目，关注百姓生活的方方面面，努力体现文化内涵。每期节目从一个话题切入，用调查、数据说明问题。《1039 都市调查组》为创新节目大赛获奖作品，面向都市上班族、白领等收听人群，主持人为盛博。晚间另一档节目《欢乐英雄》则以音乐为元素，包括模仿秀、猜真假、快送问候、音乐礼物等，有趣、好玩、热闹，适合年轻人收听，主持人为伍洲彤、高滟。

从节目受众来看，北京交通广播的受众包括老、中、青三代，内容上更是从受众喜好的口味出发，以质量赢得生存，用创新获得发展；在节目设置上，该台以交通新闻和路况信息为龙头，辅以服务性和娱乐欣赏性节目，及时、全面地宣传交通政策、法规；报道交通新闻，传播交通信息，服务疏导交通；提供交通专业知识和服务，为广大市民出行提供良好的服务参考，为促进首都交通事业的建设和发展做出贡献。

2.注重频率品牌的包装统一形象

对广播频率来说，品牌是频率名称、标识、风格、特色、品质和信誉等要素的组合，在传播市场中具有独特性，易被听众识别和接受，并有一定的社会知名度。品牌也不是天然形成的，而是有一个成长的时期，在这个过程中采用必要手段进行全方位的包装、推广至关重要。如何让听众更容易地识别自己呢？这就需要广播频率在品牌经营过程中，建立有认知力、亲和力、有特色且能体现自己媒体理念的品牌识别体系。这主要包括频率标志、呼号、宣传语、节目名称、节目包装、主持风格等，北京交通广播的品牌效应正是从以上几个方面凸显出来的。

就广播频率来讲，节目品牌就是频率的内容和核心，节目就是产品，产品质量的高低直接影响着频率的社会效益和经济效益。因此，精心打造高质量的栏目是广播频率品牌经营成功的关键。

北京交通广播注重打造专业化频率的品牌节目。首先，该台重视节目的本土化，节目具有独特的性质，其内涵不容易被克隆，对信息资源也具有独占性。北京交通广播得益于其身处文化底蕴深厚的北京，其节目能充分挖掘老北京的历史韵味，节突出北京地方特色，擅长讲述人文历史；其次，该台积极引导听众参与节目。随着技术的变革和人们生活水平的提高，手机的普及、互联网的广泛运用都为听众参与节目提供了方便。同时，听众作为受众的角色也在发生着变化，更积极地参与到各类节目中，因为亲身参与的体验更能使人感到快乐，也让他们更关注这个频率。在北京交通广播的节目中，像《蓝调北京》《有我陪着你》等之所以深受听众的喜爱，正是因为它们在讲述细腻感情的同时，注重与听众的互动，通过电话、短信、邮件、信件等形式，把听众最需要解答的感情疑难问题收集全面，做到对症下药。因此，我们应该从根本上改变过去那种高高在上的传播姿态，变说教为咨询、变灌输为交流、变单向传播为双向互动，通过积极引导听众，让广播成为大家帮助大家的一个平台。

3.利用网络优势，提高竞争力

广播作为传统媒体中的一种，也必然要在网络时代探索新的发展出路。而以传递出行信息为特色的交通广播电台，只有广泛采用新技术，使全国各地交通广播向网络化发展，充分发挥网络优势，才能使自身发展跟上时代的步伐。北京交通广播及时与网络结合，创办了北京交通广播网，开通了多种互动平台，并与新兴媒体结合，充分发挥其优势，做到扬长避短，获得长远发展。

新媒体时代，交通广播遇到了全新的挑战，以手机为代表的移动媒体改变了广播信息接收终端，收音机几乎完全退出了历史舞台。今天，除了车载收音机之外，智能手机已经替代了绝大部分收音机的应用场景。除了应用场景的逐渐消失和年轻用户群流失之外，互联网带来的信息共享也摧毁了传统的交通电台对于路况信息的垄断。如今，收听交通电台已经不再是行车时的必需品，而一旦一个媒介不再被人们需要，那么广告份额自然就会被重新分配，该媒介的没落也将不可避免。面对互联网带来的困境，北京交通广播尝试借力微博，推动自身进行转型。2010 年 6 月 8 日，北京交通广播开通新浪官方微博，与全国 90 多家省、市的地方交通广播结成微博联盟，搭建起突发事件报道、媒体资源共享、交流沟通的平台。2010 年 11 月 18 日，北京交通广播知名栏目《一路畅通》与搜狐微博启动了全方位的深度合作，包括官方微博、互动话题平台、主持人微博等，电台的多名节目主持人开通了搜狐微博，与听众进行互动。2011 年 1 月 1 日，北京交通广播在腾讯微博上启动了节目改版的“微博宣传秀”。借助于微博的社交属性和用户群，广播媒体可以将自己的内容面向更广的受众群体进行输出，不仅可以实现网络传播，还可以与真实的目标听众进行互动，为节目举办的线下、线上活动积累人气。

思考题

1.广播的传播特征包括哪些？

2.危机事件发生时，广播能发挥怎样的媒体优势？

3.广播的未来发展趋势会是怎样的？

4.英国 BBC 的发展历史能给我们带来怎样的思考？

推荐阅读

1.艾红红、赵玉明：《中国广播电视史教程》（第三版），中国广播影视出版社 2019 年版。

2.孟伟等：《广播原理——一种融媒体传播的视角》，中国广播影视出版社 2018 年版。

3.郭镇之：《中外广播电视史》（第三版），复旦大学出版社 2016 年版。

4.周小普：《广播电视概论》，中国人民大学出版社 2014 年版。

5.潘力、王宏：《新广播媒体经典案例剖析》，中国传媒大学出版社 2007 年版。

6.张振华：《求是与求不——广播电视散论》，中国国际广播出版社 2007 年版。

7.曹璐：《广播新闻理念与实务创新研究》，中国广播电视出版社 2007 年版。

第七章 电 视

电视曾经被认为是20世纪最伟大的发明之一，具有声画兼备、传播迅速、现场感强等优势，一度成为当时最重要的媒体。但21世纪是网络媒体的时代，网络媒介的高歌猛进，一定程度上改变了所有传统媒体的命运。传统电视为适应新的时代特征，也不能不进行转型升级，与互联网互融共生。本章介绍了电视媒体的定义及传播特点、产生及发展历史、世界电视的现状及发展趋势、电视个案分析等四个方面，以期对电视的发展脉络进行大致梳理，使人对目前的电视媒体产生正确认知。

第一节 电视的定义及传播特点

一、电视的定义

电视是一种接收动态图像的装置，是通过有线或无线的方式接收由文字、声音、图像等信息转变而来的电子信号，并还原为动态图像供观众收看的大众传播媒介。电视的名称来自希腊语，由"远处"(tele)和"景象"(vision)结合而成。1900年8月25日，法国人波斯基(Constantin Perskyi)在巴黎国际电子大会上宣读论文，首次使用了"television"这一英文名称。这个名词后来取代了以前人们用过的"telephot"和"telectroscope"。伴随着一系列相关技术取得的进展，到20世纪30年代中期，电视正式作为一种传播媒介登上历史舞台。从那时算起，世界电视事业发展到现在已经有近90年的历史了。直至今天，随着技术的革新，电视的品质还在被不断改进。

二、电视媒体的传播特点

电视从本质上来讲是一种大众传播媒介，这就决定了它理所当然地具有大众媒介的共同特点。除此之外，电视传播还具有其自身的特性。另外，本章所指电视媒体的传播特点主要是针对它之前出现的媒体而言，不涉及与网络的对比。

（一）电视传播的主要特点

1.传播迅速

电视的传播速度同样惊人，虽然它不如广播制作简便，但它的迅速如今已不容忽视。现场直播的方式让观众可以对当下正在发生的事件进行同步关注，好多全天候滚动播出的新闻类节目的诞生，更彰显了电视传播在及时性上的优越性。

2.声画并茂，形象生动

从传播内容的表现形式来看，电视声画并茂，图像、声音、文字等符号直接作用于观众的感知器官，而且具体生动，易为人们接受。

3.传播内容丰富

电视传播内容丰富而广泛，可以凭借自身声像具备的技术优势向广大观众传播多方面的新闻和信息。

4.传播覆盖范围大

电视可以使真实的视听符码穿越千山万水，使之到达电波传及的每一个空间。

5.线性流程传播

传统电视媒介的传播有与时间同一流逝的特征，它也是顺时序的一次性流过，缺乏贮藏性和复显性，它“过时不候”，无法返回。

6.冲击力、感染力强

电视是能够进行动态演示的感性型媒体。电视传播是视听合一的传播，它用声波和光波信号直接刺激人们的感官和心理，人们好像能够亲眼见到并亲耳听到自己身边各种活生生的事物，易取得感知经验上的认同并产生真实的感受。单凭视觉或听觉，人们都不会产生如此真实的感受，这就是电视视听合一传播的结果。电视的这种直观性对受众的冲击力和感染力，仍是其他任何媒介都不能比拟的。

电视新闻具有报道性、纪录性、即兴性以及定期性（即把作品在时间上分割为连续性的片段）等特点，还有“室内性”等交流特点。

（二）电视传播的集中优势

1.现场转播的“共时空效应”

这个特点最大限度地展示了电视节目的独特魅力。通过卫星通信技术，电视现场报道可以将正在发生的新闻事件同步展现在观众面前，使观众产生身临其境的现场感，引发共鸣。同时借助越来越先进的技术手段，电视新闻直播常态化，“共时空效应”也得到更好的诠释。

2.视听兼备的多元信息符号

电视的最大优势在于它综合了多种媒介符号，即利用多元信息符号，围绕着主体信息进行综合性的优势开发。电视的多元信息符号不仅是影像的整合，还有文字、报摘、图示、图表等形式。电视拥有的多种信息符号不是不同形式符号的简单相加，而是围绕着主体信息多种要素的多逻辑、多线索的集成。只有这样，各种要素自身的逻辑才能变得连贯，但是当这些要素整合在一起的时候，却能传递准确的信息。

3.家庭收视的社会学特点

从社会学的角度来讲，收看电视往往以家庭为单位，而家庭是人们心目中最有安全感的环境，所以家庭式的传播对传播内容、传播效果以及电视节目与观众之间的互动，都有着强大的促进作用。

4.电视传播的明星效应

电视走进千家万户后，其个性鲜明的媒介特点使得电视记者、嘉宾逐渐深入人心。电视这种看得见的媒介因素，相当程度上体现了人际传播的优势，使人和媒介之间的距离拉近了，增加了认同感，所以我们要培养个性化的、有感召力的主持人和记者式的主持人，以及著名的嘉宾。这样对打造节目的品牌、提升收视率都有着至关重要的意义。这些公众人物的社会地位得到大众的普遍认同，对于媒介的传播无疑会起到推动效果。

5.显著的广告效应

无论是在中国还是世界上其他国家，电视的广告效应往往处于媒介前列。2003 年，中央电视台电视广告招标收入达到了 33 亿元。尽管近几年电视广告的增长比例比前几年有所回落，但是从整体的广告收入来讲，规模依旧相当可观。这些都为电视提供了资本，保证了节目品质。

(三)电视传播的自身缺陷

电视新闻节目也存在着许多方面的局限,这些是由电视媒介自身的局限性所决定的。

1.转瞬即逝,不易保存

即时性是电视一产生就注定的遗憾。电视是视听兼备的多元符号,多元符号在电视节目的播放中转瞬即逝,很难保留,所以与报纸和网络相比,保留新闻资料要困难和复杂得多。

2.线性传播,选择性差

电视新闻节目的安排是按照时间顺序进行的,媒介主动而受众被动,同时在整个传播过程中缺少反馈环节。所以电视台应该特别注意做好新闻的预告、重复以及观众群体调查。

3.社会的负面影响更为直接

电视仍是当今社会的第一媒介,它的社会影响超过了其他任何媒介。由于电视具有直观化、形象化和直接传播的特点,对社会的负面影响也比其他媒介更为直接和深刻。因此,与其他媒介相比,不良电视节目带给社会的负面影响更大。

三、电视传播的基本原理

(一)无线电传播的方式

1.地波传播

电波沿着地球表面传播,叫“地面波”或“地波”。无线电广播中的中波、中短波就是主要靠地面波传播的。

2.天波传播

电波发射到空中,通过电离层的反射折回地面进行传播,这种传播方式叫“天波传播”。短波主要采用天波传播。

3.直接传播

直接传播又称“空间波传播”——无线电波经地面上空的介质层,由发射台直接传到接收机的传播方式叫“直接传播”。电视广播、超短波调频广播一般采用直接传播。

(二)彩色电视的传播制式

电视制式是指一个国家在播放电视节目时所采用的特定制度和技术标准。目前,世界上用于广播的彩色电视制式有三种,这是 20 世纪 60 年代美、德、法三国在技术上激烈对抗的结果。而这种技术上的竞争,其本质其实是文化传播能力的竞争,也是世界霸权的真正体现。

1.NTSC 制式

NTSC 制式于 1953 年起用于美国,以美国全国电视系统委员会(National Television Systems Committee)的英文缩写命名。其特点是:电视机成本较低,兼容性能较好,但彩色不稳定。

2.PAL 制式

1962 年,PAL 制式在德国研制成功并被投入使用,以“逐行倒相”(Phase Altemating Line)的英文缩写命名。其特点是:电视机成本高,但性能最佳,收看效果好。

3.SECAM 制式

SECAM 制式由以法国为首的一些国家 1966 年研制成功,以“顺序传送彩色与存储”(Sequentiel Couleur A Memoire)的法文缩写命名。其特点是电视节目播放效果间处于 PAL 制和 NTSC 制之间,但成本较高,兼容性能较差。

第二节　电视的产生及发展历史

一、世界电视的产生及发展历史

现在,我们对电视上连贯的画面早已习以为常,但这是经历了一个相当长的过程的。电视机是接收动态图像的装置,而静态图片的传输才是真正的开始。同电影相似,电视利用人眼的视觉暂留效应,快速显现一帧帧渐变的静止图像,形成视觉上的活动图像,即一系列静止图像变换得足够快的时候,就会在视觉上产生活动画面的效果。电视系统的发送端把景物的各个微细部分按亮度和色度转换为电信号后,顺序传送而接收端则按相应的几何位置通过显现各微细部分的亮度和色度来重现整幅原始图像。

其实,和许多其他改变人类生活的发明一样,电视机的发明和广泛应用也凝聚了许多人的心血。早在19世纪,就有人开始讨论和探索将图像转换成电子信号的方法。在电视的演进的过程中,技术的改进始终起着最原始的推动作用,并有两条脉络贯穿其中,即电视机本身技术的演进和电视信号传输手段的演进。随着1875年电话发明以及无线电和电影技术的发展,很多科技人员着手研究图像传送技术,试图应用最新科技成果,对静止或活动的景物、影像进行光电转换,并将电信号传送出去以使其他地方能即时重现画面。下面,我们一起回顾一下在电视发展史上的重要人物以及他们为电视的发展、改进及推广所做的贡献。

1.莫里斯和摄像机的雏形

1880年,法国人莫里斯·勒布朗(Maurice Le Blanch)发明了图像发射器,图像可以通过一台幻灯被投影到屏幕上,这就是我们今天还在使用的幻灯机的雏形,但这种发明在实际使用过程中从未获得令人满意的效果。另外一个对远距离图像传输起到显著推动作用的,就是对硒的光电性能的发现。化学元素硒在适当条件下能将光转化为电信号,这也是构成摄像机CCD传感器的基础。1879年,一位意大利的高中教师马里奥·佩罗西诺(Carlo Mario Perosino)描述了电视扫描的概念并设计出一种能够传输图像的实验系统。

2.尼普科夫和尼普科夫圆盘

德国发明家尼普科夫(Paul Gottlieb Nipkow)发明了电视扫描原理,即把一幅图像分解成许多不同亮度的小光点,依次发送出去。他在1884年获得专利的圆盘扫描法,被认为是解决电视机械扫描问题的经典方法,在电视发展史上占有重要地位,这种圆盘被称作"尼普科夫圆盘"。1883年,他就曾用自己发明的"尼普柯夫圆盘",使用机械扫描方法,作了首次发射图像的实验。这种圆盘上的小孔排成一条或几条螺旋线,圆盘转动时小孔连续掠过图像,形成对图像的顺序扫描,即图像投影到旋转圆盘上后,盘上的小孔会以一系列平行线扫描图像,就成了机械电视系统。光通过小孔落到硒光电管上,产生的光电流就会相应地显示出图像沿扫描线呈现的明暗变化。接收端的尼普科夫圆盘与发射端的同步旋转,安装在光源前面,而光源的强度受硒光电管电流的调制,这样,原图像就会重现在接收端的圆盘上。后来,贝尔德在实验中使用了这一圆盘。1934年,尼普科夫扫描盘被电子扫描装置代替。

1907年,法国工程师爱德华·贝兰(Edouard Belin)发明了有线图像传输的第一个稳定系统——传真电报机。它使照片从地球的一端瞬间传递到另一端成为可能，但这并没有对电视发展做出决定性的贡献，因为它还不能实现动态图像的传递。同时期意大利科学家马可尼用自己发明的无线电技术成功地实现声音传送之后，展示了无线传递信息的可能性，这要归功于电磁波。得知这一情况后，贝尔德萌生了用它传送活动影像的想法。至此，发展电视的时机基本成熟了。1908 年，英国人阿兰·阿奇博尔德·坎贝尔—斯文顿，公布了第一款可用的电子摄影系统，并在《自然》(*Nature*)杂志上描述了“远电视”的原理，但他当时还无法将其付诸实践。

3.贝尔德和机械电视机

随着 1875 年电话的发明以及无线电和电影技术的发展，很多科技人员着手研究图像传送技术，想应用最新科技成果，对静止或活动的景物、影像进行光电转换，并将电信号传送出去使其他地方能即时重现画面。首先发明和实现这种电视系统的是英国工程师贝尔德。

1922 年，贝尔德用饼干筒、透镜、钾光电管、玩具马达以及尼普科夫圆盘等组成电视发射设备和接收设备，并进行了实验。

他采用的方案非常富于想象力。首先，他通过透镜使需要传送的景物成像，在离景物影像不远的地方安放一个对光线敏感的元件，这个元件可以把不同强度的光线变成大小不同的电流，当时他使用的元件是可以在光照下产生电流的硒片。然后，他在透镜产生的物像与硒片之间放置一个圆盘，盘上设有许多可以透光的小孔。当快速转动圆盘时，物像不同部位发出的光通过转盘上的小孔从左到右、从上到下依次投射到硒片上，便可产生与景物影像亮度一致的电流。这种随时间迅速变化的电流再经过真空三极管放大到使一个灯泡发光的程度，灯泡亮度变化与景物影像不同空间位置的明暗变化一致，灯泡发出的光则通过一个同样结构和转动方式的多孔透光圆盘投射到幕布上。当这两个同步运动的圆盘旋转足够快时，幕布就会呈现与实际景物大体相似的影像。这种做法很像以一种特殊的方式搬动一块花布：首先沿水平方向抽取花布最上方的第一条纬线，然后紧接着抽取第二根、第三根……直到抽完最后一根。这些抽出的线首尾相连被牵拉到另外的地方，重新按顺序排好，这些纬线便组成了与原来花布一样的图案。只要抽运和重组的速度足够快，这块花布就好像在一瞬间挪动了地方。

贝尔德于 1923 年向英国专利局申请了名称为“通过有线或无线电波通信方式传送图像、肖像和场景的系统”，第二年，贝尔德在数米的短距离内实现了图像传输并获得专利授权。1925 年 1 月,他在伦敦英国科学研究所展示了这套设备并进行了发射和接收的公开实验。

1925 年 10 月 2 日,贝尔德成功地把一个木偶的舞蹈动作图像从顶楼的一个角落传送到另一个角落后,激动万分地跑下楼,把杂货铺里的一个小男孩拉上来当他的第一位电视观众。正是通过在伦敦的那次“扫描”出木偶图像的实验,贝尔德实现了用电传送活动图像的构想,被人们看作电视诞生的标志,他本人也由此被称作“电视之父”。

在这之后,贝尔德又在 1927 年通过电话线在相距数百千米的伦敦与格拉斯哥之间进行了图像传输,1928 年在伦敦与纽约间成功地进行了电视收发试验。1929 年,英国广播公司开始进行机械电视试播。1932 年,英国广播公司播出了世界上第一个规范的电视节目,人类从此步入了电视时代。

此后,贝尔德还对彩色电视、日光电视、立体电视、大屏幕电视进行了研究,他还发明了转盘式彩色电视。自 1925 年贝尔德发明了最早的电视后,来自不同领域的发明家沿着他开辟的道路,不断改进和发展电视技术,使电视进入千家万户,让人们足不出户便可以看到遥远地方发生的事情。

4.兹沃雷金(Vladimir Zworykin)和全电子电视时代

贝尔德的成功是短暂的,因为尼普科夫圆盘系统无法对图像质量进行大的改善,图像总是比较模糊。他发明的电视在实际应用中存在着严重的问题:机械转盘小孔扫描速度不够快,通过小孔投射的光斑太大,图像既闪烁又不清晰,产生电视信号的转盘和再现电视图像的转盘在机械上不容易同步,需经精细调节才能观看稳定的画面,而且这种电视装置庞大,不适宜在室外播送电视节目。

1931 年,美籍俄裔发明家斯福罗金以两件新发明——显像管和光电摄像管解决了这些问题,在斯福罗金发明的光电摄像管和显像管中,电子可以聚成很细的束,在电场和磁场控制下以极快的扫描速度传送和再现影像,产生清晰、稳定的画面。他安装了第一台现代化的电视,并同时在纽约举行了庆祝仪式,试验性地播放了关于意大利拳击运动员普里莫·卡尔内拉(Primo Carnera)的电视节目,这位运动员也因此成为电视史上的第一个明星。这种电子式电视系统奠定了现代电视技术基础,而斯福罗金则被誉为“现代电视之父”。直到今天,全世界所有的电视仍在采用这两项发明。

贝尔德与斯福罗金的电视系统有着很大的差别。史上将贝尔德的电视系统称作“机械式电视”,而斯福罗金的系统则被称为“电子式电视”。这种差别主要是由传输和接收原理的不同造成的。

1936年,德国博世公司建造了第一个真正的电视转播室,通过它转播柏林奥林匹克运动会,这在人类历史上也是第一次。转播室中有3台电视摄像机,导演将其所拍摄的图像进行混合播出。几个月后,在1937年,英国人通过电视直播树立了人类电视发展史上的又一个里程碑,直播内容为国王乔治六世的加冕仪式。至此,黑白电视的发展到达顶点。

20世纪30年代是电视成型的时代。除了转播工程技术方面有显著改进外,电视已开始逐渐成为一种大众传播媒介。但在这一时期,由于第二次世界大战的爆发,各国对电视的研究发展受到极大影响,几乎中断。直到二战结束以后,电视事业才开始在美国及其他发达国家蓬勃兴起。

1939年4月,美国全国广播公司实况转播了纽约世界博览会的开幕式及罗斯福总统在会上的讲话,这是美国正式播出电视节目的开始,人们的生活从此与电视产生了深刻而复杂的联系。

5.彩色电视的发明

1938年,德国人弗莱彻西格提出三枪三束彩色显像管设想;1940年,美国古尔马研制出机电式彩色电视系统;1946年,美国第一次播出全电子扫描电视,从此,电视进入电子扫描时代;1949年,美国首次研制出世界上第一只三枪三束彩色显像管;1951年,美国人H.洛发明三枪荫罩式彩色显像管,洛伦斯发明单枪式彩色显像管。1968年,日本索尼公司研制成一枪三束彩显管;1972年,美国研制成功自动校正会聚误差彩显管。至此,彩色电视的发展进入成熟期。

战时,美国只有六家商业电视台,民间使用的电视机的总数也不过1万台。战后,美国新设的电视台如雨后春笋般出现。至1948年年底,电视台增加到41家,电视接收机的产量也达到100万台。美国在20世纪40年代就开始研究彩色电视,1953年12月,联邦通信委员会开始发放彩色电视台执照。1954年,全国广播公司率先播出彩色电视节目。但由于成本高昂,所以直至1961年美国彩色电视机仍仅占总数的1%,约60万台。到了1964年,美国的彩电终于开始畅销,当年销售了124万台,几乎是过去十年的总和,使彩电的总数一下子高达286万台。至1966年,全美彩色电视机超过了1000万台,美国的彩电普及运动就此完成。到20世纪70年代,美国85%的家庭都有了彩电。

日本1960年开办彩色电视节目,1963年首用通信卫星转播了美国的电视节目。

6.数字电视、高清电视的发展

由于图像质量和信道传输所占的带宽不同，数字电视信号可分为LDTV（普通清晰度电视）、SDTV（标准清晰度电视）、HDTV（高清晰度电视）和UHDTV（超高清晰度的电视）。区别如下：

标清：480×320，640×480

高清：1024×720p，1920×1080i（隔行扫描）

全高清：1920×1080p

超高清：3840×2160（4k），7680×4320（8k）

美国消费电子协会（CEA）将4K的分辨率正式命名为"Ultra HD"（Ultra High Definition），目前视频行业里的视频分辨率的规范如下：

（1）高清（ High Definition），是我们目前相对比较熟悉的一个词语。高清是在广播电视领域首先被提出的，最早是由美国电影电视工程师协会（Society of Motion Picture and Television Engineers，SMPTE ）等权威机构制定相关标准，视频监控领域同样也广泛沿用了广播电视的标准。将"高清"定义为720p、1080i与1080p三种标准，而1080p又被称为"全高清"（Full High Definition）。关于高清标准，国际上公认的有两条：视频垂直分辨率超过720p或1080i视频宽纵比为16∶9。

（2）标清（Standard Definition），是物理分辨率在720p以下的一种视频格式。

（3）超高清（Ultra High Definition），是国际电信联盟（International Telecommunication Union，ITU）最新批准的标准。"4K分辨率（3840×2160像素）"正式名称为"超高清 Ultra HD"（Ultra High Definition）；同时，这个名称也适用于"8K分辨率（7680×4320像素）"。

美国消费电子协会（Consumer Electronics Association，CEA，2015年更改为新名称"美国消费技术协会"（Consumer Technology Association，CTA）要求，所有的消费级显示器和电视机必须满足以下几个条件之后，才能贴上"超高清"（Ultra HD）的标签：首先屏幕像素必须达到800万有效像素（3840×2160），在不改变屏幕分辨率的情况下，至少有一路传输端可以传输4K视频，4K内容的显示必须原生，不可上变频，纵横比至少为16∶9。与此同时，电视行业里，同将高清电视命名为HDTV一样，对于4K电视机的命名，美国消费者电子协会针对4K电视进行了一个官方的命名UHDTV，这个命名也就是超高清电视。同时这个名称也适用于“8K分辨率(7680×4320像素)”。而技术上的全高清电视分辨率为1920×1080的物理分辨率。

720p格式,分辨率为1280×720p/60hz,行频为45kHz。

4K分辨率是1080p的4倍,3840×2160=1920×2×1080×2。

8K分辨率是4K的4倍,7680×4320=3840×2×2160×2。

在高清电视研究方面,日本是起步较早的国家之一。1964年,日本放送协会科技实验室开始研究高清晰电视;1984年,该实验室建立了模拟的多重亚取样编码(MUSE)高清电视播出体系;1985年,该实验室将“Hi-Vision”宣布为高清晰电视的名称。

从1987年7月起,美国联邦通信委员会为了与日本广播协会的高清晰度电视开发活动相抗衡,正式启动了“关于先进电视服务及其对现有电视服务的影响”的调查研究。20世纪90年代以来,美国进一步明确要开发包括HDTV在内的地面数字电视系统。1997年4月,美联邦通信委员会发布了数字电视实施进程表。1998年10月底,美国广播公司在波士顿用数字方式播出了约翰·格伦搭乘“发现号”航天飞机发射升空的情景。1998年11月1日,全国广播公司、美国广播公司、哥伦比亚广播公司、福克斯广播公司下属的40家商业性和公共电台开始在洛杉矶、旧金山、华盛顿、芝加哥、底特律、费城、波士顿和达拉斯等十个大城市播出数字电视节目,标志着酝酿了十多年的“数字电视技术革命”成果正式进入了美国家庭。美国由此成为世界上第一个提供地面数字电视的国家。①

1990年,国际电信联盟——无线通信部(ITU-R)批准了高清电视的演播室标准。1993年,建立了数字视频广播(DVB)项目。1996年,英国天空广播公司在英国利用DVB体系启动了卫星广播。1997年,欧洲电信标准化协会批准了DVB-T地面数字广播标准。1997年,美国联邦通讯委员会(FCC)批准了美国高级电视系统委员会(ATSC)地面数字广播标准。1998年,日本的电信技术委员会(TTC)批准了ISDB-S卫星数字广播标准。1998年,英国开始利用DVB体系进行地面数字广播。2000年,第四版本的高清晰电视演播室标准得到批准,该标准统一了扫描行的数量。2000年,日本开始利用ISDB-S体系进行卫星数字广播。2001年,韩国开始利用ATSC体系进行地面数字广播。2003年,日本开始利用ISDB-T体系进行地面数

① 参见郑超然、程曼丽、王泰玄:《外国新闻传播史》,中国人民大学出版社2000年版,第380页。

字广播。

2009年9月28日，我国9个频道进行高、标清同步播出。这9个卫视频道分别为中央电视台一套、北京卫视、东方卫视、江苏卫视、湖南卫视、黑龙江卫视、浙江卫视、广东卫视、深圳卫视。再加上中央电视台原有的高清综合频道，我国由此可以同时向观众提供10个高清电视频道，全部由有线数字网络免费接入、免费观看。用户只需向网络公司开通数字电视服务和安装一个高清互动机顶盒，就可以收看到高清电视节目。随后全国逐步完成了高清电视信号的接入。

随着数字电视技术的发展，各国先后出台了关闭模拟电视信号的计划表。

美国于2009年6月13日、日本于2011年7月24日、英国于2012年10月各自关停了本国模拟电视信号。2020年7月，国家广播电视总局下发《关于按规划关停地面模拟电视有关工作安排的通知》，要求全国各地的中央台节目地面模拟电视信号于8月31日前、地方节目的地面模拟电视信号于12月31日前完成关停，特殊情况最迟于2021年3月31日前完成关停。目前我国已经正式跨入数字电视时代。

二、中国电视的产生及发展历史

1958年5月1日北京电视台的开播，标志着我国电视事业的诞生，也标志着电视广播在中国的起步。

在我国电视事业半个多世纪的发展历程中，有许多力量，如政治、经济和技术等，交织着推动了它的发展。从技术的角度讲，电视节目的传播主要由录制、播出、传输覆盖、接收几个环节组成，这些环节的技术发展水平都会直接或间接地影响电视新闻事业的发展。电视技术是一个复杂庞大的体系，其中，有的技术对电视新闻的发展是非常关键的，会极大地改变电视新闻传播的面貌。而有的技术，只是起修修补补的作用。以电视重大相关技术发展为标志，我国电视事业的发展分为四个阶段。

（一）黑白电视阶段（1958～1973年）

1958年，我国生产了第一批国产电视机。在这一阶段，电视技术主要依靠自力更生研发制造，此时的电视还不足以称得上大众传播媒介，电视新闻传播只能是小众传播。

1958年5月1日，中央电视台的前身——北京电视台试验播出电视节目。6月1日，北京电视台首次播放该台记者拍摄的新闻影片。6月15日，播出了我国第一部电视剧《一口菜饼子》。6月19日，第一次成功地现场直播了一场篮球比赛。

1958年10月1日，上海电视台建成并开始试播，1959年10月1日正式对外播出，是我国第二座电视台。同年12月，哈尔滨电视台(今黑龙江电视台前身)建成并试播。以上是中国最早的一批电视台。

1958年12月，中央广播事业局在北京召开会议，决定由点到面地在全国各地建立电视台。此后全国各地陆续开办实验性电视台或转播台，1959～1961年，天津电视台、广东电视台、吉林电视台先后开播，陕西、辽宁、山西、江苏、浙江、安徽、山东、湖北、四川、云南等地也相继建立了电视台，我国的电视事业从此蓬勃地发展起来。至1960年底，全国有电视台、试播台和转播台29座。

1.电视节目的录制

用于录制电视节目的设备主要有超正析像管摄像机，体积大且笨重。后来使用16毫米电影摄影机拍摄新闻。这种摄影机拍摄时间短，拍摄的素材还必须经过冲洗、剪接后才能使用，很难提高传播内容的时效性。

当时大多数节目都是采用实况转播的方式播出。为此，1958年8月，我国研制出第一辆电视转播车。1959年，在新落成的人民大会堂又建立了一个电视转播中心。当年的国庆大典以及后来的许多重大活动，都是由这个转播中心完成的。20世纪60年代，为了保存和交换某些电视新闻节目，有些电视台还使用过电视屏幕摄像机，但因记录质量不高，没有得到广泛使用。北京电视台从1966年初已经开始使用电视录像设备制作节目。

2.电视节目的播出

此时电视发射和播出系统设备，除某些关键器件外，都是我国自己研制设计生产的。主要包括1000瓦黑白电视图像发射机1部、500瓦伴音发射机1部。

3.电视节目的传输覆盖

北京台开播后，各地也相继开办电视广播。到1970年，除西藏外，大陆各省、自治区和直辖市等都建立了电视台。当时，每个电视台只有一个发射台，在省会城市才能看到电视节目。20世纪60年代末70年代初，各省大都建立了高山调频广播发射台用来传送广播节目。只要给这些高山调频发射台加设电视发射机和天线，就可以将它们改造成电视转播台。各省利用这种方法迅速建立了一批电视转播台，扩大了电视覆盖范围。至1971年，全国的电视发射台和转播台总计已达80座。

起初，北京台和地方台节目交流主要是采用人工乘坐交通工具或邮寄交换电视片的方式进行的。国家公用通信网络微波中继干线发展起来后，微波干线成为传送电视节目的主要通道。1971年，广播电视局正式租用邮电部微波干线传送电视节目。20世纪70年代末，我国开始加快建设大、中型发射台和转播台，同时在农村大量建设50瓦以下的转播台。

4.电视节目的接收

北京台开播后，为解决收看问题，中国从苏联进口了200台黑白电视机应急。不久，天津很快生产出了第一批“北京牌”电视机投放市场。1960年，上海开始批量生产由进口零件组装的“上海”牌电视机。此时电视机售价昂贵，普通百姓难以负担。据统计，到1975年底，全国有电视机46.3万台，按当时8亿人口计算，每1600人才拥有一台。

（二）彩色电视阶段（1973～1984年）

早在1959年，我国就开始了彩电的研制工作，并于1960年5月在北京用NTSC制进行了试播。1960年，我国试制出全套国产彩电演播设备和发射机并在北京建成了彩电试播台，后因经济困难，研制工作被迫终止。1972年尼克松访华后，我国决定从国外引进先进的电视技术和设备，中央广播事业局“进口彩电设备”的请求获国务院批准。不久，北京电视台的彩色电视节目开始通过微波线路向外地传送。

1973年5月1日，北京电视台面向首都观众的彩色电视正式试播。同年年底，上海、天津、成都等地方电视台也开始试播彩色电视节目。至1975年初，北京电视台向外地传送的节目已由黑白、彩色交替改为全部彩色。

1977年，北京台、上海台的第一套节目全部改为彩色电视节目，标志着中国电视已经开始从黑白向彩色演变。1978年5月1日，北京电视台改为中央电视台，为国家电视台。

1979年1月28日，上海电视台播出中国电视历史上第一条商品广告。8月，中央电视台设立《为您服务》专栏，介绍电视节目，回答观众来信。

1980年7月，中央电视台开办新闻评论性的专栏节目《观察与思考》，这是《焦点访谈》的先驱。1981年，中央电视台开播由赵忠祥主持的《动物世界》,并很快成为央视的王牌节目。

1983 年 3 月第十一次全国广播电视工作会议在北京召开,对其后十多年的电视业发展具有深远的影响,会议制定了中央、省、地(市)和县(市)“四级办电视、四级混合覆盖”的方针,一改以往“两级办电视”的发展格局,使中国电视业出现了突飞猛进的发展。自此,各省、市和自治区除了分别拥有一个电台、一个无线电视台和一个有线电视台外,还有一个教育台或经济台,而下辖各地区(市)和县(市)级政府也自办电视台。

1983 年春节,中央电视台正式推出“春节联欢晚会”。自此,大年三十看春节联欢晚会成为中国人的新民俗。8 月 7 日开始,中央电视台推出 25 集大型电视系列节目——《话说长江》。它首次在大型节目中树立了固定节目主持人、采用章回小说体的结构,以及固定栏目、连续播出的模式。之后,总导演戴维宇及其创作班子趁热打铁,再次推出《话说运河》。

随着先进的电视新闻采制和传输技术的出现,电视机成为热销的家电产品。这一阶段电视技术的进步主要表现在彩色电视的发展上。1982 年,PAL 制正式成为中国彩电标准制式。从此,中国电视节目完成了由黑白向彩色的过渡。

1.电视节目的录制

中央电视台自 1978 年 12 月起开始使用电子新闻采集设备(Electronic News Gathering,ENG),录制的新闻节目两到三个小时后即可播出,大大提高了新闻时效。当时中央电视台只有两部 ENG 摄像机。1979 年上海电视台进口的第一部 ENG 摄像机首先分配给新闻部使用。1981 年中央电视台又购置了电子现场制作设备(Electronic Field Production,EFP)。此外,体育比赛中的即录重放慢镜头、演播室的灯光自动控制、摄像机的自动调焦、各种特技效果开始陆续采用电脑技术,大大提高了电视节目的表现力。

2.电视节目的播出

1982 年,中央电视台开始使用电脑自动控制系统,改善了播出方式。

3.电视节目的传输覆盖

以微波传送为主,卫星传输覆盖开始萌芽。1976 年底,中央台的彩色电视节目已经可以通过微波线路传至全国除西藏、新疆、内蒙古 3 个自治区以及中国台湾以外的 26 个省会、自治区首府和直辖市。7 月,上海、广州等八个电视台可以向北京回传节目,一个全国性的电视广播网逐步形成。1980 年10 月 20 日,《新闻联播》开始播出通过微波干线收录的地方台的回传新闻，从此中央台和地方台开始通过微波线路定期互传新闻。1981 年中央广播事业局在青岛召开了全国电视新闻座谈会，讨论了“全国一盘棋、共同办好《新闻联播》”的问题。会后，各地加快了微波通信网的建设。

1980 年 4 月 1 日，维斯新闻社和合众国际电视新闻社开始通过卫星向中央台传送新闻录像，大大提高了国际新闻的时效性。从 1982 年开始，我国开始利用德、法两国联合研制的“交响乐”通信试验卫星，进行电视传输试验。

4.电视节目的接收

1979 年后，进口电视机大量涌入国内，成为最抢手的家电商品。中国开始引进电视机生产流水线，经消化吸收，生产出大批高质量的国产电视机。1979 年我国只有 485 万台电视机，到 1982 年，电视机保有量便达到 2761 万台。

（三）电视节目立体传输阶段（1984 年至 20 世纪末）

自 1983 年 3 月在北京召开的第十一次全国广播电视工作会议以来，“四级办台”大大调动了各级政府的积极性，通过建立地方电视台的方法来提高电视人口的覆盖率，效果非常明显。全国电视人口覆盖率从 1982 年的 57.3％上升到 1997 年的 87.6％。至 2000 年底，电视的覆盖率为 92.5％。截至 1994 年底，经有关部门正式批准建立的县级以上无线电视台达 982 个，有线台更多至 1212 个，教育台 941 个，总数达 3125 个，而到了 1997 年底，仅有线电视台数目就已超过 20 个。

在这一时期，电视技术的发展突出表现在电视节目传输覆盖方面，开始形成卫星、微波和有线电缆光缆相结合的立体传输覆盖网络。电视已经成为大众传播中位居首位的媒介，电视传播的社会影响力也越来越大。

1987 年 2 月 1 日，中央电视台第二套节目由面向北京改为面向全国播出，并开始了向经济信息频道的转变。

1990 年 4 月 18 日，全国第一家省级有线电视湖南有线广播电视台开始试播。有线台的成立，打破了无线电视一统天下的局面。

1990 年，中央电视台与正大集团合办《正大综艺》。该节目采用特邀嘉宾猜谜和现场观众参与的形式，一举成为国内收视热点，同时也造就了许多电视名人。该年又称“电视剧年”，一部50 集电视连续剧《渴望》引得万人空巷。在这一阶段，留在人们记忆中的只有“台”的概念，中央电视台、省台、市台，而几乎没有什么节目与栏目的概念，即使有也是电视剧，比如《射雕英雄传》《渴望》《新星》等。

1.电视节目的录制

ENG 设备已经在我国大多数电视台普及，极大地提高了新闻时效。同时，ENG 开始在社会上普及，使电视新闻拥有了庞大的业余通讯员网。

2.电视节目的播出

1984 年 7 月，中央台从日本引进的电视节目播出程序自动控制系统投入使用，实现了播出自动化。

3.电视节目的传输覆盖

1984 年 4 月 8 日，中国第一颗试验通信卫星（STW-1）发射成功，定位于赤道上空东经 125 度。当年国庆天安门广场的阅兵仪式就是通过它转发全国的。1985 年，中央台开始长期租用位于东经 57 度印度洋赤道上空第一代国际卫星转发器传送第一套节目，从此改变了电视传输只依靠微波的局面。1990 年，中国的电视覆盖面升至 78％。

1986 年 2 月，我国发射第二颗试验通信卫星，定点于东经 103 度的赤道上空，当年卫星地面站亦增至 2000 多个。1988 年 3 月，我国发射了第三颗通信卫星，有四个转发器，三个用于传送广播电视节目，定点精度和稳定度都大大提高，且工作寿命长、通信容量大、辐射功率强。

1990 年 4 月 18 日，全国第一家省级有线电视湖南有线广播电视台开始试播。有线台的成立，打破了无线电视一统天下的局面。

1990 年 2 月，我国又发射了第五颗试验通信卫星，此时，中央电视台一、二、三套节目全由国内卫星传送，而教育电视一、二套节目由租用的国际通信卫星传送，卫星成为电视广播的主要媒介。

4.电视节目的接收

20 世纪 80 年代，全国各地纷纷建立卫星地面站，1991 年底达 20000 余座。1992 年 10 月，中央电视台第四套节目上天，成为中国第一个国际卫星电视频道，覆盖 80 多个国家和地区。进入 20 世纪 90 年代，省级台陆续上星，至 1998 年秋有 26 个省级电视台建立了卫星电视频道。

我国从 20 世纪 60 年代初开始研究有线电视技术，1964 年建成了第一个共用天线应用系统，安装在北京饭店。1989 年，我国已有较大规模的“有线电视台”500 多个。1992 年国内行政区域性的有线电视台开始联网。截至 2020 年底，我国电视节目综合人口覆盖率达 99.59％。

(四)高新科技数字技术、卫星技术给电视传播带来的变化(20世纪末至今)

进入20世纪90年代后,世界上出现了一股卫星电视技术、数字技术、网络技术等高新技术占领电视新闻传播领域的浪潮。电视直播卫星、数字电视、移动电视、数字式转播车、高清晰度电视、多声道立体声伴音电视、各种音像记录器材以及图文电视纷纷从实验室步入社会生活,给电视节目传播带来了巨大的影响。

新兴的数字技术给电视节目采制、播出、传输覆盖和接收带来了翻天覆地的变化。数字技术使新闻的采摄设备更加轻便化、小型化,数字信号在反复复制、转录、传输的过程中几乎没有损失,大大提高了节目制作和传输的质量和效率。在此期间,数字新闻采集(Digital News Gathering, DNG)、卫星新闻采集(Satellite News Gathering, SNG)等信息采集设备、数码特技技术、非线性编辑设备等开始大量使用。

原来一个特定的只能传送一套节目的模拟频道,使用数字数据压缩后,就可以传送8～10套节目。这彻底改变了微波频率不足、广播频道不多的历史,使电视频道和节目的数量大增。数字技术还使得电视信号在传送和复制的过程中几乎不受损失。

数字技术还改变了受众的收看方式,可以满足受众随时收看特定节目的愿望,可以"重播",也可以打破节目的先后顺序,还可以"跳"着看。观众将拥有更多的信息主动权。在2001年的中国卫星应用大会上,国家新闻出版广电总局负责人透露,2005年底之前,电视的卫星传输全部实现数字化;2010年,广播影视节目制作、播出及卫星、有线传输实现数字化,地面电视基本实现数字化,数字电视接收机得到普及;到2015年全面实现数字化,最终完成模拟向数字的过渡。

1999年10月1日,部分北京市民有幸成为中国首批高清晰度电视的观众,他们通过数字高清晰度电视观看了国庆50周年庆典的实况转播。对广播电视行业来说,用数字高清晰度电视直播国庆实况是中国广播电视事业发展历史上的一个重要里程碑。这次成功的试验为中国确定数字电视通道标准和高清晰度电视信号源标准提供了重要数据并积累了宝贵的经验,标志着中国的广播电视事业已经跨越了从无到有、从黑白到彩色的发展阶段,开始加速进入数字高清晰度时代。

早在2004年的雅典奥运会上,已经有一些电视台进行了高清转播。在消费者端，大尺寸液晶电视机普及的潮流已经开始，与传统的显像管CRT电视机相比，它们更适合高清视频的重放。更为重要的是，使用这些先进显示设备的用户很容易发现标清节目在视觉感受上的缺陷，从而更乐于转向高清。而高清接收机的热销也刺激了高清节目的需求，形成了良性循环。在中国，随着数字电视标准的确立和网络、机顶盒的普及，高清播出在技术上已经扫清障碍。同样，高清也给摄像机、存储产品等领域带来了全新的机会，巨大的产品升级潮流和内容领域的更新，让高清成为主旋律，并完成了民用化的普及。

2015年3月25日，央视中文国际频道推出纪录片《第三极》，是中国首部全面反映青藏高原人与自然和谐相处的大型电视纪录片，更是中国首部4K超高清大型纪录片。2019年10月1日，中华人民共和国成立70周年阅兵盛典在北京举行，央视新闻联合人民网、新华网携手中国移动，打造了史上首次4K超高清多视角直播，发挥“报、网、端、微、屏”全媒体矩阵优势，为用户带来了70小时不间断、50帧原画、独家7路特殊视角的多终端跨屏体验。超高清正逐步成为数字电视主流，走进千家万户。

第三节　世界电视媒体的现状及发展趋势

由于网络传播的独特优势，近年来大量的电视节目受众被网络分流。进入网络时代的电视媒体，处处受到网络媒体和新媒体的影响，因此，媒介融合、媒体转型成为必由之路。

一、国外电视媒体的现状

在电视技术半个多世纪的发展历程中，国外的电视产业曾经为媒体集团创造了高额利润，并为信息产业的繁荣做出了贡献。但随着网络的普及，传统电视也面临着收视率下滑、广告额锐减等问题，电视行业的衰落是成为全球性的问题，在此基础上，各国从技术、形式到内容都强化创新改革，尤其加强了与互联网的互融互通。

（一）智能电视转型

随着技术创新，电视不断加持3D、大数据、AI、曲面、OLED、4K、8K等各种新技术，电视行业进入多元化发展阶段，而智能电视也逐步成了彩电转型升级的新方向。

智能电视，是基于互联网应用技术，具备开放式操作系统与芯片，拥有开放式互联网应用平台，可实现双向人机交互功能，集影音、娱乐、数据等多种功能于一体，以满足用户多样化和个性化需求的电视产品。它顺应了电视机“高清化”“网络化”“智能化”的趋势，从“硬件”转向“硬件＋内容＋服务”，逐渐发展成为一个开放的智能业务承载平台，成为用户家庭智能娱乐终端和智能家居的重要载体。

21世纪初，全球主要电视制造商开始宣布要生产智能电视，并将智能电视作为它们中高端电视产品的标配。自2010年起，三星、LG、索尼等技术领先的电视制造商开始推出第一批智能电视，全球智能电视行业迅速爆发，全球智能电视机出货量和渗透率连年攀升，2019年出货量约为1.58亿台左右，渗透率达到70％，但仍处于较低水平，市场前景广阔(见图7-1)。

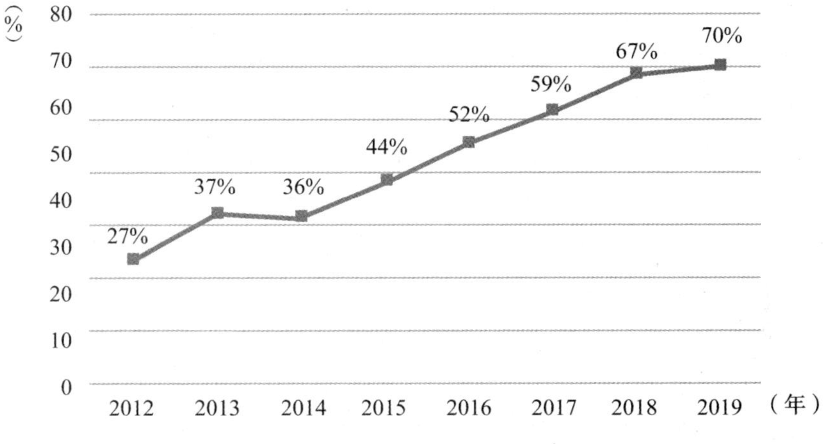

图7-1　2012～2019年全球智能电视出货量渗透率

数据来源:《2020年全球智能电视行业市场现状及发展前景分析 家庭渗透率低但发展潜力巨大》,https://www.qianzhan.com/analyst/detail/220/201223－a1b39d27.html。

除了打造全新的智能电视外，电视机整机厂商与面板厂商不断增加大尺寸等高端产品的出货，全球电视产品的另外一个显著表现是大尺寸化电视加速推进。2019年，全球电视出货平均尺寸为45.6英寸，2020年前三季度全球电视出货平均尺寸再创新高，达到46.7英寸，较2019年增大了1.6英寸(见图7-2)。

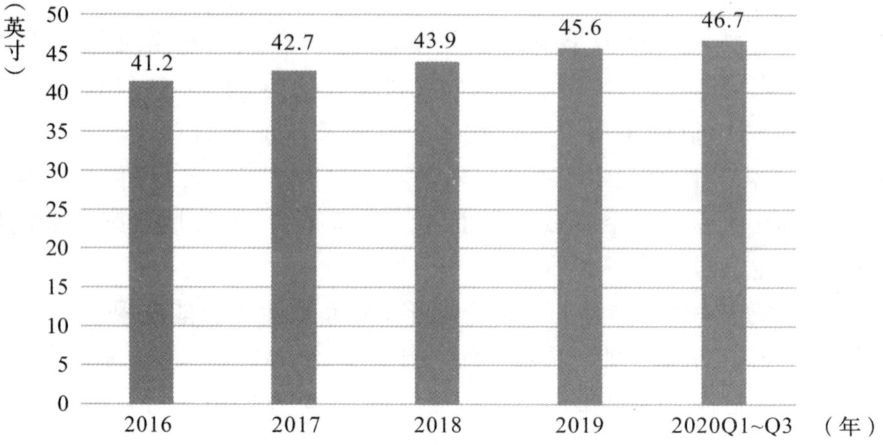

图 7-2　2016～2020 年前三季度全球电视出货平均尺寸

数据来源：《2020 年全球智能电视行业市场现状及发展前景分析 家庭渗透率低但发展潜力巨大》，https：//www.qianzhan.com/analyst/detail/220/201223－a1b39d27.html。

（二）重组扩张与内容危机

国外电视台大多是私有制和公私合营制，在传统电视的变革中享有更高的自由度和自主权，商业并购、资本重组频繁进行，在拓展产业边界的同时，进一步改善业务结构，“内容＋渠道”“上游＋下游”成了主要的调整方向。随着互联网新媒体的迅速发展，以及有线电视市场竞争的“白热化”，国外有线电视运营商新一轮的兼并潮已经开始。目前美国排名前五的有线电视运营商包括康卡斯特公司、时代华纳有线公司、舵手传播公司、宪章传播公司和有线电视系统公司，它们拥有全美超过 65％的有线用户。2014 年 2 月12 日，美国最大的有线电视运营商康卡斯特宣布以 452 亿美元收购美国第二大有线电视运营商时代华纳有线。美国的新闻集团（News Corporation）、时代华纳、贝塔斯曼、迪士尼（The Walt Disney Company）等都通过兼并、收购等资本手段，逐渐发展成为国际化的传媒集团。

资本并购重组，加快了传媒市场洗牌速度，形成了更大型的传媒集团，也使得电视产业可以依托母公司的产业壮大自己。但由此必然牺牲自己的独立地位和内容价值，也导致了一定程度上违背了电视中间媒体的立场，带来了电视节目内容低俗化潮流。为了遏制住不断下滑的收视率和广告费，国外传统电视台的节目愈发商业化，而过度娱乐化和低俗化成了被广泛使用的手段，主要包括语言和行为上的淫秽、暴力、愚弄、猥亵、不敬或冒犯等，各国都出台了相应措施进行治理，但往往治标不治本，在这一问题上，商业化的运作模式难辞其咎。

（三）融合与社交

电视媒体属于线性传播媒体，在互联网和新媒体盛行的媒体背景下，世界各国的电视媒体都不得不走出自己的舒适圈，按照互联网的视听习惯改造自己的内容和服务。人机互动一直是电视媒体的短板，国外电视媒体的另一个转型策略就是打造电视内容的交互化、社交化、分享化。比如近两年开始火爆的观察类综艺节目，就是互动化的一个案例。

美国有线电视的付费传统，从 20 世纪六七十年代就已经兴起，可谓渊源颇久，但随着网络媒体的兴起，更低廉的价格，更丰富的内容，更完善的用户体验，使大量用户退订有线电视，转投网络平台。基于此，各大电视平台纷纷开启与网媒结合的道路。如英国 BBC Iplayer 原本是英国广播公司推出的一项播客服务，可以免费点播前 7 天的节目，后来为了顺应互联网的浪潮开发出了客户端，适配各类智能媒体。从片源上来说，它拥有 450 个电视频道，背靠 BBC 的强大内容库，延续了 BBC 以信息、教育、娱乐为核心、以公共传播服务为外延的价值准则，获得英国用户青睐。

国外多数热门电视台都相继运用新技术开发移动应用，如建立网站、客户端等，以融合、互动、社交的方式，重新与用户建立联系。比如，法国“Canal＋”集团下的“CANALFootball”应用，不仅与电视媒体同步为观众提供足球赛事的现场直播，还额外为用户提供“镜头选项”的新功能，用户可以单击选择不同的摄像机位和镜头角度收看全景式的精彩回放。这极大地丰富了观众的可选性，增强了体验感和互动价值，回流了观众，增强了用户黏性；同时通过移动平台的数据反馈，也有利于电视媒体改进节目形式和内容，建立更加密切的双向互动和反馈机制。

在网络和新媒体冲击下，电视媒体的盈利进入瓶颈期。对国外的电视媒体来说，主要的盈利收入是点播费和广告费。面对新媒体的冲击，国外电视媒体创新了多样化的盈利方式，比如美国各大电视台尝试了“动态广告插播”技术，可以让广告商根据需要在 24 小时内替换广告内容，这就有助于快速替换效果不佳的广告，也便于广告商快速锁定消费群体。另外像电商支付、社交运营等形式也被快速引入。综合起来看，国外电视盈利模式转型是一条技术驱动下，以受众需求为导向的转型之路，通过多平台的融合和互动方式的改进，提升营收。

欧美日韩等国家的电视媒体格外推崇以节目内容为核心，不断延伸的多形式的推广产业链，即以“社交网络＋官网＋移动平台＋互动电视”为核心的、四位一体的全媒体电视节目推广策略。比如 CNN 电视台率先试水“电视无处不在（TV Everywhere）”的全媒体路径探索，在新闻事件发生时，不仅开展现场直播报道，而且也将新闻内容同步到网络平台，实时滚动更新，还通过社交网络发动全球民众参与。电视节目的全媒体推行方式，提升了推广的覆盖面，同时多方位利用互联网的互动基因，注重与用户的良好互动关系，通过社交化创新来改善电视的发展。

电视媒体正借助机器学习、人工智能改变媒体信息分发机制，从技术上不断地提升内容与读者的个性化匹配度；与此同时，通过数据挖掘，对用户的行为进行更加细致透彻的统计分析，从而给用户提供更精准化的推送服务。紧随着 VR、AI、全息摄影等高新技术的全链条渗透，电视媒体纷纷转变运营思维，与网络和新媒体结合日深，共同跨入智媒时代。①

二、中国电视媒体的现状

进入 21 世纪，数字化成为电视传播技术的主流。网络成为新的传播平台，对原有的电视媒体造成了极大的冲击。起初因为科技和政策门槛较高，电视还处于相对安全的地位。但随着一代又一代“新媒介”的出现，并以不可阻挡之势攻城略地，传统的电视领地也被网络传播逐步蚕食，媒体融合成为唯一可行的策略。

（一）网络影响日渐深入

从节目制作时间来看，我国广播节目制作时间逐年增长，但电视节目制作时间却明显减少。2020 年，新冠疫情使我国电视节目制作时间创新低，从 2020 年各类电视节目制作同比增长情况来看，全国制作电视节目时间为 328.24 万小时，较 2019 年下降 5.02％。2020 年，我国仅有综艺益智类和影视剧类电视节目制作时间有所下降，分别较 2019 年减少 14.48％和 20.70％，这主要是受我国近年来逐步加强综艺节目管理、推进综艺节目“减

① 参见张蓝姗：《媒介融合——电视＋互联网的跨界与转型》，清华大学出版社 2019 年版，第 95 页。

量提质”等相关政策影响所致(见图 7-3、7-4)。

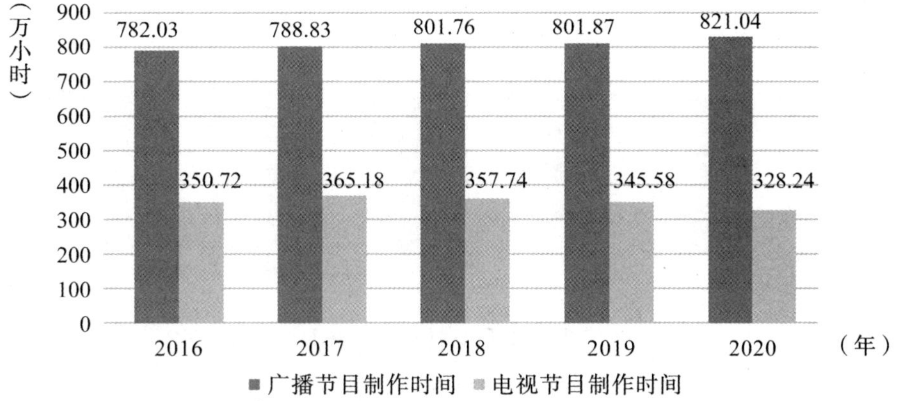

图 7-3　2016～2020 年中国广播电视节目制作时间情况(单位:万小时)

数据来源:前瞻产业研究院,https://www.qianzhan.com/analyst/detail/220/210611-a1f61077.html。

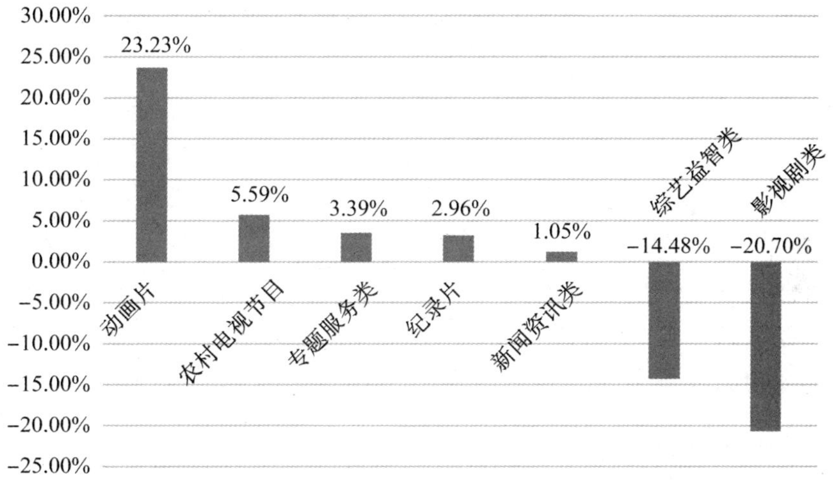

图 7-4　2016～2020 年中国电视节目制作同比增长情况

数据来源:前瞻产业研究院,https://www.qianzhan.com/analyst/detail/220/210611-a1f61077.html。

从节目播出时间来看,2016～2020 年,我国广播电视节目播出时间持续增长,2020 年广播节目播出时间达 1580.72 万小时,同比增长 1.76%;电视节目播出时间达 1988.31 万小时,同比增长 1.91%(如图 7-5 所示)。

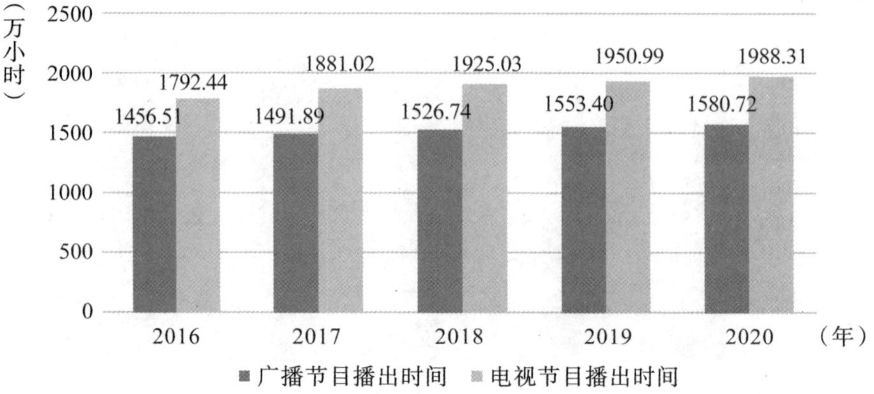

图 7-5　2016～2020 年中国广播电视节目播出时间情况（单位：万小时）

数据来源：前瞻产业研究院，https://www.qianzhan.com/analyst/detail/220/210611－a1f61077.html。

从电视机设备方面来看，据国家统计局数据显示，目前我国智能电视产量已经占到了整个彩电产量的 60%左右。2018 年，我国智能电视产量达到了 1.13 亿台，2019 年达到了 1.1 亿台。

另一个不容忽视的问题则是近年来大批电视人出走，转向网络与新媒体。以 2013 年著名电视人马东离开央视加盟爱奇艺为先例，掀起了一股电视人的离职潮，如郎永淳、张泉灵、赵普、陈晓卿、王凯等。人才的流失，带走了大批电视媒体资源，反而为网络媒体带来了丰富的内容资源，这也在一定程度上给电视媒体造成了巨大影响。另外，电视收视率、开机率连年下滑，电视受众越来越老龄化，大批青年群体流失，广告营收连年下降，都对电视媒体的生存构成威胁。

（二）媒体融合逐步推进

中国电视媒体的融合之路是自上而下进行的，有着强烈的改革动力，但也并不是一帆风顺的。首先，媒介形态的变化受媒介技术、制度变革、市场需求、人才转型等多因素的影响，媒介融合的复杂性和风险性不容忽视；其次，在互联网时代下，传统电视媒体原有的内在组织机构、运行机制、经营管理模式、专业理念等都面临多方面的挑战，有待进一步的探索。从目前来说，中国的电视融媒改革正处于深水期，呈现出以下几个特点：一是媒介融合的战略布局已初步构建完成，国内大部分电视媒体都构建了自己的网站和“两微一端”，试图借助网络和新媒体平台寻得新出路；二是媒介融合的力度不断加大，近年来在党中央的重视和各地政府的支持下，电视媒体的融媒步伐加快，目前省级融媒体改革已基本完成，县级融媒体改革也已经取得阶段性成果，下一步将完成市级融媒改革；三是媒介融合的形态日益丰富，电视媒体除了内容的融合之外，还搭建了其他多种形式的媒介形态，比如电商、社交、政务服务等，扩充了信息传播和信息产品的功能。当然，电视媒体融合也面临很多问题，比如难以跨越的行政管理机制、人才管理、资金调配等。但不可否认的是，媒体融合已是大势所趋，伴随着信息产业技术的发展和国家相关政策的推动，媒介融合将朝着更加多元化、深层次的方向迈进。

以广播电视和网络视听为例，互联网已成为主战场，2020 年音视频节目增量是广播电视节目制作量的 19.15 倍，短视频上传用户超过 5 亿；用户市场发生根本变化，用户大规模向互联网转移，网络视频用户达 9.27 亿，占网民整体的 93.7%，互联网视频年度付费用户 6.9 亿，互联网音频年度付费用户 1.1 亿，短视频用户 8 亿多，交互式网络电视用户超过 3 亿，互联网电视用户 9.55 亿，分别是有线电视实际用户的 1.45 倍和 4.61 倍；网民人均日观看互联网视频节目（含短视频）约 100 分钟，收听互联网音频节目约 20 分钟；产业收入结构深刻变革，传统广播电视广告收入和收视维护费、付费数字电视、有线落地费等传统业务收入比重大幅降低，仅为 16.99%，而网络视听收入和广播电视媒体智慧广电及融合业务收入占比达 49.76%，同比增长均超过 35%。大视听产业发展格局基本形成。2020 年广播电视和网络视听业务实际创收 7711.76 亿元，同比增长 13.96%。广电产业同其他行业的融合不断深化，产业融合与垂直拓展相互促进，2020 年广播电视机构智慧广电及融合业务收入达 893.78 亿元，同比增长 38.14%，视听媒体产业变革进入全面拓展阶段。新变局新挑战新机遇，主流媒体生存状态决定其自身价值建构与舆论引领能力。由于观念认识、基础条件、行进速度、支持力度、工作方式等有所差异，一些主流媒体融合发展仍然相对滞后，亟待深化改革。①

（三）视频网站迅猛发展

为了应对互联网的不断挑战，电视媒体逐步建设和发展视频网站，以弥补电视媒体线性传播等的不足。中国视频网站的发展是从传统的国有广播

① 参见杨明品：《解决媒体融合发展相对滞后问题关键在深化改革》，2021 年 7 年 27 日，https://mp.weixin.qq.com/s/hw3_ECJUfon－FwrmSLoFDA。

电视机构开始的，后来又加入了民营视频网站，共同推动了我国视频产业的发展壮大。

第一阶段：传统广电视频网站的TV时代(1996～2005年)。

1994年，中国正式接入国际互联网，视频网站的最早模式——视频点播模式也随之出现。但此时的视频点播只是作为一种应用形式，真正开启视频网站成规模视听探索实验的，是1996年12月中央电视台央视网(CCTV.com)的开办。这是中国最早发布中文信息的网站，也是视频节目最多的网站，同时这标志着“中国电视拥有了一条新的传输管道”①，这一时期视频网站的技术主要是P2P技术、流媒体技术等。在央视网的带动下，各地方广电媒体纷纷上网，将本台的电视节目内容整体打包上网，开启了视频网站的第一阶段——传统广电媒体时期。但此时的广电视频网站主要是完成了终端的互联网化迁移和节目收看平台的延伸，却并没有根据互联网传播特点进行新的内容编排，所以观看内容和方式与传统电视并没有太大差异，这就为其深受之后成功运营的民营视频网站的巨大压力埋下伏笔。

第二阶段：民营视频网站的UGC时代(2005～2009年)。

这一时期民营视频网站开始入局，以吸引用户参与、拼“流量”开启了网络视频发展元年。

2005年2月，视频分享网站YouTube在美国诞生。2005年4月15日，中国第一家视频分享网站“土豆网”诞生，其“每个人都是生活的导演”的宗旨吸引了大批视频爱好者，由此成功开启了商业视频及用户视频分享时代。2006年6月21日，中国第二家视频分享网站“优酷”上线。土豆网和优酷网成为早期中国平分秋色的两大UGC视频分享平台，成功吸引大量网友参与制作和分享视频节目，中国开启了互动和社交的互联网基因，达成了视频网站新的沟通需求。2006年，也被学界和业界普遍认为是网络视频产业发展元年，有200多家网络视频企业迅速崛起，产业规模初步形成。

2007年起，在线视频网站从单纯的分享传播升级为网络视频互动模式。国内最具代表性的互动视频机构是AcFun弹幕视频网站(A站)和哔哩哔哩网站。A站成立于2007年6月，是国内第一家基于弹幕的互动网络视频，成为中国弹幕文化的发源地。A站以视频为载体，逐步发展出基于原生内容二次创作的完整生态，拥有大量黏性用户群体，产生和输出了大量网络流

① 常江：《中国电视史1958～2008》，北京大学出版社2018年版，第376页。

行文化，也是中国“二次元”文化的发源地。2018年6月5日，快手全资收购AcFun。B站成立于2009年6月26日，早期是一个ACG（动画、漫画、游戏）内容创作与分享的视频网站。经过十年多的发展，围绕用户、创作者和内容，构建了一个持续产生在线内容的生态系统，B站已经涵盖7000多个兴趣圈层，成为中国年轻世代高度聚集的文化社区和视频平台，2018年3月28日，哔哩哔哩在美国纳斯达克上市，2021年3月29日，哔哩哔哩在香港二次上市。

第三阶段：大平台视频网站的PGC时代（2009～2015年）。

自优酷土豆开启视频网站发展模式之后，用户生产内容的规模渐成趋势，视频网站从用户内容生产UGC向PGC（Professionally-generated Content，专业生产内容）过渡，内容趋向高清化、专业化、版权化，开启了从“拼流量”到“拼版权”的新时期。

2009年2月，搜狐视频成立，以自制剧和购买国内外剧集开启了内容专业化制作时代。3月，优酷推出“热播剧场”模式，重视高清、正版长视频播放。在专业内容加入，视频网站逐渐开始盈利期之后，更多的力量加入视频网站，视频网站产业形成大平台运营、合并、收购产业期，发展也逐渐进入鼎盛期。

一方面，传统广电系统强化视频网站品牌建设，2009年12月28日，中央电视台创建中国网络电视台（CNTV）；同月，湖南广电将芒果网络电视进行独立品牌运营，并在2014年4月20日正式发布芒果TV。另一方面，以百度、腾讯、阿里为代表的互联网公司也加入视频网站产业生产，分别控股爱奇艺、腾讯视频、优酷土豆。2010年4月22日，百度成立视频网站奇艺，2011年11月26日升级为爱奇艺网站，2013年5月7日百度收购PPS视频业务，并与爱奇艺进行合并。2011年4月，腾讯视频上线。2012年3月12日，优酷股份有限公司和土豆股份有限公司宣布以100％换股的方式合并为“优酷土豆股份有限公司”；2014年，优酷土豆与阿里巴巴集团宣布建立战略投资与合作伙伴关系；2015年10月16日阿里巴巴正式收购优酷土豆。

另外，国内比较有名的视频网站还包括乐视视频、搜狐视频、PPTV等。乐视网成立于2004年，致力打造基于视频产业、内容产业和智能终端的“平台＋内容＋终端＋应用”完整生态系统，被业界称为“乐视模式”。2010年8月12日，乐视在中国创业板上市，是行业内全球首家IPO上市公司，也是在中国A股最早上市的视频公司。虽然其后期因为资金链断裂出现问题，但其开创的视频网站生态系统曾经广受关注。搜狐视频，在2004年底成立搜狐宽频；2006年，作为门户网站第一个视频分享平台的搜狐播客成立；2009年2月，搜狐"高清影视剧"频道上线，独家首播千余正版影视剧；2014年收购原人人网旗下视频分享网站56视频，对其视频业务的UGC内容进行了补充。PPTV网络电视，别名PPLive，是由上海聚力传媒技术有限公司开发运营在线视频软件，由多家国际知名风险投资公司投资，服务于中国及全球互联网用户社群的网络电视技术平台提供商。

同时，这一时期的PGC网剧自制达到一个高峰。2014年初，美国视频网站Netflix网络自制美剧《纸牌屋》大火，由此引来了中国视频网站仿效，腾讯、优酷土豆、搜狐、爱奇艺等相继布局。2015年，网络剧爆炸式增长，全年约有600部、7000集网络剧问世，被称为网络自制电视剧和网络原创节目"井喷之年"。同时视频网站的红火，也导致了大批传统媒体人才整建制地流向网络媒体。

传统广电媒体和大互联网平台加入视频网站布局，一方面深化了网络视频专业化的趋势，另一方面也迫使视频网站须在激烈的市场环境中找准定位、谋求发展。自此，电脑端外的其他播放终端也进入了各个平台的视野。①

第四阶段：移动直播和短视频的社交时代(2014年至今)。

2014年是中国手机终端视频消费比例快速提升的一年，随着智能手机、4G技术和移动互联网技术的发展，视频网站直播平台迅速发展，移动直播和短视频将网络视频引向新的发展轨迹。

对于网络视频直播来说，有学者指出直播行业的发展经历了"2005年以YY、9158、六间房为代表的PC直播时代，2014年以斗鱼、龙珠、战旗为代表的游戏直播2.0时代，2016年泛娱乐直播3.0时代"②，以及现在的移动直播4.0时代，网络视频直播逐渐走向多元和成熟。与传统视频相比，视频直播兼具内容属性和社交属性。移动直播的爆发使视频直播的互动性、社交性与便捷性方面得到了进一步的增强，视频直播能够更有效地发挥其社交功能。③

2016年是网络视频从"长视频"向"短视频"转变的转折点，是"移动短视

---

① 参见谢新洲、朱垚颖：《技术、内容、用户：中国网络视频发展逻辑》，《出版科学》2020年第6期。

② 卢迪、龙康、宗林鹏：《移动视频平台新变化的特征、动因与管理对策》，《视听界》2017年第1期。

③ 参见王晓红、谢妍：《中国网络视频产业：历史、现状及挑战》，《现代传播》2016年第6期。

频社交应用出现井喷式发展”[①]的重要一年，因此2016年也被公认为“中国短视频元年”。短视频应用最早出现在2012年11月快手的短视频社区，且在很长时间内都是体量最大的短视频应用。2013年8月新浪微博上线秒拍应用。9月，腾讯发布微视短视频；2014年5月，美图公司上线具有美图功能的美拍应用。2016年起，短视频行业迎来爆发式发展。2016年至2017年，字节跳动公司上线多款短视频应用；2016年5月，头条视频上线；9月，字节跳动正式上线抖音短视频；12月，火山星球转型为火山小视频；2017年6月，字节跳动将头条视频升级为西瓜视频。短视频市场扩大推动了大互联网公司的加入。2017年3月，阿里将土豆转型为短视频平台；2018年1月，腾讯重启微视；7月，百度升级为好看视频。虽然各大互联网企业2018年后纷纷加入短视频市场，但目前抖音和快手仍为短视频领域的第一梯队，日活跃用户飞速发展。此外，抖音短视频国际版Tik Tok在海外迅速崛起，2019年和2020年下载量均居于全球第一，成为我国媒体从中国走向国际的典型代表。

中国视频网站的创办经历了传统广电视频网站的TV时代、民营视频网站的UGC时代、视频网站的PGC时代、移动直播和短视频的社交时代等四个阶段，未来将继续在技术、内容和用户的三重角度下发展、转型、创新。同时视频网站的发展在影响人们视频观看和分享模式的同时，也对新闻信息传播关系产生了重要影响，并进而影响到人们的信息消费和社会经济、政治等多层面发展。

三、网络冲击下电视媒体的发展趋势

（一）强化电视传播的本体特征

电视新闻的“电视特征”一直是一个比较明显的优势，突出这个优势是电视新闻赢得观众的一个重要因素。首先是电视的具像化、综合性特征。电视表现形式多样，由画面、声音、同期采访、字幕、动画、电子特技等多种视听符号来进行表现，可以通过现场报道、纪实拍摄，以及VR等技术辅助手段来进行报道，发挥电视特有的声画一体的优势，以电视影像特有的张力，增强电视的感染力。其次是电视新闻报道的权威性特征。电视媒体的把关

① 华金香：《移动短视频社交应用现状及未来发展探析》，《出版广角》2018年第14期。

人特性使其新闻报道更具客观真实性和权威性、可信度，尤其是在信息弥散的网络世界里，人们对信息真实度的需求更高，所以更期待传统媒体尤其是电视媒体的新闻报道廓清事实真相。再次是人际传播特征。电视传播属于“客厅文化”传播，是一种适合家庭或朋友集体收视的传播形式，是一种“准人际传播”。相较于网络传播的线上特征，线下集体收视可以通过即时的互动交流，实现更好的收视效果，同时也增强人际交流强度。

（二）专业化水准的强化

与网络新闻的随意性、开放性相比，电视新闻的专业化也可以在竞争中创造优势。特别是在专业性强的特殊领域，权威专家和业界知名人士通过电视与观众谋面，对某一领域发生的新闻事件进行点评，这往往更能吸引观众的目光。电视媒体作为传统媒体来说，公信力、权威度是最获认可的。关键是要根据节目的定位，充分发掘个性，让观众对节目能够产生深刻的印象。

（三）平民化视角的强化

电视节目平民化包含两层意思：一是电视新闻节目的主体事件具有“三贴近”的内涵；二是以平民角度和平民化的叙述方式来进行评论。电视台的民生类、社会类节目更加关注百姓身边的事、与百姓有密切关系的事，并对此进行平民化的评论，通过对日常生活的提炼、发表见解，来观照生活、反思生活，进而达到电视新闻评论的广泛教化功能。

（四）电视传播互动性的强化

与网络电视新闻相比，电视新闻的互动性有着明显的不足，这就要求电视媒体在具体的新闻实践中，积极借鉴网络的优点，在节目的互动设计、调动观众的参与性上加以弥补，特别是电视媒体的融媒体改革之路，就是要充分利用网络优势，增强电视社交属性和互动功能。

总之，电视新闻在与网络新闻的竞争中应更加突出它的本体特征，在追求个性化、专业化的同时，积极探寻电视新闻的平民视角和娱乐化方式，在激烈的媒介竞争中保持和强化自身的独特魅力。

第四节　电视个案分析

一、美国有线电视新闻网CNN

美国有线电视新闻网由特纳广播公司(TBS)董事长特德·特纳(Ted Turner)于1980年6月创办,通过卫星向有线电视网和卫星电视用户提供全天候的新闻节目,总部设在美国佐治亚州的亚特兰大。

(一)诞生

特纳其实曾经非常憎恶新闻,认为在人们吃饭的时候播报那些揭露罪恶与丑行的"龌龊"的新闻是一件倒人胃口的事情。事实上,在他1970年买下亚特兰大一家电视台初涉电视圈的时候仍然非常排斥新闻节目。根据美国电视业的最高监督机构联邦电信委员会的规定,任何电视台都得播送新闻节目,且每周不得少于7小时。特纳的电视台当然也不能例外。但是,他却把新闻节目安排在最没有观众的后半夜3点播出,并且他的电视台里不设一个采访新闻的记者。

然而,在激烈的商战中,特纳很快发现,办好新闻可以带来更高的收视率。面对这一巨大的商机,另类的特纳看到,各大电视台在电视新闻的处理上,不但播出规模不大,而且在时间上也常常滞后。于是,他极致化地提出要创办一个全天候24小时播出的纯新闻频道,以便随时随地实时播报正在发生的新闻事件。几乎所有的人都认为这个想法太过疯狂,而他却执着地使CNN在1980年6月1日正式开播,并声称CNN要一直把新闻进行到底,"即使到了世界末日,CNN也要现场直播那一刻"。通过卫星和电缆覆盖全球的CNN是历史上第一个名副其实的全球电视网。其标识"CNN"和旁边转动的地球,使人想到了加拿大学者麦克卢汉,他提出的"地球村"的概念首先为CNN所实现。CNN为全世界观众打开了一个无远弗届的新闻通道,让重大新闻在第一时间实时地呈现在全球100多个国家的两亿多电视观众的面前。24小时新闻频道的播出改写了人们对于新闻和世界的认识。这一最初被人们视为另类的电视模式最终成为人们公认的主流。

创业之初的CNN,曾饱受当时美国各大电视网的"白眼"轻蔑之苦,甚至被蔑称为"鸡零狗碎电视台"。

(二)发展

1983 年,CNN 因接连报道韩国航空公司 007 号班机被苏联空军击落、美国驻贝鲁特海军陆战队司令部被炸、美军入侵格林纳达等一系列消息而荣获皮博第奖。其后,CNN 在多次重大事件中都做到了迅速及时报道;1986 年美国航天飞机“挑战者号”升空失事爆炸,CNN 是唯一进行现场报道的电视网,使 ABC、NBC、CBS 相形见绌,并确立了 CNN 独家现场实况报道的地位。1989 年底,苏联谴责美国入侵巴拿马,有关人员居然先给 CNN 驻莫斯科办事处打电话,向 CNN 记者宣读了谴责书,然后才通知美国驻苏使馆,由此可见 CNN 影响之大。1991 年 1 月 16 日爆发的海湾风暴,更是使 CNN 一举成名天下。当时的 CNN 记者彼德·阿内特(Peter Arnett)对萨达姆进行了独家采访,世界各国首脑和外交部部长的房间里,电视机几乎都在接收 CNN 的信息。

经过 20 余年的努力,今日 CNN 在全世界设立了 36 个记者站,共办有 7 套单项电视节目和 1 套双向网络电视节目。CNN 对美国国内全天 24 小时播放节目。

1.CNN 国际台(CNNI)

这是 CNN 第一套节目精华部分的国际版,通过 16 颗卫星和数不清的有线电视系统向全世界 180 多个国家和地区的 1.84 亿个家庭播放。目前的 CNNI 共有 4 大版本:欧洲版、亚洲版、拉美版和美国版。它们提供国际新闻和地区性新闻,一旦发生重大事件或突发事件,CNN 广播电视网就联合行动,全力以赴,甚至借用其他电视机构的人力资源为自己服务。

2.CNN 简明新闻频道

这是一套结构紧凑、快速提供新闻的节目,在全球拥有 6700 万用户。该频道主要报道美国新闻与国际新闻,以及气象、最新金融信息、体育赛事等。

3.CNN 金融频道

其传播对象是美国国内公众,向他们报道世界各地的股票、证券信息和国家商务消息。

4.CNN 体育频道

主要报道体育新闻,提供快速、全面、专业的体育新闻、赛事报道、体育人物报道等。

5.CNN 机场电视网

这是 CNN 最小的一套节目，专为美国各飞机场简要报道当天的新闻，每天播出 21 小时。

6.CNN 西班牙语节目

该频道面向拉丁美洲，创办于 1997 年。1 套双向网络电视节目是“CNN 交互电视”(CNNInteractive)，它在“web21. com”评选的“全世界最受欢迎站点”中名列第 9，并位居“最高级别的电视网”名单之中。它的网页上兼有文字、图片、声音和图像，有重要新闻站点、快速新闻站点、全政治新闻网页，并提供用户新闻网页(Custom News)。

作为一家具有世界级影响的电视机构，CNN 较有影响的栏目主要有以下几个：

《今日世界》是一档晚间节目，CNN 一直把它视为可同 ABC、CBS、NBC 的王牌晚间节目相抗衡的重点节目。

《CNN 世界报道》栏目每周由 120 个国家或地区各自提供 3 分钟电视报道，CNN 不加编辑原样播出。

《新闻教室》栏目开播于 1989 年 9 月，以中小学生为对象，每天播出 15 分钟，每周播出 6 天。CNN 每天为那些已经同这套节目联网的中小学校用电子邮政快件传送一份当天节目指南一类的提要，该栏目已被美国全国教育协会和美国全国家长教室协会列为向各中小学校推荐的教育性电视节目。

《交火》是一个谈话类栏目。两位政治立场截然相反的主持人或嘉宾，每每在镜头前就最新新闻时事各抒己见，激烈得近乎白热化。

《拉里·金现场》也是一个谈话类的脱口秀栏目，在该栏目中应邀而来的政客和明星们面对主持人拉里·金时而紧迫、时而轻松、时而幽默的提问，向公众展示他们的方方方面。

除以上栏目外，CNN 还办有《可靠消息来源》《今晚世界商情》《CNN 今晚体育》《东西方会见》等名牌栏目。

(三)新媒体改革

新媒体时代，美国有线电视新闻网自 2013 年杰夫·祖克(Jeff Zucker)担任全球总裁后开始推行“移动先行，数字第一”，旨在适应新媒体时代的战略调整。2016 年投入 2200 万美元发展新媒体。CNN 的新闻策划、记者派遣、新闻制作、广告策划等内容都围绕着两个转变进行调整：电视记者转为全媒体记者；电视新闻机构转为全媒体新闻机构。

CNN的新媒体划分为三个部门，分别是数字新闻采集部、数字新闻编辑部、数字产品部。数字新闻采集节目部中设置有策划组、跨平台协调组、新闻推送组、社交组、新闻邮件组等具体机构，采集部内部各个机构之间相互协作，负责推出具有数字新闻特点的策划和采集方案并且执行。数字新闻编辑部按照职能和体裁横向纵向分为：视觉制作组、图片新闻组、评论组、互动新闻制作组、CNN政治新闻、CNN财经、CNN国内新闻、CNN国际新闻等组。其核心任务与传统电视媒体的编辑部相仿，但是必须根据新媒体的特征编辑内容。比方说根据新媒体特点将传统新闻加工成短视频等。而数字产品部则负责包含移动端网页及移动优化、通信、可穿戴设备、直播流、音频互动、OTTTV、最新科技等多种产品和技术的开发。其主要任务就是对各类网页和应用进行技术维护和美学设计。

CNN新媒体转型成功的秘诀有三，分别是视频、移动、全球。

CNN非常重视视频内容，所有的视频内容都经过了重新编辑和排版，以更加适应网络、特别是移动传播的需求。比方说字幕较短、字体比较大、时长一般控制在两分钟以内等等，以方便手机观看。

由于CNN新媒体大部分流量来自移动端网页和客户端，因此CNN在新闻生产时特别注重移动端呈现。任何数字新闻的制作都必须考虑移动端的兼容问题，时长、语言、节奏也都针对移动端播放的特点进行了改进。

CNN新媒体的编辑在全球超过250人，包括在亚特兰大总部、纽约、华盛顿、伦敦、阿布扎比、香港等地。工作流程与电视类似，采取全球接力的方式维护主账号“7×24”不间断运行，并在所在地着重生产具有当地特点和受众使用习惯的内容。

二、半岛电视台

半岛电视台(Al Jazeera)创建于1996年2月，由卡塔尔王室出资的半岛媒体集团拥有，是一家立足阿拉伯、面向全球的国际性媒体，其总部位于卡塔尔首都多哈。除了阿拉伯语之外，半岛电视台同时以英语、土耳其语等多种语言，向全球播出以新闻和纪录片为中心的节目内容，与BBC、CNN并称为世界三大电视新闻频道。

(一)概况

半岛电视台初创时期,恰逢英国广播公司关闭其分支机构——阿拉伯语电视台,在这种情况下,卡塔尔凭借雄厚的财力,从中招募了一大批著名的阿拉伯语播音员、主持人、编辑、记者及技术人员,组成了“半岛”电视台的核心,新闻报道实力大增。

而真正使半岛电视台声名鹊起的,则是其在阿富汗战争中与众不同的报道角度和独家新闻。2001年“9·11”事件发生,卡塔尔半岛电视台即几乎与美国CNN同步,用阿拉伯语播放美国遭袭事件的整个过程,并调动它在世界各地的27个记者站进行24小时跟踪报道。自10月7日美英两国对阿富汗实施空中打击开始,塔利班政权宣布禁止各国记者进入阿富汗境内,而卡塔尔半岛电视台成为唯一能够进入塔利班控制区的电视台。利用这一优势,卡塔尔半岛电视台开始在阿富汗战争的新闻报道中独领风骚:CNN拍摄到的空袭画面不过是黑暗中微弱的闪光,卡塔尔半岛电视台却频繁播放了导弹袭击阿富汗首都喀布尔的实况;世界各国记者云集阿富汗边境却只能坐等消息,卡塔尔半岛电视台却源源不断地播出打着“独家”标志的新闻和图像,并以每分钟2万美元的高价转让给竞争对手;美国军方到处搜集本·拉登的情报而不得,卡塔尔半岛电视台却频频播出本·拉登讲话的录像。卡塔尔半岛电视台的新闻制作手法与CNN、BBC相类似,但又有CNN所不能比拟的阿拉伯和伊斯兰电视台的优势。由于半岛电视台快速报道世界上发生的一切热点新闻,因此人们都把半岛电视台称作“海湾的CNN”。

2006年3月半岛电视台更名为半岛电视新闻网,扩增为国际性媒体集团,旗下包括半岛阿拉伯新闻台、半岛英语新闻台、半岛电视纪录片频道、半岛电视体育频道、半岛电视媒体训练与发展中心、半岛电视研究中心、半岛电视Mubasher(现场转播)、半岛行动电视网等。

2010年,由发生在突尼斯的自焚事件引发的颜色革命迅速席卷了整个阿拉伯世界。在这场阿拉伯剧变过程中,半岛电视台以带有明显政治倾向的态度进行报道,导致阿拉伯国家的民众逐渐失去了对半岛电视台的信任,于是半岛电视台由盛转衰,影响力大幅下降。

(二)半岛电视台的成功之路

半岛电视台的巨大成功,使得第三世界媒体在由西方主宰的国际传播格局中，占有了一席之地。这个来自中东的传媒正用自己的努力、无畏和坚持“挑战”着西方的“话语垄断”，它将伊斯兰的声音传递到世界的各个角落，它用自己的独特方式诠释出了不同的文化背景对同一突发事件的不同认识和思考。

1.半岛电视台成功原因分析

(1)视角独特——用伊斯兰世界的视角报道新闻

在半岛电视台成立之前，阿拉伯人绝大部分时间要依靠 BBC、CNN 的画面了解世界的变化，但由于文化的差异和文明的冲突，纵使在西方看来已十分客观和全面的报道，也会引起伊斯兰世界的厌恶和不满。就算是在中东这块受到全世界关注的冲突多发区，新闻传播也完全依靠西方强势媒体。这种垄断和有意、无意的偏见使得伊斯兰国家和发展中国家的受众更愿意看到来自自己阵营的媒体。

与此同时，随着民主、开放意识的不断发展，文化的全球性不断显现，“发出自己的声音，让世界了解真实的生存现状”，越来越成为阿拉伯世界和发展中国家一种普遍的心理，半岛电视台正是在这样的大背景下诞生了。正如美利坚大学教授、中东事务专家埃德蒙·加里布的评价：半岛电视台“满足了阿拉伯世界的一种饥渴”。

半岛电视台沿用了 BBC、CNN 以突发性事件为报道重点，全天 24 小时滚动播报全球新闻的制作方式，但立足伊斯兰世界，用阿拉伯语向全球传递属于自己的声音。

(2)报道全面——直击新闻现场

在当代的媒体竞争中，若想在第一时间发出真正属于自己的声音，首要的前提就是“我在新闻现场”。目前，半岛电视台已在全球 11 个国家建立了办事机构，在 26 个国家设立了记者站，在伦敦还有自身的“第二演播室”，这一切都保证了半岛电视台能在第一时间获取准确信息，播报突发消息，赶赴新闻现场。特别是，半岛电视台充分利用了作为伊斯兰国家在海湾地区的独特优势开展业务。

从 1998 年独家报道美英两国对伊拉克实施代号为“沙漠之狐”的空袭行动，半岛电视台第一次走进西方媒体的视线；直击第二次巴勒斯坦民族起义、全面报道阿富汗战争和伊拉克战争实况，半岛电视台与 CNN、BBC 并驾齐驱；参与“阿拉伯之春”报道、新旧之交变革，半岛电视台面临质疑……可以说它的每一次崛起都与地区动荡和战争冲突紧密相连，它的每一次彷徨都与中东局势和政局变迁密切相关。半岛阿语新闻频道的崛起之路，不仅是一家新闻机构的成长故事，更是中东地区风云变幻的真实写照。[①] ……全面的现场报道、真实的人物影像，奠定了半岛电视台的声望和成功。

(3)讲究策略——平衡报道

半岛电视台将“意见和异见”的理念写在它的台标下，而这也是它的立台之本。[②] 半岛电视台追求平衡报道，尽量呈现多方观点，展示意见与异见的碰撞。在选择嘉宾和采访对象时，电视台力求尽可能覆盖事件所涉多方，以形成多种声音的交汇。甚至以色列的部长和军官也曾作为嘉宾在频道节目中出现，这在阿拉伯电视发展史上是空前的。在新闻信息来源上，半岛电视台既通过官方、同行获取信息，也通过当地民众获取信息，寻求信源多元化和可互相验证性。

(4)观点独立——“观点，与其他观点”

半岛电视台一直遵循自由、平衡的报道准则，正如其格言所说“观点，与其他观点”。半岛电视台不附庸政府，不依靠财团，坚持独立的报道立场和观点，顺利实现了国际化与个性化的对接。站在独立立场发表的观点，也一直有争议，阿拉伯世界的部分受众认为它是美国中情局的傀儡，而美国媒体则嘲笑它是恐怖主义的喉舌、基地组织的传话筒……而这些多元评价也正从侧面证明了半岛电视台观点的独立价值，其立场就是没有立场，其观点则基于新闻事实。或许，正因如此，半岛电视台才会得到各方的广泛信任，源源不断地获取到第一手的独家消息。半岛电视台也在对自身原则的不断坚持和对自由、平衡精神的不断崇尚中、在对压力、威胁的不断藐视中树立了自身的良好信誉，得到了同仁的广泛尊重和钦佩。

2.半岛电视台可供借鉴的成功经验

半岛电视台的成功绝不是一时之运，而是有经验可循，它的成功对于广大的发展中国家来说具有重大的现实意义。

(1)发展中国家完全可以凭自身努力在国际传播领域与西方发达国家相抗衡。[③] 全球化传播时代的到来，赋予众多弱势群体以不少机会，使他们可以利用已有的成功经验和先进的传输手段实现自身价值的提升。既然半

① 参见宫承波、王维砚:《半岛电视台阿语新闻频道的成功策略探析》,《当代传播》2013年第4期。

② 参见肖频频:《将传统与开放都发挥到极致——半岛电视台突破西方话语重围的成功经验》,《电视研究》2016年第1期。

③ 参见梁雪云:《半岛电视台的成功之道——发出自己的声音》,《今传媒》2006年第12期。

岛电视台已经先行一步取得了成功，那么其他的发展中国家的同行也应该同样能够做到。半岛电视台的成功理应使发展中国家的媒体人增强自信。

(2)依靠发展中国家自己的努力，解决国际传播领域的不公正、不平衡状况。我们不可能指望西方发达国家会主动放弃话语霸权，必须要敢于树立"发出自己声音"的决心。即使发展中国家在经济、生活水平方面确实提高了，也不能奢望西方的传媒会真正客观、公正地看待这些变化，更不能妄想其会耗费大量篇幅来报道发展中国家的历史和文化。若想改变这种单向性的传播方式，让发展中国家的文化、声音同样被西方人民所聆听和了解，只有靠我们自己。中东地区的卫星电视广告潜力很大，但目前的跨国电视台由于惧怕触怒各国势力而畏缩不前，在卡塔尔政府支持下，半岛电视台以其全面、独立、平衡的新闻报道为自己最大限度地赢得这一市场。发展中国家的政府可以在经济上给予媒体以扶持，在新闻报道中予其一定的自由空间，以便与西方媒体开展竞争。

(3)以明确的定位和坚定的信念赢得公信力。明确的自身定位和对于理想的不懈坚持，都会为媒体自身的信誉建立打下稳固的基石。发展中国家以"发出自己声音"为己任的时事新闻媒体，坚持客观、公正、全面、平衡的报道原则，才更会给自己的信誉加重砝码。

只要各发展中国家的媒体都能从半岛电视台的成功中有所收获，并将其运用于自身媒体的建设和发展，那么属于自己民族的声音终会迎来可及时、快捷地传到世界每个角落的那一天。

三、中国中央电视台

中国中央电视台，简称"中央电视台"，英语简称 CCTV，是中国的国家电视台。1958 年 5 月 1 日试播，9 月 2 日正式播出。初名北京电视台，1978 年 5 月 1 日更名为中央电视台。

(一)概况

中央电视台是我国重要的新闻舆论机构，是党、政府和人民的重要喉舌，是重要的思想文化阵地，也是当今中国最具竞争力的主流媒体之一，具有传播新闻、社会教育、文化娱乐、信息服务等多种功能，是全国公众获取信息的主要渠道，也是中国了解世界、世界了解中国的重要窗口，在国际上的影响正日益增强。

此外，中央电视台开办有“央视国际”网站、《中国电视报》和面向全国公开发行的刊物《电视研究》《现代电视技术》等，拥有国内最大的广播影视音像资料馆（与国家新闻出版广电总局共建）。

中央电视台目前已初步形成以电视传播为主业，电影、互联网、报刊、音像出版等相互支撑的多媒体宣传、广告经营和产业拓展的多元化经营格局。

中国中央电视台现有开路播出的频道有：综合频道、财经频道、综艺频道、中文国际、体育、体育赛事、电影、国防军事、电视剧、记录、科教、戏曲、社会与法、新闻、少儿、音乐、农业农村等。内容几乎涵盖社会生活的各个领域。数字电视付费工程频道包括风云足球、第一剧场、风云剧场、世界地理、风云音乐、怀旧经典、高尔夫·网球、老故事、CCTV－娱乐、CCTV－戏曲、央视精品、国防军事和女性时尚等频道。网络电视频道包括新闻、央视关注、纪录、旅游、历史、英语、杂技、电视剧、综艺、相声、气象、科技、美食、小品、音乐、体育、生活、卡通王国、时尚、京剧、少儿、经济、法制、教育、游戏、话剧、魔术、人物等。

中央电视台拥有近 40 万小时的节目资源。年播出总量为 230248 小时，平均每天 631 小时（包括北美长城平台节目，付费频道和高清节目频道）；自制节目比例达 73.9％。

（二）改革

自 1999 年以来，面对国内电视市场的竞争和境外电视媒体的不断渗透，中央电视台坚持推进以“频道专业化、栏目个性化、节目精品化”的宣传改革，顺利完成了专业化的频道布局。2005 年，中央电视台继“专业化”后开始实施“品牌化”战略，大大推动了节目生产和频道自身建设，并初显成效。

在频道建设方面，1999 年开办电视剧频道；2000 年开办英语国际频道；2001 年开办科教频道、戏曲频道；2002 年开办西部频道；2003 年开办新闻频道、少儿频道；2004 年开办音乐频道、西班牙语法语频道，并将西部频道置换为社会与法频道；2011 年开办纪录频道。同时，整合频道资源，突出专业频道特色，调整频道结构，各套节目不断完善改版，加强统一的包装、编排，业已形成以第一套节目综合频道为龙头的综合频道、专业频道门类日趋齐全，专业频道特色日益彰显，相互支持、互为补充的覆盖国内国际的频道格局。

在栏目建设方面，在坚持正确的舆论导向，坚持品位、格调的基础上，以更好地服务对象群体为目标，鼓励创新，注重营造自身风格，提高栏目品质。

同时在全台建立了以收视率、收视份额为基础的，科学量化的测评体系、节目综合评价体系，实施严格的栏目末位淘汰制、栏目管理公开制。全台目前正在播出的栏目总数为390个，其中包括大量为观众喜闻乐见、耳熟能详的，制作精良的名牌栏目，并保持较强的创新能力，引领着全国电视节目制作的潮流。

中国中央电视台拥有世界先进水平的技术设备和设施，播出设备包括数字录像机机械手自动播出系统8套、硬盘服务器数字播出系统44套，支持18套常规频道和10套付费频道节目（含高清1套）的播出，播出文件能自动上传至中国音像资料馆归档；制作设备、设施包括：演播室29个、摄录设备总数672套（数字标清ENG设备548套、高清摄录设备15套、模拟摄录设备109套）、对编设备253套、便携编辑机60套、编辑合成系统105套、非线性编辑系统53套、三维动画创作系统7套、图像合成创作系统10套、新闻共享网络系统中精编工作站80台、粗编工作站286台，音棚2个、配音译配机房26个、转播车8辆、中继航拍直升机1架、DSNG（数字卫星新闻采集系统）8套、微波系统54套、海事卫星传送系统4套等。采录制作设备已实现全面数字化，节目播出实现自动化，并率先在国内开展了高清晰度电视、交互式电视播出试验，建设了先进的新闻共享系统。先进的技术保障体系成为确保日常节目制作和重大宣传任务安全播出的重要支柱。

中央电视台拥有一批高素质的各类电视专业人才，拥有国内一流的播音员主持人队伍，深得中国广大电视观众喜爱。播音员、主持人在业务上接受台播音员主持人指导委员会指导，执行严格的出镜管理制度。2003年起，中央电视台定期评选出该年度10名优秀播音员、主持人，给予特殊津贴奖励，此特殊奖励政策将延伸至优秀的制片人、编导人员。

中央电视台的资金大部分源于广告收入，十几年来，中央电视台每年11月对来年第一套节目黄金段位广告招标。目前该活动已成为企业界对来年经济发展预期的展示，因而被经济分析人士评价为中国经济的“晴雨表”“风向标”。在国内收视市场，中央电视台的收视份额基本保持在全国收视市场的30%左右。

中央电视台的中文国际频道、英语国际频道、西班牙语频道、法语频道信号通过卫星传送基本覆盖全球，并在北美、欧洲、非洲、亚洲、大洋洲和中南美洲的120多个国家和地区实现了落地入户。

中国中央电视台同全国各级地方电视台和文化机构建立并保持着良好

的合作关系，与世界134个国家和地区的208个媒介机构建立了业务关系。在全球共设有14家记者站，并在台湾地区建立了记者站点，及时报道世界各地的重大新闻事件。

思考题

1.电视媒体传播的集中优势是什么？
2.简述电视发明的历史？
3.我国电视发展大致经历了哪几个阶段？
4.半岛电视台值得借鉴的经验是什么？

推荐阅读

1.陈力丹、王辰瑶：《外国新闻传播史纲要》（第二版），中国人民大学出版社2021年版。

2.张蓝姗：《媒介融合——电视+互联网的跨界与转型》，清华大学出版社2019年版。

第八章　网络媒介

互联网是人类在20世纪最具有创造性的发明之一，也是21世纪最具有发展潜力的传播媒介。其发展早期只作为一个技术概念出现在人类视野中，但是随着其发展和壮大，对社会、人类生活等各方面都产生了巨大的影响。它不仅改变了信息传播的方式，带来了新的传播格局，更对大众传播媒介造成了前所未有的冲击，在改变着大众传播媒介的同时，也成为有史以来最有影响价值的媒介。本章介绍了网络媒介的定义及传播特点、产生和发展历史、世界网络媒体的现状及发展趋势以及网络个案分析等四个方面，以期在对网络媒介有个清晰认知的基础上，正确看待其未来发展趋势。

第一节　网络媒介的定义及传播特点

一、网络媒介的定义

（一）概念界定

1995年10月24日，美国联邦联络委员会（Federal Networking Council，FNC）接受“互联网”（Internet）一词并给其做了定义：“互联网是这样一种系统——它是基于互联网通信协议（IP）或其后续扩展协议，通过全球唯一的地址空间逻辑联系在一起；它是运用传输控制协议和互联网通信协议（TCP/IP）及其后续扩展协议进行的通讯；它是建构在上述通信协议和相关的基础设施之上的能够提供、使用或者访问公众或个人的高级信息服务。”这是国际公认的对互联网的权威定义。

1998年5月联合国新闻委员会(CommitteeonInformation)的年度报告中提出,联合国在发布新闻时除了原有的印刷出版物(Press)、广播(Radio)、电视(Television)这三种媒介外,还应该通过第四种媒介——互联网来进行,此后网络媒体作为“第四媒介”的说法流行开来。网络媒体,广义上通常是指互联网Internet,狭义上通常是指基于万维网(World Wide Web,WWW)传播信息的网站(website)。

(二)网络媒介的分类

按照网络节点分布的地理范围、通信距离与传输速度,计算机网络可以分为局域网和广域网,以满足不同的传输需求。

1.局域网

局域网(Local Area Network, LAN),是指在某一区域内由多台计算机互联成的计算机组。“某一区域”指的是同一办公室、同一建筑物、同一公司或者同一学校等,通常为方圆几千米以内。局域网可以实现文件管理、应用软件共享、打印机共享、扫描仪共享、工作组内的日程安排、电子邮件和传真通信服务等功能。局域网是封闭型的,可以由办公室内的两台计算机组成,也可以由一个公司内的成千上万台计算机组成。这种网络相对独立存在,也可以接入国际互联网,形成全球互联网的一个组成部分,例如校园网、公司内网等。

2.广域网

广域网(WideAreaNetwork, WAN),是一种跨越大的、地域性的计算机网络的集合,其地理范围通常跨越省、市,甚至一个国家。广域网包括大大小小不同的子网,子网可以是局域网,也可以是小型的广域网。例如城市网、区域网、行业网、国家网和洲际网等,通常广域网是由若干个局域网组合而成。

局域网是限定在某一区域内的,而广域网要跨越较大的地域,局域网和广域网之间是一个相对的概念,没有绝对清晰的分界线。例如,一家大型公司的总公司位于北京,而分公司遍布全国各地,如果该公司将所有的分公司都通过网络连接在一起,那么一个分公司就是一个局域网,而整个总公司网络就是一个广域网。

自从网络诞生之日起,数以几十万计的局域网和数以万计的广域网相互连接而组成全球相互连接的国际互联网。互联网是最大的全球网络系统，接入互联网的局域网和广域网都可以看作互联网的一个组成部分。

3.网络联结方式：拓扑结构

网络的通信方式可以是点对点的传输，例如两个人在不同计算机上通过 QQ 聊天；也可以是数据广播传输，例如无数人通过中央电视台观看春节晚会的网络在线直播。至于具体的网络联结方式，则被称为“拓扑结构”，例如星形结构、环形结构、树形结构、总线结构和网状结构等。具体的网络连接方式如图 8-1 所示。

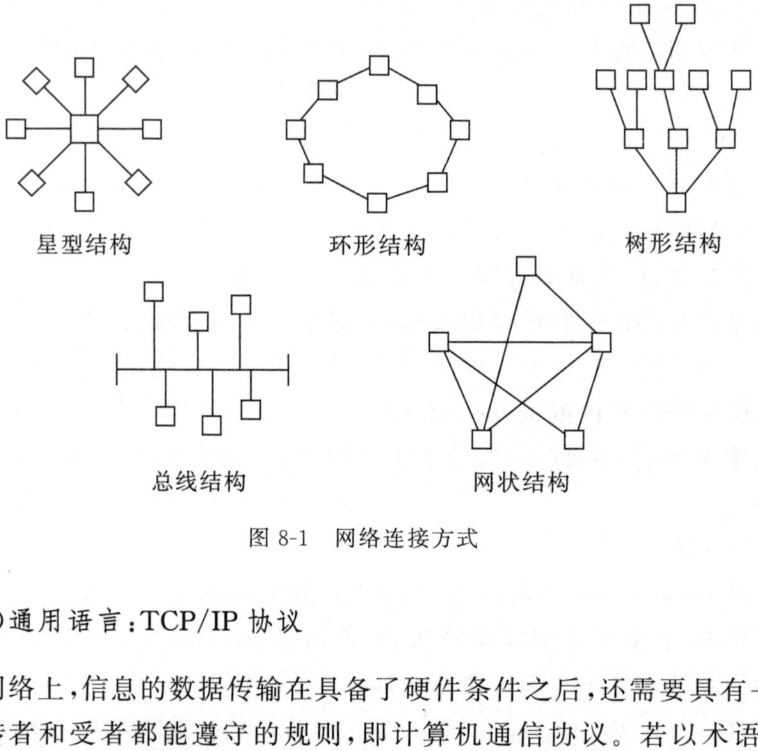

图 8-1　网络连接方式

(三)通用语言：TCP/IP 协议

在网络上，信息的数据传输在具备了硬件条件之后，还需要具有一个供信息的传者和受者都能遵守的规则，即计算机通信协议。若以术语描述，“协议”(Protocol)就是计算机网络中为实现实体(各种应用程序、文件传送软件、数据库管理系统、电子邮件系统及终端等)之间的通信所指定的规则的集合。

目前互联网采用 TCP/IP 协议，这是全球计算机都能识别的语言，使得联结互联网的任意终端之间都可以实现通信。TCP/IP 协议是 20 世纪 70 年代中期美国国防部为其 ARPANET 广域网的组建而开发的网络结构和协议标准，正是在这套“标准语言”的基础上，当今的互联网成为全球规模最大的计算机网络。也同样是由于国际互联网采用这套语言并得以广泛应用，才使得 TCP/IP 成为事实上的标准。

20 世纪 90 年代开始，个人计算机迅速普及，卫星通信和光纤传输技术日臻完善，互联网在全球范围内得到迅猛发展，出现了以计算机为载体的新型信息传播工具——网络媒介。互联网开拓了人类历史上信息传播的新局面，其数据传播的功能使得互联网成为信息传播的新兴载体，让作为工具的互联网成为名副其实的大众传播媒介。

二、网络媒介的传播特点

人类文明的发展史，也是一部人类信息的传播发展史。回顾人类文明发展的整个进程，信息传播的发展起着关键作用。每一次传播技术的变革都会给人类文明带来全新变革，推动整个社会的文明进程，进而波及人类生活的各个角落。我们生活、学习和工作中不可缺少的互联网，已经成为今天"科技创造文明""科技改变生活"的典型代表。而作为一种信息传播工具和大众传播媒介，互联网有着诸多不同于传统媒介的新特点。

（一）网络传播的数字化和融媒化

人类的信息传播过程，迄今为止经历了四个发展阶段，即口头传播时代、文字传播时代、印刷传播时代和电子传播时代。电子传播时代又可以划分为模拟信号和数字信号两个时期。电子传播时代的模拟信号是以与时间相对应的、连续的电压或电流的变化来表示声音或图像，也即是通过光电转换或者声电转换，把画面和声音转换成模拟的电子信号。电子传播时代的数字信号是以电压的"有"或"无"（即 0 或 1）表示信号。互联网及其物质载体的电子计算机便是采用数字信号进行信息传播的，数字信号肇始于 1946 年美国实验室的人类历史上的第一台电子计算机。

电子计算机、互联网、信息高速公路这些名词诞生的根基就在于信息数字化传播的实现。信息通过网络高速传播，并通过计算机终端设备接收和使用。由模拟时代步入数字时代的另外一个显著优势就是各种数字设备之间建立了互相对接的可能。

数字化是互联网最根本的特征，互联网的其他一切功能都是建立在数字化的基础之上的，网络中一切信息都是由数字构成的。1994 年，美国人尼葛洛庞帝在克诺夫出版社出版了《数字化生存》一书，在书的《前言》中尼葛洛庞帝就指出数字时代实现了“原子到比特的飞跃”。①

随着网络技术和现代通信技术的发展，信息技术得到空前的应用，信息技术本身已经融入全球国民经济发展乃至人们的生活之中。信息技术的核心力量是数字化，支撑信息技术的平台是计算机、通信技术。数字城市、数字社区、数字岛、数字细胞等概念的提出，为数字化信息在各个不同空间区域为信息共享、交流及延伸出来的服务提供系统通道。

数字化是信息时代存在和发展的基础，也是互联网一切衍生形态的基础。可以说互联网所具有的一切功能都与数字化不可分割。

同时，网络媒体又是一种融合性和包容性极强的媒体，它既融合了报刊、广播、电视三大传统媒体的传播形态，又在新技术的附着下产生了新的传播形态，成为一种融媒化信息呈现。网络上的电子报刊、网络电台、网络电视既可被看作传统媒体的网络移植，也可被看成网络媒体的衍生产物，因为在网络中它们兼具了原来传统媒体时代所不具备的特征。

网络媒体融合了之前传统媒体所包含的文字、图片、声音、视频、动画等多种组合方式来进行传播，打破了原来的文字媒介、声音媒介和视频媒介之间难以逾越的鸿沟，形成了具有立体形态的融媒体传播组合。在呈现效果上，也并不是原来几种媒体的简单相加，而是以融合形态进行多元媒体形态附加和融合，产生了“1＋1＞2”的传播效果。

（二）网络传播的即时性和海量性

在传统媒体时代，信息传播都会有一定的时滞，但进入网络时代后，网络信息的即时性特点得以凸显，信息传播速度和效率大大提升。信息传播的即时性，使用户可以即时接收到信息，并进行即时反馈，打通了信息生产、传播、接收的全链条，使网络信息传播进入了前所未有的新境况。而网络信息传播的即时性，提高了信息传播的体验价值，使得网络信息交流越来越频繁，信息的生产速度和更替速度也越来越快。而为了满足信息传播的即时性，信息的碎片化传播成为必然，由此也带来了网络传播时代信息消费的粗疏化和快餐化特点。用户更趋向于获得即时性满足，等待耐力缺乏，信息生产和消费流于表面化，思考的深度化和层次化也变成稀缺本领。这在一定层次上改变了由平面媒体和电子媒体所塑造的文化深度特性，使快餐文化

---

① 参见[美]尼葛洛庞帝：《数字化生存》，胡泳、范海燕译，海南出版社1997年版，第1页。

大行其道。

在浅层次阅读和视觉愉悦化阅读趋势下，每个网民的信息生产能力也得到开发，他们不再是传统媒体时代单纯的信息接收者，而是同时成为信息生产者。在信息链条得以丰富和完善的同时，网络上出现了大量的用户生产内容，网络信息形式和内容也因为大量不同生产者的加入，而出现了巨大的差异性。同时，大量的信息内容生产更是极大扩充了网络信息含量，信息"爆炸"的同时，势必带来海量的信息，人类信息生产进入了前所未有的新场景。

但是信息的即时性和海量性在提高网络信息传播能力和人类信息需求的同时，也带了大量的虚假信息和不良信息，给用户生活带来极大不便，同时，大量信息的出现也造成了用户对信息持续关注度的降低，并最终影响了用户的信息消费需求和社会信息生态环境。所以如何鉴别和挑选信息，成了网络时代的一个重要命题。

（三）网络传播的全球性和开放性

随着技术的发展，信息传播早已开始了全球化，特别是互联网进入世界各地之后，呈现出网络信息全球化传播的局面。全球化是 20 世纪 80 年代以来在世界范围日益凸现的新现象，也是当今时代信息技术发展的基本特征。

网络的出现打破了时间和空间的限制，也打破了以往媒介存在的封闭和独立。网络信息的传递实现了"跨媒介"传播，而且其传播范围超越了一城一地，超越了一时一刻，跨越了时间和空间的限制，从理论上讲可以到达不限于地球上的任意互联网终端。互联网把人类带入了信息全球化的时代，信息化带来的是国际传播和全球传播的空前发展，尤其是随着便携式的移动媒体、智能媒体的出现，网络传播的全球化倾向日益成为"显性基因"。目前几乎所有的国家和地区都与互联网连接，网络真正实现了全球性传播。

"地球村"的概念是 1967 年由加拿大传播学者马歇尔·麦克卢汉在他的《媒介即信息》一书中首次提出的，指的是随着广播、电视，特别是网络媒体的出现，人与人之间的时空距离骤然缩短，整个世界紧缩成一个"村落"。

地球村概念的出现打破了传统的时空观念，使人们与外界乃至整个世界的联系更为紧密，人类相互间变得更加了解了。地球村现象的产生改变了人们的新闻观念和宣传观念，迫使新闻传播媒介更多地关注受传者的兴趣和需要，更加注重时效性和内容上的客观性、真实性。麦克卢汉说，电子媒介消解了时间和空间的维度，消解了国际边界，甚至绕过了语言的障碍，地球村促进了世界一体化的进程。

地球村可以说是由互联网发展而产生的现代社会形态，这期间网络提供了一个平台，它本身容纳了报纸、广播、电视的功能，又开拓了一个具备交互性的庞大虚拟世界。在全球化的语境下，互联网是一个时空开放的网络空间，正是这种"时间与空间上的最大限度开放"赋予了信息传播得以在网络中呈现"全球化传播"的特征。而"开放式"是互联网能够不断进行自身完善的一种手段，也更能体现互联网作为一种媒体在现阶段有着更强的生命力。

这里的"开放式"包含三个层面：时间层面的开放、空间层面的开放、技术层面的开放。时间层面和空间层面的开放指的是网络媒体打破了时空的局限，既能通过技术检索以往的新闻，又能够打破空间界限实现"全球化传播"。

互联网在全球化传播的同时，导致了各区域之间、民族之间的文化、生活方式、价值观念、意识形态等精神力量的跨国交流与融合。在信息传播全球化的基础之上，形成了一个以经济全球化为核心、包含各国各民族各地区在政治、文化、科技、军事、安全、意识形态、生活方式、价值观念等多层次、多领域的相互联系、影响、制约的多元概念。

（四）网络传播的低门槛性和交互性

网络传播的技术和设备的易得性，使得网络的普及成为一种全球化的现象。从网络传播特性来说，它第一次打破了大众传播媒体的机构性垄断，使得生产和传播信息成了每个人的权利，每个人都在信息传播的链条中具有了一定的话语权。而网络媒体的包容度和开放性，使得每个用户都可以由"后台"走出来，运用自己擅长的多种媒体形式进行"前台"展演，比如网络直播自己的日常衣食住行的生活状态等。

可以说，网络传播的低门槛吸引了大量的用户参与其中，网络成为参与和影响人类社会生产运营的重要因素。同理，也正因为有大量的用户参与其中，并进行同步反馈，网络传播也就具备了一定的人际传播特性，交互性成为其重要特征。

施拉姆认为，信息传播要具备三个基本要素：信源、信息和信宿。信源即信息的传播者。信宿即信息的接受者。信息，即英文中"message"一词。

在报刊、广播和电视媒体等大众媒体时代，传播模式基本是单向的线性传播模式，也就是说，信息传播通过这些媒体传播到受众的时候，也就完成了一个基本的传播过程。在这里我们引入传播学的一个名词——“传播过程模式”来描述这个问题。所谓传播模式，是科学研究中以图形或程式的方式来阐述传播现象的一种方法。常见的传播模式有直线模式、循环模式、互动模式、螺旋模式等。

这是一个最基本的线性传播模式(见图 8-2)：

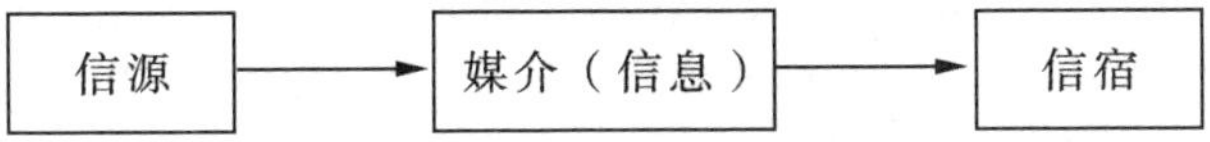

图 8-2　线性传播模式

以往的传统媒体都遵循着互动传播模式的规律，在互动传播模式中，信息的反馈往往是一种“延迟”行为或者“被动”行为。例如读者来信、观众来信反映的情况都是事后受众的反馈行为。热线电话和手机短信息的参与方式也往往是延迟或被动的，未能实现传、授双方即时的双向的信息交流和沟通。

在传统的大众传播过程中，传者出于中心控制地位，受众只能被动地接受大众传媒传递的信息。网络媒体第一次实现了真正意义的双向传播模式，因此网络媒体模糊了“传者”和“受者”的边界，每一个受传者都可以是信息的制造者和发出者。也可以说，信息的传播者由原来的少数人变成了多数人。

网络信息传播的“交互性”这一特征，被吴风解释为网络传播中的“对话精神”：对话能营造面对面的现场感、参与感；对话使自由的思想流动成为可能；对话往往会有“不同意见出现于对话的空间”[①]；对话意味着一种平等的交流，它是现代民主政治的基础；在后现代语境中，对话还意味着可在一定程度上填补家庭文化与广场文化、精英文化与大众文化的鸿沟。这种精神使得传统的传播理念和叙述语态转向，实现了真正意义上的平等的、实时的、互动的信息交流方式，这种方式模糊了传者与受者的界线。

第二节　互联网的产生及发展历史

每一种传播媒介的诞生都是科技进步的必然结果，互联网的诞生就建

① 参见吴风：《网络传播学：一种形而上的透视》，中国广播电视出版社 2004 年版，第 97 页。

立在计算机科技的基础之上。然而，互联网的诞生同时还有着浓厚的政治背景。1946 年 2 月 14 日，美国宾夕法尼亚大学的工程师开发出一台能够处理信息、解决复杂数学问题的机器，这台机器就是人类历史上第一台真正意义上的数字电子计算机。这台计算机重 30 吨，由 1.8 万个电子管组成，功率为 25 千瓦，主要用于计算导弹弹道，这也成为信息时代开始的标志。但是，在以后的几年里，不同的计算机之间并没有建立起相互联系，直到 1954 年，计算机终端收发器研制成功，实现了将穿孔卡片上的数据通过电话线发送到远地计算机，这样，最早的计算机网络诞生了。

一、世界互联网的发展历史

一般认为现代互联网的发展分为三个发展阶段：

第一阶段（1969～1986 年）：产生和早期应用阶段。

1969 年，阿帕网（ARPANET）投入使用。阿帕网的诞生是现代计算机网络开始的标志。阿帕网是由美国国防部高级研究计划署（Defence Advanced Research Projects Agency，DARPA）提供经费，联合计算机公司和大学共同研制而发展起来的。ARPANET 的主要目的是用于军事科研计算，当网络的某一部分遭受故障时，网络的其他部分能维持正常通信。阿帕网在技术上的另一个重大贡献是 TCP/IP 协议簇的开发和利用，这一标准一直沿用至今。阿帕网的试验奠定了互联网存在和发展的基础，较好地解决了不同机种网络互联的一系列理论和技术问题，成为互联网的早期的核心网。

自从 1983 年 1 月 TCP/IP 协议成为正式的 ARPANET 的网络协议标准后，大量的网络、主机和用户都连入了 ARPANET，使得 ARPANET 迅速发展起来。这一时期互联网发展的特点是非民用化，主要用于军工、科研、政府等相关领域。当时的计算机网络功能已相对完备，具有整体架构，网络用户既可以使用本地计算机的资源，也可以通过网络使用互联网远端的资源，实现资源共享，这种网络工作方式延续至今，由此，遍布世界各地的网络终端便是由此发展而来。

第二阶段（1986～1995 年）：民用化和商业化阶段。

1986 年，美国国家科学基金会（National Science Foundation，NSF）建立 NSFNET，在全美国建立了按地区划分的计算机广域网并将这些地区网络和超级计算机中心互联起来。NFSNET 于 1990 年 6 月彻底取代了

ARPANET 成为互联网的主干网。NSFNET 对互联网的最大贡献是使互联网向全社会开放,而不像以前那样仅供计算机研究人员和政府机构使用,这就为网络走向民营和商业化奠定了基础。

1990 年 9 月,Merit、IBM 和 MCI 公司联合建立了一个非营利的私人公司——先进网络和科学公司(Advanced Network & Science,Inc., ANS),1992 年,这一公司建立了 ANSNET,成为“互联网”的另一个主干网,这是互联网所有权向私人公司的第一次转让,也是互联网走向商业化的第一步。1995 年 4 月 30 日,NSFNET 停止运营,互联网的发展进入了商业化运营阶段。随之而来的是个人计算机迅速普及、全球网络迅猛发展、卫星和光纤通信日益完善,商业化发展带来了互联网发展史上新的飞跃。与此同时,互联网迅速渗透到经济与社会活动的各个领域,推动了全球信息化进程,成为当今世界名副其实的大媒体,同时也开始挑战传统媒体在现代社会信息传播中的主导地位。

第三阶段(1995 年至今):发展和竞争阶段。

1995 年以后,互联网逐渐渗透到社会生产生活的各个领域,网络服务商(ISP)和网络内容服务商(ICP)称为新兴的行业。这一时期是传统媒体进军互联网发展的重要时期,到 1998 年底,全球已有超过 1500 家报纸在互联网上建立网站。另外,一大批新兴商业网站也在这一时期创立。

2000 年,互联网新贵美国在线(American On Line,AOL)以 1650 亿美元并购老牌世界传媒娱乐巨头时代华纳,成立美国在线—时代华纳公司。,这是美国历史上规模最大的一次兼并,因其旗下包揽着美国在线(ISP)、电视和广播部门、有线电视部门、出版、影视娱乐以及音乐等多种业务,被称为“旧媒体的整合”,形成覆盖所有媒体形式的“全媒集团”,同时这也意味着走向垄断。美国在线和时代华纳是跨文化的大型合并,是新旧媒体的联姻,但二者在经营策略、业务模式的调整、业务整合以及文化融合等方面都存在巨大分歧,这导致合并后二者纷争较多。2009 年 12 月 9 日美国在线和时代华纳分拆,二者为期十年的“世纪大合并”以惨败告终,这也意味着媒体竞争日趋激烈。

二、中国互联网的发展历史

早在 1997 年,为了解我国网民人数与结构特征、互联网基础资源、上网条件和网络应用等方面的信息,经国家主管部门研究,决定由中国互联网络信息中心联合互联网络单位共同实施统计工作。1998 年起，中国互联网络信息中心于每年 1 月和 7 月发布《中国互联网络发展状况统计报告》。到 2021 年 2 月，已经是第 37 次调查了。

互联网在中国的发展历程可以大略地划分为三个阶段：

第一阶段（1987～1993 年）：研究试验阶段。

1986 年，北京市计算机应用技术研究所实施的国际互联网项目：中国学术网（Chinese Academic Network，CANET）启动，其合作伙伴是德国卡尔斯鲁厄大学（University of Karlsruhe）。1987 年，卡尔斯鲁厄大学的维纳·措恩（Werner Zorn）教授来北京参加国际会议，并做了“计算机网络”的报告，同时也带来了一个解决电子邮件的课题小组。当年夏天，中国学术网在北京计算机应用技术研究所内正式建成中国第一个国际互联网电子邮件节点，通过拨号连通了国际互联网的电子邮件系统。同时卡尔斯鲁厄大学留守的另一个小组确保终端设备的正常工作。维纳·措恩的团队从 9 月 4 日到 14 日共 11 天解决了中—德邮件交换的一切软件问题。9 月 14 日他们共同起草了一封电子邮件，写道：“Across the Great Wall we can reach every corner in the world”（越过长城，走向世界），标题和内容均由英、德双语写成，这就是由中国发出的第一封电子邮件（见图 8-3）。在该邮件上署名的除了王运丰、措恩教授之外，还有 11 位中德双方的工作人员，包括在项目中起着重要作用的李澄炯所长，为此他还专门写了中文技术报告。

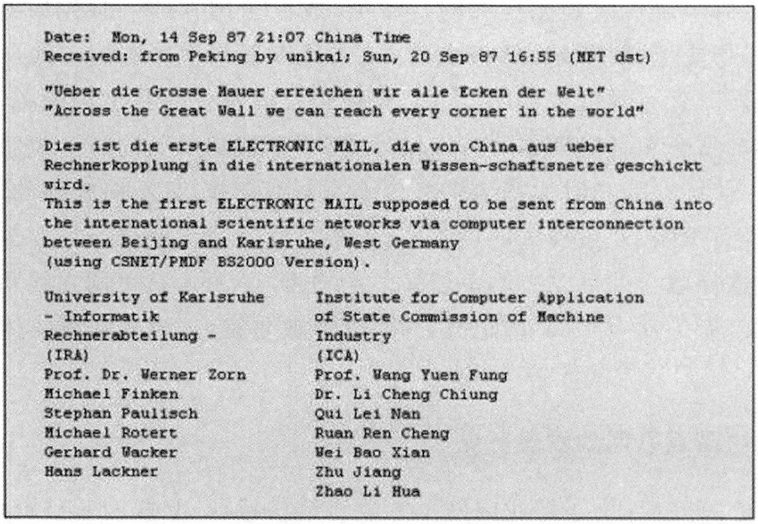
Date: Mon, 14 Sep 87 21:07 China Time
Received: from Peking by unikal; Sun, 20 Sep 87 16:55 (MET dst)

"Ueber die Grosse Mauer erreichen wir alle Ecken der Welt"
"Across the Great Wall we can reach every corner in the world"

Dies ist die erste ELECTRONIC MAIL, die von China aus ueber Rechnerkopplung in die internationalen Wissen-schaftsnetze geschickt wird.
This is the first ELECTRONIC MAIL supposed to be sent from China into the international scientific networks via computer interconnection between Beijing and Karlsruhe, West Germany (using CSNET/PMDF BS2000 Version).

University of Karlsruhe	Institute for Computer Application
- Informatik	of State Commission of Machine
Rechnerabteilung -	Industry
(IRA)	(ICA)
Prof. Dr. Werner Zorn	Prof. Wang Yuen Fung
Michael Finken	Dr. Li Cheng Chiung
Stephan Paulisch	Qui Lei Nan
Michael Rotert	Ruan Ren Cheng
Gerhard Wacker	Wei Bao Xian
Hans Lackner	Zhu Jiang
	Zhao Li Hua

图 8-3　由北京发出的中国第一封电子邮件：“越过长城，走向世界”

虽然当时中德双方已经解决了一切问题，但邮件服务器上却存在着一个问题导致这个邮件的成功发出被延迟。措恩教授的助手米歇尔·芬肯(Michael Finken)在北京与留守卡尔斯鲁的格德·威克(Gerd Wacker)经过共同努力，用软件弥补了线路不稳造成的信号混乱。7天后的1987年9月20日22点55分，这封邮件终于穿越了半个地球到达德国，发送这封电子邮件的成本是当时一个大学教授一个月的工资。这封电子邮件是通过意大利公用分组网ITAPAC设在北京的PAD机，经由意大利ITAPAC和德国DATEX-P分组网，实现了和德国卡尔斯鲁厄大学的连接，通信速率最初为300bps。在此期间，中国一些科研部门和高等院校开始研究互联网技术，并开展了科研课题和科技合作工作，但这个阶段的网络应用仅仅限于小范围的电子邮件服务。

第二阶段(1994～1996年)：起步阶段。

1991年10月，在中美高能物理年会上，美方发言人怀特·托基提出了把中国纳入互联网络的合作计划。1994年3月，中国获准加入互联网，这使中国的互联网之旅迈出了第一步。1994年4月，中关村地区教育与科研示范网络工程进入互联网，从此，中国正式被国际承认是有互联网的国家，并在同年5月完成全部中国接入国际互联网工作。之后，中国公用计算机互联网(Chinanet)、中国教育和科研计算机网(CERnet)、中国科技网(CSTnet)、中国金桥信息网(ChinaGBnet)等多个互联网络项目在全国范围相继启动，互联网开始进入我国公众生活，并得到了迅速发展。至1996年底，中国互联网用户数已达20万，利用互联网开展的业务与应用逐步增多。

第三阶段(1997年至今)：普及和发展阶段。

国内互联网用户数1997年以后基本保持每半年翻一番的增长速度。中国互联网络信息中心公布的统计报告显示，截至2008年6月30日，我国上网用户总人数为6800万人，比去年同期增长了9100万人，在2008年上半年，中国网民数量净增量为4300万人。网络正在像20世纪70年代的收音机、20世纪80年代的电视机一样，在中国迅速普及，“飞入寻常百姓家”。

美国前总统克林顿在1993年2月向国会发表的“国情咨文”中提出了建设“信息高速公路”的设想，其目标是“建立一个能给用户随时提供大量信息的、由通信网络、计算机、数据库以及日用电子产品组成的无缝网络”，使分布在全美各个地区的社区成为真正的智能电子社区。

之后，美国《大众科学》杂志对此又做了一个系统的概说，构筑了一个美国电子社区发展的全景图:一个前所未有的、全国性的和世界性的电子通信网,它能把任何人与其他地方的任何人联系起来,并提供几乎是任何种类的可视化的电子通信。用户可以把计算机、交互式电视、电话这三种不同属性的设备结合起来,把这种装置与电子通信网挂钩,传呼机、移动电话等数字式电子通信工具也可以与通信网相连。能够提供远程电子银行、教育、购物、税收、聊天、下棋、电视会议、医疗、图文电视、数据广播、信息查询、电子邮政等服务。美国政府的设想,在世界引起了巨大反响,在全球范围内掀起了讨论"地球村"和"数字地球""数字城市""数字社区"的热潮。

而今天,这些设想正在全世界由设想变成现实。中国的互联网发展虽然起步较晚,但进入21世纪以来发展迅速,呈异军突起之势。尤其在手机移动互联网的发展上,中国发展迅猛。世界互联网发展的地区差异日益悬殊,在发达国家,使用互联网人数达到约80%;而在发展中国家,这一比例仅约为40%;在经济欠发达国家,这个数字甚至不到15%。[①]

中国互联网络信息中心(CNNIC)发布的第47次《中国互联网络发展状况统计报告》显示,截至2020年12月,我国网民规模达9.89亿,互联网普及率达70.4%;手机网民规模为9.86亿,网民中使用手机上网的比例为99.7%。2021年7月13日,由中国互联网协会主办的"2021中国互联网大会"上发布的《中国互联网发展报告(2021)》显示,截至2020年底,我国5G网络用户数超过1.6亿,约占全球5G总用户数的89%。目前我国已建成全球最大光纤网络、4G和5G独立组网网络,5G已建成基站91.6万个,占全球总量的70%,5G连接数已经超过3.65亿个,占全球总量的80%。[②]

而5G通信飞速发展的背后是首次由中国企业参与和主导的国际通信标准的制定,这是中国通信行业一次跨时代的突破与胜利,也是中国技术首次真正意义上成了通信标准的核心技术。中国的互联网发展终于从跟随者成为领头羊,实现"逆袭"。

三、世界互联网的"连接"历史

互联网技术演进极大影响着互联网发展进程,进而塑造了新的传播格

① 参见ifanr:《ITU:2016年全球互联网覆盖率将达47%》,2016年11月23日,http://www.199it.com/archives/540061.html。

② 参见中国互联网协会:《2021年中国互联网发展报告》,2021年7月25日,http://www.199it.com/archives/1277142.html。

局和传播模式。总起来说，互联网的本质是“连接”，基于互联网连接的基本要素和基本方式的变化来看，互联网的发展历史也就是其“连接”的历史；而根据其技术演进互联网的发展可分成四个阶段，即前 Web 时代、Web1.0、Web2.0、Web3.0 阶段。

（一）前 Web 时代：机器的连接，封闭传播模式

1969 年阿帕网诞生，虽然只有四台电脑连接，但却代表了前 Web 时代的来临。阿帕网采用“分布式”通信网络结构，去掉了中心节点，而是由众多节点连接成网，每个节点既是独立的，又可以通过多种途径连接到其他节点，所以又体现了它的开放特性。

而正是这种“分布式”的网络结构，奠定了互联网“去中心化”、开放共享的特点。它一方面保证了网络的独立特性和安全特性，另一方面也保证了信息传播的丰富性和复杂性，并由此决定了新的信息传播方式和格局的诞生。

在此阶段，互联网本身解决的是机器与机器的连接，网络节点的连接数量也是有限和可控的，信息的传输和共享也仅限于有限的节点之间，所以在信息传播环节上属于定向传播模式，这也为互联网的发展奠定了基础。随着后续技术的不断开发，互联网的定向传播由专属的国防、教育、科研等领域逐渐扩展到了大众传播领域，真正开启了网络传播时代。

（二）Web1.0 时代：内容的连接，单向传播模式

1989 年，英国计算机科学家蒂姆·伯纳斯-李（Tim Berners-Lee）提出“WWW”（world wide web——万维网，亦可简称为“Web”）的技术构想。Web 通过超文本的方式，把网络上众多计算机内的信息以超文本传输协议（HTTP），从一台 Web 服务器转到另一台 Web 服务器上检索信息。Web 服务器能发布图文并茂的信息，包括文字、图片、音频、视频等多媒体信息，且信息间可以用超链接形式共享。具体表现为三种形式，即超文本（hypertext）、超媒体（hypermedia）和超文本传输协议（HTTP）。

“Web”的发明被看作互联网技术发展的第二次飞跃，这就从根本上改变了互联网服务只是一个个“信息孤岛”的现象，从根本上为互联网成为一种大众传播媒介奠定了基础。而蒂姆·伯纳斯-李也因为使互联网得以开启为大众服务的新篇章，而被称为“互联网之父”。2012 年的伦敦奥运会开

幕式上，还特别设置了为他致敬的特别环节，授予他“万维网发明者”的美誉。

“WWW”的普及，使得“Web 网站”成为互联网主要的信息获取渠道，各种信息交换日益简单和频繁，电子邮件、BBS(Bulletin Board System 的缩写，“电子布告栏系统”，国内称为“网络论坛”)、网络游戏等都在此平台上纷至沓来，网络信息瞬间呈几何倍数增长。面对信息的汪洋大海，搜索引擎应运而生，以应对信息搜寻的困难。

Web1.0 时代的互联网，由为军事、科技、教育等提供信息服务的有限的机器的连接，变成了为全体网民服务的大众媒介的内容的连接。网民可以在网上自由“冲浪”，搜索自己感兴趣的内容和信息，完成自己的信息获取。但是此时的内容传递还只是单向传播模式，即网民的网上信息活动单纯通过网络浏览器浏览 html 网页，属于单向的信息获取和内容消费，并不参与内容生产。

(三)Web2.0 时代：关系的连接，双向传播模式

2004 年 12 月 5 日，由蒂姆·奥莱利(Tim O'Reilly)发起的世界首届“Web2.0 峰会”召开，至此 Web2.0 的概念开始为大众所广泛接受，蒂姆·奥莱利也被部分人成为“Web2.0 之父”。虽然目前 Web2.0 的定义并不统一，但有一点是被广泛认可的，即由以内容为中心，变为以人、以关系的连接为中心。相比于 Web1.0 时代，Web2.0 时代更注重用户的参与和交互作用，网络不仅可“读”，而且可“写”，用户是网络内容的消费者，同时更是网络内容的生产者。

Web1.0 时代强调“内容为王”，以内容来吸引眼球、赚取流量，这是传统媒体思维的延续，在这一时期大量的传统媒体内容整体搬迁上网，实现了信息的初步迁移。而人在此中也是被动的信息接收者，无法进行有效的反馈。随着人类互动需求的增长和技术的发展，强化交互的 Web2.0 时代应运而生。比如 RSS(简易信息聚合)、博客、播客、视频网站、维基百科、SNS(社会网络服务)、微博、微信等，都是 Web2.0 时代的技术产物。

随着手机通信网络的升级和互联网的发展，移动互联网成为技术发展的重要一环。智能手机的便携性使得手机成为一个私人电脑网络，信息交流变得简便易行，同时它也为网络的发展开辟了一个新的领域，比如可穿戴设备的盛行等。但是移动网络的发展，只是开启了移动互联网的时代，其中

心还是人，而相比于网络，人的信息处理能力依然是有限的。

Web2.0时代把内容的连接变成了人的连接，每个人都成了网络的信息节点，每个人都参与了网络的信息生产、传播、获取，完成了信息传播的整体生产链条，成为其中不可或缺的一分子。所以内容生产的主体由之前大众媒体垄断的专业生产内容，扩展到了全体网民的用户共同生产内容。这是大众媒体话语权的第一次全面开放，也体现出了互联网的开放性和平等价值。用户生产内容以其丰富、多样的形式和内容丰富了互联网的信息池，吸引了大众关注的目光，增强了网络活跃度。但是用户生产的海量内容质量参差不齐，也给网络生存空间带来一定的负面影响。所以需要专业化强、真实性高、权威影响力大的专业生产内容创作内容来引领网络生态空间的健康发展。再加上近期新出现的概念OGC（Occupationally-generated Content，职业生产内容），三者共同组成了目前网络信息的生产者。

在Web2.0时代，人的连接成为网络信息传播的中心命题，为了强化网络人际交流，社交媒体（Social Media，也称社会化媒体）应运而生。社交媒体连接了每个人，不仅为人们提供信息交流的平台，更改变了人们信息获取的路径，成为一种新型的交流方式。网络媒体也由大众媒体变成了一种大众传播、组织传播、群体传播、人际传播交融的新型平台，并由此改变了人们的信息获取和交流方式。

在Web2.0时代的互联网上，用户成了网站内容的生产者，因此，网络维护者注重开发用户的主动性和信息自主权，并且强调用户间的关系连接。信息传播模式由1.0时代的单向变成2.0时代的双向互动，交互性成为Web2.0时代的典型特征。而在其中占据重要地位的社交媒体，更是凭借一己之力将全体网民融入其中，每个人都成为网络中的一分子，人们被改变的不仅是信息获取方式，更是生存、生活方式，互联网已经与人们的生活融为一体。

（四）Web3.0时代：万物的连接，多向传播模式

Web3.0是互联网发展的新阶段，它是智能化的“物物相连的互联网”——物联网，也是当下我们正在进行中的时代。它基于移动互联网的发展而生，致力于万物相连，不仅实现人与物的相连，还要实现物与物的相连，致力于使互联网和人类的生活都变得更加方便和智能。

物联网（The Internet of Things）的概念最早由1999年美国麻省理工学

院 Auto-ID 实验室明确提出，认为物联网就是将所有物品通过射频识别(Radio Frequency Identification, RFID)、红外感应器、全球定位系统(GPS)等信息传感设备与互联网连接起来，进行信息传递，实现智能化识别和管理的网络。对我们普通用户来说，目前正广泛使用的智能家居即是物联网的一种探索形式。而以后的物联网将超越智能家居，使得未来的移动互联网达成“人—物—人合一”的新空间，实现人、物、环境的全方位互动共生。

但是物联网在给人类社会带来便利的同时，必须考虑到其对大数据的广泛而大量的使用，势必涉及侵犯隐私的风险。它作为人类信息的全方位检测者，一旦出现安全漏洞，人的所有信息和隐私都将暴露于公共空间，给人的生活安全造成影响，带来隐患。所以物联网的开发和使用，必须以信息和隐私的保护作为前提条件。

总体来说，物联网技术是目前互联网技术发展的重点和未来，它给人们带来了大量的便利，极大提高了人们的生活质量，但是如何使“技术向善”围绕人类为中心进行发展，是技术发展的一个永久命题。

第三节　网络媒介形态分析

网络是一种综合性的大众传播媒介，随着网络技术的不断发展，它包含了诸多具体的媒介形态，例如门户网站、电子邮件、搜索引擎、即时通信、网络论坛、博客、播客等，而且随着最新技术成果的不断出现，媒介形态中不断添加新内容，共同构成了现代网络工程大厦。可以说，网络是一种随着技术发展而不断融合的“与时俱进”的媒介。

我们以网络中的几种具体传播形态为例，来分析互联网作为媒介在信息传播领域的具体情况。

一、门户网站

门户网站(Portal Web)是指通向某类综合性互联网信息资源并提供有关信息服务的应用系统。门户一词源于建筑，原义是指正门、房屋的出入口。作为技术术语，门户是一种 Web 应用框架。但是，门户作为大众传播层面的常用词，主要专指门户网站，是指集成了多样化内容服务的 Web 站点，又称为“网络门户”。人们把门户网站形象地称为网上浏览者的出发地点，人们经由这道门进入网络世界，也可以看作上网的第一站。门户网站的发展几乎可以和互联网发展历史相当,甚至早于万维网的历史。它最早可以追溯到 20 世纪 80 年代初期的美国在线和 Pridigy 等早期的在线服务。但是,门户概念的真正崛起是在 20 世纪 90 年代万维网爆发之后,尤其是以雅虎为代表的信息内容服务网站的崛起。到 20 世纪 90 年代中期,雅虎公司以分类搜索为基础,开始将其自身打造成用户接收线上内容的统一入口,并在首页提供天气、新闻、财经、体育等内容服务。鼎盛时期,雅虎还提供整站托管、聊天室、群组和邮件等服务,并成功构建起互联网发展史上最早的可以实现规模化收入和赢利的商业模式。在中国,门户概念虽然是舶来品,但其在中国互联网发展史上占据着非常特殊的地位。在中国互联网发展初期的 20 世纪末和 21 世纪初,"门户"几乎就是中国互联网的代名词,甚至形成了一种独特的"门户情结"。以新浪、搜狐和网易为代表的三大门户网站,不仅代表了当时中国互联网最重要、最成功的商业模式,同时也成为推动互联网之社会影响力的主力军。可以毫不夸张地说,无论是用户的启蒙、产业的启蒙、资本的启蒙乃至社会的启蒙,门户之于中国互联网都是一马当先。①

二、电子邮件

电子邮件(Electronic Mail, Email)是互联网上重要的信息服务方式,它为世界各地的网络用户提供了一种极为快速、简单和经济的通信和交换信息的方法。与常规信函相比,电子邮件传递信息可在瞬间完成,足不出户就可以通过电子邮件联系天涯海角的亲朋好友。而且今天已经有很多网站推出了超大容量免费电子邮箱,零成本就可以发送邮件,实现信息沟通。互联网上数以亿计的用户都有自己的电子邮件地址,电子邮件也成为利用率最高的互联网应用之一。

1971 年,雷·汤姆林森(Ray Tomlinson)发明了电子邮件。当时已经有一种可传输文件的电脑程序和一种原始的信息程序,但两个程序之间有很大限制。汤姆林森研制出一套新程序,可通过电脑网络发送和接收信息,打破了此前的限制。为了便于人们识别电子邮箱地址,汤姆林森采用"@"符号将用户名和用户邮箱所在的地址区别开来,电子邮件由此诞生。

虽然电子邮件发明于 20 世纪 70 年代,但它却是在 20 世纪 80 年代才得以兴起。其在 70 年代之所以一直沉寂,主要是由于当时使用阿帕网的人太

---

① 参见方兴东、钟祥铭:《中国门户网站之发展历程、规律和启示——反思门户思维对中国互联网和传统媒体转型的内在影响》,《新闻与写作》2019 年第 2 期。

少，网络的速度也仅为目前 56Kbps 标准速度的 1/20。受网络速度的限制，那时的用户只能发送些简短的信息，根本不可能像现在一样发送大量照片。到 20 世纪 80 年代中期，个人电脑兴起，电子邮件开始在电脑迷以及大学生中广泛传播开来；到 20 世纪 90 年代中期，互联网浏览器诞生，全球网民人数激增，电子邮件被广为使用。

一个完整的互联网邮件地址由两部分组成，即 loginname@fullhostname.domainname，也即：登录名@主机名.域名，符号的左边是用户的登录账号，右边是完整的主机名，由主机名与域名组成。其中域名由几部分组成，每一部分称为一个子域，各子域之间用圆点“.”隔开，每个子域都会告诉用户一些有关这台邮件服务器的信息。

像普通的邮件一样，电子邮件也需要地址，区别只在于，电子邮件的传送是在互联网上进行。所有在互联网之上有信箱的用户都有自己的一个或几个邮箱地址，并且这些地址都是唯一的。邮件服务器就是根据这些地址，将每封电子邮件传送到各个用户的信箱中。比如 E-Mail 地址 abc@xxx.com 就告诉我们：这是位于(at)“xxx.com”公司的一个名为“abc”的电子邮件地址。

因为使用方式上的差异，我们可以将 E-Mail 的收发划分为两种形式：WebMail 和基于客户端的 E-Mail。WebMail，可以被直译为“网页邮件”，顾名思义，就是使用浏览器、以网页方式来收发的电子邮件。基于客户端的 E-Mail，从它的名字我们就知道这种 E-Mail 的收发需要通过客户端的程序来进行。这样的 E-Mail 客户端程序，我们比较熟悉的有 Outlook Express、Foxmail 等，使用客户端发送和接收邮件，只需要安装一个客户端程序，在客户端运行之后可以更为快捷简便地发送和接收邮件，不必每次都打开浏览器，登录到邮箱的页面等多个步骤。

电子邮件的发明使得人们之间信息的往来更加便捷经济，不仅仅是日常朋友之间沟通的必选方式，也是公务文件传送的快捷方式。电子邮件实现了远距离传输，也实现了信息的即时传输，传输时间可以忽略不计，当我们发送完电子邮件之后，对方同时也就收到了。相对于互联网中的其他功能，电子邮件是互联网中众多服务中诞生时间较早也是持续时间较长的一种服务，而且其在人们生活中的应用也必将持续下去，电子邮件在未来相当长一段时间，仍然有其生命力。

三、搜索引擎

搜索引擎(searchengine)是指根据一定的策略、运用特定的计算机程序搜集互联网上的信息,在对信息进行组织和处理后为用户提供检索服务的系统。现代意义上的搜索引擎的祖先,是1990年由蒙特利尔大学学生艾兰·艾姆塔格(Alan Emtage)发明的"Archie"。虽然当时万维网还未出现,但网络中文件传输还是相当频繁的,而且由于大量的文件散布在各个分散的FTP主机中,查询起来非常不便,因此艾兰·艾姆塔格开发了一个可以以文件名查找文件的系统,于是便有了Archie。

Archie的工作原理与现在的搜索引擎已经十分接近,它依靠脚本程序自动搜索网上的文件,然后对有关信息进行索引,供使用者以一定的方式查询。由于Archie深受用户欢迎,受其启发美国内华达大学于1993年开发了另一个与之非常相似的搜索工具,不过此时的搜索工具除了能索引文件外,已能检索网页。

当时,"机器人"一词在编程者中十分流行。"电脑机器人"(Computer Robot)是指某个能以人类无法达到的速度不间断地执行某项任务的软件程序。由于专门用于检索信息的机器人程序像蜘蛛一样在网络间爬来爬去,因此,搜索引擎的"机器人"程序就被称为"网络爬虫"。世界上第一个用于监测互联网发展规模的机器人程序是马修·格雷(Matthew Gray)开发的"万维网漫游者"(World Wide Web Wanderer)。刚开始它只用来统计互联网上的服务器数量,后来则发展为能够检索网站域名。与"万维网漫游者"相呼应,马丁·克斯特(Martin Koster)于1993年10月创建了ALIWEB(Martijn Koster Annouces the Availability of Aliweb),它是Archie的超文本显示版本。ALIWEB不使用机器人程序,而是靠网站主动提交信息来建立自己的链接索引,类似于现在我们熟知的雅虎。

互联网的迅速发展,使得检索所有新出现的网页变得越来越困难,因此,在马修·格雷的"万维网漫游者"的基础上,一些编程者将传统的蜘蛛程序工作原理作了若干改进,采用跟踪所有网页超链接的原理,从跟踪一个网站的链接开始,检索整个互联网。到1993年底,一些基于此原理的搜索引擎开始纷纷涌现,其中以Jump Station、The World Wide WebWorm(Goto的前身),也就是今天Overture、Repository-Based Software Engineering(RBSE)和"网络爬虫"最为流行。

然而 Jump Station 和 WWWWorm 只是以搜索工具在数据库中找到匹配信息的先后次序排列搜索结果，因此毫无信息关联度可言。而 RBSE 是第一个在搜索结果排列中引入关键字串匹配程度概念的搜索引擎。

现代意义上最早的搜索引擎出现于 1994 年 7 月。当时迈克尔·马尔丁(Michael Mauldin)将约翰·李维特(John Leavitt)的蜘蛛程序接入到其索引程序中，创建了民赞网(Lycos，现为西班牙一家大型门户网站)，民赞网提供常规及高级搜索，高级搜索提供多种选择定制搜索条件，并允许针对网页标题、地址进行检索。同年 4 月，美国斯坦福大学的两名博士生，大卫·费罗(David Filo)和美籍华人杨致远(Gerry Yang)共同创办了超级目录索引 Yahoo，并成功地使"搜索引擎"的概念深入人心。从此，搜索引擎进入了高速发展时期。目前，互联网上知名的搜索引擎已达数百家，其检索的信息量也与从前不可同日而语。

随着互联网规模的急剧膨胀，一家搜索引擎光靠自己单打独斗已无法适应目前的市场状况，因此现在搜索引擎之间开始出现了分工协作，并有了专业的搜索引擎技术和搜索数据库服务提供商。像国外的 Inktomi(已被 Yahoo 收购)，它本身并不是直接面向用户的搜索引擎，但向包括 Overture(原 GoTo，已被 Yahoo 收购)、LookSmart、MSN、HotBot 等在内的其他搜索引擎提供全文网页搜索服务。国内的百度也属于这一类，搜狐和新浪用的就是它的技术。因此从这个意义上说，它们是搜索引擎的搜索引擎。

截至 2020 年 12 月，我国搜索引擎用户规模达 7.70 亿，占网民总数的 77.8%(见图 8-4)；手机搜索引擎用户规模达 7.68 亿，占手机网民总数的 77.9%。目前搜索引擎行业整体营收下滑，寻求新增长点成为当务之急。与此同时，社交、购物等特定需求 App 吸引大量流量，搜索的入口优势受到显著削弱。[①]

① 参见《CNNIC 发布第 47 次〈中国互联网络发展状况统计报告〉》，2021 年 2 月 3 日，http://www.gov.cn/xinwen/2021－02/03/content_5584518.htm。

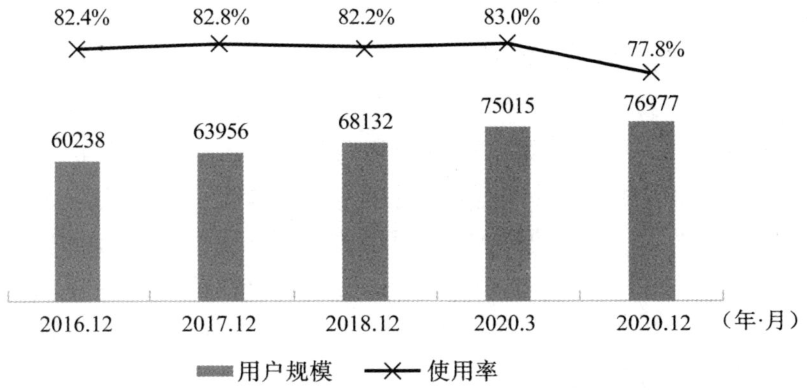

图 8-4　2016.12～2020.12 搜索引擎用户规模及使用率（单位：万人）

数据来源：《第 47 次中国互联网络发展状况统计报告》，http://www.gov.cn/xinwen/2021—02/03/5584518/files/bd16adb558714132a829f43915bc1c9e.pdf。

为应对困难局面，搜索引擎企业加快内容和服务生态布局、加速推进 AI 商业化，开拓市场、进入发展新赛道。搜索市场竞争趋于激烈，推动搜索业务功能和定位呈现差异化趋势。一是市场参与者持续加大竞争力度。2020 年9 月，腾讯全资收购搜狗，为微信内容生态引入外部互联网资源，提升腾讯在搜索领域的竞争力；11 月，头条搜索整合字节跳动多款新闻、视频产品，全面布局搜索广告市场。未来，搜索服务将在技术研发、产品形式、用户体验方面出现更多的创新。二是搜索业态多元化，在各企业生态布局中发挥不同功能。独立搜索是全网内容入口，主要承担引导流量和营收功能，为其他业务发展提供流量和资金支持；应用内搜索更多面向生态体系内部，将内容和服务进行连接形成闭环，带来大数据沉淀等多种增益。在独立搜索中，百度收入的主要来源仍是关键字广告；搜狗的搜索业务收入占比长期超过 90%。在应用内搜索中，“搜一搜”主要作为微信的内建服务，为用户提供社交、购物、本地生活服务的连接，产生的广告收入占比还较低，未来商业化方向也会与传统综合搜索引擎有所不同。

四、网络论坛

BBS 是英文“Bulletin Board System”的缩写，翻译成中文为“电子布告栏系统”或“电子公告牌系统”，也叫“网络论坛”。BBS 是一种电子信息服务系统，它向用户提供了一块公共电子板，每个用户都可以在上面发布信息或提出看法。早期的BBS由教育机构或研究机构管理，现在很多大型门户网站上都建立了自己的BBS系统，也有很多独立的BBS网站，供网民通过网络进行社交、表达想法，通过BBS，网民可以实现“多对多”的群体交流。

1994年5月，国家智能计算机研究开发中心开通曙光BBS站，这是我国大陆境内第一个BBS站。也可以说，论坛与中国互联网几乎是同步诞生的。1997年10月，“网易”在国内创建第一个虚拟社区服务，“新浪”也随即把虚拟社区作为一个主攻方向。而成规模的应用意义上的虚拟社区的出现，则是以1998年3月大型个人社区网站“西祠胡同”的创办和1999年6月创办于美国硅谷的“全球华人虚拟社区”——ChinaRen的出现为标志的。其中，“西祠胡同”成功地发展了以讨论版组群为主导的社区模式，这一模式沿用至今。

今天，中国的虚拟社区已经发展成为全国性的多功能、立体化的社会交往空间。这些虚拟社区所涉及的分类主题，涉及了当代社会的几乎所有重要现象和事件。正是在共同探讨相同和相似主题的过程中，虚拟社区加大了各社会群体的凝聚力，体现为地区、人群、阶层等按照不同分类标准形成具有共性的一个个群体，而这些群体在网络中同一空间讨论的相同话题构成了一个个的虚拟社区，在虚拟社区中实现了社区中的“群体传播”。

虚拟社区(Virtual Community)，又被称为在线社区(Online Community)，最先由英国学者霍华德·莱茵戈德(Howard Rheingold)在1993年提出。在《虚拟社区》一书中，他将虚拟社区定义为“当足够多的人们带着饱满的情感长期进行公开讨论，期望在线空间中形成个人关系网时所出现的社会集合体”[①]。1995年，亚历克斯·汤普森(Alex Thompson)认为虚拟社区是通过既定领域内的不断互动联系，在虚拟空间中形成的因兴趣而产生的社会关系。亨德里克森(Elden S. Hendrickson)从社会动力学角度，指出虚拟社区与现实社区相似但又突破时空的界限，是由一群志趣相投的人因共同兴趣而建立的社区。[②] 尽管他们对虚拟社区研究的侧重点不同，但都一致认可“虚拟”空间的价值和以共同兴趣为中心的社区建立特征。

国内对于虚拟社区没有权威统一的定义，比较流行的是学者杜骏飞的观点：虚拟社区，它并非是一种物理空间的组织形态，而是由具有共同兴趣

① 陈欢欢：《虚拟学习社区中影响学习者知识共享的因素探究》，浙江师范大学硕士学位论文，2011年。

② A. Thompson and Hendrickson, “The Development of A Learning Community in An E-learning Environment”, *International Journal of Pedagogies and Learning*, 1995(5), pp.72-80.

及需要的人们组成、成员可能散布于各地、以兴趣认同、在线聚合的形式存在的网络共同体。[①]

BBS是一种网络上呈现的典型的群体传播现象。网络BBS中,网友以某个共同点组织在一起,按照一些基本的约束和规范进行活动,也有的依照比较完善的管理条例进行。从网络论坛的组织方式来看,主要可以分为三类:一类是专题式论坛,这是基于某个特定事件、话题而开设的论坛,比如"百度贴吧"等。新闻跟帖是其中一个比较常见的形式,但临时性强,成员不稳定。第二类是综合式论坛,内容包罗万象,这是大多数网站采用的方式,比如"天涯论坛""猫扑社区"等。这类论坛长期存在,稳定性较高,通常会有一批忠实用户。第三类是专业式论坛,专注于某一些专业领域,比如"NGA社区"是国内专业的游戏玩家社区,成员基于相似的兴趣爱好集合在一起,成员构成比较稳定,忠实粉丝较多。在一个论坛中,往往分几个版块,每个版块都会有一个版主,论坛的成员或者注册会员可以在任何一版自由发帖、跟帖,形成BBS网络讨论。这个过程中,BBS可能有几个人参与,也可能有成千上万人参与,这个过程具备了群体传播的特征,因此按照传播层次划分标准,网络BBS属于较为典型的群体传播形式。

麦克卢汉在《理解媒介》一书中认为,人类社会的发展经历了一个"部落化—非部落化—重新部落化"的过程。在文字诞生之前,口头语言占统治地位,集体生活使人们对世界的看法是整体的;文字和印刷术产生之后,人类成为理性的、机械的、线性思维的人;而在电子媒介高度发达的今天,网络开始回归人们的"部落生活"。网络中的BBS便是这种部落生活在电子时代的标识性应用。

如果把整个BBS中的网友进行讨论的一系列过程看作一个信息发布的整体系统,那么BBS作为网络媒体大众传播的一部分,便具有了议程设置的功能。大家往往根据自己的兴趣爱好对信息进行取舍发布,如果大家的关注点取得一致,便会在BBS中形成一次大讨论,这些信息的及时互动又会传递到每个受众中,从而在大家的脑海图景中设置了当前舆论热点的议程。这种模式改变了交流方式的同时,也产生了一定的负面影响,网络中的"人肉搜索""网络暴力"也往往由BBS引发。

作为一种社会化的媒体形式,网络论坛对社会发展具有独特的价值。

---

① 参见杜骏飞:《存在于虚无:虚拟社区的社会实在性辨析》,《现代传播》2004年第1期。

比如,作为一种公共信息的传播渠道,网络论坛可以集结民意、参与社会进程。胡咏认为,“从某种意义上说,一部论坛史就是一部中国互联网史”①。近几年著名的几次“帝吧出征”,就体现了年轻人强烈的爱国主义情怀。“他们在这场狂欢仪式加表达游戏中,通过独特的表达,成功地创造了自我身份,建立起了匿名的爱国青年共同体的想象。”②而网络民族主义行为也体现出了理性化、平和化的特征。正如彭兰所说,“论坛不仅反映了中国互联网世界的变迁,也从一个侧面反映了20年来中国社会的变迁”③。

五、博客

(一)定义和类型

博客即“blog”,是以网页日志的形态,以日记的形式发布文章,并可以附加评论的个人网页。“blog”源于英文中的“weblog”(网络日志)一词,是参照“骇客”“黑客”等进行的中国化的翻译。博客早几年在美国出现后迅速风靡全球。2002年,这一概念被引入中国并得到快速发展。2005年,博客得到规模性增长。2006年,网民注册的博客空间已经超过3300万个。2008年7月,用户规模突破1亿人关口,达到1.07亿人。

博客是网民参与互联网互动的重要体现,也是网络媒体信息的重要渠道之一。伴随着注册数量的增多,博客以极快的速度融入社会生活中,逐步大众化,成为基于互联网的基础服务。

博客平台提供商(BSP)是为博客作者和读者提供服务的网站,BSP将博文呈现给博客读者,是博客内容的载体和博客价值链上的重要组成部分。目前,国内的BSP市场基本呈现三类并存的形式:第一类是独立运营的BSP,比如Blogcn、Blogbus等;第二类是基于传统的门户网站而建立起来的BSP,比如新浪博客、搜狐博客等;第三类是借助关联产品建立起来的BSP,比如网易空间、QQ空间、MSNSpace等。就目前的市场占有率来看,腾讯QQ空间、新浪博客、网易、搜狐等具有较高的市场占有率。从功能来看,有文字博客,如新浪博客、博客中国等;有图片博客,如拉风网、fotoblog等;有移动博客,如万蝶移动博客;有视频博客,如酷6网、土豆网等。

---

① 胡泳:《中国网络论坛的源与流》,《新闻战线》2010年第4期。

② 刘海龙:《像爱护爱豆一样爱国:新媒体与“粉丝民族主义”的诞生》,《现代传播》2017年第4期。

③ 彭兰:《网络传播概论(第四版)》,中国人民大学出版社2017年版,第84页。

（二）传播特性

如果把论坛（BBS）比喻为开放的广场，那么博客就是一个开放的私人房间。博客具有多重属性和多样化的受众。[①] “blog，如果只有一个人看，那就是日记；如果有几十个人看，那就是和朋友分享；如果有几百个人看，那就是一种影响力；如果有几千个人看，那就是一个媒体。”这是流传在网络上的一个经典的博客签名。作为网络中的一种传播现象和交流方式，博客具有自己的传播特性。

1.博客代表个人行为

博客是自由状态下的自发的个人行为。在这个互联网领域，博客是主编、编辑、记者，写作就是自我存在的表现方式，是个人展示给所有网上读者的开放空间和自我家园。博客体现在个人感受的共享与交流层面，关注作者自身的主观感受，注重个人化写作的“自娱自乐”，而非传统意义上强调真实、客观等专业性的职业化的新闻报道。个人行为是博客文体能够吸引博客本人和大众的力量源泉。

2.博客具有平民气质

博客具有广泛的群众基础，告别了原来的精英媒体，是一种典型的“草根”媒体。从网民中博客作者的比例我们可以看出，今天的博客作者是最广大网民的代表，打破了原来少数人控制媒体话语权的局面，因此博客具有传统大众传播媒体所不具有的信息传播优势，也是最能代表互联网传播特征的网络形态之一。

3.博客显示感性认识

麦克卢汉认为，“与口头文化相对应的是听觉空间，与印刷媒介相对应的是视觉空间，与电子媒介相对应的是触觉空间。触觉代表着人类所有的感觉总体，也就是部落人长期失落的感觉总体”[②]。在如今的互联网世界中，人们认识世界的方式越来越感性化，而博客现象正是这种感性化的集中体现。与此相对应，人们写博客是源于内心的冲动，是一种精神力量的自我释

① 参见李游：《网络环境下博客的传播学特性》，中国传媒大学第二届全国新闻学与传播学博士生学术研讨会论文，北京，2008年。

② 赵士林、彭红：《网络传播论》，上海交通大学出版社2002年版，第75页。

放，同时也被喻为“一种体验式的写作”。

哈贝马斯认为，“公共领域是由汇聚成公众的私人所组成的，他们把社会的需求传达给国家，但本身又是私人领域的一部分。伴随着公共领域的发展，个体向公众的转变已经越来越依赖于大众传媒”[①]。由于网络信息发布点的多元化，网络实现了从“点到面”传播到“面到面”传播的飞跃。博客使信息发布点更加“个体化”“平民化”。传播也呈现出网状结构和立体结构的散布型传播模式，使得报道更加客观、准确，内容也更加丰富多样，加强了大众的参与性。

随着网络的发展，一种更加短小精悍的微型博客（MicroBlog）横空出世，极大地挤占了博客在网络平台上的空间。这是一个基于用户关系信息分享、传播以及获取的平台，以140字左右的文字更新信息，并实现即时分享，满足了每个人随时随地表达的愿望。所以自推出起，它就获得了用户喜爱，发展迅速。最早也是最著名的微博是美国的Twitter。2009年8月，中国门户网站新浪推出“新浪微博”内测版，成为门户网站中第一家提供微博服务的网站，微博正式进入中文上网主流人群视野。随着微博在网民中的日益火热，在微博中诞生的各种网络热词也迅速走红网络，“微博效应”正在逐渐形成。

六、社会性网络服务

社会性网络服务（Social Networking Services，SNS），是指旨在帮助人们建立社会性网络的互联网应用服务。社会性网络服务的理论基础源于“六度理论”和“150法则”（Rule of 150）。其中“六度理论”也作“六度分隔理论”（Six Degrees of Separation）（见图8-5）。

① ［德］尤尔根·哈贝马斯：《公共领域的结构转型》，曹卫东等译，学林出版社1999年版，第32页。

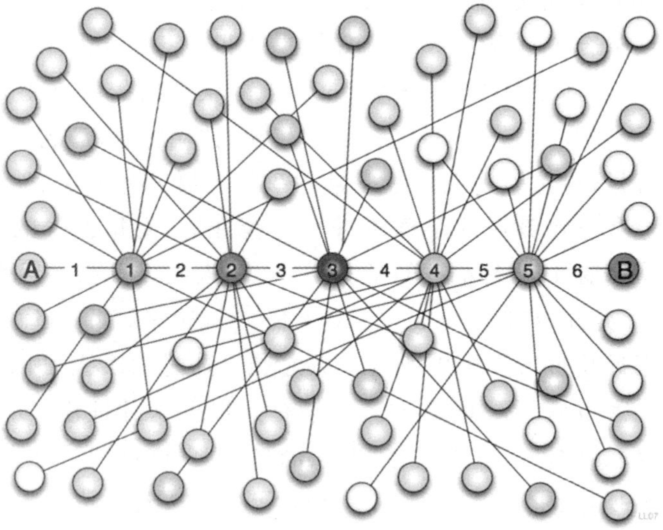

图 8-5 六度分隔理论示意图

资料来源：维基百科，http://zh.wikipedia.org/zh-cn/File:Six_degrees_of_separation.png。

1967 年，哈佛大学的心理学家米尔格拉姆(Stanley Milgram)创立了六度分隔理论。他认为在人际关系脉络中，要结识任何一位陌生的朋友，这中间最多只要通过六个朋友就能实现。按照六度分隔理论，每个个体的社交圈都不断放大，最后成为一个大型网络，这是对社会性网络(Social Networking)的早期理解。而在 50 多年后的今天，米尔格伦的这一理论却在互联网中成为现实，并且成为目前增长最快的互联网业务。今天的 Facebook、My Space 等网站的业绩已经在互联网的商业运营中备受瞩目。

"150 法则"，源于欧洲的"赫特兄弟会"。这是一个维持民风的农民自发组织，这个组织有一个规定：每当聚居人数超过 150 人的规模，他们就把它变成两个，再各自发展。《纽约客》杂志的专栏作家马尔可姆·格兰德威尔在他的著作《引爆点》(*Tipping Point*，又译作《引爆流行》)中对其进行了考证，他说，"150 这个数字似乎代表了我们可以与之保持社交关系(你能够知道他们都是谁、和你是一种什么关系的这种程度的关系；或者说，你和这些人交往的程度达到了如果你未被邀请却恰好碰上他们在一起喝酒而你不会因此而感到难堪的程度)的人数的最大值"①。150 法则也符合"二八"法则，

① [加]马尔科姆·格兰德威尔：《引爆点》，钱清、覃爱冬译，中信出版社 2006 年版，第 127 页。

即80%的社会活动可能被150个强势关系所占有。古往今来,很多事例或有意或无意地暗合了这条规律。例如:在14世纪以后瑞典陆军编有旅,每旅辖3个营,每营辖4个连,每连编150人;微软推出的聊天工具"MSN"只能是一个MSN对应150个联系人;中国移动的"动感地带"的sim卡只能保存200个手机号,也是因为人们最经常联系的人数只有150个。

有人通过数学计算对这个理论进行了验证,如果每个人的日常密切联系的人际网络中有150人左右的话,通过6个人的人际关系网络可达人数便是:150的六次方=150×150×150×150×150×150=11390625000000人。这个数字远超过人类历史所有人数之和。通过六个人可以与世界上任一个人建立联系也就不难理解了。后来有人根据这种理论,创立了面向社会性网络的互联网服务,从而通过"熟人的熟人"来进行网络社交拓展。

现在一般所谓的SNS,其含义已经远不止"熟人的熟人"这个层面,在SNS针对的每个个人所形成的圈子里面,会按照和周围人的任意一个相同点或者相似点来扩大自己的人际圈子。于是,"相同主题"成了SNS中结交朋友的新方式,比如根据相同话题进行结合,如百度贴吧;根据学习经历进行结合,如Facebook;再如根据相同爱好组成的SNS团伙,等等。现在许多Web2.0网站都属于SNS网站,如网络聊天、交友、视频分享、博客、播客、网络社区、音乐共享等。SNS的最大特点是个人之间至少有一个"连结点"以至于能够把SNS圈子里的人联系起来,而这个连接点就是网络中具备这个特点的能联系起来的周围的人的集合。

从传播角度来说,SNS的传播特点主要表现在以下几个方面:一是从虚拟互动向现实互动的转折。在SNS普及之前,网民更多的是通过昵称进行交流互动,而SNS大多要求实名制。大家摘下虚拟面具,变成了建立在真实身份基础上的熟人互动。这种基于实名的社会关系映射,使网络与现实社会的交融更加融合,"不仅意味着人们互动关系的变化,也意味着网络自我与现实自我关系的变化"①。二是突出了社会网络在公共传播中的作用。SNS实现了社会网络的大范围连接,明确了其作为公共信息传播渠道的功能,开拓了社交范围和视野。三是确立了个人化的传播中心,使个人成为信息连接的一个重要节点,强化了个人的价值。四是拓展了表达与互动的维度与形式,比如点赞、评论、送礼物、游戏等。

---

① 彭兰:《网络传播概论》(第四版),中国人民大学出版社2017年版,第106页。

曾经有一个叫作"人人网(www.renren.com,前身为2005年成立的'校内网')"的网站很受中国高校大学生关注。这个网站主要为网友提供日志、群、即时通信、相册等功能,拥有几百种娱乐功能插件(如风靡一时的开心农村"偷菜"游戏),曾在2009年红遍大江南北,巅峰时期拥有上亿用户,成为当时年轻人最喜爱的网络社交形式之一。在"人人网",大家很容易根据社交信息,把自己相同年龄段的同学联系起来,然后根据同学的同学寻找朋友,结成一张无形的关系网。在这里,学生用户不但可以重新找到失去联系的同学,还可以通过网站的更新及时了解熟人的最新状况。2011年5月4日,人人网在纽交所挂牌上市。也正是2011年,腾讯几乎同时推出微信,从QQ导流、能够添加通讯录好友的微信抹平了SNS社交网络的实名制优势。上市之后的人人网得到了注资,但亏损却越来越严重,虽然后期转型做游戏、团购、金融、直播等业务,但亏损问题也一直没有得到有效解决。2013年8月20日人人网正式关闭《开心农场》游戏服务器,也预示了人人网SNS社交网络功能的黯然落幕,但其在SNS社交网络发展史上,依然留下了重要的一笔。

七、视频博客(视频网站)

"视频博客是以视频短片为主要特色的个人博客,它提供视频影片上传和在线浏览的平台,并以庞大的流量赢得广告而维持发展。"[①]视频博客是博客中按照传播形态分离出来的一类,视频博客的视频上传者也被称作"播客"。

2003年,加拿大魁北克高中生吉斯林·拉扎的自拍视频短片"星战小子"被传到了网上,其点击量号称超过9亿次,位居2006年全球十大网络视频短片榜首。视频中,拉扎模仿电影《星球大战》中"绝地武士"舞动激光剑的样子挥舞一根高尔夫球杆。拉扎从未想到过要把这段视频公之于众,但他的同学却把这段视频上传到网上。出人意料的是,这段视频亮相后极受欢迎,网友随后制作的各色模仿版本层出不穷。拉扎一夜扬名,成为网络"红人"。从胡戈的"馒头血案"到香港的"巴士大叔",视频博客显示了草根网民的巨大热情,视频网站也越来越显示出其能量和魅力。

随着家用数字摄像机、相机、新一代手机等数码设备的普及,形成了数

---

① 程静薇、张增光:《视频博客媒介形态分析》,《青年记者》2007年第11期。

量巨大的“拍客”，目前，视频网站已经由影视媒体发展到平民视频时代。他们拍摄的内容，或经过加工制作或原封不动地上传到专门的视频网站，供网民观看。由于一些大型视频网站允许个人发布视频，大批视频制作者在这些网站上活动。目前视频网站的主要内容包括 PGC 专业生成内容和 UGC 用户上传内容两部分。

在美国，用户分享视频网站以 YouTube 为代表，这家美国网站创立一年后，日浏览量就超过了 1 亿人次，相当于每 3 个美国网民就有 2 个是其用户。具体分析见本章第四节。

美国专业在线影视剧服务提供商主要有三家——Netflix、Hulu 和 Amazon，三家服务商都提供了较为丰富的影视资源、灵活的收费政策与较好的观看体验，各有自己的优势与不足。Netflix：“电商背景”转到流媒体的巨头；Hulu：原创剧比例大；Amazon Prime Video：独创试播筛选机制。其中 Netflix 最受欢迎，市场占有率最高。Netflix 的主打服务是电影和老剧集，其资源库是几家中最大的（超过 10 万部电影和电视剧），它的儿童专区做得也比较好，内容较为丰富。此外，Netflix 也在投资自制剧，大名鼎鼎的《纸牌屋》便是出自这家网站。Hulu 成立于 2007 年，是由 NBC、ABC 和 FOX 三大电视广播网的母公司 NBC 环球、迪士尼和新闻集团联合投资成立的，后来又得到了另一大巨头时代华纳的注资。Hulu 的主打服务是电视剧，其与美国主要的电视台都有合作，在电视台播出的剧集通常在一天之内就会在 Hulu 上线。Amazon 服务发展较晚，现在网站内容相比 Netflix 还有很大差距。不过有些内容是 Amazon 独家授权，此外它也在投资一些自制剧集。

2006 年，中国的用户分享互联网视频网站大量涌现。它们是美国视频网站 YouTube 的追随者，如土豆网、56 视频、六间房、优酷等，这些网站视频资源非常丰富，网罗了大量视频节目，同时这些网站还允许用户将自己的视频和他人分享。

根据国家广播电影电视总局相关条文规定，国家对从事信息网络传播视听节目业务实行许可制度。从事信息网络传播视听节目业务，在各项条件符合相关规定后应取得《信息网络传播视听节目许可证》才可运行，然而，目前取得此证的网站很少。2008 年 3 月，促进互联网视听节目服务产业的长远发展、营造健康有序的互联网视听节目服务环境、维护国家利益和公共利益的行业性自律公约《中国互联网视听节目服务自律公约》出台。

网络技术的发展降低了用户自主创造内容的门槛，淡化了把关人角色，个体化的用户创造汇聚成了庞大的内容生产，同时也能够被越来越多的用户所分享，形成了一种“互联网的用户势力”，而这种势力正在消解过去信息传播的中心。今天，信息传播无法被传统的中心垄断了。所以，Web2.0时代是以个体为主导的一对一传播模式。[①]

国内视频网站行业经过了初期的拼流量、拼版权模式，发展到后期的大IP版权内容自制、台网联动、付费模式等。目前国内视频网站行业通过合并基本已经形成稳定格局，优酷并入土豆，后被阿里收购；百度收购PPS，并与爱奇艺合并；PPTV投入苏宁与弘毅资本怀抱；盛大收购酷6网；搜狐收购56；B站异军突起……形成了多家共存的局面。

八、网络新闻

作为“第四媒体”的互联网，网络新闻是网络媒体信息传播的重要内容之一，也已成为人们获取新闻信息的一个重要渠道。通过网络发布新闻的专业网站通常有两类，一类是传统媒体的网络版，例如新华社的新华网、人民日报社的人民网、中央电视台的央视国际网等；另一类是各类大型门户网站，例如搜狐网、新浪网、网易、腾讯网等，而这一类的网站大部分属于民营，网站本身不具备新闻采访权，其新闻信息来源于传统媒体及其网站。而网络新闻又不仅限于此，在网络时代，网络新闻有着更为宽广的意义。

闵大洪曾将“网络新闻”定义为：“通过互联网发布、传播的新闻，其途径可以是万维网网站、新闻组（Usenet 或 News Group）、邮件列表（MailingList）、BBS、网络寻呼（ICQ）等手段的单一使用或复合使用，其发布者（指首发）、转发者可以是任何机构也可以是任何个人。”[②]

从广义上说，在网络上传播的一切新闻信息都属于网络新闻；从一般意义上来说，网络新闻指互联网上专门提供新闻信息的新闻网站。

（一）网络新闻的类型

网络新闻包括传统媒体的网络版和网络自生媒体两种类型。

1.传统媒体的网络版

传统媒体的网络版是指传统媒体在互联网上自建官网，将自己采编的新闻报道等各种内容直接转发其上，它是传统媒体的互联网的延伸。

---

① 参见程静薇、张增光：《视频博客媒介形态分析》，《青年记者》2007年第11期。

② 参见雷跃捷、辛欣：《网络新闻传播概论》，北京广播学院出版社2003年版，第18页。

1992 年，世界上第一家网络报纸——美国的《圣何塞信使报》(San Jose Mercury News)创办，从而开创了网络媒体的新纪元。此后，中国的一些媒体也开始了“上网运动”。1993 年 12 月 6 日，《杭州日报》下午版通过杭州市联机服务网络进行传输，拉开了报纸上网的序幕。1995 年，《中国贸易报》的电子版在人民大会堂举行了开播演示，这是中国第一家网上发布的电子报纸。根据 1996 年 CNNIC 统计，上网报刊共有约 95 家，约占报刊总数的 1%。而现在，绝大多数报纸都有自己的网络版。这些网站很多时候包含了旗下的所有报刊，更有一些网站逐步拓宽传播领域，在网络中做网络广播、网络电视、电子杂志等与媒体原本不同的信息传播类型的内容，使其更能符合网络媒体信息传播的特征。

在线广播(Internet Broad Casting)，也称“网上广播”，是指数字化的音频、视频信息通过互联网进行传播。1995 年 8 月，美国广播公司率先运用互联网进行全球播音，此后加拿大国际广播电台、美国之音、法国国际广播电台、英国广播公司都建立了自己的网站。1996 年 12 月 15 日，珠江经济广播电台的网上直播标志着我国在线广播的开始。在网络广播网上播音之后，与之相似的数字流媒体网上视频广播也纷纷运行。在美国，美国广播公司、哥伦比亚广播公司、福克斯广播公司、美国有线电视新闻网等电视节目纷纷上网，其中全国广播公司与微软在 1996 年 7 月结盟，开通名为 MS-NBC 的 24 小时有线新闻频道。

2.网络自生媒体

网络自生媒体是指某个组织或个人在网络上定期制作和发布新闻而形成的传播媒体。在互联网上，任何机构、任何个人只要经过注册都可以建立网站，网站一旦建立就可以发布信息、传播新闻。互联网上，发布信息不再是传统媒体独有的权利。传统媒体的网络版是传统媒体在网络上的延伸，它在现实中有依靠的媒体组织，而网上新闻媒体则是独立存在的网络媒体，并不存在现实生活的对应组织，仅仅依托网络而存在。

网络自生媒体有新闻媒体和非新闻媒体之分。网上新闻媒体和传统媒体的网络版一样以发布信息为主旨，但它们存在本质不同。

网上的新闻媒体包括商业网站(如搜狐、新浪、网易等)、专业网站(时尚网站、教育网站、健康网站等)和个人网站三类。其中一些商业门户网站也把发布新闻作为其网络服务的一部分。但是，按照国家规定，商业网站不具有新闻采访权，他们报道新闻的方式主要是集纳新闻，通常是根据协商整合传统媒体提供的新闻源进行汇编与转载。这种方式通常表现在网络新闻的专题上。其发布新闻具有自己的特点：时效性强，连续滚动报道；依赖传统媒体，广为集纳信息，信息全面；提供图片、视频、动画等多媒体形式；可进行在线互动评论等。

（二）网络新闻的发展

最早的网络新闻形式是“新闻组”。新闻组，简单地说，就是一个基于网络的计算机组合，这些计算机被称为“新闻服务器”，不同的用户通过一些软件可连接到新闻服务器上，阅读其他人的消息并可以参与讨论。新闻组虽然以“新闻”命名，实际上是一种电子公告服务，用户可以订阅不同主题的新闻组并参与讨论。新闻组的基本组织单位是特定讨论主题的讨论组，例如“comp”是关于计算机话题的讨论组，“sci”是关于自然科学各个分支话题的讨论组。

新闻讨论组的“Usenet”是“Uses Network”的简写，不同于 Internet 上的交互式操作方式。在 Usenet 服务器上存储的各种信息，会周期性地转发给其他 Usenet 服务器，最终传遍世界各地。Usenet 的基本通信方式是电子邮件，但它不是采用点对点通信方式，而是采用多对多的传递方式。用户可以使用新闻阅读程序访问 Usenet 服务器，发表意见，阅读网络新闻。

20 世纪 90 年代，中期万维网技术成熟，网络带宽条件大为改善，推动了上网用户的增加。新闻单位开始采用万维网技术搭建网站，在网上传播新闻。大批新闻单位的加入，改变了网络新闻的格局，新闻单位从此成为网络新闻的主要信息源。在美国，从《纽约时报》《华盛顿邮报》《华尔街日报》《洛杉矶时报》《芝加哥论坛报》《时代周刊》《新闻周刊》等著名报刊到地方性小报，掀起了一波又一波的上网浪潮。1994 年底，美国上网的报纸不过几十家，全世界总共也不超过 100 家，但到 1995 年底，Internet 上的电子报纸便迅速增长到 1000 多家。从那以后，美国报纸差不多以每年 60％的增长率上网。传统新闻媒体的机构由于资源和技术上的优势，已率先建起一批有影响的网络媒体，国外如美国广播公司的新闻站点 www.abcnews.com、美国有线新闻网的站点 www.cnn.com、路透社的新闻站点 www.online.reuters.com、英国广播公司的 BBC 在线世界报道 news.bbc.co.uk 等。

1998 年 9 月 11 日是网络新闻发展史上重要的一天。这一天，美国国会众议院经过投票，决定将独立检察官斯塔尔的调查报告首先通过互联网公之于世。不久,联合国新闻委员会将网络定义为继报纸、广播、电视之后的"第四媒体",并以斯塔尔报告的网上发布作为"第四媒体"的标志性事件。比尔·盖茨对"第四媒体"做了这样的表述:"我们正处于一场革命的前夜。这场革命将使通信价格降到前所未有的程度,而且所有的计算机都将连为一体,为我们而存在,并和我们交流。将这些计算机在全球范围内连接起来,它们就将形成一个网络,人们正把这些网络称为'信息高速公路'。这方面的直接表现就是目前的计算机互联网——该网络使用最新技术,将一大片计算机连接起来交换信息。"这一时期,网络在新闻传播方面的优越性已开始被人们认可。除了传统媒体创办的新闻网站之外,还出现了纯粹的新闻网站和商业网站开办新闻频道的趋势。

2000 年 1 月 10 日,美国在线与时代华纳宣布合并,双方组成了当时世界上最大的传媒和网络公司,标志着传媒的走势出现了革命性的进展,即网络媒体与传统媒体将更加紧密地结合在一起。而国内的千龙网、东方网、中青在线等新闻网站的种种动向,也预示着中国媒体业内"合纵连横"进入全面整合阶段。尽管中国网络新闻的发展比较短暂,但发展的速度却异常迅速。

2004 年之后,网络新闻的采编出现了自动化的潮流。著名搜索引擎谷歌以 1000 多个新闻网站为信息源,利用搜索技术和页面自动生成技术,打造了谷歌新闻频道。谷歌新闻频道从内容的采集到整个频道的形成,完全不需要人工干预,可以交由计算机自动完成。计算机根据一系列预设的规则,自动选取频道的头条和主要条目,在过去这是只有高级编辑人员才能完成的工作,随着技术的进步,这些工作都可以轻易完成。此后,百度也采用类似技术,推出了百度新闻频道。谷歌、百度基于搜索引擎而形成的新闻频道,都只提供最终新闻的链接,并不参与新闻报道的创制,在进行新闻议程设置的同时,巧妙地回避了新闻报道版权方面的纠纷,而且成本几乎为零。随着语言智能处理技术的完善,这类新闻频道的影响越来越大。

与此同时,中国网络新闻的用户也在飞速增加。根据中国互联网络信息中心 CNNIC 在 2021 年 2 月发布的统计数据,截至 2020 年 12 月,我国网络新闻用户规模达 7.43 亿,占网民总数的 75.1%;手机网络新闻用户规模达 7.41 亿,占手机网民的 75.2%(分别见图 8-6、图 8-7)。

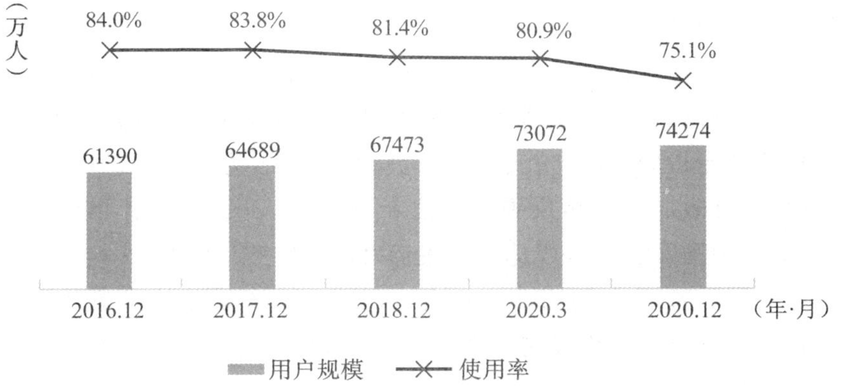

图 8-6　2016.12～2020.12 网络新闻用户规模及使用率

数据来源:《第 47 次中国互联网络发展状况统计报告》,http://www.gov.cn/xinwen/2021－02/03/5584518/files/bd16adb558714132a829f43915bc1c9e.pdf。

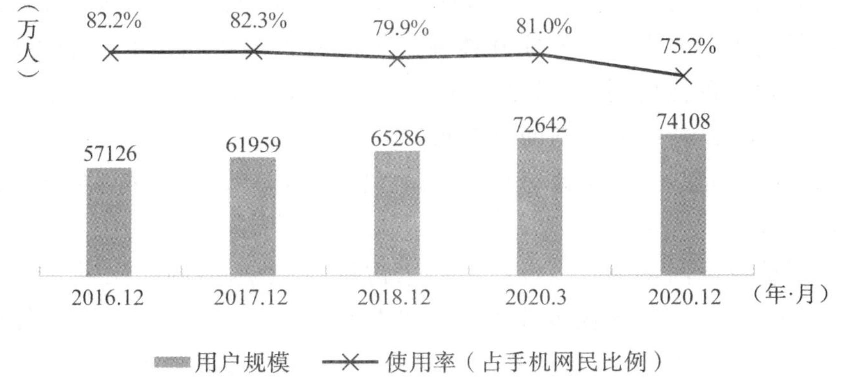

图 8-7　2016.12～2020.12 手机网络新闻用户规模及使用率

数据来源:《第 47 次中国互联网络发展状况统计报告》,http://www.gov.cn/xinwen/2021－02/03/5584518/files/bd16adb558714132a829f43915bc1c9e.pdf。

网络新闻媒体顺应媒介和时代发展需求,不断扩大报道内容、创新报道形式,为用户带来更加直观、丰富的新闻体验。与此同时,网络新闻媒体也通过打造视频传播矩阵等方式,进一步加强媒体融合,提高用户黏性,提升用户体验。2020 年初,武汉抗击新冠肺炎疫情期间,中央广播电视总台采取“慢直播”方式报道火神山、雷神山医院建设,引发社会各界“云监工”热潮,相关直播参与人数超千万以上。年中防汛抗洪关键时期,人民网推出“图解新闻”,以“一镜到底”的长图,盘点6月以来,国家防汛抗旱总指挥部、应急管理部等部门的紧急部署,以及福建、广东、广西、湖南、江西等受灾相对严重的7个省份的洪涝情况和减灾救灾工作。随着新冠肺炎疫情防控进入常态化阶段,腾讯新闻、百度等商业网站积极跟进疫情动态,通过设置抗击新冠肺炎疫情专栏,建立疫情实时追踪页面等方式,为用户提供可视化的疫情资讯服务,有效应对疫情反弹。新浪新闻联合人民日报全国党媒信息公共平台、文旅中国及各地方媒体共同发起“2020爱上一座城”区域直播计划,通过打造区域直播平台展现各地区复工复产、经济复苏的景象。“爱上一座城”活动自上线以来,引发持续关注,其中微博话题“#2020爱上一座城#”阅读量超过1383万。

网络新闻媒体顺应时代发展需要,打造新闻传播矩阵。2020年9月,中共中央办公厅、国务院办公厅印发《关于加快推进媒体深度融合发展的意见》,为媒体融合发展指明了方向。近年来,随着媒体融合发展的持续推进,网络新闻媒体转型步伐进一步加快,网络新闻用户需求得到更好满足,用户黏性得到进一步提升。多家媒体通过及时跟进时事热点并依据用户喜好,持续孵化特色栏目,打造传播矩阵。一是将网站和手机应用打造为资讯中心、观点中心,持续输出新闻资讯和观点;二是以视频账号为依托,形成热门栏目,并在哔哩哔哩、微博等视频网站、社交媒体平台上进行实时推送,收到良好效果。

尽管商业网站暂时还没有新闻采访权,但是这些网站提供新闻数量之大、速度之快,已经使众多传统媒体以及它们的网站望尘莫及,尤其是当国内外发生突发事件时,这些新闻网站抢新闻的意识甚至令传统媒体都相形见绌。从网络新闻的发展史来看,网络新闻的开发前景是非常可观的,也可由此看出网络新闻是未来信息的重要来源和途径。

(三)网络新闻传播特点

网络新闻突破传统的新闻传播概念,在视、听方面给受众带来全新的体验。它将无序化的新闻进行有序的整合,并且大大压缩了信息长度,让人们在最短的时间内获得最有效的新闻信息。网络新闻不再受传统新闻发布者的限制,受众可以发布自己的新闻。网络新闻将随着人们认识的提高向着更深的层次发展,这将颠覆网络新闻的传统概念。

网络新闻业务在其诞生之初是传统媒体新闻业务的一种延伸。目前,网络新闻在不断吸取传统新闻业务养分的同时，也在逐渐形成自己崭新的面貌，并推动了整个媒体的新闻业务的发展，产生了积极的影响。各种类型的网站在网络世界呈现出各自不同的发展特色，网站自身明晰的定位改变了互联网作为一种媒体最初仅仅是传统媒体补充的局面，形成了具有魅力和影响力的大众传播媒介，成为名副其实的“第四媒体”。

作为“第四媒体”的互联网，其新闻风格有着不同于传统媒体的特色和优势，具体来讲，网络新闻具有以下几个特点：

1.网络新闻组织方式呈现层次化、网络化和立体化特征

网络新闻资源，是以层次化、网络化和立体化的方式连接在一起的。首先，层次化是指网站发布网络新闻时，常常不是一次性和盘托出，而是在不同的层次中逐渐展示出完整的内容。例如，一个新闻专题分为标题、关键词、主要内容、新闻背景等几个层次。其次，网络化则是指信息之间的多元的、复杂的联系，实现的方式是超链接，超链接也是网络与传统媒体相区别最具特色和魅力的特征之一。最后，立体化是指网络新闻打破传统媒体依靠单一感觉传播新闻的形态，采取多媒体作用于受众的多个感官，并能够组合不同时空的不同场景的新闻，也就是指网络传播的“多媒体呈现”，在网络中新闻信息呈现多种不同的传播样式，综合表现为网络新闻区别于传统媒体的单维度传播。报纸等平面媒体在进行新闻资源组织时遵循的是二维空间的思维，即将所有内容在一个二维平面空间里进行展示，平面空间如版面是新闻的包装容器，于是在传播形态上仅仅表现为平面传播。电视、广播等媒体则是以时间为容器按照不同的频道资源进行资源的串联，同样也是单维度的传播。但无论是报纸还是广播电视，都只能用一种单线条的方式来进行新闻内容的组织。而网络则打破了传统媒体的平面和线性结构，实现了层次化、网络化和立体化。

在早期中国网络媒体的新闻处理上，一条新闻作品往往只有简单的两个层次，即标题与正文。但是，随着人们对网络特性认识的深入，网络新闻作品的层次越来越复杂。

目前，一个完整的网络新闻作品通常可以分解为下列层次：

层次一：标题
层次二：内容提要
层次三：新闻正文
层次四：关键词或背景链接

层次五:相关文章或延伸性阅读

2.网络新闻发布与利用方式的循环化、多通道

早期的网络新闻就像传统媒体一样,一条新闻只是进行一次性的简单发布。但是,随着网络新闻编辑手段的丰富,网络新闻资源得到越来越多的循环开发与利用。循环化是指,网络新闻资源可以通过数据库长期保存,并被加以无限制地反复利用。其利用方式也是多种多样的,可以被多次发布、循环发布,可以作为相关新闻链接,也可以通过分类检索加以重新整合利用。

在网络新闻发布的业务系统中,数据库技术就成了关键。在网络新闻记者与编辑那里意味着在现有的新闻中利用已有的新闻资源成为一种日常工作;如何寻找与当前新闻相关的资源,又如何合理地加以利用,也成了新闻发布的一个重要环节。虽然在网络新闻发布系统中,很多工作可以自动完成,但是,在一般情况下,还是需要人工的干预。与新闻利用的循环化相联系,网络新闻的发布方式与通道也发生了重要变化。

3.网络新闻的多元化主体和交互性传播

与传统媒体传播的单一化相比较,网络新闻传播主题呈现多元化的特点。在传统的新闻传播过程中,受众只有通过职业新闻传播者才可以获取新闻信息,网络以其独特的功能被称为一种“公共媒介”,每个人都可以在网上发布新闻,从而成为信息的发布者和传播者,因此,网络媒体在很多情况下也被称作“草根媒体”。然而,尽管网络新闻的发布主体有了多元化的特征,这些“主体”仍然无法与职业的新闻信息传播者相比较,大量虚假信息、垃圾信息充斥着互联网,面对这种情况,任何机构和个人都难以彻底解决。

与传统媒体比较而言,网络媒体有了一个传统媒体无法具备的特征,那就是网络的高度交互性优势。这一优势改变了传统媒体信息传播的单向模式,使传播真正实现了大众媒介传播信息的双向互动。电子邮件、电子公告板、留言板等方式有效地实现了网络新闻在线互动的功能,直接实现了传播者和受传者之间、受传者之间的交流,从根本上改变了传统的大众传播模式的信息传播与信息反馈相分离的局面。

第四节　网络媒介个案分析

一、YouTube

YouTube是一个由查理·赫利(Chad Hurley)和史蒂夫·陈(Steve Chen,美籍华人陈士骏)于2005年2月创办的视频网站,被中国网友们称为“油管”。

(一)突发奇想内容共享

两位创始者创办YouTube的起因其实是生活中遇到的一个小麻烦。两位想和自己远在他乡的朋友分享自己拍摄的晚餐录像,但录像文件过大,难以通过在线传输或者电子邮件形式投送。于是,查理·赫利和史蒂夫·陈前往赫利的车库进行研究,决心寻找到一种更加便捷的分享视频方法。YouTube就此诞生。YouTube 2005年7月正式投入商业运营,2006年2月就已经拥有了每天视频播放量3000万条、访问量910万人次的优秀数据。2006年4月,每日被上传到YouTube的新视频数量高达3.5万条,每日视频观看量达到3500万,同年6月,市值已达10亿美元,7月每日视频播放量破亿,是当之无愧的全球网络视频业第一。YouTube的成立和它在短时间内获得的巨大成功在全球范围内开启了互联网视频时代。时至今日,YouTube已经成了全球最大的视频社交平台,在全球社交平台综合排行榜中排行第二,仅次于Facebook。

YouTube利用Flashvideo播放视频,其视频内容主要来自网站的上传者,有影视剪辑、自制短片、游戏攻略视频等多种类型,内容包罗万象。这里不仅有个人上传者,就算强如英国广播公司等知名媒体也多在此设有官方账号。2006年,谷歌公司收购了YouTube,以国际化为宗旨对其内容进行了调整,建立了多元、高质量的内容生态。YouTube内容免费开放,依靠广告收入实现盈利。2016年,YouTube推出付费机制,但是实际效果不好,因此更加坚持了内容免费的原则,同时加强对原创视频内容的投入,在2017年又强化了与诸如强生等提供广告费用较多公司的合作,并且利用广告向全球推广原创内容。此外,YouTube面对互联网电视直播市场推出了YouTube TV,2018年建立了全景频道,构建起了全面的内容生态。

(二)社会化运营内容独到

作为一个“土生土长”的网络媒体,YouTube 的运营充满了去中心化的互联网逻辑。这种互联网逻辑不仅体现在基于用户的内容生产上,同时也体现在网站的经营和营销方式上。

1.“病毒式”营销方式

在营销方面,YouTube 根据 20 世纪 60 年代美国心理学家米尔格拉姆提出的六度分隔理论,创造了被称为“社会网络服务”的网络运营模式。六度分隔理论描述了在现代社会存在的一种人与人之间的普遍关联,即一个人可以通过最多六个人认识世界上任何一个陌生人。因此,YouTube 非常重视用户之间的联系和共享,通过现实生活中人们的社交关系网络实现用户数量的迅速膨胀。YouTube 的视频标签、分享、组群、订阅等功能都指向社交关系网络,当用户在 YouTube 中看到一个有趣的视频时,他可以通过网站具有社交属性的功能快速地分享给自己的亲人、朋友或者同好,进而,YouTube 得以通过少数用户的人际关系网快速扩张自己的用户数量。

2.视频服务社区定位

正如其创始人史蒂夫·陈所言,从创立第一天开始,YouTube 就一直在探索构建视频服务社区,而非传统的视频网站。YouTube 具备组群和标签功能,可以允许用户基于兴趣选择不同的视频播放,并且可以探索到更多的同类视频以及同好者。评论功能允许用户对自己观看的视频进行评论和评分。视频订阅功能则允许用户关注某个固定的内容上传者,及时收到该上传者更新视频的信息。尽管以今天的眼光审视,这些都是普通的视频网站理应具备的功能,但在 B 站等视频服务社区尚未取得广泛影响的时代,具备着强烈社交属性的 YouTube 的定位非常鲜明。

3.网络视频广告的运用

YouTube 内容免费,依靠广告费用维持运营。YouTube 运用了在线视频的特殊广告方式,将视频内容本身作为广告。华纳兄弟首先采用了这种广告形式推广了帕丽斯·希尔顿的专辑《Paris》。耐克公司也在 YouTube 上发布了罗纳尔多穿着新球鞋踢球的视频片段。毫无疑问,作为广告的网络视频有着非常广阔的发展前景。

二、赫芬顿邮报

赫芬顿邮报是美国最有影响力的新闻博客网站之一,有着 68 个栏目、3

个国际版和超过12亿的月页面浏览量。它自诩为“第一份互联网报纸”,在2005年由阿里亚纳·赫芬顿(Arianna Huffington)与肯尼斯·勒利尔(Kenneth Lerer)和乔纳·佩雷蒂(Jonah Peretti)共同创建。网站创立一年之后就获得了日本软银资本的500万美元投资。2007年,赫芬顿邮报发起了2008年美国总统大选网上辩论会,此时它已经成为全美最著名的新闻博客网站,每日独立用户访问量高达2500万。2011年2月7日,赫芬顿邮报被美国在线以3.15亿美元的价格收购。

(一)赫芬顿邮报成功经验

1.最大限度地利用免费资源

赫芬顿邮报没有专职的记者队伍,它的内容产出依靠UCG,3000多位博主会在赫芬顿邮报提供的平台上自行创作内容而不需要任何稿酬。除此之外赫芬顿邮报采用整合信息的方式构建自己的内容,从各大媒体转载原创新闻。

2.搜索引擎优化

搜索引擎搜索结果的排名和网站的流量密切相关,作为一个主要依靠广告盈利的网站,赫芬顿邮报掌握核心技术,可以让搜索引擎最先搜索到其文章提供的关键词,在Google和其他搜索引擎中,赫芬顿邮报的文章总是出现在排名靠前的位置。赫芬顿邮报通过一套“实时流量分析系统”锁定正在互联网上传播的关键词,然后将该关键词添加到自己的文章中,这样,赫芬顿邮报的报道总是会出现在当前最受关注的热门搜索的结果当中。

3.“病毒式”传播增强用户黏性

乔纳·佩雷蒂曾经总结过《赫芬顿邮报》成功的关键:病毒式传播方式和较强的用户黏性。所谓病毒式传播,描述的是一种利用用户口碑和人际关系网络进行快速复制传播的传播策略。《赫芬顿邮报》的编辑会挑选其他新闻媒体的报道加以加工——主要是提炼故事精髓,贴上标签以便于搜索,放在网站上引发博客日志与评论。

(二)赫芬顿邮报的衰落原因探究

1.专业化与分众化的矛盾

2007年6月,为了提高新闻生产的专业性,赫芬顿邮报在美国大选时推出了“走下公交”活动,向美国普通民众分发采访任务,这一举措让近1.2万名草根记者加入了赫芬顿邮报的记者行列。同年,赫芬顿邮报提高了内容生产的准入门槛。一改之前任何人都可以无限制加入博客生产的原则,赫芬顿邮报设置了只有通过邀请或者招募,用户才可以注册博客的准入门槛。虽然推出了分众内容生产机制,但是同时又设置了准入门槛,赫芬顿邮报试图通过此举提高自己内容生产的专业化程度。但是,这样一来,编辑把关就由内容转向了成员准入,无形中从全面开放的分众运营方式转变成了众包运营方式,经过选拔的用户生产的内容也不再是用户自身意志的反应,而与赫芬顿邮报紧密相连。自此,普通博主不再具备内容生产资格。

2.新闻社交平台建设遭遇困难

尽管用户内容生产的准入门槛设置并不高,但是这一"闭关锁国"政策所产生的连锁效应对赫芬顿邮报造成了致命打击,致使其错失了建设新闻社交平台的机会,从而永久地丧失了与同期 Facebook 等媒体竞争的能力。在曾经与之合作的 Facebook、Twitter 等 SNS 平台吸纳用户的同时,赫芬顿邮报正在逐渐向着新闻门户网站转变,将其内容按照传统的门户网站"新闻""政治""娱乐"等分类方式分为了八类。这种逆潮流而动的行为结果是不言而喻的,专业新闻团队的不断流失更加速了这一过程,赫芬顿邮报逐渐沦为以信息整合为主的普通网络新闻平台。

3.UCG 内容生产模式衰落

准入门槛的设置破坏了分众传播的开放原则,其建成之后,也并未发挥预期效果,普通博主与专业博主之间的流量矛盾成了新的内部矛盾。赫芬顿邮报采用流量变现的运营策略,1000 流量等于 6.25 美元。普通博主和专业博主流量之比大约为 50∶1。2011 年赫芬顿邮报被美国在线收购之后,其经济压力增大,由于专业博主的推广机制比较成熟,流量进一步向专业博主集中,普通用户被边缘化。

三、搜狐

搜狐与张朝阳,在中国互联网发展史上都具有不容忽略的地位。搜狐是中国搜索引擎的鼻祖,张朝阳则是中国互联网文化运动的先驱、中国综合门户网站的创始者,第一家拥有三个美国上市公司——搜狐公司(NASDAQ:SOHU)、畅游公司(NASDAQ:CYOU)和搜狗公司(NYSE:SOGO)的中国互联网企业的拥有者。

（一）概况

1986年，毕业于清华大学物理系的张朝阳考取奖学金到美国麻省理工学院（MIT）攻读研究生，1993年底获得博士学位后继续在MIT从事博士后研究。1994年任MIT亚太地区（中国）联络负责人，1995年11月回国。1996年8月，张朝阳正式注册ITC爱特信电子技术公司（北京）有限公司（搜狐前身），其中一部分业务是分类搜索，并于11月获得中国企业有史以来的第一笔风险投资。在第二轮融资时，张朝阳考虑到，在世界和中国文化中狐狸都象征着机敏、灵活和聪慧，而这些特质也符合企业以信息搜索为中心业务的发展特点，遂正式将公司更名为搜狐公司，正式推出中国首家大型分类查询搜索引擎——搜狐，并将公司域名改为"SOHU.COM"。"出门靠地图，上网找搜狐"的宣传语引导中国网民打开了通往互联网世界的大门。1999年，搜狐推出新闻及内容频道，奠定了综合门户网站的雏形，开启了中国互联网门户时代。搜狐抓住了互联网的本质——连接，把握了当时互联网发展的最主要的脉络——导航，产品一经推出就获得极大的点击流量和广泛的推广，赚取了中国互联网的第一桶金，也开了中国企业互联网融资的先河。2000年7月，搜狐在美国纳斯达克挂牌上市，短短两年内就从一个国内小企业成长为国际品牌，实现了很多企业多年的梦想。

搜狐对互联网前沿的敏锐嗅觉和对未来的精准预判，使其在中国互联网的发展前期一直处于时代前列，搜狐的互联网探索之旅进展迅速并得到全面发展。

2000年9月，搜狐收购了当时国内最大的年轻人社区网站ChinaRen，连接了中国互联网上最活跃的一批年轻人，以社交打通网络，成为当时中国最大的中文网站。

2000年12月，搜狐正式推出无线互联网定制收费服务——搜狐手机短信服务（Short Message Services，SMS），打破了中国互联网的僵局，实现了当年盈利。

2001年11月，搜狐正式推出面向个人消费者网上购物平台——搜狐商城，创造了中国人网络购物的新方式。

2002年第三季度，搜狐公司在国内互联网行业首次实现全面盈利，成为中国互联网发展进程中的一个划时代的里程碑，带动了中国概念股股价在纳斯达克的上涨。

2004年8月，搜狐推出第三代互动式搜索引擎“搜狗”，而这也成为搜狐后来最稳健和最值得依赖的盈利点。

2004年底搜狐视频成立。2006年，作为门户网站的第一个视频分享平台“搜狐播客”成立，这是中国第一家以正版高清长视频为显著优势的综合视频网站。2014年视频分享网站56网并入搜狐视频，对其视频业务的完整性有了非常好的补充。2007年1月，搜狐联手央视全球首次网络视频同步直播春晚，扩大了它在国人，以及国际华人中的影响力。

2008年1月1日，搜狐博客3.1版正式上线，“搜狐博客开放平台”正式开通，搜狐正式加入内容阵线。

2008年，搜狐成为北京奥运会互联网内容服务赞助商，并于8月4日上线“搜狐奥运赛事信息系统”，这是中文互联网首次将“数据”整合为相关主题产品并纳入奥运报道体系。2008年，通过对北京奥运会权威、快速、全面、专业的报道，搜狐进一步扩大了它的门户网站优势。

2009年4月2日，搜狐旗下游戏子公司畅游在美国纳斯达克成功上市，搜狐公司因此也成为中国互联网企业在纳斯达克上市的第一个“双子星”。

2012年搜狐集中精力推出“搜狐新闻”客户端，成为全国首个提出个性化阅读服务的新闻客户端，并于2013年突破1亿用户量，又成为国内首个用户数过亿的新闻客户端。从搜索到门户，再到畅游、搜狐视频、搜狐新闻端，搜狐不断发展壮大。在最初的十年里，张朝阳布局了社交、搜索、视频、游戏、电商、媒体等多个领域，一度成为中国互联网企业的代表。

互联网发展速度飞快，机遇也是稍纵即逝。互联网初期发力强势的搜狐，因为张朝阳个人身体原因和决策问题，在突飞猛进、引领中国互联网发展十余年后开始进入保守时期。原来跟随搜狐身后的新浪、网易、腾讯等门户网站开始各寻出路，新浪微博、网易游戏、腾讯微信在各自领域一家独大。沉寂多时，错过了微信、微博和短视频等诸多风口的搜狐，逐渐在头部互联网公司中掉队。在“互联网下半场”，搜狐还能处于第一梯队的媒体产品只有搜狗，它成立于2004年8月3日，原推出目的只是增强搜狐网的搜索技能，但在产品研发的过程中搜狗努力追求技术创新、精益求精，反而成长为搜狐后期最值得依赖的部分。在将输入法与移动搜索做得风生水起之后，搜狗将目光对准了人工智能领域。2006年搜狗输入法的第一个版本诞生，这是业界首次利用先进的搜索引擎技术开发的输入法，被誉为“互联网输入法”。搜狗从用户需求出发，以一种人工智能的新算法，分析和理解用户可能的查询意图，快速准确地定位到用户所关注的内容。这一技术也使得搜狗搜索成为全球首个第三代互动式中文搜索引擎，成为搜索技术发展史上的重要里程碑。2009年11月3日，搜狗全球首推云输入，创新了概念，引领了方向。2013年9月16日，搜狐公司及搜狗公司与腾讯达成战略合作，腾讯注资成为搜狗的最大股东，但具体运营和管理仍主要由搜狐负责。

入股一年后，搜狗正式接入微信公众号数据，成为国内唯一能检索微信公众号内容的搜索引擎。2017年11月9日，搜狗正式在纽交所上市，成为搜狐旗下第三家上市子公司。

在2018年第五届世界互联网大会现场，搜狗凭借其在语音、图像、唇语合成等技术领域的领先成果，联合新华社推出了全球首个"AI合成主播"。此后，搜狗分身技术在传媒、司法、客服、会展、艺术等多领域"开花结果"，以AI主播、AI金融客服、AI律师等虚拟机器人推动各领域实现智慧变革。可以说搜狗的技术基因和创新价值，使其在互联网时代蒸蒸日上，成为搜索领域的佼佼者。2021年9月24日，搜狗发布公告称，搜狗与腾讯已经正式完成合并。腾讯拥有中国互联网最长的用户时长，但是它的社交数据链有缺口，而搜狗输入法无疑可以补上这一缺口。对于搜狗来说，进入腾讯内部，可以为它寻找一个大展身手的广阔领地。而对于搜狐来说，虽在一定程度上失去了互联网时代的发展话语权和经营主导权，但通过交易却获得大笔资金用于支持搜狐的转型，也给未来发展带来诸多希望。

（二）搜狐的发展启示

搜狐的发展给互联网企业带来诸多启示：

第一，互联网风口很重要，互联网企业要与时俱进，才能有所作为。搜狐和网易、新浪一起开创了中国互联网的门户时代，后来搜狐也在搜索、游戏等时代做了布局，旗下的搜狗、畅游都已是美国上市公司；视频时代，搜狐视频一度凭借美剧和自制剧独树一帜；微博时代，搜狐微博和新浪微博曾经有过交战；新媒体时代，搜狐是门户里面最早的改革者，最先拥抱了自媒体和算法推荐，并较早推进了人工智能发展。但是在移动社交时代，该公司发展动力不足，被其他互联网企业赶超，在流量变现方面遭遇了现实挑战。

第二，互联网企业的业务布局要注重生态体系结构，既要有核心业务，又要有未来布局。百度的核心是搜索，未来是AI、无人车、信息流；阿里的核心是电商，未来是新零售、金融、物流、文娱、云计算；腾讯的核心是社交和游戏，未来是用基础设施、流量和资本连接一切；网易的核心是游戏，未来还有考拉、严选这样的电商业务。这些公司，都做到了一个或几个领域的第一名，而且新业务也在高速成长。而目前搜狐的主要产品可简单概括成一个平台和五朵金花。一个平台指搜狐号媒体平台，五朵金花则指搜狐新闻客户端、手机搜狐网、PC门户、搜狐视频和狐友。然而，在出售搜狗后，公司的核心业务陡然缺位，在系统化与生态性上也缺乏未来布局，已然离开了互联网最中心，今后的转型之路有待确定。

第三，技术和人才是持续发展的动力。张朝阳说，因为搜狐不重视技术，所以很有潜力的Chinaren没有发展好。[①] 搜狐善于挖掘人才，却不善于管理人才，导致搜狐人才大量流失。从搜狐离开的古永锵创立了优酷，龚宇创立了爱奇艺，李善友创立了酷6网，陈一舟创立了人人网，周云帆创立了空中网，李学凌创立了欢聚时代……搜狐在很多时候选定的方向是正确的，但执行不力，导致市场判断失误，贻误发展时机。由于互联网的发展瞬息万变，互联网企业也必须与时俱进。

对于未来发展，张朝阳提出了自己的布局。通过直播化、视频化、社交化，推动搜狐媒体平台内容生产方式更迭创新；以搜狐视频的直播为中心整合媒体资产，驱动媒体价值提升；坚持坚定且不同原则，推动搜狐视频“小精质”热剧刷屏；5G助力畅游与搜狐的媒体和视频业务形成协同效应。[②] 作为曾经的互联网领航者——搜狐，希望它通过战略调整，能重回互联网中心。

思考题

1.局域网和广域网之间有什么区别？

2.论述互联网的传播特点？

3.谈谈你所理解的“多媒体”？

4.怎样理解“互动性传播”？

5.简述互联网“连接”的发展历程。

6.“网络舆论暴力”对于网络媒介环境的和谐有何影响？

7.举例分析网络新闻的新发展。

---

① 参见贺树龙:《搜狐20年，张朝阳的失败与伟大》，《人生与伴侣》2018年第4期。

② 参见《2021搜狐WORLD大会举行　张朝阳宣布2020年搜狐已盈利》，《现代广告》2021年第1期。

8.分析博客作为“草根媒体”在网络发展史上的意义。

9.“六度理论”和“150 法则”对 SNS 传播有什么意义？

推荐阅读

1.李良荣:《网络与新媒体概论》(第二版),高等教育出版社 2019 年版。

2.彭兰:《网络传播概论》(第四版),中国人民大学出版社 2017 年版。

3.匡文波:《网络传播学概论》(第四版),高等教育出版社 2015 年版。

4.郭庆光:《传播学教程》(第二版),中国人民大学出版社 2011 年版。

5.杜骏飞:《网络传播概论》,福建人民出版社 2010 年版。

6.吴风:《网络传播学:一种形而上的透视》,中国广播电视出版社 2004 年版。

7.[英]戴维·冈特利特主编:《网络研究:数字化时代媒介研究的重新定向》,彭兰等译,新华出版社 2004 年版。

8.[加]马尔科姆·格兰德威尔:《引爆流行》,中信出版社 2004 年版。

第九章　新媒体

所谓“新媒体”，是伴随着科技进步而发展起来的一系列新型媒体的统称。近年来，新媒体发展迅猛，成为大众传播媒介中越来越重要的组成部分。本章对新媒体作整体阐述，主要包括新媒体的定义及传播特点、产生和发展历史、新媒体形态、新媒体个案分析四个方面，以期回顾新媒体的过去，呈现其现状，展望其未来。

第一节　新媒体的定义及传播特点

一、新媒体的定义

近年来，随着各式新型媒体在我国的迅猛发展，“新媒体”成为广泛使用的热词，学界也围绕新媒体展开了丰富研究。尽管如此，面对新媒体的诸多形式和传播方式，目前尚未形成较为统一的定义。

（一）新媒体概念的提出与发展

“新媒体”这一概念的提出最早可追溯到20世纪60年代的美国。1967年，美国哥伦比亚广播电视网技术研究所所长、NTSC电视制式发明者戈德马克（P. Goldmark）在一份开发电子录像商品的计划书中，将“电子录像”称为“New Media”（新媒体），这是世界范围内第一次提出了“新媒体”这一说法。1969年，美国传播政策总统特别委员会主席罗斯托（E. Rostow）在向时任总统尼克松提交报告书时也多次使用了“New Media”这一概念。而在当时，“新媒体”这个词指的是电子媒体的创新性应用。

在媒体产生和发展的过程中，随着新的媒介形态的出现，“新媒体”这一概念也在不断变化。20 世纪 80 年代，伴随着计算机技术的发展，“新媒体”一词开始在世界范围内普及。联合国教科文组织曾经对“新媒体”下过一个定义：新媒体就是网络媒体。今天，随着社会发展和传播技术的进步，涌现出更多、更新的传播形态，新媒体的媒介形态日益丰富和多样化，新媒体定义的内涵和外延也相应发生变化。

当下，对“新媒体”的概念，国内外比较有代表性的观点有如下几种：

美国《连线》杂志将“新媒体”解读为“所有人对所有人的传播”，点明了新媒体在传播意义上的突破，但这并非一个学理层面的定义。

中国人民大学匡文波教授将“新媒体”定义为“借助计算机传播信息的载体”，范围主要包括互联网、手机媒体和智能电视，并认为手机媒体是新媒体的主体。①

中国传媒大学宫承波教授认为广义上的“新媒体”，是利用数字技术、网络技术、移动通信技术和智能技术，通过互联网、宽带局域网、无线通信网和卫星等渠道，以电视、电脑和移动终端为主要输出终端，向用户提供视频、音频、语音数据服务、连线游戏、远程教育等集成信息和娱乐服务的所有新的传播手段或传播形式的总和。②

中国传媒大学廖祥忠将当下的新媒体理解为“以数字媒体为核心的新媒体”，并认为其是一种通过数字化、交互性的固定或移动的多媒体终端向用户提供信息和服务的传播形态。③

上述定义对新媒体的传播方式、传播渠道、传播形态和本质等进行了不同的界定和表述。

（二）“新媒体”一词的使用情境

定义“新媒体”这个概念时，我们还需要注意它的使用情境。“新媒体”是一个被广泛使用的词，在不同情境下，其含义有所不同。通常来说，“新媒体”一词使用的情境主要有以下四个层面：

第一，传播介质层面。在这一层面，“新媒体”指新的媒介、新的介质，如互联网、智能手机等介质。“媒介”与“媒体”两个词含义不同，“媒介”更强调

---

① 参见匡文波：《新媒体概论》，中国人民大学出版社 2019 年版，第 7～10 页。
② 参见宫承波：《新媒体概论》，中国广播影视出版社 2019 年版，第 3 页。
③ 参见廖祥忠：《何为新媒体》，《现代传播》2008 年第 5 期。

传播介质这一属性,“媒体”通常指传播机构。虽然在现实中,人们约定俗成地使用“新媒体”这个词,但在此层面其更符合“新媒介”的含义。

第二,传播形态层面。在这一层面,新媒体指新的传播介质所表现出来的传播形式和传播手段,它们共同构成了新媒体的传播形态。如从互联网诞生以来,其经历过早期的新闻组、BBS到后来的门户网站、电子邮件、搜索引擎等,再到博客、SNS、微博、微信、App等,作为传播形态的新媒体处于不断的变化之中。

第三,传播机构层面。在这一层面,新媒体指基于新媒体渠道提供信息服务的传播机构,特别是大众传播的机构,是一种专业化的传媒组织。根据出现时间,当前我国媒体可以分为第一媒体——报纸、第二媒体——广播、第三媒体——电视、第四媒体——互联网以及我们要探讨的第五媒体——新媒体。同时,在中国,从管理层面来说的新媒体机构,是具有相应资质的、与新闻信息服务相关的机构,没有新闻信息服务资质的自媒体机构不在此范畴。

第四,平台层面。随着互联网的发展,新媒体越来越不局限于“媒体”的属性,而是具有了综合“平台”的属性。作为平台,新媒体既是信息传播平台,也是经营平台,同时还是人们的工作、学习、社交等日常生活的平台,这意味着现实空间与虚拟空间界限的模糊。在日常生活中,人们所说的新媒体常常指这种综合性的平台,微信、抖音等新媒体已经发展成为综合型平台。

(三)新媒体的内涵

从严格意义上说,“新媒体”不是一个科学的概念。因为“新”是相对于“旧”而言的,任何事物在诞生伊始都是以新面目出现,但随着时间的流逝,“新”“旧”之间的界限会逐渐模糊,直至消失。“新媒体”相对传统媒体而言,是一个内涵和外延都不断发展演变的概念。本书主要借鉴宫承波教授的定义,从时间和技术两个维度对新媒体进行描述和界定。

其一,“新媒体”是一个时间性概念。“新媒体”的“新”是相对于传统媒体的“旧”而言的,它是媒介演进的最新发展。本书所界定的新媒体立足于当下,指的是相对于书信、电话、报刊、广播、电影、电视等传统媒体而言的新的媒介形态。

其二,“新媒体”是一个技术性概念。技术是新媒体发展的内在驱动力,新媒体之所以被称为“新”媒体，技术起到关键作用。当下的新媒体指的是依托数字技术、互联网技术、移动通信技术、人工智能技术等新兴科技向受众提供信息服务的一系列新的传媒工具。[①]

（四）新媒体的外延

广义的“新媒体”包含新兴媒体和新型媒体。前者依托传播技术形成全新的传播形态，范围广泛，种类多样，是新媒体的典型形态。后者主要指户外新媒体，包括户外彩屏、楼宇电视和车载移动电视等，是在传统媒体基础上依托新技术衍生而来的，其传播形态并未发生根本性改变。

狭义的“新媒体”指新兴媒体，包括互联网、手机媒体和广播电视新媒体。根据媒体终端，可以分为 PC 端新媒体和移动端新媒体，其中 PC 端新媒体可细分为搜索引擎、网络电视、社交媒体（网络论坛、博客、微博、即时通信工具）、各类网站（门户网站、电子商务网站、视频网站）、网络报刊和其他。移动端新媒体包括社交媒体、客户端、手机电视等。

二、新媒体的特征

（一）数字化

数字化是新媒体区别于传统媒体的重要特征。数字化是指将任何连续变化的输入如图画的线条转化为一串分离的单元，在计算机中用“0”和“1”表示，数字化把物质世界的信息变成可供计算机处理的数字。新媒体的数字化特征表现为新媒体通过全方位的数字化过程，将所有的文本缩减成二进制元编码，能够实现新型的数字化存储、加工、传播与呈现。

（二）融合性

融合性既指传播渠道与功能的融合，也包括传播形态与手段的融合。从传播渠道看，新媒体将各种接收终端、传输渠道连接起来，从而保证用户可在任何地方、通过任何终端进入新媒体网络；从传播符号与功能看，新媒体打破了传统媒体传递信息的单一性，融合文字、图像、声音、视频、音频等多种信息形态；传播模式包括人际传播、群体传播、组织传播与大众传播等，

① 参见宫承波：《新媒体概论》，中国广播影视出版社 2019 年版，第 2～3 页。

集多种功能于一体。同时，它具有丰富的传播手段与方式，具有社交网站、客户端、即时通信、微博、微信等多种传播形态，各种传播形态之间交织、渗透，具有极强的复合性。

（三）交互性

传播的本质是“分享”，是信息的双向交流。传统媒体囿于渠道限制，往往只能实现信息从传播者到受众的单向传递，虽然也有一定的受众反馈机制，但通常是滞后的、微弱的和被动的。“交互性”是区分新媒体和传统媒体的重要特征之一。新媒体实现了计算机与通信的结合，信息传播从媒体“推”给人们变成人们“拉”出想要的信息，这使得传受两方的双向交流成为可能。

（四）网络化

“网络”本义是指纵横交错而形成的组织或系统，媒体的网络化指现代通信、电子计算机和信息资源三者各自网络化及其相互渗透、连接、联合而形成全方位的信息服务网络。[①] 在新媒体语境下，网络化强调的是信息终端之间的联网，联网即可实现共享互联网上大容量的、迅速流动的信息。网络化是推动新媒体普及与发展的重要因素，也是新媒体的重要特征之一。

三、新媒体的传播特点

（一）新媒体传播符号的特点

1.传播信息的多媒体化

从传播符号的角度看，平面媒体借助文字、图片等视觉符号传递信息；广播借助声音也就是听觉符号传递信息；电视声画俱备，可以同时使用音频和视频符号。但是新媒体可以整合文本、图片、声音、影像等多媒体信息：受众可以像看报纸一样阅读文字，从而获得深度的思考空间，也可以借助音箱、耳机等收听音频，还可以观赏影像视频，有些设备甚至可以散发气味满足嗅觉的感知需要，更吸引人的是三维视频，可以突破传统媒介二维平面化传播的限制，给人更加直观、真实的体验。

---

① 参见姚媛：《数字化、电子化、网络化和虚拟化名词的本质概念及应用》，《大学图书馆学报》2009年第5期。

多媒体技术不是各种信息媒体的简单重复叠加，而是一种把文本(text)、图形(graphics)、图像(images)、动画(animation)和声音(sound)等形式的信息结合在一起，并通过计算机系统进行综合处理和控制，能支持完成一系列交互式操作的信息技术。

2.传播信号的高清晰度和高速度

由于数字技术的进步，新媒体的信息传播传输借助相应的设备，把各种信息编码成一串有固定顺序的"0""1"，信息的传输就是二进制数字的传输。相对以往的传输信号，数字信号受到噪声的影响要小得多，相应清晰度要提高很多，信号传送失误率大大降低。同时，这种技术还可以进行压缩，在不影响传输效果的前提下，数据容量增大，传输效率提高。随着技术的发展，传播的速率也在不断提升，这种优势是传统媒体所无法比拟的。

(二)传播媒介设备特点

1.技术依赖加深

新媒体信息的传播对媒介技术的依赖加深，可以说技术的进步决定着媒介信息的传播效果。拥有高人一筹的设备，信息流通的效果会大大提高。我们可以想象，在报纸占据信息流通主旋律的时代，只要具备一定的文化水平，人们便可以接触同样的内容，个体之间的信息差距较小。但是随着技术的更新迭代与智能化，人们接触信息需要拥有的技术和技能越来越复杂，信息"鸿沟"在变大。

2.媒介的小型化、移动化

综观新媒体的发展历史，可以清楚地看到媒介小型化、移动化的发展轨迹。早期的电子媒介，尤其是广播和电视，其接收设备异常笨重，根本不可能随身携带。随着技术的进步，先是收音机，然后是电视，都实现了小型化、移动化的设备更迭。如今，手机、掌上电脑越做越小巧，功能越来越多，移动成本相对降低，这就为我们随时随地生产、接收信息提供了便利条件。今天，一部联网的智能手机，就可以成为一个集中化的信息采集设备，集拍摄、采写、录音、编辑等功能于一体，并可实现信息的即时发布与互动。

3.终端的个人化、私人化

和以往的媒介大有不同，新媒体的传播终端向着个人化、私人化的方向发展。接收终端成了"我的"，是打上了个人烙印的、适合某个个体的终端。不论是被动接受，还是主动搜索，或是智能化定制，媒介的接收设备必将成为具有强烈个人色彩的东西。比如，一份家庭订阅的报纸，不论是老人还是孩子，面对的都是同一个终端。而属于个人的新媒体，诸如手机、电脑和支持它们的信息服务功能是绝对有区别的，甚至是截然相反的，某个人的习惯终端，对另一个人来说可能是完全不适用的，反之亦然。

（三）传播者和受传者的关系特点

1.传播者主体多样化

在传统媒体时代，传播者的主体明确而清晰，主要指报社、电台、电视台、通讯社等机构中的职业新闻工作者。作为信息传播的发出者，大量的信息经由他们采集，然后经过他们提供或分配的渠道传播开来，到达受众。在传统媒体时代，新闻工作者作为媒体的灵魂存在着，在大众的意识中，只有这群人存在，媒体才有可能被称为“媒体”，他们几乎等同于媒体，或者说他们是唯一的传播主体。新媒体背景下，人人都有麦克风，人人都可上传信息，传播主体多样化，内容的制作和提供渠道也日渐多样化。

2.传受双方关系模糊化

在传统媒体的架构里，传者和受者是壁垒分明的两个部分。前一部分由专业的记者、编辑、评论员等文化媒介人（所谓掌握话语权的精英分子）组成，后一部分则被称为“大众”，是信息的被动接受者。随着新媒体的发展，传受双方之间的区别不像以前那么界限明确，传统媒体时代的受众群体，在新媒体时代成为用户，他们不仅主动接触、使用媒体，也可以参与到信息的制作和发布中，成为信息活动的传播者，传受双方关系模糊化。虽然身处传统媒介组织之外的人获得的话语权依旧不能与专业的媒介组织抗衡，但其在传播中的力量越来越强大。

3.大众化与分众化

依托网络的海量存储功能，新媒体的传播有了更多的渠道、更丰富的内容，从而实现了传统媒介一直很难实现的分众化的传播目标。根据不同用户的不同需求，通过不同的渠道，推介不同的内容，到达不同的受众——这就是分众化。分众化使得用户有了比以前大得多的自主权，尤其是 RSS 订阅服务出现以后，信息的精准到达给很多人带来极大便利。

中央电视台制片人杨继红认为：“传统的媒体传播方式是喷水浇灌田园式的广播模式，是‘点对面’‘一对多’的……而网络媒体使‘点对点’‘一对一’的传播成为可能，互联网可以根据个体的个别需求提供相关信息和服务。新媒体技术进一步分化了受众群体，根据兴趣和人际交往的情趣聚合起来的群体中，个人化使用媒体的特征非常明显。”①

（四）传播系统运行特点

1.从大众传播向大众和人际传播相结合的转化

传统媒体的传播模式以大众传播为主，网络传播通常是大众传播、群体传播与人际传播三者的结合。借助网络技术，新媒体使人与人可以跨越物理空间障碍，实现人际传播。原先必须面对面的人际传播借助新媒体开始了空间扩展的过程，不论相隔多么遥远，依然可以实现信息的同步交流。可以说，新媒体拓展了人们的交流方式和范围。

2.信息流向的双向性增强

传统媒介的反馈渠道和传播渠道基本上是脱节的，比如报纸的读者只能通过信件或电话进行反馈。新媒体则不同，其传播渠道本身也是反馈渠道，也就是新媒体是接受和传播技术一体化的媒介，所以反馈特别及时高效。与此同时，信息流向的双向性大大超过了传统媒介。在传播系统的整体运行中，信息的流动不再是单向的，而是双向甚至是不规则流动。网络传播的一个重要特点是传播路径的网状化。② 信息不是沿着一条线性的路径从一个点传到另一个点，而是在进行网状扩散，这就为传播系统的运行提供了很好的调节参照。

第二节　新媒体的产生及发展历史

自 1967 年第一次提出“新媒体”，迄今已 50 余年。其间，互联网技术发生了翻天覆地的变化，新媒体技术更新迭代，新媒体形态层出不穷，本节主要梳理新媒体产生、发展演化历程，介绍推动新媒体发展的主要技术支撑，并评析新媒体的发展趋势。

一、新媒体的产生

新媒体的产生依赖于计算机技术。虽然历史上所有“新”媒体的出现都会基于传播技术的不断进步，但较之于以往媒介，新媒体的技术依赖尤为明

---

① 杨继红：《新媒体生存》，清华大学出版社 2008 年版，第 39 页。

② 参见彭兰：《网络传播概论》，中国人民大学出版社 2017 年版，第 48 页。

显。早在17世纪,一批欧洲数学家就开始研制计算机,此后一百年间,人类在电磁学、电工学、电子学领域不断取得重大进展,为电子计算机的出现奠定了坚实的基础。20世纪中后期,以计算机和网络技术应用为主要标志的新媒体技术出现。1946年2月14日,在美国宾夕法尼亚大学的莫尔电机学院,诞生了世界上第一台现代电子计算机ENIAC。1969年,互联网的雏形阿帕网在美国出现,它是美国国防部的一个实验性网络。1983年,一种新的网络协议TCP/IP(Transmission Control Protocol/Internet Protocol,传输控制协议/网际协议)成为互联网的标准通信协议,这是全球互联网正式诞生的标志。

人类的社会信息需求和现有的技术结合,产生了新媒体。早期的计算机大多用于军事目的,随后逐渐应用于科研。20世纪90年代以后,"冷战"的阴云渐渐散去,计算机技术逐渐开始民用化,网络媒体作为新媒体形式出现并迅速普及,走进普通人的生活和工作中。

二、推动新媒体发展的技术

(一)卫星通信技术

卫星通信自20世纪60年代出现以来,在全球通信领域扮演着重要的角色。我国通信卫星的研制开始于20世纪70年代,1984年4月中国第一颗同步试验通信卫星发射成功并投入使用,标志着我国通信卫星从研制转入实用阶段,并表明我国已全面掌握了同步轨道卫星的设计、制造、发射、测控及卫星通信地球站设备的生产技术,为我国的卫星通信技术和产品发展奠定了初步基础。

20世纪80年代中后期,四颗东二甲同步通信卫星发射成功并交付使用,我们还引进了国外卫星通信先进技术建立的单路单载波(SCPC)、国际海事卫星通信系统A型站、VSAT数据站的生产线,这为我国公用卫星通信网和专用网的建网提供了一定的卫星通信产品。

改革开放以后,我国的卫星通信事业得到迅猛发展。新技术大量涌现,国际卫星通信线路由初期的几十条发展到了几万条,连接了世界绝大多数国家和地区的国际电话、数据业务。在卫星通信技术体制上,我国已研制生产了SCPC、CDMA、MCPC、TDMA等通信体制的设备,并用于各种不同的卫星通信系统中。

21世纪，在互联网、卫星宽带多媒体业务、卫星IP传输业务、卫星ATM和地面蜂窝业务发展的推动下，卫星通信将获得更大发展。尤其是光开关、光交换、光信息处理、智能化星上网控、超导、新的发射运载工具和新的轨道技术等各种新技术、新工艺的实现，将使卫星通信产生革命性的变化。

(二)宽带技术

"宽带"是一个动态的、发展的概念，从一般的角度理解，它是能够满足人们感观所能感受到的各种媒体在网络上传输所需要的带宽。截至2020年底，中国固定宽带家庭普及率达到96%，移动宽带用户普及率达到108%。

宽带技术包括主干网技术和接入网技术。宽带主干网在物理层使用的是SONET(同步光纤网络)技术。现今主干网已经基本实现了光纤化，传输速率可以达到千兆。接入网是连接用户终端设备和某种业务网网络节点之间的网络设施，即用户交接设备之后到用户引入线之前，仅提供通道而不具备交换功能的通信设备网络。现今我国宽带接入网技术主要有以下几种方式：

第一种是ADSL(非对称数字线路)。这是一种能够通过普通电话线提供宽带数据业务的技术。ADSL最初设计并不是为了宽带接入，而是为了高速数据通信、交互视频等应用。ADSL最大特点是不用改造信号传输线路，利用普通铜质电话线作为传输介质，只要配上专用的调制解调器即可实现数据高速传输，其有效的传输距离在3～5公里范围以内。优点是采用星型结构，保密性好，安全系数高；缺点是出线率低，还不能传输模拟电视信号。

第二种是HFC(混合光纤同轴网)。这种方式基于有线电视网络提供，宽带接入方式仅能由广电相关企业提供。HFC有线电视网的网络结构在光纤部分多数采用星形网，在电缆部分采用树形分配网。这种网络结构对于有线电视网来说是相当优越的，但对于宽带高速综合业务网则不是很合理，主要原因是综合信息网要求网络具有很高的可靠性，一旦出现故障不能及时修复，可能会给用户造成不可弥补的损失。目前有线电视网在带宽共享方式、网络安全、网络管理等方面依然存在缺陷。它的缺点是采用共享结构，随着用户的增多，个人的接入速率会有所下降，安全保密性也有所欠佳。HFC方式和ADSL方式的共同特点是利用已经有的网络基础设施，它们共同的缺点是带宽进一步扩展能力有限。

第三种是LAN(宽带以太网方式)。以太网是目前被广泛采用的一种局域网技术,其技术成熟、安装简单、设备便宜,占据了相当程度的局域网市场。LAN采用光纤接入,整个城市网络由核心层、汇聚层、边缘汇聚层、接入层组成。社区端到末端用户接入部分就是通常所说的最后一公里。宽带以太接入网一般采用光缆+双绞线的方式对社区进行综合布线。小区内用户先用集线器组成一个简单的以太网,然后接入光纤干线。双绞线总长度一般不超过100米,线路距离短,因而线路质量可以得到更好保障。LAN方式的宽带服务一般是百兆光纤到楼,10/100M到户的模式,传输速率基本可以满足用户的各种需求。由于采用光纤接入,在抗干扰方面,LAN方式较普通电话线上传输数据的ADSL方式优异。同时LAN接入的上下行速率是相同的,所以不会产生由于上行速率的限制导致干扰的情况。LAN采用以太网技术的接入方式,因而在地域上受到一定限制,只有在已经铺设了LAN的小区才能够使用这种接入方式。

(三)移动媒体技术

移动通信是围绕开辟新的移动通信频段、有效利用频率和移动台的小型化与地面网接续自动化为中心而发展起来的。当今最重要的移动媒体是智能手机。

移动媒体技术的发展主要经历了四个阶段:第一阶段为20世纪20～50年代。主要使用对象是船舶、飞机、警车等专用无线电通信及军事通信,通讯频段为短波波段,设备是电子管式的,采用人工交换和人工切换频率的控制和接续方式。第二阶段为20世纪50～60年代。晶体管的使用使移动台尺寸大大减小,交换方式发展为用户直接拨号的专用自动交换系统。第三阶段为20世纪60～70年代。计算机及大规模集成电路技术的应用,使控制和交换跨入了存储程序控制的自动化新阶段。第四阶段为20世纪80年代至今。高新电子技术的大量应用使移动通信系统范围更广、种类和形式更丰富,这一时期移动通信系统的特点主要表现为服务多样化、系统大容量化、信息传输即时化、设备小型和微型化、控制与交换更自动化、程控化、智能化。

(四)大数据技术

在以数字化为核心特征的信息技术不断发展并日益普及的今天,新媒介技术由数字化迈向数据化。大数据技术下，信息能够实现自我繁殖和改进。大数据区别于传统数据而言，有如下特征：其一，大数据通常由机器自动生成，许多信息根本不涉及与人的互动；其二，大数据通常是一种全新的数据，尽管它并不排斥已有信息的收集；其三，大数据的一些数据源比较混乱，阿尔文·托夫勒所言的“被设计”过的信息只是很小的一部分；其四，大数据的价值并不在于信息本身，而在于数据分析，其间存在大量的信息垃圾。①

大数据时代，人们在大数据基础上可以做到的许多事情，在小规模数据的情况下是完全无法完成的，这给我们的现实生活带来深远影响。

（五）人工智能技术

新媒体技术的发展建立在人工智能的基础上。关于人工智能，美国高盛《2016 年人工智能生态报告》解释：“人工智能是制造智能机器、可学习计算程序和需要人类智慧解决问题的科学和工程。通常包括自然语言处理和翻译、视觉感知、模式识别、决策制定等，但应用的数量和复杂性在快速增长。”可以肯定，人工智能中的数据处理、语言与图像识别、机器学习、算法等在新媒体传播中已具备普适性。人工智能对新媒体传播的影响主要表现在以下四个方面：

1.协助新媒体内容制作

人工智能实际上就是人的智能的延伸，所以可以代替部分人脑的工作。在对媒体内容进行编写之前，人工智能可以根据关键词对素材进行自动搜索，对错别字和歧义词进行甄别和改正，根据板块的要求鉴别内容是否符合要求。人工智能在体育新闻中表现比较出色，比如球迷对于足球比赛的赛事追踪，人工智能能够保持 24 小时追踪播报，满足用户的个性化需求。

2.代替部分人工审核

比如设置一定的关键词，对带有类似关键词的内容进行下架和屏蔽。同时还能够记录人工审核行为，并做出模仿和类似的审核行动，帮助新媒体提升自身审核能力。

3.依据算法靶向推荐

算法是目前新媒体领域对人工智能最常见的运用，如百度、今日头条的

① 参见[美]比尔·弗兰克斯：《驾驭大数据》，黄海等译，人民邮电出版社 2013 年版，第 6～7 页。

内容发布，其本质核心便是人工智能，将内容依据算法分发给不同受众，这实际上是一种数据积累的维度刻画：一名受众长期使用新媒体应用浏览内容，该用户的阅读数据就会被不断反馈进数据库，用户画像就逐渐清晰。同时，随着用户数量的增加，利用相似点描绘可以将受众不断地分群，进行群体分发，再加上之前积累的数据，最终依据算法运算完成智能化推荐。

4.优先反馈引发关注

新媒体数据可以涵盖阅读量、点击率、转发量、收藏量、用户地域发布、性别比例等基础信息，并且实时更新。但收集数据只是第一步，重要的是如何对收集来的数据进行处理反馈。对于新媒体平台来说，受众的屏幕展示位置虽然可以无限下滑刷新内容，但优先级顺序是有限的，平台可以通过算法计算出最受欢迎的内容优先展示给受众，比如哔哩哔哩视频平台通过对视频内容的播放量、弹幕数、收藏量、投币数、分享次数进行计算，然后根据综合得分高低确定推送次序，从而引发用户关注，提高点击率。[①]

正如阿尔文·托夫勒在《第三次浪潮》中所说，今天"我们为无生命的环境输入的不是生命，而是智慧"的智能时代已经到来，大数据和AI技术将会更加深刻地嵌入人们的生活，不断刷新我们的逻辑思维与行为体验，对于新媒体的影响与改变更是天翻地覆。

三、新媒体的发展历程

根据不同的标准，新媒体的发展历程有两种划分方式。一种是根据使用主体及受众群体的变化，新媒体发展历程可归纳为"精英媒体""大众媒体"和"个人媒体"三个阶段。[②]

根据媒介形态和传播特点，新媒体的发展历程还可以概括为四个阶段：浏览信息为主的Web1.0时代、交互共享的Web2.0时代、移动互联时代和智能媒体时代。

（一）根据主体及受众分类

1.精英媒体阶段

在新媒体诞生之初的相当一段时间内，仅有为数不多的群体有机会接

---

① 参见褚亚玲、强华力：《新媒体传播学概论》，中国国际广播出版社2018年版，第173～175页。

② 参见王楚天：《理解新媒体之"新"的六个维度》，2021年6月22日，https://mp.weixin.qq.com/s/C1k2DKPxMUYV79G－Vt6Ekw。

触新媒体，并使用新媒体传播信息。这部分人多数是媒介领域的专业人士，具有较高的文化素质及社会阶层身份，因此这一时期是精英媒体阶段。早期使用新媒体的人群在媒介受众群体中属于少数团体，他们具有前卫的媒介传播意识，也掌握着更先进、更丰富的媒介资源，是新媒体的第一批受益人群。

2.大众媒体阶段

当新媒体大规模发展并得到普及时，其发展历程就进入了大众媒体阶段。2019 年调查显示，全球人口数 76.76 亿人，其中手机用户 51.12 亿人，网民 43.88 亿人，有 34.84 亿人活跃在社交媒体上。由精英媒体向大众媒体发展，离不开媒介技术进步所带来的传播成本的下降，新媒体以更低廉的传播成本、更便捷的传播方式以及更丰富的信息传播内容成为大众媒体，其传播内容及形式从某种程度上甚至改变了人们的生活方式，也影响着人们对媒介本质的理解。

3.个人媒体阶段

伴随着新媒体技术的不断发展及普及，以往没有占据媒体资源和平台、且具备媒介特长的个体，开始通过网络发表自己的言论和观点，通过平台展示自己，这是个人媒体阶段到来的一个标志，这一阶段也被称为“自媒体”(We Media)阶段。

自媒体的“自”有两层含义：一个是全民化，每个人都可以通过互联网平台发表自己的看法，传播自己的思想；二是个性化，即自由度更强，自媒体具有更强的自主权、更强的自由化，而这种自由化也打破了传统媒体“一言堂”的垄断。自媒体的诞生，让以前“自上而下，单向传播”式的传统媒体转型为现在每人都是信息制作者、传播者和接受者的开放平台。普通大众经由数字科技与全球知识体系相连后，可以成为私人化、自主化的传播者，提供、分享信息。其中最有代表性的自媒体平台是美国的 Facebook 和 Twitter，中国的 QQ 空间、微博、微信朋友圈、微信公众平台等。

(一)根据媒介形态和传播特点分类

1.浏览信息为主的 Web1.0 时代，门户网站兴盛

这一时期，用户主要通过浏览网站提供的内容从中获取信息，门户网站兴盛，如新浪、搜狐、雅虎等。

传播模式延续了大众传播的“点对面”模式，传受双方角色固定，信息单

向流动。网站扮演着互联网传播中心的角色,面向数量众多的网民提供丰富信息。信息从网站单向流向网民。网民仍然具有大众传播模式下"大众"的特点,他们数量庞大、匿名、作为信息传播的受众存在、被动地接收信息。虽然有一定的反馈手段,如留言、跟帖,但是反馈功能的开关控制在网站编辑手上。

2.交互共享的 Web2.0 时代,社会化媒体崛起

这一时期,新媒体的交互性逐渐显现出来,传播者与受众的交互、分享初步形成,社会化媒体崛起。互联网用户不再只是信息的浏览者,也是信息的使用者、提供者。通过用户与用户之间、用户与网站之间的双向交流,实现了社会化网格的构建。典型代表有搜索引擎、网络论坛、博客、微博、Facebook 等。

网络论坛,通常是指以各种话题讨论为主的 BBS,它是利用网络手段开展多对多交流的平台,也是网络中最早的社会化媒体之一,以内容为中心。我国具有代表性的网络论坛如强国论坛、天涯论坛、猫扑社区、虎扑社区、百度贴吧等。网络论坛现在已经衰落,目前还比较兴盛的有豆瓣、知乎等。

在 Web2.0 时代,信息传播呈现网格化特点,个人用户、媒体和其他机构用户建立自己在社会化媒体的账号,创建一个个网络节点,这些节点之间多元连接,共同构成人的关系网络。

在 Web2.0 时代,信息传播具有"个人门户"模式:每一个节点成为一个传播中心,同时扮演着信息的生产者、传播者与接收者的多重角色;关系成为传播渠道,信息沿着人们的社会关系网络流动;社交和分享成为传播动力,人们基于社交的需要发布和关注信息;个性化信息服务得以实现,个人的社会关系网络自动承担了网络信息的选择、过滤、传播和互动任务,信息和用户之间的匹配更精准、更智能,更好地实现了信息服务的个性化;传播是多层级的,信息需要经过多次传播才能不断扩大传播效果,同时,四通八达的人际网络,很容易推动"裂变式"传播的形成。[①]

3.移动互联时代,集信息、社交、服务于一体的综合型平台兴起

这一阶段的突出特点是移动互联。用户能够在移动中通过移动终端设备,如手机、笔记本电脑、平板电脑、电子阅读器、GPS 设备和娱乐设备等随时随地访问互联网获取信息,使用商务、娱乐等各种应用或服务。这一阶段

① 参见彭兰:《网络传播概论》,中国人民大学出版社 2017 年版,第 21 页。

社会化媒体依托手机等移动终端，发展成集信息、社交、服务于一体的综合型平台，以微信、抖音等为代表。

手机是最重要的移动媒体。按照 CNNIC 的统计报告，截至 2020 年 12 月，我国使用手机上网的网民比例达到网民总数的 99.7%，总人数达到 9.86 亿(见图 9-1)。

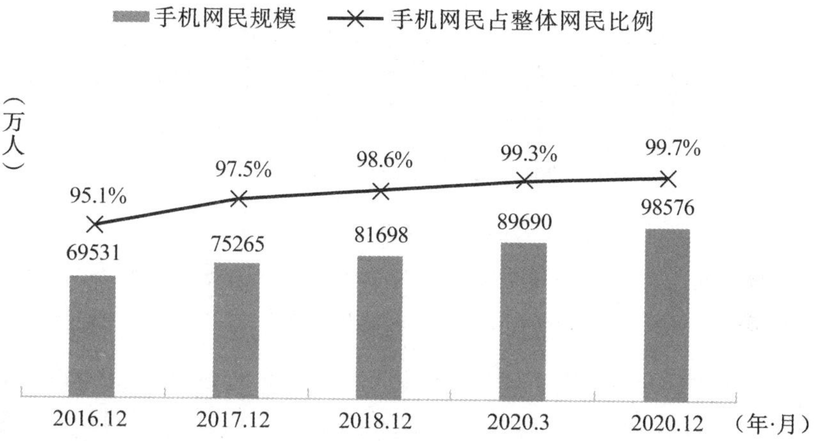

图 9-1　手机网民规模(单位：万人)

数据来源：《第 47 次中国互联网络发展状况统计报告》，http://www.gov.cn/xinwen/2021—02/03/5584518/files/bd16adb558714132a829f43915bc1c9e.pdf。

2020 年全年手机数据流量达到 1656 亿 GB，如果折算成文字，印成书稿，其总高度达到喜马拉雅山的约 33 亿倍高。与此同时，上网时长方面，平均每人每周 26.2 小时的时间会消耗在手机上，特别是在上下班的路上，地铁上、公交上捧着手机刷视频、追剧、看小说、即时聊天的人比比皆是。手机外卖、手机购物、手机支付成为生活时尚，年轻人出门不带钱只带手机成为潮流，这与手机不断智能化、普及化有密切关系。2020 年全球智能手机出货量为 13.31 亿部(见图 9-2)，有统计认为，2021 年全球智能手机出货量将同比增长 6.5%，达到 14.2 亿部。

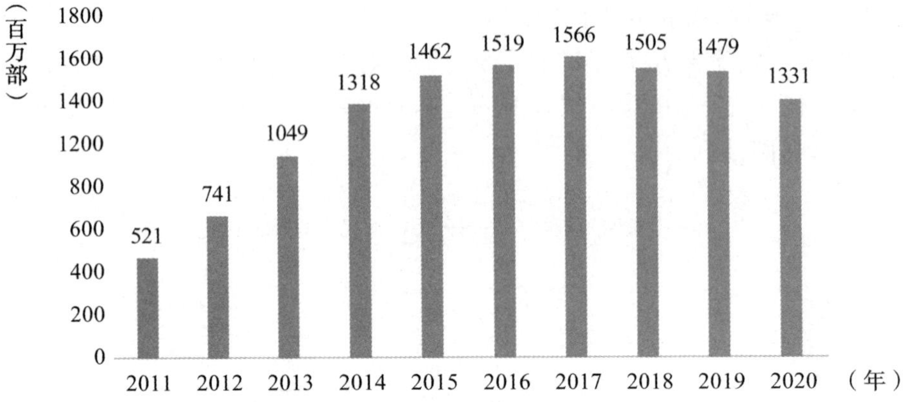

图 9-2　2011～2020 年全球智能手机出货量

数据来源：《2020 年全球智能手机行业市场现状及发展前景分析》，https://bg.qianzhan.com/trends/detail/506/200527－b8d48d99.html。

这一阶段的传播特点延续 Web2.0 时代的网格化特点，此外还具有传播内容的碎片化和实用性、接触方式的伴随性和沉浸式等特点。传播格局呈现“去中心化”和“再中心化”的特点。一方面，每个用户通过个人账户可以建立为一个节点，理论上意味着每一个传播者的起点是相对平等的，传统媒体时代传媒机构作为传播中心的地位被瓦解；另一方面，随着新媒体的发展，网络中最终还是会出现新的权力中心，传统媒体作为信息采集和发布的专业优势再次得以发挥，一些社会化媒体机构发展成集信息、社交、服务于一体的综合型平台。

4.2016 年之后，进入智能媒体时代

这一阶段以人工智能、物联网、VR/AR 等技术为驱动，以感知网络为主，结合智能终端，万物可联，万物皆媒。在这一过程中，很多媒体朝着智能化演进，并演化出了新的媒体形态。

智媒化的特征主要体现为万物皆媒、人机共生和自我进化。① 过去的媒体是以人为主导的媒体，而未来机器及各种智能物体都有媒体化可能；人机共生指智能化机器、智能物体将与人的智能融合共同作用，构建新的媒体业务模式；自我进化指人机合一的媒介具有自我进化的能力，由此实现机器洞

① 参见彭兰：《智媒化：未来媒体浪潮——新媒体发展趋势报告（2016）》，《国际新闻界》2016 年第 11 期。

察人心的能力与人对机器的驾驭能力互为推进。

四、新媒体的发展前景

(一)媒体的日渐交融混合

从现今的媒介发展态势来看,新媒体的发展正走向一条“混媒之路”,信息的表现形态、传送过程、接收终端、受众等都在混合中互相交融。

信息传递的过程中,内容和其所携带的理念,通过具体的表现形态得以传播。作为受众,想要获得全方位的内容,或者由于所处接收环境的具体要求,希望获得尽可能多的表现方式。比如,在某些环境下,仅仅有音频就可以满足需求,而想要身临其境的感受,就需要视频、音频内容,甚至在有些时候,受众还需要文字资料进行进一步的理解和操作。传统媒介,往往只能提供其中的一种方式,而且受众的要求和想象力的限制也决定了传统的媒介在其所在的位置上的限制性。新的媒介传播内容,突破了以往我们和媒介形成的共识,也重新塑造了我们的媒介观念和使用习惯。

内容的变化与接收的终端之间是相辅相成的关系,因为利益需要和科技水平的驱动,接收终端的发展速度越来越快,以前我们所认为的媒介,正在以越来越不可思议的方式颠覆我们的观念。随之而来的,是更大的需求以及这种需求刺激下的发展。我们现在可以方便地借助手机和掌上电脑实现与外界的互联,而且,接收终端的功能是以前所有的传统媒介无法想象的,不论是文字、图片、音频还是视频都可以很方便地接收,还可以通过终端进行反馈并发布信息,只要有意愿,人人可以成为信息的制作者和传播者。

对于受众而言,他们越来越习惯多媒体的接收内容,针对同一个信息,希望得到多方面的信息接收方式。受众的感受可以尽可能地拓展,同时,媒介的技术和内容的发展也朝着更加适应受众需要的方向进步。我们可以设想,作为信息的生产者,必然会用一种更加先进的手段,尽可能多角度、全方位地挖掘并传达信息,而且会顾及多种媒介的内容需求。作为传播渠道的技术会在传输速度和清晰度方面保证信息的传播,尽可能减少信息损耗和噪声的干扰。而对于接收终端而言,多功能接收终端比单一化的终端更加受人欢迎,只要完成相应的传输设置,终端就可以接送全媒介形态的信息,同时也可以进行通讯、导航、遥控等多种任务,而且这种终端很是轻便,可以随身携带,从而使信息的提供变得更加人性化,在未来生活里成为人们生活和工作的好帮手。

(二)媒介控制管理的变革

在媒介发展史上,每当一种新的媒介形式出现并在全社会开始普及的时候,总会给社会带来不小的变革和震动。到目前为止,新媒体囊括了人类历史上所有媒介的长处,并且几乎弥补了迄今为止所有媒介的缺陷,成为人类长期以来所期望的理想媒介形式,而控制和管理这种新媒体,也成了一个现实课题。而原有的媒介控制和管理手段必然不适用于现有的媒介发展形势。作为传播信息和思想的媒介,亦不得不加控制,但沿用以往的控制方式也是不现实的。

新媒体是在社会生活中渐渐来到人们身边的,新媒体的实体也从传统的媒体中分化融合产生。如何控制新媒体和使用新媒体,就成了人们必须面对的问题。

可以说,对于传统媒体的控制相比对新媒体的控制来说更为容易。从控制的过程来看,控制源头是行之有效的方针。传统媒体的高度组织化的方式,更便于控制者对信息源头进行控制,通过控制信息发布源头就可直接控制信息的内容和流向。而新媒体的传播技术和传播方式决定了其传播的源头不再完全是具体组织,世界范围内的海量信息方便易得,很多信息的传播是无序的、不可掌握的,或者说控制起来是要花费巨大成本的。而且,传播的过程也变得日渐复杂,整个社会系统围绕信息系统运行,传播过程的控制基本上不可能实现。与此同时,随着社会的发展,对传播的终端和受众进行控制的变数更大。虽然各国政府也试图采取一些切实可行的措施加强对新媒体的管理,但在实际的操作中,由于新媒体完全区别于传统媒体的特性,因此,任何一种社会力量要想控制全球性的媒介系统都是不可能的。

所以,通过以往的行政等手段控制媒介的方式越来越不适用了。相比较而言,经济、文化、教育手段反而能起到"滋润"的作用。同时还要加强立法,为规范和合理利用新媒体提供法律保证和支持。

新媒体的管理也要更新理念和方式。在新的态势下,新媒体的运行混乱,信息的制造和流通并没有得到很好的整合,而高效的管理模式可以保证媒介的计划、组织、控制很好地得以实施,并产出高质量的信息。

(三)新媒体形成新文化

麦克卢汉认为"媒介即讯息",英尼斯认为"一个时代的标志便是那个时代所用的媒体”。媒体对信息进行吸收和记录,并把这些信息转换为与处于同一时代的社会制度权力结构相一致的知识结构系统。

通过研究媒介发展历史,我们可以看出,不同时代的媒介能够造就不同时代的文化。这是媒介和媒介之间的变化造成的,在不同的媒介影响下塑造出来的人,往往带有鲜明的媒介时代的文化烙印。人类自文字发明以来尤其是印刷术的推广到广播媒介产生以前,人们适应的文字传播方式造就了当时的人的文化。广播、电视、互联网的兴起同样影响了文化的变迁,新媒体也一样会造成这种影响,而且这种影响不可避免、无法抗拒。文字传播给人深沉的内化思维;广播电视传播把文明带给大众,同时限制了人们的想象;新媒体综合了以上所有媒介的传播方式,也产生了属于自己的传播特点,其给予文化的影响也是深远的。

新媒体的存在使文化的制造和传递越来越产业化,文化的流通和继承借助于文化产业的消费,文化的消费意味会变得越来越浓厚。这使得文化的政治力量向经济力量让渡,拥有强势资本力量的人取代拥有强势政治力量的人掌握了文化的权利。可以说,随着传播历史的发展,传播媒介及其利用者常常会形成这样一种关系,那就是刚刚开始利用当时的新媒体的人会比不太利用该种媒介的人多出更多的政治权力,比如古代政治统治者对文字和知识的垄断造成有机会阅读的人一般比没有机会的人的政治地位更高。随着历史的发展,对新媒体的接触、使用常常代表了一种经济地位的“越出”,即有机会最早接触并使用新媒体的人,在经济身份上要越出他所在的社会的平均值。新媒体的领先使用者,在很多方面和非领先使用者、不使用者之间的“信息鸿沟”会越来越大,随着媒介的发展,这种现象将会更加明显。

新媒体会在一种大众化的传播风潮中,尽可能地寻找个人化的切入点。新媒体会产生更加重视个人的文化倾向,而媒介的传播个人化特点,更使受众很快习惯了此种方式。传统的大众传播媒介所传播的千人一面的信息被个性化、个人化的信息取代,这种取代不仅是内容上的,还有途径上的,而受众接收、理解信息的过程也变得更加分化。大众传播媒介习惯下的内容和传播方式的固有模式被渐渐打破,原有的权威传播观也逐渐消解,作为个体的人享有了传播权利,个人的观点可以得到交流和重视的途径,有利于多元文化的发展。另外,这也很有可能使得原有中心文化的影响力渐渐消退,从而使社会公共文化的空间萎缩,给社会的总体发展带来负面影响。

新媒体的信息获得成本越来越小，和以往的媒介相比，新媒体传输的信息总量要胜过历史上所有的媒介，人们接收信息与以往相比要便利许多。这种方便的方式，最终也将成为一种文化、一种影响人们的生活和心态的内容。信息的大量出现，会导致信息的“伪充盈”，因为人们的注意力是有限的，有限的注意力消耗在无限的信息中，其中有相当一部分信息是无效的，会消耗有限的注意力，引发信息的“伪充盈”，即表面看来信息丰富，实际上有效信息不足。这也给人带来一种印象，那就是“信息是容易获得的”。易得的信息会造成人们无意识的技术依赖，也造就了所谓的“新媒体人”，并产生与之相匹配的同类文化，从而产生一定的文化认同。

（四）智能时代拉开帷幕，新媒体变革进入更深层次

2018 年 10 月 31 日，中共中央政治局就人工智能发展现状和趋势进行第九次集体学习，强调人工智能是新一轮科技革命和产业变革的重要驱动力量，指出加快发展新一代人工智能是事关我国能否抓住新一轮科技革命和产业变革机遇的战略问题。要深刻认识加快发展新一代人工智能的重大意义，加强领导，做好规划，明确任务，夯实基础，促进其同经济社会发展深度融合，推动我国新一代人工智能健康发展。

很显然，人工智能作为引领未来的战略性技术，是新一轮科技革命和产业变革的重要驱动力量。人工智能已经成为国际竞争的新焦点和经济发展的新引擎，其在支撑供给侧结构性改革、打造高质量的现代经济体系、促进社会进步等方面发挥着越来越重要的作用。

智能时代已拉开帷幕，大数据、人工智能和虚拟现实等新技术成为未来新媒体的全新驱动力。互联网领域的人工智能，主要表现为着眼于宏观环境的智能家居、智慧家园；着眼于个人体验的大数据服务、虚拟现实技术、虚拟交互技术；着眼于硬件与软件结合的无人驾驶技术、物联网、个人穿戴式设备等。Facebook 创始人马克・艾略特・扎克伯格认为，虚拟现实技术将是在不远的未来将人与人互联的重要方式之一，完全有可能成为最适合在社交平台发展的技术形态，能够让用户拥有真实的个性化体验。

未来智能时代的新闻动态，将更多的来自机器和传感器对世界变化的感知。对无人机、无人车、各种智能终端源源不断传输来的信息，人们需要运用强大的人工智能搜集和处理工具进行分析。中国以“BAT”为首的互联网企业掌控着最先进的大数据处理技术，已开始智能时代布局，将人工智能

当作新时期技术创新与发展的突破口。其中百度将人工智能作为新时期核心战略，所研发的百度无人驾驶、语音识别技术、百度大脑等技术已达到国际水平，成为国内当之无愧的 AI 领跑者；腾讯创立的人工智能实验室，拥有众多 AI 应用工程师团队，正在云服务、机器学习等方面持续且深入地开展各项研究。

第三节　新媒体形态分析

新媒体的类型很多，基本类型可以分为互联网新媒体、手机新媒体、广播电视新媒体和户外新媒体。根据传播手段和方式，还可细分为六大形态：网络媒体、聚合类媒体、社交类媒体、智能媒体、广播电视新媒体和户外新媒体。

一、网络媒体

网络媒体是新媒体最原初和最基本的形态，也是阐发出新媒体这一概念的核心应用领域。典型代表如早期的门户网站、虚拟社区、网络出版、网络游戏和视频网站等。具体形态和特点在本书第八章详细介绍，本章不再赘述。

二、聚合类媒体

聚合类媒体不生产内容，而是利用各种网络技术，将分散的互联网资源加以整合的媒体形态。聚合类媒体通过用户主动发出信息需求获取内容，或通过多样化、个性化、智能化的方式推送到用户使用的终端设备上，满足用户“一站式访问”的需求。聚合类媒体凭借丰富的内容、实时的发布、个性化的推送和随时随地的互动，被越来越多的用户所认可。

常见的聚合类媒体形态有三类，分别是搜索引擎、新闻聚合网站和新闻聚合客户端。

（一）搜索引擎

搜索引擎可被视为第一代聚合类媒体，之后所有聚合类媒体的技术基础皆依托于此。搜索引擎，是一种帮助用户在互联网上查询信息的机制，它以一定的计算策略在网络上追踪、捕获各类信息，并将它们按照一定的规则分类、整理和存贮，随时为用户提供查询帮助，从而起到信息导航的作用。[①]典型代表有谷歌、百度等。

（二）新闻聚合网站

新闻聚合网站是从互联网聚合新闻内容的网站形态，将用户较为感兴趣的新闻内容聚合到一个网站上进行实时分享。运作原理基于合作网站的大数据挖掘，然后扫描分析用户浏览痕迹，最后通过特定算法再次筛选并推送能够满足用户阅读快感和便捷浏览需求的分众化内容。最成功的代表是美国新闻聚合网站 BuzzFeed。

（三）新闻聚合客户端

新闻聚合客户端也称“聚合新闻客户端”，是网络媒体机构聚合传统媒体新闻内容为主的新闻信息以及自媒体平台的热点信息源，基于受众主动搜索、个性订阅等操作，对全平台新闻信息展开精准推送的产品形式。[②] 国内典型的新闻聚合客户端是今日头条。

“今日头条”是北京字节跳动科技有限公司于 2012 年 8 月推出的一款基于数据挖掘技术的个性化推荐引擎产品，其设计初衷是一款没有编辑的内容推荐类应用，采用个性化推荐引擎技术，通过海量信息采集、深度数据挖掘和用户行为分析，为用户智能推荐个性化内容。今日头条发展势头迅猛，在短时间内，已发展成仅次于腾讯的新闻客户端。截至 2019 年 6 月，今日头条活跃用户达到 2.6 亿，2020 年用户共点赞 430 亿次，分享相关内容 7.4 亿次，总计评论 443 亿次，其中有 1566 万新用户首次在“头条”发布内容。

今日头条产品运营逻辑为：用户需求挖掘＋全网内容聚合＋智能匹配＝个性化推送＝高效分发。在用户需求挖掘方面，今日头条引用了算法和数据挖掘以及机器学习等技术，以用户社交数据为基础对用户兴趣进行动态挖掘，勾画用户兴趣图谱，并通过不断的“计算”完善用户需求；在内容获得和选择上，今日头条本身并不生产内容，也不像其他客户端那样靠编辑人工筛选新闻，而是利用技术聚合全网内容信息，并对内容进行特征分析和关

---

① 参见宫承波：《新媒体概论》，中国广播影视出版社 2019 年版，第 56 页。

② 参见徐旭伟：《“互联网＋”时代的新闻——以五大新闻客户端特点及优势分析为例》，《新闻采编》2015 年第 12 期。

键词标引；在内容提供方面，秉持“你关心的，才是头条”的宗旨，通过信息内容的精准传播和推送，实现高效的内容分发；在内容分发方面，利用计算机技术的机器学习和大数据挖掘，今日头条迅速获得了亿级的庞大用户群，通过搭建“头条号”平台，聚焦了海量的内容生产和提供方，并通过内容匹配系统和广告运营系统，催动价值变现。

新闻聚合客户端为网络传播快速搭建了分销式、个性化的新型交互平台，极大地迎合了移动互联传播的逻辑思维，催生了媒体信息传播与分享的时代范本。即便是人民日报、新华社、澎湃新闻等传统媒体客户端，也尝试增设个性化的推荐功能，纷纷投身新闻聚合发展的新浪潮。

三、社交类媒体

社交依托网络映射，无论是线下行为还是线上行为，本质上都是推崇个体交流，而互联网的多维与泛在，成功地将这种朴素的人类需求进行了场域延展与价值深化。社交类媒体产品丰富，形态多样，包括网络社区、博客、即时通信、微博、微信、短视频和直播等。当下，我国比较主流的社交类媒体为微博、微信、短视频和直播。

（一）微博

微博发端于博客，是博客在Web2.0时代的新发展，它从用户之间的关系出发，为用户提供信息和社交服务，是一种社交化的大众传播平台。具有内容上的微型化和碎片化、传播的移动化、交流结构的开放性、信息传播与社交有机结合、信息与意见并行传播等特点，新浪微博是其典型代表。新浪微博于2009年8月上线，其后发展迅速，保持着爆发式增长。2010年10月底，新浪微博注册用户数超过5000万。2014年3月27日，新浪微博正式更名为微博。当下，微博进入缓慢发展阶段，截至2021年3月，微博月活跃用户数达5.3亿，同比下降4%，环比增长2%，移动端月活跃用户约占总月活跃用户数的94%，平均日活跃用户数达到2.3亿，同比下降5%，环比增长2%。在公共信息获取、自我记录与表达、社会关系建立等方面，微博仍然具有不可比拟的优势。

（二）微信

微信是腾讯公司于2011年推出的一款应用程序，最初定位是通过用户手中的智能设备实现短消息、视频、语言、图片收发的即时通信社交软件，现在已经发展为集即时通信、信息分享、社交和生活服务于一体的综合型平台。在全球范围内支持 20 多种语言，覆盖了 200 多个国家和地区。截至 2020 年第一季度，微信及其海外版 WeChat 的合并月活跃账号达12.025 亿个。

微信最早是作为社交产品诞生的，社交始终是其核心功能。微信将用户手机中的联系人转化为微信中的朋友，构筑起较为私密的社交圈，打造出各种不同的社交手段和社交圈，以满足用户多样化的社交需求。微信既具有点对点的交流功能，还能通过朋友圈、微信群等方式使用户间保持更广泛的接触。微信好友可以通过微信进行即时或延时互动，朋友之间还可以通过“朋友圈”彼此观看各自的生活动态，增进了解，便于制造互动的话题，进而发展出“晒”与“点赞”的网络交流方式，构建起独有的微信社交文化。

（三）短视频

随着新兴网络技术的不断演进以及移动智能终端的大众化普及，人们的社交也不再仅满足于文字和图片，进而诞生了短视频这种新的社交形式。短视频依托移动智能终端的快速拍摄与美化编辑功能，可在社交媒体平台上实现实时分享、无缝对接。典型代表有 YouTube 和抖音、快手等。《第 47 次中国互联网发展状况统计报告》显示，截至 2020 年 12 月，我国短视频用户规模为 8.73 亿，较 2020 年 3 月增长超 1 亿，占网民整体的 88.3%，节目质量有了飞跃性的提升。

（四）网络直播

网络直播起源于广播直播和电视直播，在网络时代，直播不断壮大，形成一种新的强互动性和社交性的互联网新形态。截至 2020 年 12 月，我国网络直播用户规模达 6.17 亿，占网民整体的 62.4%。其中，电商直播、真人秀直播和游戏直播三种形式比较常见，综合满足了用户的娱乐、消费和社交需求。

四、智能媒体

进入智能媒体时代后，人工智能技术在传媒领域开始全面渗透，很多媒体都浸润了智能化的特征，并演化出了一些新的媒体形态，我们通常称之为“智能媒体”。当前智能媒体的形态主要有智能音频、可穿戴设备和写作机器人等。

(一)智能音频

从广义角度来看,智能音频是音频服务向智能化迈进的产物,是在人工智能技术特别是语音交互技术应用于语音传播背景下发展起来的。智能音频的智能化体现在两个方面:技术上,智能音频具备了无线连接、可语音交互的条件;功能上,智能音频可提供音乐、有声读物等内容服务,信息查询、O2O 等互联网服务以及场景化服务等功能。[①]

对用户来说,最常见的智能音频服务是语音助手。在附属终端设备阶段,智能音频被加载到智能手机、智能音箱和智能耳机等媒体终端上,以应用程序的形式加以呈现。当前的语音助手通过智能对话与即时问答的智能交互,主要帮用户解决生活类问题。国外比较著名的语音助手有 iOS 的 Siri、Windows 的小娜和 Android 的 Google Assistant,近年来,中文语音助手也如雨后春笋般蓬勃发展,如百度的小度智能音箱、阿里巴巴的天猫精灵等,此外,各大手机品牌也纷纷推出了自家的语音助手。

智能音频的发展受益于语音交互技术的进步。目前,语音交互技术已经趋向成熟,语音识别率已经达到相当高的水准,微软语音识别、科大讯飞、苹果、谷歌、百度等语音技术的识别准确率都超过 90%,在某些情况下甚至比人的准确度还高。

(二)可穿戴设备

可穿戴设备,简单来说就是可以佩戴在身体上的智能终端设备,具有强大的信息收集和分析功能。可穿戴设备的第一次正式亮相可追溯到1975 年汉密尔顿手表正式发布的世界首款手腕计算器 Pulsar。进入 21 世纪,苹果、三星和谷歌等大型科技公司相继推出多款可穿戴设备。未来,可穿戴设备将拥有广阔应用空间。

麦克卢汉说“媒介是人的延伸”,进入人工智能时代,移动可穿戴设备对“人”即为“媒”的原始功能进行了技术升级,借助电“媒”,人与设备、人与人、人与环境之间的信息交互更为频繁、丰富和高效,人“媒”的思维、情感、认知表现更为细腻、直接和夸张,但在媒介信息生产、传输、储存、处理不断趋向

① 参见宫承波:《新媒体概论》,中国广播影视出版社 2019 年版,第 56 页。

智能化的同时，对于人来讲，这种追求科技感的功能延伸，让“内”与“外”的界线逐渐变得模糊，对其自然形态与社会属性也产生着颠覆性的影响。

（三）写作机器人

写作机器人是一种利用算法相关程序撰写各类文章的智能媒体，工作流程一般包括数据采集、整理分析、建立模型、生成产品等步骤。通过采集各种不同的素材及数据，建立庞大的数据库，并从中寻找模型、趋势以及相互间的关系，最后由机器人自动“生产”出文章。

目前，写作机器人最主要的应用是在新闻媒体领域，尤其是体育、财经、灾难新闻等以数据为基础的程式化报道中，能够实现稿件撰写和后期编排。国外应用机器写作新闻较为典型的媒体有美联社、华盛顿邮报、路透社和Facebook等。国内有腾讯财经的Dreamwriter、新华社的快笔小新和今日头条的xiaomingbot等。

“机器人+新闻”的写作模式，相比传统的新闻记者报道具有多种优势。首先，工业化生产方式下具有效率优势，因为从数据收集到分析整合再到初稿发行写作机器人都由相关程序操控，出稿速度可以用秒计算，效率非常高；其次，大数据情景下具有准确度优势，因为写作机器人擅长处理数据，一旦拥有了强大的数据挖掘和分析能力，加之信息搜索来源广泛且渠道多样，机器人最终做出的数据新闻要比寻常的编辑记者更精准和丰富，而且失误率可控可调；再次，程序化机器自身也有客观优势，因为与传统记者报道相比，机器人产出的新闻可以做到不带任何人类情感，而是严格按照数据，客观地陈述事实。

与此同时，对机器写作常见的批评有写作模式单一、不够自由个性、没有质感与温度、机器没有人的创造力等。但随着机器深度学习、语义分析等能力的提高，未来的机器写作未必不会在这些方面实现突破。

写作机器人极大地解放了新闻生产力，推进了传媒业变革。在未来的新闻生产生态下，机器成为新闻的生产者，从信息的采集到加工各个环节，参与主体都不仅是人，机器及万物都可能成为信息的采集者，而机器也可以完成信息的智能化加工。有学者预测，未来理想的新闻写作，将是人的能力与人工智能的有机结合。机器的作用，不仅仅是自动获取数据并进行填充，还将包括引导新闻线索的发现、驱动新闻深度或广度的延伸、提炼与揭示新闻内在规律，甚至可以借助机器分析对内容的传播效果进行预判，从而决定写作角度与风格。①

五、广播电视新媒体

随着媒体技术的不断进步，广播电视媒体也进入一个崭新的阶段，数字传播技术的成熟催生了广播电视新媒体。它们依托数字技术和网络技术发展，开辟了双向互动的广播电视传播模式，主要形态包括数字广播、数字电视、IPTV 和 OTT-TV。

（一）数字广播

数字广播是指将数字化了的音频信号、视频信号以及各种数据信号，在数字状态下进行各种编码、调制、传递等处理，通过地面发射站，以发射数字信号来达到广播以及数据资讯传输的目的。

数字音频广播最大的优势在于，它不仅可以提高声音质量、增加频道数量，还可以发展多媒体服务，也就是数字多媒体广播，这相对于模拟广播来讲，是一种质的飞跃。随着技术的发展，数字广播除了传统意义上传输音频信号外，还可以传送包括音频、视频、数据、文字、图形等在内的多媒体信号。

就世界范围看，数字广播已经进入了数字多媒体广播的时代，受众通过手机、电脑、便携式接收终端、车载接收终端等多种接收装置，可以收看到丰富多彩的数字多媒体节目。

经过十几年的不断实践，我国广电媒体对数字音频广播（包括数字多媒体广播）技术系统的构建、业务的开发、市场化运营等诸方面进行了坚持不懈的有益探索，积累了许多可贵的经验。随着国产新一代接收机的投产，以及国内多个城市的设台建网，国家新闻出版广电总局计划在“十五”期间建立 4～6 个广播网，将实现发达地区的全覆盖的目标。

（二）数字电视

数字电视是一个从节目采集、制作、传输，直到用户端接收，都以数字方式处理信号的电视类型。其具体传输过程是：由电视台送出的图像及声音信号，经数字压缩和数字调制后，形成数字电视信号，经过卫星、地面无线广播或有线电缆等方式传送，由数字电视接收后，通过数字解调和数字视音频

① 参见彭兰：《智媒化：未来媒体浪潮——新媒体发展趋势报告（2016）》，《国际新闻界》2016 年第 11 期。

解码处理还原出原来的图像及伴音。因为全过程均采用数字技术处理，因此，信号损失小，图像质量高，节目容量大，接收效果好。

目前来说，用户能看到并控制的数字电视的功能大致有：个性化电子节目指南、交互节目指南、视频点播、区域天气预报、定制新闻、电视节目广告以及交互游戏、聊天和收发电子邮件。此外，还有商品零售信息等。对于正在播出的节目，可以同时提供包括背景材料在内的各种相关资料。因此，数字电视还具有互动性的优势，可提供个人化服务。

（三）IPTV

IPTV(Interactive Personality TV)，即“交互式网络电视”，将电视机、个人电脑及手持设备作为显示终端，通过机顶盒或计算机接入宽带网络，实现提供直播电视、时移电视、视频点播、互动电视等服务。

网络电视的出现给人们带来一种全新的电视观看方法，改变了以往被动的电视观看模式，实现了电视以网络为基础按需观看、随看随停的新收看方式。

（四）OTT-TV

OTT-TV(Over The Top Television)，即“互联网电视”，指通过互联网向电视机传输 IP 视频以及其他的互联网应用服务，其接收终端一般为互联网电视一体机或者互联网电视机顶盒。传统的客厅“大屏”，即电视机终端的所有业务是由广电运营商和电信运营商来主导的，OTT-TV 的内容及相关服务的传输一般由互联网公司主导。OTT-TV 的代表产品有 GoogleTV、乐视盒子、小米盒子等。OTT-TV 和 IPTV 一样，让用户对电视的体验由单纯的被动观看上升到互动体验，更接近新媒体的本质。

我国 OTT-TV 发展受到国内行业政策的深刻影响，从业者需要获得 OTT-TV 牌照才有资格播放视频内容。当前，我国互联网电视牌照有 7 张，分别是 CNTV、百视通、华数、南方传媒、湖南广电、中央人民广播电台和中国国际广播电台。

六、户外新媒体

户外新媒体，是在户外场地设置的发布信息的媒介，可分为户外彩屏、楼宇电视和车载移动电视等。

（一）户外彩屏

随着经济的日益发展，越来越多的传统户外广告公司借助新技术迈向新发展阶段。2006 年 4 月，分众传媒的城市彩屏联播网（LED）开始在上海投入运营。目前广泛使用的 LED 彩屏可以实现稳定无闪烁效果，在实际应用中，用摄像机拍摄显示屏，摄像机中观测到的图像十分清晰，没有同步滚动条，若现场有电视转播，显示屏不会影响转播画面的画质。和传统户外媒体相比，户外彩屏引入了数字视频技术，内容上可以实现声画并备。对城市来说，户外彩屏的发展不仅可以作为城市经济发展的衡量指标，还直接影响城市的“脸面”。

（二）楼宇电视

楼宇电视是指以数字电视机为接收终端，把公共场所作为传播空间，播放各种信息的新型电视媒体传播形态。按照运营目的不同，楼宇电视可分为商业性电视和公共服务性楼宇电视两种类型。其中，前者以追求经济效益为核心目标，传播内容主要是商业广告，典型代表为分众传媒；后者以追求社会效益为核心目标，传播内容主要是公益广告、生活服务等公共服务性内容，典型代表为上海公共视频信息平台楼宇电视和北广传媒城市电视。

（三）移动电视

移动电视又称“数字电视地面广播”，是指采用数字广播技术播出，接收终端具有移动性，能够满足移动人群收视需求的电视系统。车载移动电视是最常见、最典型的移动电视，广泛适用于公交车、出租车、火车、轮渡、飞机等交通工具。与传统电视相比，车载移动电视最大的优势在于移动接收功能，用户可以随时随地获取各类信息。此外，车载移动电视传播环境的封闭性和强制性，形成了特殊的广告传播优势，广告传播的到达率和有效率较高。目前，车载移动电视的技术手段和内容制作还不够成熟，运营模式不够清晰，今后仍需要进一步加强产业链的培育。

第四节　新媒体个案分析

一、Vlog——从康辉 Vlog 看媒体融合与创新路径

随着新媒体的发展，信息传播生产方式发生巨变，给传媒领域带来深刻影响，传媒业边界消融，媒体竞争激烈，舆论环境、媒体格局等发生深刻变革。在此背景下，传统媒体如何实现媒体融合，如何创新发展，以提高新闻舆论的传播力、影响力、引导力和公信力，成为摆在我们面前的重要课题。

2019 年 11 月初，央视新闻节目主持人康辉在各大新媒体平台上推出了他自己掌机拍摄的首支 Vlog 短视频，掀起了观众热议。随后，康辉又相继发布自己在国外工作的 Vlog，内容包括央视办公大楼的内部设施、自己外出采访的日常、外交活动见闻等。Vlog 播出后，很多网友表示喜欢这样新奇的新闻报道方式，这一系列视频为央视和康辉都带来了很高的人气与流量，进一步扩大了央视严肃新闻的受众面和影响力。这种“Vlog＋新闻”模式，对传统媒体的转型升级，提升传播力、影响力、引导力和公信力具有较强的借鉴意义。

(一)“康辉 Vlog”的传播特点

1.双向互动，消减严肃性与距离感

《新闻联播》自 1978 年播出以来，长期保持严肃、庄重的报道风格。近年来，随着新媒体的崛起，群众的收视需求和口味发生变化，央视也顺应时代潮流，着手改革，其中“康辉 Vlog”就是一项颇为成功的改革成果。

首先，虽然 Vlog 仍然沿用了播音腔进行画外音的解说，但其第一人称视角和生动活泼的话语方式，使观众获得强烈的在场感与参与感。一方面，Vlog 中，康辉采用第一人称分享自己所见所闻、所思所想，记录了从自己的角度看我国与巴西和希腊外交的全过程，直击大国外交最前线，增加了时政新闻的亲切感；另一方面，对所见事物进行了生动的口语化描述，增加了时政新闻的人情味，拉近了与观众的距离。除了用“您猜”等可爱的语气与观众互动外，他还生动幽默地把希腊士兵有特色的行进步伐比作“太空行走”，这种“面对面”的口语化交流提高了交流的亲密性，打破了以往严肃的新闻风格，增加了内容的趣味性和吸引力，一定程度上拉近了普通受众与国际政

治热点新闻的距离，在消减新闻严肃性的同时，提升了新闻报道的个性化与亲切感。

其次，从镜头语言的角度进行分析，用 Vlog 形式去呈现新闻时，其拍摄角度与距离也与传统新闻存在很大的区别。比如，康辉 Vlog 以一种平视角度和近距离拍摄拉近了他与受众之间的距离，让大家看到了不同于以往正襟危坐于演播台后的康辉，一定程度上消减了传统新闻报道的严肃性，增强了受众的参与感与互动感。

这种转变显然取得了良好的传播效果，"＃康辉的 Vlog＃"的微博话题讨论人次高达 13.2 万，总阅读量突破 2.5 亿。一方面，这说明"康辉 Vlog"有着惊人的传播力；另一方面，大量评论与弹幕的发布说明了受众希望通过表达自己的想法和观点实现与传播者互动的愿望，受众也希望成为这类信息报道的参与者。

2.充分揭秘，满足受众好奇心

"原来总台也用胶布贴地砖，好接地气！""桌子都花了，很节约，和想象中不一样，有种亲切的感觉。"在康辉第一支 Vlog 的微博评论区里，很多伴随"康辉视角"第一次走进中央广播电视总台的网友们发出了这样类似的感叹。而曾经的"幕后工作者"，比如设备间、康辉行李箱里的公务护照、化妆包等也成为网友们关注与热议的对象。在其余几支 Vlog 中，康辉还带领大家观看与了解了传统媒体新闻制作流程的幕后工作和准备工作。

康辉在拍摄 Vlog 时主要以将"幕后"前置的方式全程记录了作为记者出勤的主持人的工作与生活，这些都是公众人物将其部分隐私公开化的体现。这些"幕后"信息是观众好奇却无以了解的信息，因为传统媒体的内容生产模式对于大众来说是陌生且新奇的，而揭开传统新闻生产的"幕后"故事，将报道的镜头聚焦于时政新闻报道的幕后场景，让受众们直接接触"原生态"的新闻，既能满足受众的好奇心和探究欲，使观众切身体会到新闻的真实性原则，又能靠这些"不为人知的一面"改变受众对央视的刻板印象，拉近与观众的距离。

3.提高用户黏性，塑造品牌形象

在传统媒体时代，传受双方角色固定，且存在一定距离。传统媒体作为专业的信息提供和发布者，具有绝对主导权，观众往往是被动的信息接收者，反馈滞后且不完善。在新媒体迅猛发展的融媒体时代，传受双方边界消解，受众变成了用户，他们不仅扮演着接收者、传播者的角色，还有选择和决策的权利。“康辉 Vlog”满足了用户的这种信息需求，提供了双向交流的可能，改变了传统媒体“高高在上”的形象，塑造了一个亲民的媒体形象，一定程度上增加了用户的黏性，进一步塑造与改变了央视的品牌形象。

作为老牌权威传统媒体，央视新闻在快手、抖音、微信与微博等多个互联网新媒体平台上打造了“康辉 Vlog”“主播说联播”等一系列特色品牌。在利用新媒体传播的有趣新形式提高用户广度与黏性的同时，也塑造了一个“稳中带皮”的央视新形象。

4.创新新闻叙事语态与视角，增强公众信任感

基于惯例，我国重大时政新闻报道往往具有浓厚的政治宣教色彩，受众与媒体的关系基本为媒体单向灌输，新闻叙事形式往往采用第三人称，叙述者以客观转述者与分析者的身份进行报道与评价新闻。Vlog 则带来了一个全新的视角与语态，叙事者用第一人称的视角记录新闻报道中的新鲜事物、突发情况和真情实感，借助自己的视觉、听觉等多种感官、通过轻松愉快的叙事风格传达内容，既增强了内容的真实感，也给观众带来身临其境的亲切感。

康辉在 Vlog 中以第一人称的自我视角描述所见内容，叙述中带有主观意识与情感表达，打破了时政新闻以往遥不可及的刻板印象，带来了生动而有趣的感官体验。当观众获得领导人来访的信息后，他们不再被动地了解会议的内容和时间安排，而是跟随着康辉的“第一视角”，一起以好奇的心情去发现内容，将自己代入到新闻发生的第一线，而自拍式的角度也带给受众置身其中的现场感。这种叙事语态及视角的改变，有助于增强公众对传统媒体的信任感，也能加强观众和媒体之间的双向沟通。

5.新闻创作形式年轻化，增加主流媒体亲和力

当前世界范围内，与互联网共同成长的“Z 世代”(Generation Z，即 95 后)崛起，他们的媒体使用习惯高度个性化、碎片化和视频化。对 Z 世代而言，新闻不仅意味着那些公众应该知道的信息，而且还必须是有趣且具有娱乐性的可视化信息。Z 世代希望以一种与之相关且个人化的方式理解世界，因此新闻媒体应将用户的个人偏好置于新闻报道和内容产品的中心，并且通过可视化的方式呈现。从这个意义上说，短视频和直播是适应 Z 世代用户的媒介使用和接受习惯的叙事模式。[①]

① 参见史安斌、王沛楠:《2020 全球新闻传播新趋势——基于五大热点话题的访谈》,《新闻记者》2020 年第 3 期。

Vlog与新闻的搭配与合作便属于这种新型的可视化社交方式。在康辉的Vlog中，没有晦涩难懂的播音稿与严肃的演播室，而以友好、新潮的新媒体短视频的形式受到人们的喜爱。“康辉Vlog”的内容在微博、微信公众号、b站、抖音等多家新媒体平台上广泛传播，缩短了传统媒体与年轻人的距离，增强了主流传统媒体的亲和力。

（二）“Vlog＋新闻”模式的前景分析

作为主流媒体和政务部门进行新闻报道的一种新型方式，“Vlog＋新闻”在融入各种创新要素的基础上，整合了原有的内容生产优势，在融媒体时代具有一定的传播价值。2019、2020年“Vlog＋新闻”报道形式的火爆程度，说明了在融媒体环境下传统媒体为解决年轻用户与主流新闻报道存在的语言形态等方面的矛盾做出了很多尝试与努力，也取得了一些成绩。

“康辉Vlog”为传统媒体进行视频化转型提供了借鉴，但可惜的是，“康辉Vlog”报道的持续时间较短，仅有7期，在对有关大国外交进行系列报道之后，便没有继续拍摄与报道。这也是部分Vlog新闻报道面临的问题，即内容产出的持续性较差。这是因为在新闻的严肃性、敏感度以及独立性报道等因素的影响限制下，创作难度较大，创作者个体很难持续产出。因此，Vlog新闻作为一种具有吸引力的报道模式，其具体的发展路径仍有待进一步探索。

此外，在2020年全球新冠疫情背景下，我国地方媒体在“Vlog＋新闻”的实践探索方面表现出了强劲的活力。《北京日报》在疫情期间制作了“直击武汉Vlog系列”，其中一支记录了中央指导组专家在病区的工作情况。视频中，观众可以看到，进入病区拍摄前，记者本人与相机都做了严密的防护措施。拍摄过程中，记者在厚重的防护服、起雾的护目镜、被包裹着的相机等非正常外力阻碍下，甚至连最基本的画面稳定、清晰都做不到，但作为为数不多进入“红区”的报道，记者以最朴素、最有效的形式向用户展现了医护人员在病区工作的情景，展现了最真实的抗疫第一线，稳定了民心，达到了很好的传播效果。海南卫视出品的一支Vlog——《跟着小姐姐接种新冠疫情疫苗》，完整记录与呈现了疫苗接种的流程与注意事项，让观众以第一视角去经历疫苗接种全过程，减少了人们对新冠疫苗的恐惧心理，促进了疫苗接种工作。这些优秀作品和案例，说明“Vlog＋新闻”模式还有较强的优势等待挖掘。

二、从美国大选看新媒体的应用

美国总统大选是美国的重要国家议题，在整个大选的全过程中，媒体历来扮演着十分重要的角色。2000年以来，网络传播已被普遍应用于美国大选中，网络传播的优势与政治选举宣传的需要相融合，成为候选人进行信息传播、募集捐款以及与选民互动的重要平台。

2008年11月5日，美国总统大选以奥巴马当选为美国第一位黑人总统而落下帷幕。在此届总统大选中，奥巴马的个人魅力、执政理念在新媒体的传播下征服了绝大多数美国民众。《纽约时报》发表的分析文章称，网络等新媒体对2008年美国大选产生很大影响，在长达2年的竞选过程中，奥巴马从一个名不见经传的议员到美国民众热捧的政治领袖，新媒体的力量功不可没。新媒体在此次总统大选中改变了大多数美国民众获取政治新闻信息的途径，是美国民众充分了解奥巴马的新窗口。

(一)2008美国总统大选的几种新媒体

1.视频网站

2006年底，谷歌的首席执行官艾瑞克·施密特便注意到YouTube等网站的视频分享服务对政治选举局势的改变，声称最终赢得2008年总统大选的人，一定是最懂得利用新媒体的人。

在2008年总统大选过程中，YouTube已成为选民和候选人互动的不可或缺的政治平台，政客们甚至对该网站充满了敬畏。政治运动网站Politics-Online的创始人菲利浦·诺布尔说："过去候选人在选战运动中对创新技术的运用非常有限，而此次选举中却发生了巨大变化，科技已成为造势宣传最基本的平台，几乎每一次运动从头到尾都有YouTube的参与。"①

在2008年总统大选中，从党内提名到调查投票、筹划演讲内容及发表声明、宣传册子，大多数候选人都充分利用了YouTube。一个典型的事例是：奥巴马在YouTube上发布的时长37分钟的关于美国种族问题的视频，传递给了数百万选民，突破了只有短小、低俗的片段才能占据互联网政治生态系统顶端的陈规。网民的热情毫不逊色于候选人，他们上传了丰富多彩的创作，有为CNN、YouTube选举辩论提供的问题，也有女性选民歌颂自己

① 高金萍：《新千年以来美国总统大选报道分析》，2008年10月24日，http://www.chinadaily.com.cn/hqgj/2008－10/24/content_7139473.htm，2008－10－24。

心仪候选人的音乐视频《我爱上了奥巴马》——这一视频上传仅 1 个月，点击率已超过 250 万次；还有一段妇女们为奥巴马与共和党总统候选人鲁迪·朱利安尼进行的论战视频，短短 4 天的浏览量就超过 50 万次。

这些在网络上的竞选视频，开拓了除电视媒体外更广阔的广告平台。这些看起来非常"草根"的网络节目，实际上是由奥巴马的专业竞选团队为其量身定做的。由于更平实、更有亲民性，它们获得的关注度不比那些制作精良的电视广告差。

2.搜索引擎

搜索引擎最根本的变化就在于通过平台的打造，省去了信息传播过程中的信道环节，能够让信源直接面对受众。他们让媒体与受众之间或是受众与受众之间直接进行需求的匹配。

奥巴马敏锐地察觉到了搜索引擎在信息传播过程中的定位精确性和准确性。为了推广竞选网站，2008 年奥巴马仅在谷歌一家搜索引擎上就投放了 300 万美元按点击效果付费的广告，约占奥巴马竞选网络广告总投入的 80%。如果一个美国选民在谷歌中输入奥巴马的英文名字"Barack Obama"，搜索结果页面的右侧就会出现奥巴马的视频宣传广告以及对竞争对手麦凯恩政策立场的批评等。奥巴马购买的关键字还包括热点话题，如"油价""伊拉克战争"和"金融危机"等。这些做法收益十分显著，奥巴马官方网站的访问量远超其竞争对手。互联网流量检测网站 Alexa 提供的数据显示，访问奥巴马竞选网站的用户数量是希拉里竞选网站的 2 倍，而被访问的页面数量则接近希拉里的 4 倍。

事实说明，尽管相对于美国大选中近 30 亿广告费用的支出，在搜索引擎方面数百万美元的支出只是小数字，但相对于其他广告形式，搜索引擎覆盖率更高，而且更精准、更实惠。

3.博客

博客的出现改变了信源和信道，让传统意义上的受众变成了信源，再通过博客发布平台(信道)，又一次将信息传递给了其身边的朋友和陌生的网友(受众)。在满足了受众的个性化信息需求之时，这种看似分散的信息也往往比强制信息更具穿透力和公信力，有人甚至将其作为"口碑传播"的代名词。

在竞选过程中，奥巴马采用各种途径大量使用博客来发布竞选信息，招揽选民。奥巴马通过博客树立起自己清新、年轻、锐意进取的候选人形象，拉近了自己与选民的距离，更具亲和力，更有竞争力。美国网络市场调查公司 Com Score 在 2008 年 10 月 23 日发表报告说，美国大选使独立于大媒体的政治性博客和新闻网站的访问量激增。调查显示：在美国总统大选过程中，奥巴马个人博客的访问量超过 7000 万次，在 1 万个奥巴马选民中，有近 2/5 的人是通过访问奥巴马或其他政治性博客后才决定投票给奥巴马的。

4.手机

在渴望变革、亟待振兴经济的当代美国，年轻一代是这场政治游戏重要的参与者和一支不可小觑的政治力量。民调显示，在 30 岁以下的选民中，奥巴马的支持率占到 60%以上，而麦凯恩为 32%，仅为奥巴马的一半。奥巴马粉丝团的成员很多属于 80 后，他们很习惯于通过手机媒体获得信息。手机也是所有媒介中最“贴身”的一种，美国 BIG Data Research 公布的数据显示，18 周岁以上的选民中，手机依然是众多媒体中使用率最高的，无论哪个党派的使用率都超过 80%。

除了互联网，手机、电子游戏等新兴媒体也在这次美国大选中争得一席之地。当传统媒体记者等待奥巴马宣布他的竞选搭档时，奥巴马的回答是“等我的手机短信”①。在他的官方网站可以利用下载服务提供他的演讲作为手机铃声。

5.个人网站

为了获得大多数选民的青睐，奥巴马在个人网站上也下足了功夫。

首先，奥巴马聚拢了一批网络精英助其打造所谓“平民总统”形象。奥巴马官网被设计成了一个支持者的活动中心——只要在网站上注册，就能得到名为“我的奥巴马”(My Obama)的网络即时通告，可以详细了解奥巴马的动态，每有重大活动时，比如奥巴马在党代会发言，支持者都会在第一时间收到鼓励实时参与的通知。

其次，奥巴马阵营非常清楚年轻网络选民的口味，倾向于利用“软宣传”和“感性设置”的方式，不露痕迹地传递自己的政治主张和策略。奥巴马官方网站用网民乐于接受的传播方式让他们自己主动获取信息，大量使用内容短小精悍、风格轻松活泼的音视频片段，比如在网站上播放黑眼豆豆组合(Black Eyed Peas)根据奥巴马演讲词制作的音乐电视“Yes，we can”，该视频在网上日浏览量接近 100 万次。如果选民支持奥巴马，他几乎可以在奥

① 参见胡瑛、陈力峰：《从奥巴马当选看新媒体对美国总统大选的渗透》，《今传媒》2008 年第12 期。

巴马官方网站得到所需要的一切信息，包括捐献资金、加入支持者社区活动，甚至包含购买集会穿的T恤衫、带有奥巴马名字的纪念水杯等。官方网站还链接了奥巴马博客，视频和图片在其中是绝对的主角。[①]

6.电子邮件

作为通信手段，电子邮件有着实物邮件无可比拟的优越性：第一是效率高，通过一定的设置，它可以在很短时间内发出成千上万封邮件；第二是环节少，邮寄过程没有中间环节；第三是比较安全，邮件如果不能送达则会退回；第四是成本低，这对资金短缺的候选人尤其重要。

2008年，奥巴马与麦凯恩之争在相当程度上已演变为一场短消息和电子邮件的竞选。民主党和共和党两党候选人常常借助于Twitter和限时通信软件进行实时性的信息轰炸，逐渐改变选民们对竞选事件及其进程的反应，边缘的专业人士与内幕人员则通过网络向大众提供更有价值的数据与信息。竞选团队使用Facebook以及其他社交枢纽作为早期信息交流与发布的平台，当出现一些信息与其所作所为有一定的差异时，他们便会利用这个网络平台来澄清事实真相，以保障自己的权利。

7.电子游戏

对于电子游戏，奥巴马竞选团队也没有忽略，他们出资购买了“Guitar Hero”和“Madden 09”两款热门电子游戏的广告牌，号召玩家参加提前选举。奥巴马也成为历史上第一名实施游戏植入式广告策略的总统候选人。

（二）新媒体在美国总统大选中的作用

1.筹集竞选资金

美国国会2002年通过一项法案，禁止个人捐款者向政党捐出10万美元以上的资金，个人捐款者向总统候选人捐出的每笔助选资金不得超过2300美元。从某种意义上，这一规定限制了大财阀对于美国总统选举的影响力，而为散播在网络空间的“草根群落”提供了发挥政治潜力的土壤。

美国联邦选举委员会公布的资料显示，超过10万人捐款给奥巴马参加总统选举，其中5万人是通过互联网捐出的。其中90%的捐款，单笔金额都在100美元以下。奥巴马在2008年1月份收到的3600万美元捐款中，有2800万美元是通过互联网募集到的。2月份筹到的5500万美元中的

① 参见胡瑛、陈力峰：《从奥巴马当选看新媒体对美国总统大选的渗透》，《今传媒》2008年第12期。

4500万美元来自网络，而奥巴马本人甚至一次也未曾出席过募捐会议。

和传统的通过竞选集会以及举行募款餐会的模式大不相同的是，奥巴马得到的这些小额捐款，多半是自发的网上转账。奥巴马和他的竞选团队，将网络技术用在了选举上。通过分布者地图，支持者们可以很方便地相互联系，也可以在网站里交流信息、建立博客、召开网上集会等。这些集会吸引了社区人群的极大兴趣，很多人一回家就上网捐款，而这当中很多人以前从没被卷入过竞选活动。在竞选中，奥巴马善于运用广大“草根”所喜闻乐见的推广形式来吸引他们加入，说服他们主动掏腰包。奥巴马通过利用新媒体的力量来宣扬他的个人魅力、执政理念，通过这样一个平台打造了一个庞大的草根性筹款网络，大量吸引25美元、50美元的小额捐款。而这些捐助者们的选举权和大额捐助者的选举权是平等的。据此可以表明，新媒体为奥巴马筹集到了关键性的竞选资金。

2.密切联系选民

奥巴马非常善于利用新媒体的传播优势来加强与普通民众的沟通。他通过写博客来展示自己的执政理念，上传视频到YouTube来大秀其传奇的人生经历，在Facebook的群组中和青年人探讨美国当前的热点问题。与此同时，被他吸引的年轻人纷纷支持奥巴马的主页、发布有关他的BBS帖子、录制拥护他的视频短片。这些一对一、一对多、多对多的传播效应使奥巴马冲破了传统媒体的局限与禁锢，使自己的“CHANGE”信念在互联网上遍地开花，冲击着人们的眼球。

奥巴马特别关注美国社会底层的生存状态。在博客上、在YouTube的视频节目中、在My Space的社区网里，他喊出了很多社会下层民众的呼声，这些呼声代表着美国广大民众的利益和意愿。通过这些非主流的信息发布平台，奥巴马身上平易近人的特质表现得淋漓尽致，使更多的人信任他、跟随他、支持他。美国大选落幕时，根据美国有线电视新闻网的民调，年轻选民和妇女选民是奥巴马赢得选举的关键力量。民调显示，中年人和男性选民支持奥巴马和麦凯恩的比例比较平均，但年轻选民和妇女选民则明显偏向奥巴马。如依年龄层区分，在18岁到29岁的选民中，66%的人支持奥巴马，只有32%的人支持麦凯恩。

3.多媒体互动，形成强大的宣传攻势

《纽约时报》曾刊文指出：视频社区的推广＋搜索引擎营销＋博客＋网站联盟＝奥巴马的胜利。由此可见，新媒体之间相互融合能够组建出强大的宣传功效，这种功效足以打动那些在投选票时犹豫不决的美国选民。搜索引擎的关键字广告、SNS网站的圈子力量、视频网站的直观与快捷、博客的深度与影响力，当这些力量集中在一起相互影响、相互传播时，一对一、一对多、多对多的传播效果将越来越显著，如此循环往复，定能将品牌传播推向最大价值。

4.利用新媒体打击对手

在传统的认知里，网络公众是数量庞大、分布弥散的，对网络选民的把握无规律可循。但是在奥巴马竞选班子的理解里，这条“长尾”上的许多公众都有着共同点：他们往往比较年轻，易于尝试和接受新事物，同时，对于候选者的各种负面新闻，有着惊人的好奇心。因此，利用新媒体攻击对手，不断曝光对方的丑闻，以形成对其不利的舆论环境和竞选氛围，成为奥巴马阵营屡屡尝试的“杀手锏”。

奥巴马阵营深深懂得，以互联网为代表的新媒体，比传统媒体更方便进行信息的快速传播。如果说，传统媒体还比较注重报道的严密性，那么时下的一些新媒体受到的约束则非常少，一些网民有时会任意突破新闻专业主义的底线，这为美国总统大选中肆意抛售各种“丑闻”创造了有利条件。

回顾奥巴马入主白宫的整个过程，会发现他充分利用了新媒体，举凡视频、播客、博客、网页广告、电子游戏等多管齐下，尤其重视搜索引擎、网络视频等网络新营销工具的价值，从而最大限度地争取了网民的支持。因此，新媒体对社会的影响不仅仅体现在传播技术层面，也体现在新兴传媒力量与社会关系变革、政治势力角逐之间的深刻变化。

思考题

1.结合你对新媒体的理解，举例说明新媒体概念的内涵和外延。

2.迄今为止，我国新媒体的发展主要经历了哪几个阶段？请简要介绍。

3.比较微信与微博两种媒介形态，在传播特点与模式上的异同。

4.猜想一下，以后会出现怎样的新媒体形态？

推荐阅读

1.宫承波：《新媒体概论》，中国广播影视出版社2019年版。

2.彭兰:《网络传播概论》,中国人民大学出版社 2017 年版。

3.匡文波:《新媒体概论》,中国人民大学出版社 2019 年版。

4.王松、王洁编著:《移动互联网时代的新媒体概论》,上海交通大学出版社版 2018 年版。

5.王菲:《媒介大融合——数字新媒体时代下的媒介融合论》,南方日报出版社 2007 年版。

6.程洁:《新数字媒介论稿》,上海三联书店 2007 年版。

7.蒋宏、徐剑:《新媒体导论》,上海交通大学出版社 2006 年版。

8.赵凯主编,复旦大学新媒体研究中心编:《解码新媒体》,文汇出版社 2007 年版。

9.杨继红:《谁是新媒体》,清华大学出版社 2008 年版。

10.[美]保罗・莱文森:《新新媒介》,何道宽译,复旦大学出版社 2011 年版。